Edition KWV

Die „Edition KWV" beinhaltet hochwertige Werke aus dem Bereich der Wirtschaftswissenschaften. Alle Werke in der Reihe erschienen ursprünglich im Kölner Wissenschaftsverlag, dessen Programm Springer Gabler 2018 übernommen hat.

Weitere Bände in der Reihe http://www.springer.com/series/16033

Karsten Schütz

Die Nutzung von Paneldaten im strategischen Marketing von Fast Moving Consumer Goods-Herstellern

Karsten Schütz
Wiesbaden, Deutschland

Bis 2018 erschien der Titel im Kölner Wissenschaftsverlag, Köln
Dissertation Universität zu Köln, 2006

Edition KWV
ISBN 978-3-658-24689-1   ISBN 978-3-658-24690-7   (eBook)
https://doi.org/10.1007/978-3-658-24690-7

Die Deutsche Nationalbibliothek verzeichnet diese Publikation in der Deutschen Nationalbibliografie; detaillierte bibliografische Daten sind im Internet über http://dnb.d-nb.de abrufbar.

Springer Gabler
© Springer Fachmedien Wiesbaden GmbH, ein Teil von Springer Nature 2007, Nachdruck 2019
Ursprünglich erschienen bei Kölner Wissenschaftsverlag, Köln, 2007

Springer Gabler ist ein Imprint der eingetragenen Gesellschaft Springer Fachmedien Wiesbaden GmbH und ist ein
Teil von Springer Nature
Die Anschrift der Gesellschaft ist: Abraham-Lincoln-Str. 46, 65189 Wiesbaden, Germany

Et es wie et es.

Et kütt wie et kütt.

Et hätt noch immer joot jejange.

(Art. 1 – 3 des Kölschen Grundgesetzes

mit direktem Bezug zur strategischen Marketingplanung)

GELEITWORT

Paneldaten stellen eine wichtige, in der Praxis viel genutzte Informationsquelle für Marketing- und Vertriebsentscheidungen dar. Sie werden allerdings überwiegend für verhältnismäßig kurzfristige, operative Fragestellungen herangezogen, und dem entsprechen auch die Informationsangebote der Marktforschungsinstitute, die Panelstudien durchführen. In der einschlägigen betriebswirtschaftlichen Fachliteratur stehen ebenfalls die operativen Auswertungsmöglichkeiten von Paneluntersuchungen im Vordergrund. Analysen mit Blick auf die Sicherung langfristiger Erfolgspotenziale durch panelgestützte Marketingstrategien klingen zwar in manchen veröffentlichten Arbeiten an, werden aber nicht im Rahmen einer umfassenden Systematik erörtert.

Herr Dr. Schütz hat sich die Aufgabe gestellt, die möglichen Beiträge von Panels zur Fundierung *strategischer* Marketingentscheidungen systematisch aufzuzeigen, wobei er sich auf Daten aus Verbraucher- und Handelspanels mit Bezug auf sog. Fast Moving Consumer Goods (FMCG) konzentriert.

Zu diesem Zweck skizziert der Autor zunächst im Überblick die inhaltlichen Teilgebiete der Marketingplanung und ordnet sie der strategischen Perspektive (Schaffung und Erhaltung von Erfolgspotenzialen) bzw. der operativen Sichtweise (Ausschöpfung der gegebenen Potenziale) zu. Hieraus ergibt sich eine Gliederung des Buches in fünf Hauptteile, die sich mit Panelinformationen für die strategisch ausgerichtete Situationsanalyse, Früherkennung und Langfristprognose beschäftigen sowie mit der Wahl künftiger Produkt-Markt-Kombinationen („Defining the Business") und mit mehrperiodig angelegten Marketing-Mix-Konzepten.

In den Erörterungen zur *Situationsanalyse* mit strategischen Implikationen geht Herr Dr. Schütz ausführlich auf Kundenstruktur-, Programmstruktur-, Distributions- und Konkurrentenanalysen ein. Unter den dargestellten Merkmalen der Kundenstruktur erscheinen z.B. Angaben zur Entwicklung der Altersklassen im Kundenkreis und zum Familien-Lebenszyklus sowie Kundenportfolios strategisch aufschlussreich.

Für die Beurteilung der Programmstruktur im Hinblick auf Erfolgspotenziale wird u.a. den Informationen zur Phasenbestimmung im Produktlebenszyklus und zur Erstellung von Produktportfolios Bedeutung beigemessen. Portfoliobetrachtungen spielen auch im Abschnitt zur Distributionsanalyse eine Rolle, ebenso aber die Zielgruppenausrichtung der Distribution sowie Kenngrößen zur Bestimmung der relativen Machtposition in den Hersteller-Handels-Beziehungen.

Bei der Konkurrentenanalyse diskutiert Herr Dr. Schütz, inwieweit Paneldaten zur Identifikation der relevanten Wettbewerber, ihrer Kunden- und Produktprogrammstruktur sowie ihrer Marketing-Mix-Gestaltung geeignet sind.

Die panelgestützte *strategische Früherkennung* wird kurz skizziert. Herr Dr. Schütz weist auf Indikatoren bezüglich des Produktprogramms wie auch auf abnehmer-, handels- und konkurrenzorientierte Indikatoren hin, die frühzeitige Hinweise auf Bedrohungen oder günstige Gelegenheiten anzeigen.

Im Abschnitt über *strategische Prognosen* auf der Grundlage von Paneldaten verdient besonders die längerfristige Vorhersage mithilfe der Kohortenanalyse Aufmerksamkeit. Sie ist besser fundiert als z.B. ausschließlich auf demografische Daten der Altersstruktur von Konsumenten gestützte Projektionen. Sie kombiniert altersspezifische Faktoren, Einflüsse periodenbedingter Umfeldgegebenheiten und die Zugehörigkeit zu einer bestimmten „Generation" (Kohorte) des Kauf- und Konsumverhaltens. Die aus der Verknüpfung von Alters-, Perioden- und Kohorteneffekten entstehende Konfundierungsproblematik wird von Herrn Dr. Schütz nicht übersehen. In diesem Kapitel wird gut verdeutlicht, dass Paneldaten eine hilfreiche Grundlage für Kohortenanalysen bilden und dass sich hiermit Vorausschätzungen für die strategische Beurteilung von Erfolgspotenzialen gewinnen lassen.

Ebenso aufschlussreich ist der Abschnitt der Arbeit, der sich mit dem so genannten *„Defining the Business"* beschäftigt. Es geht dabei um die systematische Suche künftiger Produkt-, Markt- und Technologie-kombinationen, die wirtschaftlichen Erfolg versprechen. Inzwischen finden sich in der Literatur viele Beispiele zur Illustration dieses strategischen

Planungsansatzes. Bisher ist aber noch nicht versucht worden, für diese scheinbar typisch qualitative Wahl der künftigen Geschäftstätigkeit Paneldaten heranzuziehen.

Herr Dr. Schütz zeigt in anschaulicher Weise anhand von Datensätzen der GfK auf, dass sich mithilfe der Assoziationsanalyse Muster im Kaufverhalten bestimmter Verbrauchersegmente aufdecken lassen, aus denen sich Anregungen für die künftige Produktprogrammpolitik sowie für deren gezielte Ausrichtung auf Konsumentengruppen und die von diesen gewünschten Nutzenbündel ergeben. Die Assoziationsanalyse ist ein Verfahren des sog. Data Mining, das z.B. zur Aufdeckung von Verbundbeziehungen beim Kaufverhalten bzw. Verwenderbedarf beiträgt. Herr Dr. Schütz geht im Anschluss an seine konkreten Anwendungsbeispiele auch auf die Frage ein, wie sich so ermittelte potenzielle Felder der künftigen Geschäftstätigkeit auf ihre wirtschaftliche Ergiebigkeit beurteilen lassen (Merkmale der Nachfrager, der Distribution und der Konkurrenzstruktur).

Sehr komprimiert wird abschließend auf strategische Gesichtspunkte des *Marketing-Mix* hingewiesen. Dass dieser Teil der Arbeit relativ knapp gehalten ist, hat mehrere Gründe. Viele Entscheidungen zur Gestaltung des Marketing-Mix sind qualitativer Art, so vor allem in der Produkt- und Kommunikationspolitik, wofür geeignete Paneldaten fehlen. Zudem sind manche Folgerungen für Marketing-Mix-Konzepte schon im Kapitel zum Defining the Business angesprochen worden.

Insgesamt hat sich Herr Dr. Schütz mit einer Thematik auseinander gesetzt, die unter dem Blickwinkel strategischer Marketingentscheidungen bislang noch nicht umfassend aufgearbeitet worden ist. Er gibt in systematischer Weise einen Überblick, der auch zu weiteren Forschungen auf diesem Gebiet anregen kann.

Köln, im November 2006   Prof. Dr. Dr. h.c. Richard Köhler
                                Emeritus am Marketing-Seminar
                                der Universität zu Köln

VORWORT

Die vorliegende Arbeit wurde im Sommer 2006 von der Wirtschafts- und Sozialwissenschaftlichen Fakultät der Universität zu Köln als Dissertation angenommen. Sie entstand zu großen Teilen während meiner Zeit als Wissenschaftlicher Mitarbeiter am Seminar für Marktforschung und Marketing und beschäftigt sich mit der Frage, wie Hersteller sog. „Fast Moving Consumer Goods" Paneldaten, welche von großen Marktforschungsinstituten erhoben werden, für strategische Fragestellungen in der Marketing-Planung nutzen können.

Für ihre Unterstützung und ihren Beitrag zum Gelingen dieser Arbeit möchte ich folgenden Personen ganz besonders danken: Meinem Doktorvater, Herrn Prof. Dr. Dr. h.c. Richard Köhler für seine fachliche und interessierte Unterstützung und die hierbei gewährten Freiräume. Für die Übernahme des Zweitgutachtens danke ich Herrn Prof. Dr. Müller-Hagedorn sehr herzlich. Darüber hinaus bin ich der GfK Nürnberg zu großem Dank verpflichtet, die mir reale Paneldaten zur Verfügung gestellt hat. In diesem Zusammenhang möchte ich insbesondere Herrn Dr. Raimund Wildner meinen Dank aussprechen, der mein Hauptansprechpartner bei der GfK war und mich auch bei schwierigen Fragestellungen stets mit großer Hilfsbereitschaft unterstützt hat.

Großen Dank möchte ich zudem meinen ehemaligen Kollegen am Marketing-Seminar aussprechen. Dies gilt insbesondere für Herrn Prof. Dr. Axel Faix, mit dem ich eine Vielzahl fruchtbarer fachlicher Diskussionen geführt habe, die häufig zu einer klareren Sicht der Dinge geführt haben, was im Rahmen eines Dissertationsprojektes von enormem Wert ist. Ebenfalls sehr dankbar bin ich Herrn Dr. Frank Schlein, der sich mit großer Sorgfalt und Einsatzbereitschaft der Durchsicht meiner Arbeit gewidmet hat, obwohl er sich schon im Berufsleben befand. Allen ehemaligen Mitarbeitern zusammen möchte ich für die sehr schöne Zeit am Seminar danken, die nicht unbedingt immer durch Arbeit, sondern auch durch außeruniversitäre Aktivitäten gekennzeichnet war. Letztere verlängerten zwar die Promotionsdauer, verschönerten aber in überproportionalem Maße das Leben in dieser Zeit.

Mein größter Dank gilt meinen Eltern. Sie standen mir jederzeit mit Rat und Tat zur Seite, haben mich immer gefördert und mir in allen Situationen des Lebens die nötige Gelassenheit vermittelt. Ohne sie wäre meine Ausbildung in dieser Form nicht möglich gewesen. Auch meiner Freundin Eva Müller möchte ich danken, und zwar sowohl für die Zeit, in der sie mich vom Schreiben der Dissertation abhielt als auch für die Zeit, in der sie dies nicht tat.

Rückblickend kann ich zu meinem Promotionsprojekt mit all seinen Facetten nur sagen, dass ich es jederzeit wieder tun würde.

Köln, im November 2006   Karsten Schütz

Inhaltsverzeichnis

Abbildungsverzeichnis

Abkürzungsverzeichnis

Abb.	-	Abbildung
Apr.	-	April
Aufl.	-	Auflage
bzgl.	-	bezüglich
Bd.	-	Band
ca.	-	circa
conf	-	Konfidenz
confmin	-	Mindestkonfidenz
D.	-	Deutschland
d.h.	-	das heißt
EDV	-	elektronische Datenverarbeitung
erw.	-	erwarteter
et al.	-	et alii
etc.	-	et cetera
e.V.	-	eingetragener Verein
f.	-	folgende
FCB	-	First-Choice-Buyer
FCV	-	First-Choice-Value
Feb.	-	Februar
FES	-	Früherkennungssystem
ff.	-	fortfolgende
FMCG	-	Fast Moving Consumer Goods
Gentechn.	-	Gentechnisch
Gew.	-	Gewinn
GfK	-	Gesellschaft für Konsumforschung
Habil.	-	Habilitation
Hrsg.	-	Herausgeber
i.	-	im
i.Allg.	-	im Allgemeinen
Jan.	-	Januar
Jg.	-	Jahrgang

Kap.	-	Kapitel
KDD	-	Knowledge Discovery in Databases
klarsp.	-	Klarspüler
KRW	-	Käuferreichweite
LEH	-	Lebensmitteleinzelhandel
Lt.	-	Laut
m.	-	mit
MA	-	Marktanteil
No.	-	Number
Nr.	-	Nummer
o.	-	oder
öffentl.	-	öffentliche
p.a.	-	per annum
PLZ	-	Produktlebenszyklus
Prod.	-	Produkt
rel.	-	relativer
rg.	-	Reiniger
S.	-	Seite
SGE	-	Strategische Geschäftseinheit
sog.	-	so genannt
Sp.	-	Spalte
sup	-	Support
sup(präm)	-	Support der Prämisse
supmin	-	Mindestsupport
supmin(präm)	-	Mindestsupport der Prämisse
tägl.	-	täglich
TKK	-	Tiefkühlkost
u.	-	und
u.a.	-	unter anderem
u.U.	-	unter Umständen
usw.	-	und so weiter
v.a.	-	vor allem
Verl.	-	Verlust

Vgl.	-	Vergleiche
Vol.	-	Volume
WiSt	-	Wirtschaftswissenschaftliches Studium
WiSu	-	Das Wirtschaftsstudium
WPR	-	Waschen/Putzen/Reinigen
Z.	-	Zeitschrift
z.B.	-	zum Beispiel
ZFP	-	Zeitschrift für Forschung und Praxis
ZUMA	-	Zentrum für Umfragen, Methoden und Analysen

1 Einleitung

1.1 Problemstellung und Zielsetzung der Arbeit

Der Erhebung und Nutzung unternehmens- und umweltbezogener Informationen wird in der betriebswirtschaftlichen Diskussion ein großer Stellenwert eingeräumt. Es wird davon ausgegangen, dass es nur mit einer ausreichenden Informationsgrundlage möglich ist, die für die langfristige Sicherung der Unternehmensexistenz notwendigen strategischen Entscheidungen mit hinreichender Qualität zu fällen.[1] Valide Absatzmarktinformationen haben dabei angesichts der Forderung nach einer marktorientierten Unternehmensführung[2] einen besonderen Stellenwert.

Es verwundert daher, dass gerade die Auseinandersetzung mit den Nutzungsmöglichkeiten eines der ergiebigsten und in der Praxis meistgenutzten Instrumente der Marktforschung – des Panels –[3] für die Informationsbeschaffung im Rahmen des *strategischen Marketing* nur in recht geringem Umfang Eingang in die wissenschaftliche Diskussion gefunden hat.

Daher besteht die Zielsetzung dieser Arbeit darin, zu untersuchen, inwieweit Panels zur Fundierung *strategischer* Marketing-Entscheidungen beitragen können. Vor dem Hintergrund der Informationserfordernisse, die aus den unterschiedlichen Teilaufgaben der strategischen Marketing-Planung resultieren, wird geprüft, inwieweit Panels die jeweils notwendigen Informationen beisteuern können, wobei primär auf *Verbraucher-* und *Handelspanels* eingegangen wird. Methodische Probleme von Panels werden insoweit diskutiert, wie sie für den Nutzer der Daten von Bedeutung sind.[4]

---

[1]   Vgl. Köhler (1993), S. 13; Aaker (2005), S. 14.

[2]   Vgl. Köhler (1993), S. 5; Becker (2001), S. 144; Nieschlag/Dichtl/Hörschgen (2002), S. 7.

[3]   Vgl. Hammann/Erichson (2000), S. 160; Sedlmeyer (1983), S. 1.

[4]   Eine solche Vorgehensweise wählt auch Weissman (1983), S. 5.

© Springer Fachmedien Wiesbaden GmbH, ein Teil von Springer Nature 2007
K. Schütz, *Die Nutzung von Paneldaten im strategischen Marketing von Fast Moving Consumer Goods-Herstellern*, Edition KWV, https://doi.org/10.1007/978-3-658-24690-7_1

Die Analyse der Informationspotenziale von Paneldaten erfolgt aus dem Blickwinkel von Herstellern sog. „schnell drehender Verbrauchsgüter", welche auch als „Fast Moving Consumer Goods" (FMCG) bezeichnet werden.[5] Hierbei handelt es sich um Güter des täglichen Bedarfs mit relativ kurzen Wiederkaufszyklen wie Zahnpasta, Joghurt, Waschmittel usw.[6] Die Gründe für die Eingrenzung des Themas liegen zum einen darin, dass Paneldaten von FMCG-Herstellern vergleichsweise stark genutzt werden, da sie das Kerninstrument für eine kontinuierliche Marktbeobachtung darstellen, und zum anderen würde eine Ausweitung der Untersuchung auf Handelsunternehmen oder auf langlebige Gebrauchsgüter den Rahmen der Arbeit sprengen.

1.2 Aufbau der Arbeit

Nach der einleitenden Darlegung der Problemstellung und des Aufbaus der Arbeit (Kap. 1) erfolgt in Kap. 2 ein Überblick über die Teilaufgaben des strategischen Marketing, wobei auf den grundsätzlichen Informationsbedarf der hierbei zu fällenden Entscheidungen eingegangen wird. Zudem werden Panelstudien und deren methodische Probleme sowie die beiden schwerpunktmäßig zu analysierenden Panelarten, das *Verbraucherpanel* und das *Handelspanel*, erläutert.

In den folgenden Kapiteln 3 - 7 wird untersucht, welchen Beitrag Panels zur informatorischen Fundierung der unterschiedlichen Teilaufgaben der strategischen Marketing-Planung leisten können. Zunächst (Kap. 3) wird geprüft, inwieweit es möglich ist, die *Situationsanalyse*, d.h. die Bestandsaufnahme der aktuellen Unternehmenssituation zu unterstützen. In Kap. 4 wird herausgearbeitet, welchen Beitrag Paneldaten zur *Marketing-Früherkennung*, die die Unternehmensleitung rechtzeitig auf die Entstehung möglicher Gefahren, aber auch Gelegenheiten im Unternehmensumfeld hinweisen soll, leisten können. Auf der Grundlage der ersten Anzeichen möglicher Chancen und Bedrohungen wird dann in Kap. 5 unter-

---

[5] Wird im Folgenden von *Herstellern*, *Konsumgüterherstellern* oder *Anbietern* gesprochen, sind immer Hersteller von FMCG gemeint.

[6] Im Gegensatz hierzu zeichnen sich *langlebige Gebrauchsgüter*, sog. „Durables", wie Fernseher, Kühlschränke oder Mikrowellen durch sehr lange Wiederkaufszyklen aus.

sucht, inwieweit sich Paneldaten zur Erstellung von *Marktprognosen* heranziehen lassen. Im Anschluss daran wird in Kap. 6 das Informationspotenzial von Panels bei der Suche, Bewertung und Auswahl zukünftiger Produkt-Markt-Beziehungen, dem sog. *Defining the Business*, aufgezeigt. Im Kap. 7 werden die Informationspotenziale von Panels für den letzten Schritt im Planungsprozess, die *Festlegung des strategischen Marketing-Mix*, untersucht. Die zentralen Ergebnisse der Arbeit werden im Kap. 8 noch einmal zusammengefasst.

2 Grundlage des Strategischen Marketing und der Panelmethode

2.1 Strategisches Marketing

2.1.1 Strategische und operative Marketing-Planung

Unter Marketing wird das Konzept einer *marktorientierten Unternehmensführung* verstanden, womit sich das Marketing von seinem vormals funktionsspezifischen Charakter gelöst und eine gesamtunternehmensbezogene Ausrichtung angenommen hat.[7] Dies ist der konsequente Schluss aus der Tatsache, dass ein Unternehmen langfristig nur dann bestehen kann, wenn es den (Absatz)-Markterfordernissen dauerhaft Genüge tun kann.[8] Im Mittelpunkt steht damit das Ziel, die betrieblichen Aktivitäten so auf die Märkte auszurichten, dass es zu einer Befriedigung der Kundenbedürfnisse kommt und sich hieraus möglichst beständige Wettbewerbsvorteile ergeben.[9] Verfolgt ein Unternehmen eine solche Führungskonzeption, kommt dem Marketing zumindest langfristig eine *Schlüsselposition* im Rahmen des gesamten Managements zu.[10] Das Marketing-Management hat in diesem Zusammenhang die Aufgabe, über die Funktionen der *Marketing-Planung, -Kontrolle, -Organisation* und *-Mitarbeiterführung* darauf hinzuwirken, eine marktorientierte Steuerungskonzeption im gesamten Unternehmen zu verankern.[11] Das *Marketing-Controlling* koordiniert die hierfür notwendigen Informationsverarbeitungsprozesse. Es stellt gewissermaßen die „informationswirtschaftliche Klammer"[12] dar und sorgt für eine problemadäquate Informationsversorgung und -vernetzung der einzelnen Funktionen.[13]

---

[7] Vgl. Nieschlag/Dichtl/Hörschgen (2002), S. 7. Vgl. auch die Entwicklungsstufen des Marketing in Meffert (1994), S. 3 f.

[8] Vgl. Köhler (1993), S. 5; Becker (2001), S. 144; Meffert (1994), S. 27; Faix (1998), S. 30.

[9] Vgl. Köhler (1995), Sp. 1598; Benkenstein (2002), S. 6 f.

[10] Vgl. Köhler (1993), S. 5; Meffert (1994), S. 4 f.; Kreilkamp (1987), S. 48 ff.

[11] Vgl. Faix (1998), S. 30.

[12] Köhler (1995), Sp. 1608.

[13] Insofern stellt die in dieser Arbeit zu bearbeitende Fragestellung einen Teilausschnitt aus dem Aufgabenspektrum des Marketing-Controlling dar, denn es wird untersucht,

© Springer Fachmedien Wiesbaden GmbH, ein Teil von Springer Nature 2007
K. Schütz, *Die Nutzung von Paneldaten im strategischen Marketing von Fast Moving Consumer Goods-Herstellern*, Edition KWV, https://doi.org/10.1007/978-3-658-24690-7_2

Der Schwerpunkt der Arbeit liegt auf der strategischen Marketing-Planung. Sie stellt den Kernbestandteil des Marketing-Managements dar, da hier die Entscheidungen über die inhaltlich-programmatische Ausrichtung des Unternehmens auf die Absatzmärkte zu treffen sind.[14] Diese Entscheidungen sollen in Abstimmung mit der gesamten Unternehmensstrategie die dauerhafte Existenz des Unternehmens sicherstellen.[15] Damit wird dem Grundanliegen der strategischen Planung Rechnung getragen: „Die Analyse der Erfolgsquellen und die Entwicklung langfristig angelegter Konzepte zur Zukunftssicherung der Unternehmung stehen im Mittelpunkt und bilden im Kern den Bereich der strategischen Planung.“[16]

Strategische Marketingentscheidungen zeichnen sich durch einen grundsätzlich längerfristigen Zeithorizont sowie durch die Einbeziehung umfassender Unternehmens-Umwelt-Beziehungen in die Entscheidungsgrundlagen aus.[17] In diesem Zusammenhang ist auch darauf hinzuweisen, dass strategische Entscheidungen i.Allg. eine nur geringe Revidierbarkeit aufweisen bzw. ihre Revision erhebliche ökonomische Nachteile mit sich bringt,[18] was die Notwendigkeit einer fundierten Informationsbasis unterstreicht.

Den aus der strategischen Planung resultierenden Vorgaben „kommt als globaler Handlungsrichtlinie die Funktion zu, den operativen Mitteleinsatz auf die Erreichung der übergeordneten Ziele hin zu kanalisieren.“[19] Die Entscheidungen der strategischen Planung bilden damit den langfristigen *Rahmen* für das eher kurzfristig orientierte operative Marketing. Bei der operativen Marketing-Planung ist daher darauf zu achten, dass die einzelnen Instrumente nicht isoliert voneinander

---

inwieweit die absatzmarktbezogenen Paneldaten die Informationsgrundlage für Marketingentscheidungen bereitstellen können.

[14] Vgl. Meffert (1994), S. 27.

[15] Vgl. Köhler (1993), S. 7; Gälweiler (1974), S. 135; Szyperski/Winand (1980), S. 84.

[16] Arbeitskreis „Langfristige Unternehmensplanung“ der Schmalenbach-Gesellschaft (1977), S. 1.

[17] Vgl. Faix (1998), S. 31; Jacob (1982), S. 69.

[18] Vgl. Voigt (1993), S. 36.

[19] Nieschlag/Dichtl/Hörschgen (2002), S. 19. Vgl. auch Köhler (1993), S. 7.

eingesetzt werden und dass die Aktivitäten im Einklang mit der angestrebten Positionierung des Leistungsangebotes stehen.[20]

Zusammenfassend kann damit festgehalten werden, dass die strategische Marketing-Planung auf die *Schaffung und den Erhalt* von Erfolgspotenzialen gerichtet ist, wohingegen die Aufgabe der operativen Planung in der möglichst weit gehenden *Ausschöpfung* der gegebenen Potenziale besteht.[21]

2.1.2 Teilaufgaben der Marketing-Planung

Die Aufgaben der Marketing-Planung können, wie in der folgenden Abbildung veranschaulicht, als interdependente Prozessstufen dargestellt werden, wobei es sich aber nicht um eine streng chronologische Abfolge handelt. Vielmehr ist dieser Prozess als ein permanent zu durchlaufendes Aufgabenspektrum aufzufassen, welches sich durch kontinuierliche Rückkopplungsschleifen auszeichnet.[22]

Die Basis der Marketing-Planung bildet die *Situationsanalyse*. Sie diagnostiziert die Position des Unternehmens auf seinen Märkten in Bezug auf die Wettbewerber. Hierbei wird aber nicht nur der Status quo analysiert, sondern auch die *Entwicklungen*, die diesen herbeigeführt haben.[23]

---

[20] Vgl. Köhler (1993), S. 12.
[21] Vgl. Gälweiler (1976), S. 371.
[22] Vgl. in diesem Zusammenhang auch die Funktion des Controlling bei Köhler (1993), S. 256 f.
[23] Vgl. Köhler (1993), S. 8 f.; Kreilkamp (1987), S. 245 f.; Diller (1998), S. 11f.

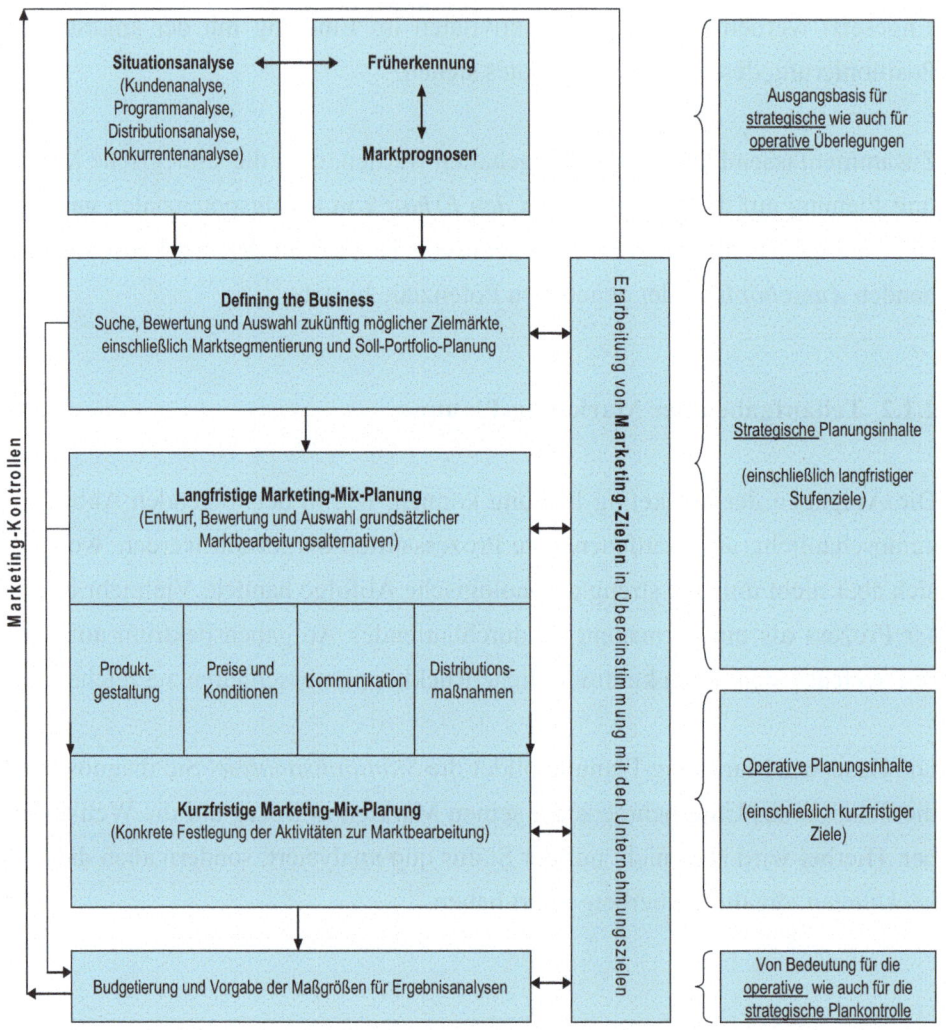

Abb. 1: **Aufgaben der Marketing-Planung**
(Quelle: Köhler (1993), S. 8)

Die Situationsanalyse umfasst unterschiedliche Teilkomponenten. Zunächst erfolgt eine eingehende *Analyse der bestehenden Kunden(gruppen)*, wobei im Längsschnitt ermittelte Kundenstrukturdaten Aufschluss darüber geben, inwieweit es dem Unternehmen gelungen ist, attraktive Kunden zu gewinnen und diese auch zu halten. Dies liefert Anhaltspunkte für eine Beurteilung zukünftiger

Absatzchancen.[25] Neben der Kundenstrukturanalyse muss im Rahmen der Situationsanalyse auch das bestehende *Produktprogramm* des Unternehmens untersucht werden. Dabei sollte nicht nur die Erfolgsträchtigkeit einzelner Produkte beleuchtet werden, sondern es sollte zudem eine synergetische Gesamtsicht aller Leistungsangebote erfolgen. Nur so kann geprüft werden, ob die bisherigen Produkt-Markt-Kombinationen eine ausgewogene Erfolgssicherung ermöglichen oder ob neue Tätigkeitsbereiche gesucht werden müssen.[26] Hierfür eignen sich vor allem Portfolio-Techniken.[27] *Distributionsanalysen* sind insbesondere für FMCG-Hersteller, die ihre Produkte i.Allg. indirekt vertreiben, von großer Bedeutung. Hierbei wird untersucht, wie gut das Unternehmen mit seinen Leistungsangeboten in den unterschiedlichen Vertriebskanälen aufgestellt ist. Am Markt gespiegelt werden die Ergebnisse der bisherigen Untersuchungen schließlich im Rahmen der *Konkurrentenanalyse*, bei der geprüft wird, welche Position sich das Unternehmen in Bezug auf seine Wettbewerber erarbeitet hat, und in welchen Bereichen Wettbewerbsvorteile und -nachteile bestehen.[28]

Für strategische Planungsaufgaben ist es unabdingbar, die im Rahmen der Situationsanalyse generierten Daten, die zunächst primär zu *diagnostischen* Zwecken erhoben wurden, speziell im Hinblick auf ihr *Früherkennungspotenzial* näher zu untersuchen. Das heißt, es besteht ein fließender Übergang zwischen der Situationsanalyse und der Früherkennung. Reichen die im Rahmen der in der Situationsanalyse generierten Daten nicht aus, werden weitere, dann speziell auf die Früherkennung zugeschnittene Daten erhoben. Dabei wird nicht nur nach solchen Informationen gesucht, die frühzeitig Hinweise auf Entwicklungen liefern, welche die bestehenden Erfolgspotenziale bedrohen. Auch sich anbahnende Gelegenheiten zum Aufbau neuer Erfolgspotenziale müssen so rechtzeitig ange-

---

[25]   Vgl. Gollnow (1974), S. 236.
[26]   Vgl. Köhler (1993), S. 9.
[27]   Vgl. zur Portfolio-Technik Neubauer (1989), S. 13 ff.; Nieschlag/Dichtl/Hörschgen (2002), S. 118 ff.; Kreilkamp (1987), S. 315 ff.
[28]   Die Begriffe *Konkurrent*, *Wettbewerber* und *Mitbewerber* werden im Folgenden synonym verwendet.

zeigt werden, dass dem Unternehmen genügend Zeit zur Entwicklung und Umsetzung geeigneter Erschließungsstrategien bleibt.[29]

Aufbauend auf den Ergebnissen der Situationsanalyse und der Früherkennung muss dann die weitere Entwicklung der als relevant erachteten Größen vorausgeschätzt werden. Hierfür werden *Prognosen* erstellt, deren Aufgabe darin besteht, mögliche bzw. wahrscheinliche zukünftige Unternehmens- und Umweltzustände aufzuzeigen. Hierbei geht es schwerpunktmäßig um die Erstellung von Langfristprognosen. Aber auch Prognosen mit eher kurzfristigem Zeithorizont können, insbesondere bei Neuprodukteinführungen, strategischen Charakter aufweisen.

Die Ergebnisse der Situationsanalyse, Früherkennung und Prognose liefern die Grundlage für das *Defining the Business* – die Suche, Bewertung und Auswahl zukünftiger Tätigkeitsbereiche. Auch hierbei handelt es sich um eine regelmäßig durchzuführende Aufgabe, die *Abell* als „The Starting Point of Strategic Planning" bezeichnet.[30] Das Resultat kann die Neuaufnahme, Elimination oder Modifikation von Produkt-Markt-Beziehungen sein, um eine langfristige Sicherung von Erfolgspotenzialen zu gewährleisten. Aus den Überlegungen im Rahmen des Defining the Business ergibt sich das geplante Sortiments-Portfolio. An dieser Stelle soll betont werden, dass sich ein solches Soll-Portfolio nicht einfach auf der Grundlage der üblichen Analysen aus dem bestehenden Ist-Portfolio ableiten lässt, sondern *ausschließlich* auf der Grundlage systematisch durchgeführter Marktwahlentscheidungen gebildet werden kann.[31]

Der strategische Marketing-Planungsprozess wird abgeschlossen, indem die *Grundsatzentscheidungen über den Einsatz der Marketing-Mix-Instrumente* in den ausgewählten Zielmärkten getroffen werden. Die Handlungsspielräume in dieser Entscheidungsphase sind allerdings eingeschränkt, denn die grundsätzlichen Leitlinien der langfristigen Marketing-Mix-Gestaltung werden zu großen

---

[29] Vgl. Faix (1998), S. 38.
[30] Abell (1980).
[31] Vgl. Köhler (1993), S. 11.

10

Teilen durch die vorangegangenen Marktwahlentscheidungen determiniert.[32] So wird z.B. die Entscheidung, ob der Eintritt in einen bestimmten Zielmarkt als Preis- oder Qualitätsführer erfolgen soll, schon im Zuge der Marktwahlentscheidung selbst fallen.

Die *kurzfristig-operative Marketing-Mix-Planung*, deren Zeithorizont i.Allg. ein Jahr und kürzer ist,[33] umfasst die aufeinander abgestimmte Festlegung der zu ergreifenden Maßnahmen in den einzelnen Instrumentbereichen zur Unterstützung der strategischen Ziele.[34] So würde es beispielsweise keinen Sinn machen, eine langfristige Positionierung als Qualitätsführer anzustreben, gleichzeitig aber in Kooperation mit dem Handel ständig aggressive Preis-Promotions für die eigenen Produkte durchzuführen.

Um die geplante Entwicklung des Unternehmens verwirklichen zu können, müssen *Zielvorgaben* gemacht werden, aus denen sich auch die Budgetierungen für die einzelnen Teilbereiche des Unternehmens ableiten.[35] Der Zielbildungsprozess kann nicht isoliert von den anderen Teilkomponenten der Marketing-Planung erfolgen, sondern ist vielmehr eng mit diesen verzahnt. Bei einem Markteintritt wird beispielsweise festgelegt, welche Erstkäuferpenetrationsgrade, Distributionsgrade oder Marktanteile zu bestimmten zukünftigen Zeitpunkten erreicht sein sollen.[36]

Marketing-Kontrollen kommt hierbei die Rolle zu, für eine kontinuierliche Feststellung möglicher Zielabweichungsgrade zu sorgen. Sie erfolgen wie die Zielbildung auf allen Ebenen der Marketing-Planung. Marketing-Kontrollen setzen die oben angesprochenen Rückkopplungsprozesse in Gang und stellen die Basis der Verfolgung und Steuerung der Unternehmensentwicklung dar.

---

[32] Vgl. Köhler (1993), S. 11.
[33] Vgl. Gälweiler (1976), S. 371; Köhler (1993), S. 7.
[34] Vgl. Köhler (1993), S. 12.
[35] Vgl. Köhler (1993), S. 13.
[36] Vgl. hierzu die Diskussion von Zieltrajektorien in Kap. 4.3.1.

2.2 Grundlegende Anforderungen an Informationen zur Unterstützung strategischer Marketing-Entscheidungen

Informationen, die zur Fundierung *strategischer* Marketing-Entscheidungen herangezogen werden, müssen einige grundsätzliche Anforderungen erfüllen.[37] Zum einen müssen sie so *umfassend* sein, dass die Wahrscheinlichkeit des Übersehens relevanter Tatbestände möglichst gering ist. Wird eine strategische Entscheidung nämlich isoliert auf der Grundlage von Informationen aus einem einzelnen Teilbereich getroffen, besteht die Gefahr einer Insellösung, die unter dem Gesichtspunkt der Gesamtsteuerung des Unternehmens suboptimal sein kann. Daher sollte es auch möglich sein, alle gewonnenen Informationen in einen umfassenden Rahmen einzuordnen, welcher ihre Beziehungen untereinander deutlich macht.

In diesem Zusammenhang spielt ein möglichst *flexibler Aggregationsgrad* der Informationen eine Rolle. Hierdurch werden die Möglichkeiten datenursprungsbezogener Analysen verbessert,[38] bei denen Globalgrößen so weit auf ihre Ursprünge zurückgeführt werden, dass sich hieraus Erklärungen für ihr Zustandekommen ergeben. Umgekehrt muss aber je nach Problemstellung auch die Möglichkeit bestehen, sehr fein aufgefächerte Daten wieder zu übergeordneten Größen zusammenzufassen. Dies ist gerade vor dem Hintergrund der Forderung nach einer bereichsübergreifenden Betrachtung im Rahmen strategischer Analysen notwendig.[39]

Informationen für die strategische Planung müssen weiterhin in der Lage sein, *Wandlungsprozesse* möglichst gut abzubilden. Die Erfassung Letzterer stellt die Grundlage für die Identifikation von Entwicklungen dar, die Auswirkungen auf bestehende oder zukünftige Erfolgspotenziale haben. Hierbei ist es u.a. von Bedeutung, dass nicht nur Veränderungen von aggregierten Größen erfasst werden

---

[37] Vgl. hierzu auch Sprengel (1984), S. 23 ff.; Weßner (1989), S. 20 ff.

[38] Vgl. Sprengel (1984), S. 29.

[39] Insofern muss an dieser Stelle *Weßner* teilweise widersprochen werden, der *grundsätzlich* einen geringen Aggregationsgrad für strategische Informationen postuliert. Vgl. Weßner (1989), S. 21.

können, sondern möglichst auch die diesen Veränderungen zugrunde liegenden individuellen Entwicklungsprozesse identifizierbar sind.

Eine angemessene Planung und Umsetzung von Abwehr- oder Erschließungsstrategien kann schließlich nur dann erfolgen, wenn Bedrohungen bestehender oder Gelegenheiten zum Aufbau neuer Erfolgspotenziale *frühzeitig* identifiziert werden. Anderenfalls droht die Gefahr der Erosion von Erfolgspotenzialen bzw. ihre Besetzung durch Wettbewerber. Im zweiten Fall ist zwar ein Markteintritt i.Allg. auch zu einem späteren Zeitpunkt noch möglich, allerdings hat der Pionier dann u.U. schon erhebliche Wettbewerbsvorteile aufgebaut. In diesem Zusammenhang wird auch von einem „First Mover Advantage" gesprochen.[40] Auch hinsichtlich der Revision schon gefällter strategischer Entscheidungen müssen Fehlentwicklungen möglichst früh identifiziert werden, denn es ist davon auszugehen, dass die Revidierbarkeit mit zunehmender Dauer immer weiter abnimmt bzw. immer kostspieliger wird.[41]

Im folgenden Kapitel werden die Grundlagen der Panelforschung erläutert. Dabei wird auch untersucht, inwieweit Paneldaten die hier angesprochenen Eigenschaften strategischer Informationen *grundsätzlich* aufweisen. Die Diskussion *spezieller* methodischer Anwendungen erfolgt erst im Hauptteil der Arbeit, um die direkte Beziehung zwischen der jeweils vorliegenden Problemstellung und der panelbasierten methodischen Lösung transparenter zu machen und dauerndes „Hin- und Herblättern" zu vermeiden.

---

[40] Vgl. hierzu die Untersuchungen von Carpenter/Nakamoto (1989) sowie Alpert/Kamins (1995).

[41] Vgl. Voigt (1993), S. 36.

13

2.3 Das Panel als standardisiertes Erhebungsinstrument der Marktforschung

„Ein Panel ist eine über einen längeren Zeitraum gleich bleibende Teilauswahl von Erhebungseinheiten, die in regelmäßigen Abständen zum gleichen Untersuchungsgegenstand befragt bzw. beobachtet wird."[42]

Damit ist das Panel keine eigene Erhebungsmethode, sondern eine spezifische Art der Forschungsanordnung.[43] Auch bei der Durchführung eines Panels kann nur befragt oder beobachtet werden. Allerdings weist das Panel einige methodische Besonderheiten auf, die es von anderen Instrumenten der Marktforschung unterscheiden und die die Beantwortung von Fragestellungen erlauben, die *kein* anderes Marktforschungsinstrument zu beantworten vermag.

Im Folgenden werden die konstitutiven Merkmale und der Aufbau eines Panels erläutert und gezeigt, welche Aussagen über das Marktgeschehen möglich sind.[44] Im Anschluss daran wird auf Probleme eingegangen, die bei der Durchführung von Panels auftreten können. Schließlich werden die beiden für FMCG-Hersteller bedeutendsten und in dieser Arbeit behandelten Panelarten, das *Verbraucher-* und das *Handelspanel*, vorgestellt.

2.3.1 Konstitutive Merkmale eines Panels

Ein konstitutives Merkmal des Panels ist sein *auf Dauer angelegtes Erhebungsdesign*, in dessen Rahmen es zu sich *periodisch wiederholenden Primärerhebungen* kommt. Auf Dauer angelegt bedeutet, dass die Laufzeit eines Panels a priori unbegrenzt ist. Einige Panels laufen schon seit mehreren Jahrzehnten.[45] Das Panel eignet sich daher insbesondere als Instrument für *Längsschnittunter-*

---

[42] Böhler (2004), S. 69.
[43] Vgl. Mayntz/Holm/Hübner (1978), S. 148.
[44] Vgl. hierzu auch Günther/Vossebein/Wildner (1998), S. 3 ff.
[45] Vgl. Günter/Vossebein/Wildner (1998), S. 59; Sudman/Wansink (2002), S. 11 ff.; Opsomer (1987), S. 23.

suchungen, mit denen die für das strategische Marketing so bedeutsamen langfristigen Wandlungsprozesse aufgedeckt werden können. Der zeitliche Abstand zwischen zwei Erhebungen (Periodizität) hängt von der Dynamik des Untersuchungsgegenstandes ab.[46] Güter mit hoher Umschlagsgeschwindigkeit – typischerweise Güter des täglichen Bedarfs – müssen in möglichst kurzen Zeitintervallen erfasst werden. Neuere Entwicklungen in der Erhebungstechnik wie die Scannertechnologie machen eine Erfassung in Echtzeit möglich. Im Allgemeinen erfolgt die Berichterstattung aber im Wochenrhythmus.[47] Märkte langlebiger Gebrauchsgüter (z.B. Waschmaschinen) können hingegen mit wesentlich längeren Erhebungszyklen noch hinreichend gut abgebildet werden, da zwischen den einzelnen Kaufakten i.Allg. mehrere Jahre vergehen.[48]

Ein weiteres Charakteristikum eines Panels ist der *dauerhaft gleich bleibende Kreis von Erhebungseinheiten* (Personen, Haushalte, Handelsbetriebe usw.).[49] Idealerweise bedeutet das, dass alle Elemente einer einmal gezogenen Stichprobe an allen Erhebungswellen des Panels teilnehmen.[50] Allerdings ist dies nicht vollständig zu realisieren, da im Zeitablauf immer wieder Untersuchungseinheiten aus unterschiedlichen Gründen (Tod, Umzug, Verweigerung der weiteren Mitarbeit etc.) aus der Stichprobe ausscheiden. Dieses Phänomen wird als „Panelsterblichkeit" bezeichnet.[51] Es wird versucht, den Anteil der dauerhaft im Panel verbleibenden Untersuchungseinheiten möglichst groß zu halten, da das Vorliegen dieser sog. „durchgehenden Masse" für bestimmte Untersuchungen – insbesondere solche von Wandlungsprozessen – eine notwendige Bedingung darstellt und deshalb ein wichtiges Qualitätsmerkmal eines Panels ist.[52]

---

[46]   Vgl. Berekoven/Spintig (2001), S. 1240; Sedlmeyer (1983), S. 17.
[47]   Vgl. Günter/Vossebein/Wildner (1998), S. 69.
[48]   Vgl. Pepels (2000), S. 312.
[49]   Die Begriffe *Erhebungseinheit* und *Untersuchungseinheit* werden im Folgenden synonym verwendet.
[50]   Vgl. Sedlmeyer (1983), S. 19.
[51]   Vgl. hierzu vertiefend Kap. 2.3.4.1.2.
[52]   Vgl. Weissman (1983), S. 13; Günter/Vossebein/Wildner (1998), S. 233.

Das dritte konstituierende Merkmal eines Panels ist der *im Zeitablauf identisch bleibende Erhebungsgegenstand*.[53] Die Notwendigkeit hierzu ergibt sich aus dem Ziel der Panelmethode, Wandlungs- bzw. Entwicklungsprozesse zu verfolgen,[54] was die *Vergleichbarkeit* der Daten der zeitlich gestaffelten Erhebungen voraussetzt.[55] Würde sich der Untersuchungsgegenstand im Zeitablauf verändern, würden allein hieraus Veränderungen in den gemessenen Variablen resultieren, denen aber keine tatsächliche (Markt-)Entwicklung zugrunde läge. Allerdings sind auch hier gewisse Einschränkungen zu machen, denn es ist weder realisierbar noch sinnvoll, die Untersuchungsgegenstände eines Panels langfristig vollständig identisch zu halten. Änderungsnotwendigkeiten ergeben sich schon allein aus der Markteinführung neuer oder der Elimination bestehender Produkte.[56] Die Anpassungen müssen allerdings so durchgeführt werden, dass es nicht zu grundsätzlichen Änderungen kommt, so dass ein sinnvoller Vergleich zwischen den Erhebungen möglich bleibt.[57]

Ebenfalls aufgrund der geforderten Vergleichbarkeit der Erhebungen muss auch die *Kontinuität der Erhebungsmethoden* im Panel gewährleistet sein. Dadurch werden methodenbedingte Veränderungen der ausgewiesenen Daten vermieden. Auch hier sind jedoch Änderungen, die z.B. durch neue und bessere technologische Anwendungen wie die Scanning-Technologie ausgelöst werden, nicht zu vermeiden. Solche Umstellungen müssen entsprechend vorsichtig und kontrolliert durchgeführt werden, um keine verzerrenden Effekte zu erzeugen.[58]

Die dargestellten Charakteristika eines Panels machen deutlich, dass Letzteres „als Stichprobenuntersuchung charakterisiert werden kann, die gleich in mehrfacher Hinsicht auf die möglichst genaue Messung von Marktveränderungen hin optimiert ist."[59] Damit ist eine der Kernanforderungen an eine strategisch orien-

---

[53] Die Begriffe *Erhebungsgegenstand* und *Untersuchungsgegenstand* werden im Folgenden synonym gebraucht.
[54] Vgl. Hammann/Erichson (2000), S. 161; Günter/Vossebein/Wildner (1998), S. 42.
[55] Vgl. Meyer (1974), S. 434; Sedlmeyer (1983), S. 14 f.
[56] Vgl. Günther/Vossebein/Wildner (1998), S. 3.
[57] Vgl. Weissman (1983), S. 15.
[58] Vgl. Günther/Vossebein/Wildner (1998), S. 4.
[59] Günther/Vossebein/Wildner (1998), S. 3.

tierte Informationsgrundlage erfüllt. In welchem Umfang solche Wandlungsprozesse mit Hilfe eines Panels erfasst werden können, wird im Folgenden noch spezifiziert. Darüber hinaus wird geprüft, inwieweit Paneldaten die weiteren oben angesprochenen Anforderungen an strategische Informationen erfüllen und ob alternative Erhebungsmethoden existieren, die anstelle eines Panels genutzt werden könnten.

2.3.2 Grundsätzliche Informationsinhalte von Panels und Abgrenzung gegenüber ähnlichen Erhebungsmethoden

Panels liefern ein detailliertes Abbild der Marktsituation. Hierzu werden große Mengen unterschiedlicher Daten bereitgestellt, wie z.B. der mengen- oder wertmäßige Abverkauf bestimmter Produkte, die Absatzbedeutung unterschiedlicher Distributionskanäle, die Struktur der Nachfrager in den Zielmärkten usw.[60] Durch die Vielschichtigkeit der erhobenen Daten lassen sich auch sehr spezifische Aspekte der Marktsituation erfassen. So können z.B. Marktanteile eines ausgewählten Produktes in einem bestimmten Distributionskanal in einer ausgewählten Region im Segment der 20-30jährigen männlichen Singles ausgewiesen werden.[61]

Da Paneluntersuchungen kontinuierlich durchgeführt werden, erzeugen sie über einen langen Zeitraum hinweg eine Vielzahl hintereinander geschalteter Abbilder des Marktes, so dass die Aufdeckung von Veränderungen im Zeitablauf möglich wird. Grundsätzlich könnte zu diesem Zweck auch eine üblicherweise als „Trenduntersuchung" bezeichnete Analyse durchgeführt werden, bei der nacheinander mehrere Querschnittserhebungen zum gleichen Untersuchungsgegenstand mit wechselnden Stichproben aus der gleichen Grundgesamtheit erfolgen.[62] Der entscheidende Unterschied liegt jedoch auf der *Analyseebene*. Im Rahmen einer Trenduntersuchung können Marktveränderungen ausschließlich

---

[60] Vgl. Günther/Vossebein/Wildner (1998), S. 113 ff.
[61] Vgl. hierzu Kap. 2.3.5.1.2. Vgl. auch Opsomer (1987), S. 58.
[62] Vgl. Hermanns (1983), S. 61; Engel/Reinecke (1994), S. 3; Weissman (1983), S. 13 f.

für aggregierte Größen wie z.B. Marktanteile ausgewiesen werden. Die *innere Struktur eines Wandlungsprozesses*, d.h. die Identifikation der tausenden von Einzeltendenzen, die zur Veränderung der aggregierten Größe geführt haben, kann mit einem Querschnittsdesign nicht transparent gemacht werden. Der Grund hierfür liegt darin, dass aufgrund der wechselnden Stichproben die nötige Verfolgung *individueller* Verhaltensänderungen nicht möglich ist. Untersuchungen dieser Art sind ausschließlich mit einem Panel durchzuführen, da nur hier mit einer identischen Stichprobe gearbeitet wird. Die individuelle Aufschlüsselung von Veränderungsprozessen ist aber gerade für die frühzeitige Entdeckung relevanter Entwicklungen von großer Bedeutung.

Theoretisch könnten Paneldaten auch im Rahmen von nur einer Erhebung generiert werden. Neben aktuellen Daten (z.B. gekaufte Mengen eines Produktes am Tag der Befragung) würde in derselben Studie versucht, auch Daten über zurückliegende Zeitpunkte (Einkaufsmengen des Produktes in vergangenen Perioden) zu gewinnen.[63] Dies würde theoretisch zu den gleichen Ergebnissen führen wie eine kontinuierliche Erhebung und wäre aufgrund der wesentlich geringeren Anzahl von Erhebungen kostengünstiger. Eine Reihe empirischer Untersuchungen hat jedoch gezeigt, dass es bei einer solchen Abfrage zurückliegender Ereignisse zu einer Überforderung der Erinnerungsfähigkeit der Befragten kommt, was zu systematisch verzerrten Ergebnissen führt.[64] Die Validität der retrospektiv erhobenen Daten wird dadurch so stark eingeschränkt, dass eine valide Marktbeobachtung nicht mehr möglich ist.

Das Vorliegen einer *identischen Stichprobe* hat neben den geschilderten Möglichkeiten zur Durchleuchtung von Wandlungsprozessen noch weitere Vorteile, die u.a. dazu geführt haben, dass das Panel zum Standardinstrument der Erfassung von Marktentwicklungen geworden ist. Wird mit nur einer Stichprobe gearbeitet, werden *zufällige Schwankungen* der Ergebnisse, die aus der Ziehung

---

[63]   Vgl. Sedlmeyer (1983), S. 29.

[64]   Vgl. Sudman/Wansink (2002), S. 110 ff. Vgl. hierzu auch Kaas (1982), S. 241; Weissman (1983), S. 11 f.; Wind/Lerner (1979), S. 46; Schätzle/Grabicke (1979), S. 296.

unterschiedlicher Stichproben resultieren, weit gehend vermieden.[65] Veränderungen in den beobachteten Größen werden daher bei einem Panel in viel geringerem Maße als bei einer Trenduntersuchung das Resultat von Zufallsstreuungen aufgrund wechselnder Stichproben sein.[66] Dieser Aspekt stellt wiederum vor dem Hintergrund des Ziels, Veränderungsprozesse möglichst genau abzubilden, ein weiteres Gütemerkmal des Panels dar.

Beim Panel bestehen zudem *Auskunftsbereitschaftsvorteile*, da der langfristige Kontakt mit den Befragten eine Vertrauensbasis schafft, die es eher ermöglicht, wichtige aber möglicherweise problembehaftete Informationen wie z.B. zur Einkommens- oder Vermögenssituation richtig zu erheben.[67] Dies ist ein nicht zu unterschätzender Vorteil, da solche Merkmale eine hohe Kaufverhaltensrelevanz aufweisen können.

Panelerhebungen sind langfristig auch *kostengünstiger* als Trenderhebungen. Trotz der Tatsache, dass die Anwerbung, Betreuung und der laufende Ersatz von Panelmitgliedern höhere Kosten verursacht als die Gewinnung von Teilnehmern für eine Querschnittsuntersuchung, werden die Kosten eines Panels im Vergleich zur Trenduntersuchung, bei der ständig neue Stichproben gezogen werden müssen, mit zunehmender Zahl von Untersuchungen immer kleiner.[68]

Zusammenfassend ist damit festzuhalten, dass die Paneluntersuchung im Vergleich zur Trenduntersuchung sowohl unter *informatorischen* als auch unter *ökonomischen* Gesichtspunkten die überlegene Alternative für die langfristige Beobachtung von Marktentwicklungen darstellt. Im Folgenden ist zu zeigen, wie ein Panel aufgebaut wird, und welche Probleme sich hierbei ergeben können.

---

[65] Vollständig können solche Zufallsstreuungen jedoch auch im Panel nicht vermieden werden, da es z.B. aufgrund der Panelsterblichkeit (vgl. hierzu Kap. 2.3.4.1.2) laufend zu einem Ersatz eines kleineren Teils der Stichprobe kommt.

[66] Vgl. Arminger (1976), S. 138; Schätzle/Grabicke (1979), S. 295 f.; Diekmann (1999), S. 267 f.

[67] Vgl. Sudman/Wansink (2002), S. 25;, S. 17 ff.; Schätzle/Grabicke (1979), S. 295; Rendtel (1989).

[68] Vgl. Schätzle/Grabicke (1979), S. 295 f.; Sedlmeyer (1983), S. 32.

2.3.3 Stichprobenbildung im Panel

Bei der Bildung einer Panelstichprobe kommen grundsätzlich zwei Typen von Auswahlverfahren in Betracht: die *zufällige Auswahl* und die *bewusste Auswahl*. Bei Ersterer werden die Untersuchungseinheiten so aus der Grundgesamtheit gezogen, dass jedes Element der Grundgesamtheit eine berechenbare und von Null verschiedene Wahrscheinlichkeit hat, in die Stichprobe zu gelangen.[69] Beim zweiten Verfahren hingegen werden die Untersuchungseinheiten nach bestimmten systematischen Regeln ausgewählt, wobei der Zufallsmechanismus grundsätzlich außer Kraft gesetzt wird.[70]

Eine zufällig gezogene Stichprobe hat den Vorteil, dass sie eine unverzerrte Auswahl von Erhebungseinheiten erlaubt und es somit möglich ist, den Stichprobenfehler zu berechnen. Stichproben, die auf Grundlage nicht-zufälliger Mechanismen gezogen werden, weisen diese Eigenschaften grundsätzlich nicht auf.[71] Idealerweise wäre eine Panelstichprobe daher im Rahmen eines probabilistischen Auswahlverfahrens zu ziehen. Dafür müssen allerdings zwei Bedingungen erfüllt sein: Erstens muss ein *vollständiges Verzeichnis* der Grundgesamtheit vorliegen, aus dem die Untersuchungseinheiten gezogen werden, und zweitens muss gewährleistet sein, dass *alle* ausgewählten Elemente auch tatsächlich erhoben werden können.[72]

Keine der beiden Bedingungen ist erfüllbar. Zum einen existieren keine Verzeichnisse, in denen die in Betracht stehenden Grundgesamtheiten (z.B. alle inländischen Haushalte) vollständig erfasst sind, und zum anderen ist es unmöglich, alle gezogenen Untersuchungseinheiten dazu zu bewegen, im Panel mitzuwirken. So liegt z.B. die Verweigerungsrate bei der Anwerbung für Verbraucherpanels teilweise über 80 %.[73] Die Bildung einer echten Zufallsstichprobe für

---

[69] Vgl. Böhler (2004), S. 139.
[70] Vgl. Green/Tull (1982), S. 194.
[71] Vgl. Green/Tull (1982), S. 194; Günter/Vossebein/Wildner (1998), S. 23.
[72] Vgl. Günther/Vossebein/Wildner (1998), S. 24.
[73] Vgl. Günther/Vossebein/Wildner (1998), S. 25; Berekoven/Eckert/Ellenrieder (2004), S. 131.

ein Panel ist damit nicht möglich, sodass auf die bewusste Auswahl zurückgegriffen werden *muss*.[74] Hierbei kommt i.Allg. die Quotenauswahl zum Einsatz.[75] Bei der Quotenauswahl wird versucht, die Repräsentativität der Panelstichprobe[76] dadurch herzustellen, dass Letztere in Bezug auf bestimmte soziodemografische Merkmale die gleiche Häufigkeitsverteilung (Quote) aufweist wie die Grundgesamtheit (z.B. 55 % Männer und 45 % Frauen).[77] Die Stichprobe hätte dann hinsichtlich der zugrunde gelegten Merkmale die gleiche Struktur. Die zur Quotenbildung herangezogenen Merkmale sollten dabei möglichst eng mit dem Kaufverhalten korrelieren,[78] denn das ist die Voraussetzung, um vom Kaufverhalten der Stichprobe auf das Kaufverhalten der Grundgesamtheit schließen zu können.

Bei der Auswahl nach dem Quotenverfahren können allerdings bestimmte Einflüsse die Stichprobe verzerren. Denn selbst wenn die Stichprobe hinsichtlich der quotierten Merkmale (z.B. Alter, Geschlecht, Einkommen etc.) die Grundgesamtheit exakt widerspiegelt, kann eine systematisch höhere Verweigerung von Untersuchungseinheiten mit bestimmten nicht quotierten aber kaufverhaltensrelevanten Merkmalen zu einer Einschränkung der Repräsentativität führen: „Wer über Monate und Jahre bereit ist, akribisch seine Einkäufe zu notieren, gehört vielleicht nicht gerade zu den Spontanen oder Unorganisierten im Lande, deren Einkaufsverhalten somit unberücksichtigt bliebe."[79] Im Rahmen empirischer Untersuchungen konnte allerdings gezeigt werden, dass sich die Repräsentativi-

---

[74] Vgl. Günther/Vossebein/Wildner (1998), S. 24. Nichtsdestoweniger wird versucht, bei der Stichprobenbildung so viele Zufallselemente wie möglich zu integrieren. Letztlich handelt es sich um ein mehrstufiges Auswahlverfahren, bei dem die Stichprobe sowohl nach Maßgabe bestimmter Quoten, aber auch teilweise nach dem Zufallsprinzip gebildet wird. Vgl. zur genauen Vorgehensweise Günther/Vossebein/Wildner (1998), S. 25 f.; Berekoven/Eckert/Ellenrieder (2004), S. 130 f.; Böhler (2004), S. 73. Eine echte Zufallsauswahl liegt damit aber *nicht* vor.

[75] Vgl. Berekoven/Eckert/Ellenrieder (2004), S. 130 f.; Günther/Vossebein/Wildner (1998), S. 24 ff.; Hüttner (2001), S. 1458. Vgl. zu anderen Formen der bewussten Auswahl Böhler (2004), S. 135 ff.; Berekoven/Eckert/Ellenrieder (2004), S. 55 ff.; Green/Tull (1982), S. 195 ff.

[76] Vgl. zum Begriff der „Repräsentativität" Kap. 2.3.4.

[77] Vgl. Berekoven/Eckert/Ellenrieder (2004), S. 55.

[78] Vgl. Hüttner (2001), S. 1458.

[79] Berekoven/Eckert/Ellenrieder (2004), S. 131.

21

tät von Quotenstichproben keineswegs nur auf die quotierten Merkmale beschränkt, sondern in hohem Maße auch für nicht quotierte Merkmale gegeben ist – psychografische Merkmale eingeschlossen.[80] Daher ist davon auszugehen, dass die von nicht quotierten Merkmalen ausgehende Verzerrung als gering einzustufen ist.

Neben der Problematik einer u.U. verzerrten Stichprobe besteht ein weiterer Nachteil der Quotenstichprobe darin, dass sich (streng genommen) keine statistischen Auswertungs- und Testverfahren auf die erhobenen Daten anwenden lassen.[81] Beide potenziellen Einschränkungen der Quotenauswahl führen bei einigen Autoren zu ihrer Ablehnung.[82] Hierzu ist Folgendes festzustellen:

1. Eine strenge Beschränkung auf Zufallsstichproben würde, wie oben gezeigt, Panelerhebungen (und große Teile der Marktforschung) *unmöglich* machen, da solche Stichproben aufgrund der restriktiven Anforderungen de facto nicht realisierbar sind. Daher *muss* man, um überhaupt empirische Marktforschung betreiben zu können, von dem theoretischen Ideal einer Zufallsstichprobe Abstand nehmen.

2. Das Quotenverfahren hat sich in einer Reihe von Vergleichsstudien dem Zufallsverfahren als praktisch ebenbürtig erwiesen.[83] Daher wird in der Praxis zur Ziehung von Panelstichproben letztlich die Quotenauswahl herangezogen. Darüber hinaus haben sich auch statistische Auswertungen auf der Grundlage von Quotenstichproben – obwohl eigentlich nicht erlaubt – als hinreichend genau erwiesen.[84]

Bei der Bildung der Stichprobe für ein Panel stellt sich weiterhin die Frage, ob diese *proportional* oder *disproportional* angelegt werden soll. Proportionale

---

[80] Vgl. hierzu Wettschureck (1974), S. 184 f.; Sudman/Wansink (2002), S. 48 ff.

[81] Vgl. Berekoven/Eckert/Ellenrieder (2004), S. 57.

[82] Vgl. hierzu exemplarisch die Diskussion des Quotenverfahrens bei Kaplitza (1975), S. 166 ff.

[83] Vgl. Wettschureck (1974), S. 184 ff.; Hüttner (2001), S. 1458; Berekoven/Eckert/Ellenrieder (2004), S. 57 f.

[84] Vgl. Günther/Vossebein/Wildner (1998), S. 18.

Stichproben zeichnen sich dadurch aus, dass sie der Grundgesamtheit in Bezug auf die Verteilung der zugrunde gelegten Merkmale genau entsprechen.[85] Bei der Anwendung des Quotenverfahrens würde das bedeuten, dass die Stichprobe in Bezug auf die herangezogenen Quotierungsmerkmale die Struktur der Grundgesamtheit exakt widerspiegelt, d.h. ihr verkleinertes Abbild darstellt. Dies ist jedoch nicht immer optimal, denn als Folge wären bestimmte Untersuchungseinheiten nur in einer sehr geringen Anzahl in der Stichprobe vertreten. Dies wiederum erhöht aber die Wahrscheinlichkeit zufälliger Ergebnisschwankungen, was sich umso negativer auswirkt, je größer die Bedeutung dieser Untersuchungseinheiten für die Ausprägungen der zu messenden Variablen ist.[86] So wären bei einer proportionalen Handelspanelstichprobe sehr große Verbrauchermärkte nur selten vertreten. Die hieraus resultierende Fehlerwahrscheinlichkeit wäre jedoch aufgrund der Gesamtumsatzbedeutung dieser Einkaufsstätten inakzeptabel. Sie befinden sich daher überproportional häufig in der Stichprobe.[87] Diese Übergewichtung wird bei der späteren Hochrechnung durch Korrekturfaktoren wieder ausgeglichen.[88] In Verbraucherpanels ist die Disproportionalität der Stichprobe im Vergleich zum Handelspanel geringer, da die Untersuchungsobjekte (Haushalte) eine größere Homogenität aufweisen.[89]

---

[85]   Vgl. Beck (1972), S. 109 f.

[86]   Vgl. Mann (1983), S. 97.

[87]   Vgl. Günther/Vossebein/Wildner (1998), S. 21; Hampe (1992), S. 52 f.; Treis (1974), S. 168 f. Dabei ergibt sich in der Praxis der Anteil eines Segments (z.B. eines Handelsunternehmenstyps) an der Stichprobe näherungsweise aus dem Mittelwert seines anzahl- und umsatzmäßigen Anteils an der Grundgesamtheit. Umfasst also beispielsweise ein Segment 50 % aller Geschäfte, und machen diese 30 % des gesamten Umsatzes aus, werden 40 % aller Geschäfte in der Stichprobe zu dem angesprochenen Segment gehören. Vgl. Mann (1983), S. 97 f.; Günther/Vossebein/Wildner (1998), S. 23.

[88]   Vgl. Günther/Vossebein/Wildner (1998), S. 46 ff.

[89]   Vgl. Günther/Vossebein/Wildner (1998), S. 26. Bestehen dennoch Disproportionalitäten, werden diese rechnerisch durch Korrekturfaktoren ausgeglichen.

2.3.4 Probleme von Panelerhebungen

Die Qualität von Paneldaten bemisst sich danach, inwieweit sie Aussagen über Merkmalsverteilungen in der Grundgesamtheit erlauben.[90] In diesem Zusammenhang spricht man auch von der Möglichkeit des „Repräsentationsschlusses".[91] Ohne auf die in der Literatur geführte umfangreiche Diskussion des Begriffes der Repräsentativität einzugehen,[92] soll Letzterer im Sinne von *Mayntz et al.* verstanden werden: „Eine Stichprobe bzw. die auf ihrer Grundlage gewonnenen Ergebnisse sind in dem Maße für die Gesamtheit, aus der sie entnommen wurde, repräsentativ, in dem sie sich auf die Gesamtheit verallgemeinern lassen."[93]

Im Rahmen von Panelerhebungen treten aber bestimmte Probleme auf, die die Daten verzerren können und somit die Möglichkeit einschränken, auf die wahren Werte in der Grundgesamtheit zu schließen.[94] Diese Probleme werden im Folgenden diskutiert. Dabei werden solche Probleme unterschieden, die sich aus der *Veränderung der Stichprobenzusammensetzung* ergeben, und solche, die aus einer durch die Panelmitgliedschaft hervorgerufenen *Verhaltensänderung* resultieren.

2.3.4.1 Stichprobenbezogene Probleme

2.3.4.1.1 Coverage

Allgemein kann die Coverage als der Teil des Gesamtmarktes bezeichnet werden, der durch ein Panel abgebildet wird.[95] Sie beschreibt den Anteil der vom Panel erfassten Käufe/Abverkäufe am Gesamtkauf/-abverkauf in einer Waren-

---

[90] Vgl. hierzu auch Mayntz/Holm/Hübner (1978), S. 68 f.
[91] Vgl. Mann (1983), S. 64.
[92] Vgl. hierzu beispielhaft Diekmann (1999), S. 368 f.
[93] Mayntz/Holm/Hübner (1978), S. 69. Dieses Verständnis von Repräsentativität haben auch Günther/Vossebein/Wildner (1998), S. 16.
[94] Vgl. Böhler (2004), S. 72.
[95] Vgl. Günther/Vossebein/Wildner (1998), S. 39.

gruppe.[96] Die Kenntnis der Coverage ist für die Interpretation von Paneldaten nicht zuletzt deshalb von großer Bedeutung, weil sie für unterschiedliche Warengruppen stark schwanken kann.[97] Grundsätzlich ist eine möglichst hohe Coverage anzustreben.[98] Hierbei besteht allerdings u.a. das Problem, dass sich nicht alle Untersuchungseinheiten erheben lassen.[99] In Haushaltspanels wurden bis vor kurzem beispielsweise keine Ausländerhaushalte erfasst, was eine nicht unerhebliche Einschränkung der Coverage in bestimmten Warengruppen verursachte. Inzwischen ist dieses Problem jedoch sowohl bei dem von der *GfK* als auch bei dem von *A.C. Nielsen* geführten Verbraucherpanel behoben. Dennoch bleiben Coverage-Verluste im Haushaltspanel bestehen, z.B. beim Außer-Haus-Konsum.[100]

Im Handelspanel besteht das Problem, dass viele der großen Discounter die Mitarbeit verweigern. Allerdings werden die Käufe/Abverkäufe, die aufgrund fehlender Coverage des einen Panels nicht erhoben werden können, teilweise durch die Daten des anderen substituiert. So werden die Abverkaufsmengen von *Aldi* über das Verbraucherpanel ermittelt. Abb. 2 veranschaulicht diesen Zusammenhang.

Obwohl grundsätzlich eine möglichst hohe Coverage anzustreben ist, werden Teile des Marktes *bewusst* nicht erfasst. So werden Großverbraucher wie Krankenhäuser, Kantinen oder Altersheime nicht in das Haushaltspanel aufgenommen, da sich ansonsten eine Vermischung mit den Daten der eigentlich interessierenden privaten Haushalte ergäbe. Dies gilt es aus Marketinggesichtspunkten aber zu vermeiden, da ihrem Einkaufsverhalten andere Prozesse und Einflussgrößen zugrunde liegen als dem von privaten Konsumenten.[101]

---

[96]   Vgl. Berekoven/Eckert/Ellenrieder (2004), S. 134.

[97]   Vgl. Böhler (2004), S. 72.

[98]   Vgl. Günther/Vossebein/Wildner (1998), S. 39.

[99]   Vgl. Berekoven/Eckert/Ellenrieder (2004), S. 133 f.

[100]   Vgl. Berekoven/Eckert/Ellenrieder (2004), S. 133.

[101]   Vgl. Günther/Vossebein/Wildner (1998), S. 40. Um die Nachfrage dieser Großverbraucher zu erfassen, existieren eigene Spezialpanels. Vgl. Günther/ Vossebein/Wildner (1998), S. 7.

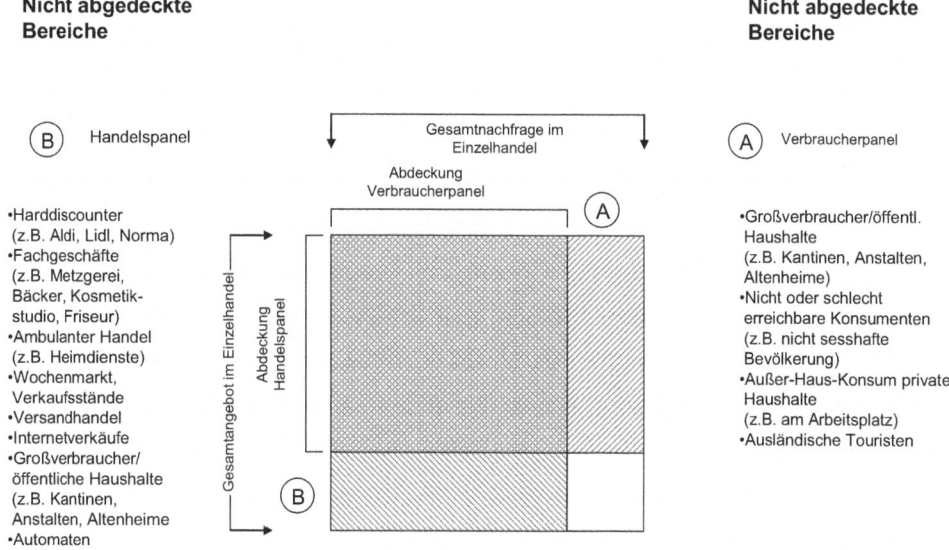

Nicht abgedeckte Bereiche

Nicht abgedeckte Bereiche

Ⓑ Handelspanel

Gesamtnachfrage im Einzelhandel

Abdeckung Verbraucherpanel

Ⓐ Verbraucherpanel

•Harddiscounter (z.B. Aldi, Lidl, Norma)
•Fachgeschäfte (z.B. Metzgerei, Bäcker, Kosmetik- studio, Friseur)
•Ambulanter Handel (z.B. Heimdienste)
•Wochenmarkt, Verkaufsstände
•Versandhandel
•Internetverkäufe
•Großverbraucher/ öffentliche Haushalte (z.B. Kantinen, Anstalten, Altenheime)
•Automaten

•Großverbraucher/öffentl. Haushalte (z.B. Kantinen, Anstalten, Altenheime)
•Nicht oder schlecht erreichbare Konsumenten (z.B. nicht sesshafte Bevölkerung)
•Außer-Haus-Konsum privater Haushalte (z.B. am Arbeitsplatz)
•Ausländische Touristen

Gesamtangebot im Einzelhandel — Abdeckung Handelspanel

Abb. 2:   Coverage des Verbraucher- und Handelspanels (Quelle: GfK (2005a))

Liegt allerdings unbeabsichtigt eine mangelnde Coverage vor, stellt dies einen Qualitätsverlust des Panels dar. Allerdings wird ein gewisser Mangel an Coverage akzeptiert, solange Letztere *konstant* bleibt und damit die *Entwicklung* des abgebildeten Marktes richtig widergespiegelt wird.[101] Ändert sich nämlich die Coverage in einem laufenden Panel, würden Veränderungen ausgewiesen, die so in der Grundgesamtheit nicht stattgefunden haben. Dies zeigt einmal mehr, dass das Panel insbesondere auf die Erfassung von Wandlungsprozessen ausgelegt ist.

2.3.4.1.2 Panelsterblichkeit

Ein konstituierendes Merkmal des Panels ist die Identität der Untersuchungsein- heiten im Zeitablauf. Daher muss untersucht werden, inwieweit es möglich ist, eine einmal gebildete Stichprobe aufrecht zu erhalten. Hiermit ist das Problem

---

[101]   Vgl. Günther/Vossebein/Wildner (1998), S. 41 f.

der „Panelsterblichkeit" angesprochen, die den Ausfall von Erhebungseinheiten aus einem laufenden Panel bezeichnet.[104] Diese wird durch Umzug, Tod, Geschäftsaufgabe, nachträgliche Verweigerung der Mitarbeit etc. hervorgerufen[105] und beläuft sich bei Verbraucherpanels in einem Jahr auf 20 bis 30 % und bei Handelspanels auf ca. 15 % der Panelteilnehmer.[106] Kommt es zu einem solchen sukzessiven Ausfall von Erhebungseinheiten, kann sich die Zusammensetzung der Stichprobe verändern, so dass sie der Grundgesamtheit immer unähnlicher wird. Die Panelausfälle sind insbesondere dann problematisch, wenn sie – wovon vor allem bei Haushaltspanels ausgegangen werden muss –[107] nicht zufällig, sondern systematisch erfolgen und Merkmale betreffen, die mit dem Kaufverhalten korrelieren.[108] So fallen in einem Panel z.B. überdurchschnittlich viele Haushalte mit sehr hohem und sehr niedrigem Einkommen aus.[109]

Diesem Problem wird dadurch begegnet, dass die ausgefallenen Untersuchungseinheiten durch solche ersetzt werden, die die gleiche Struktur von quotierten Merkmalen aufweisen.[110] Daher halten Panelinstitute eine Reserve von potenziellen Panelteilnehmern vor, auf die bei Bedarf zurückgegriffen wird.[111]

Ein Ersatz von Haushalten findet auch statt, um der sog. „Panelerstarrung" vorzubeugen, welche auftritt, wenn sich umgekehrt die Struktur der Grundgesamtheit verändert, eine gleichgerichtete Veränderung in der Stichprobe jedoch nicht erfolgt.[112] Hierbei kommt es dann zu einer Kündigung der Zusammenarbeit seitens des Panelinstituts.[113]

---

[104] Vgl. Böhler (2004), S. 73.

[105] Vgl. Spintig (2001), S. 1244.

[106] Vgl. Günther/Vossebein/Wildner (1998), S. 27; Böhler (2004), S. 64.

[107] Vgl. Schätzle/Grabicke (1979), S. 298; Sedlmeyer (1983), S. 77.

[108] Vgl. Engel/Reinecke (1994), S. 10; Reutterer (1997), S. 123.

[109] Dieses Phänomen kann auch als „Mittelschichtsbias" bezeichnet werden.

[110] Vgl. Berekoven/Eckert/Ellenrieder (2004), S. 131; Hüttner/Schwarting (2002), S. 192; Green/Tull (1982), S. 87.

[111] Vgl. Böhler (2004), S. 73.

[112] Vgl. Meffert (2000), S. 163; Tietz (1993), S. 441; Sedlmeyer (1983), S. 80. Zudem wird davon ausgegangen, dass die Rotation auch positiven Einfluss auf mögliche Paneleffekte hat. Vgl. Hüttner/Schwarting (2002), S. 192.

[113] Dies wird auch als „Panelrotation" bezeichnet. Vgl. Hüttner/Schwarting (2002), S. 192.

Neben der Gefahr sinkender Repräsentativität durch Veränderungen der Stichprobe ergibt sich aus der Panelmortalität ein weiteres Problem: Bestimmte Analysen können nur auf der Grundlage eines identischen Kreises von Untersuchungseinheiten durchgeführt werden. Dieser Teil der Panelstichprobe, der in einem bestimmten Zeitraum durchgängig im Panel verbleibt, wird als „durchgehende Masse" bezeichnet.[114] Bei den angesprochenen Analysen handelt es sich um solche, die das Verhalten der Untersuchungseinheiten im Zeitablauf *auf individueller Ebene* untersuchen (z.B. Käuferwanderungsanalysen oder Gain&Loss-Analysen). Es wurde schon hervorgehoben, dass sich das Panel insbesondere durch diese Analysemöglichkeiten von anderen Erhebungsformen abhebt. Daher ist es von besonderer Bedeutung, die Panelmortalität möglichst klein zu halten, weshalb Panelinstitute ganze Abteilungen beschäftigen, die die Panelmitglieder kontinuierlich zur weiteren Mitarbeit motivieren sollen.[115] Denn kompensierende Maßnahmen, wie sie zum Erhalt der strukturellen Repräsentativität der Stichprobe durchgeführt werden können (quotengleicher Ersatz ausgefallener Untersuchungseinheiten), existieren hinsichtlich des Erhalts der durchgehenden Masse nicht. Der Ersatz eines ausgefallenen Panelteilnehmers ist in Bezug auf die durchgehende Masse nicht möglich.

In der folgenden Abbildung ist die Mitarbeitsdauer durchgängig berichtender Haushalte dargestellt. Nach einem Jahr sind von ursprünglich 12000 Haushalten noch 9685 weiterhin Mitglied im Panel, d.h. die durchgehende Masse besteht noch zu ca. 80 %.

---

[114] Vgl. Günther/Vossebein/Wildner (1998), S. 27; Berekoven/Eckert/Ellenrieder (2004), S. 131.

[115] Vgl. Günther/Vossebein/Wildner (1998), S. 3 f. Hierbei kommen neben einer kontinuierlichen Betreuung durch Mitarbeiter des Panelinstituts auch Verlosungen, kleinere Geschenke, Geburtstagskarten etc. zum Einsatz. Vgl. zu den Maßnahmen zur Aufrechterhaltung der Mitarbeit auch Sudman/Wansink (2002), S. 80 ff. Eine dauerhafte Betreuung der Panelmitglieder ist im Übrigen auch unter dem Gesichtspunkt der Vertrauensbildung wichtig, damit auch die schon angesprochenen vertraulichen Daten, wie z.B. die Höhe des Haushaltseinkommens, wahrheitsgemäß berichtet werden.

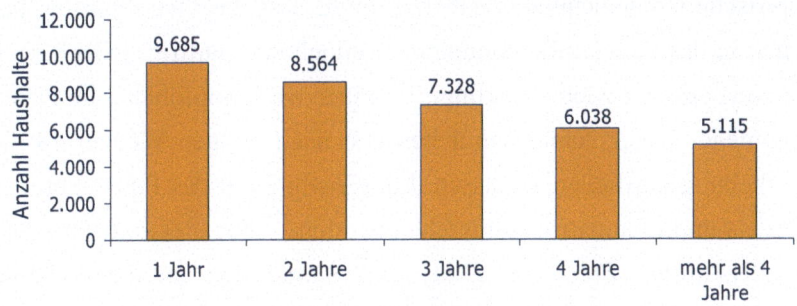

Abb. 3:   **Durchgehende Masse im Jahr 2003**
          (Quelle: GfK (2003a))

2.3.4.2 Verhaltensbezogene Probleme

Die im Folgenden angesprochenen Verhaltensweisen, in denen sich die Panel-teilnehmer von der Grundgesamtheit unterscheiden können, resultieren aus der Mitgliedschaft im Panel selbst. Diese sog. „Paneleffekte", die primär bei Ver-braucherpanels auftreten,[116] können daher ebenso wie Strukturveränderungen der Stichprobe den Aussagewert der erhobenen Daten beeinträchtigen.

Ein möglicher Paneleffekt entsteht, wenn Panelmitglieder den Kauf von be-stimmten Produkten berichten, diese Produkte aber in Wirklichkeit nicht bzw. nur in geringerem Umfang erworben haben. Man spricht dann von „Overrepor-ting".[117] Hierfür können unterschiedliche Gründe wie z.B. Prestigestreben vor-liegen, was dazu führt, dass insbesondere der Kauf hochwertiger Güter übertrie-ben wird.[118] Dadurch wird das Ergebnis systematisch verzerrt, denn das Panel misst dann nicht mehr nur das, was es messen soll – das Kaufverhalten –, son-dern zusätzlich das sich nicht in tatsächlichem Kaufverhalten niederschlagende *Prestigestreben* der berichtenden Person.

---

[116]   Vgl. Böhler (2004), S. 74.
[117]   Vgl. Hammann/Erichson (2000), S. 168.
[118]   Vgl. Böhler (2004), S. 74.

Mehrere empirische Untersuchungen haben gezeigt, dass das Overreporting besonders bei neu in das Panel aufgenommenen Teilnehmern auftritt, jedoch nach wenigen Berichtsperioden wieder abklingt.[119] Daher wird empfohlen, die Daten neu aufgenommener Untersuchungseinheiten erst nach einigen Wochen in die eigentliche Erhebung einfließen zu lassen. Langfristig kann das Phänomen des Overreporting als unproblematisch angesehen werden.[120] Bei elektronischer Datenerfassung z.B. mittels *Electronic Diary* und *ScanIT*, bei der die Einkäufe nicht mehr in einen Berichtsbogen eingetragen, sondern mittels eines Scanners erfasst werden,[121] ist die Wahrscheinlichkeit der Angabe nicht getätigter Käufe ohnehin geringer.[122]

Der sog. „Checklisteneffekt" entsteht, wenn im Berichtsbogen aufgeführte Produkte beim Panelteilnehmer Käufe auslösen, die sonst nicht getätigt worden wären.[123] Auch dieser Effekt verliert durch die Ausstattung der Haushalte mit elektronischen Erfassungsgeräten an Bedeutung. Zudem wird er ebenfalls nach einer recht kurzen Eingewöhnungszeit wieder abgebaut.[124]

Neben den eher kurzfristig wirkenden und recht gut kontrollierbaren Effekten können auch *langfristige* Paneleffekte auftreten. Dies ist z.B. der Fall, wenn die kontinuierliche Berichterstattung beim Panelteilnehmer zu einer *dauerhaft stärkeren Reflexion seines Kaufverhaltens* führt und beispielsweise aufgrund eines gestiegenen Preisbewusstseins Verhaltensänderungen hervorruft. Daneben kann die langjährige Teilnahme an einem Panel auch zu *Ermüdungserscheinungen* führen, die eine unvollständige Dokumentation des Kaufverhaltens („Underreporting") nach sich ziehen.[125]

---

[119] Vgl. Sudman/Wansink (2002), S. 123 f.

[120] Vgl. Sedlmeyer (1983), S. 106.

[121] Vgl. hierzu ausführlich Kap. 2.3.5.1.3.

[122] Vgl. Nieschlag/Dichtl/Hörschgen (2002), S. 455.

[123] Vgl. Hammann/Erichson (2000), S. 168; Sedlmeyer (1983), S. 109.

[124] Vgl. Böhler (2004), S. 74.

[125] Vgl. Decker/Wagner (2002), S. 223; Hammann/Erichson (2000), S. 169. Vgl. zum Underreporting auch die Untersuchungen von Kaper (1999).

Es stellt sich daher die grundsätzliche Frage, inwieweit langfristige Konditionierungen von Panelteilnehmern zu befürchten sind, welche gerade unter dem Gesichtspunkt der validen Erfassung langfristiger Marktentwicklungen äußerst negativ zu beurteilen wären. Um dies zu prüfen, wurden mehrere Studien durchgeführt, in denen untersucht wurde, ob sich Panelteilnehmer, die schon sehr lange
an einem Panel teilnehmen, von solchen unterscheiden, die erst recht kurze Zeit
dabei sind. Dies würde auf eine langfristige Konditionierung durch die Panelmitgliedschaft hindeuten. Ohne an dieser Stelle auf die unterschiedlichen Studien im Einzelnen einzugehen, zeigten sich grundsätzlich keine Unterschiede
zwischen Panelteilnehmern, die sich erst eine relativ kurze Zeit im Panel befan-
den, auf der einen und den langjährigen Mitgliedern auf der anderen Seite.[126]
Bei Handelspanels treten langfristige Konditionierungen überhaupt nicht auf, da
die Daten von Mitarbeitern des Marktforschungsinstituts bzw. durch Scanning
der Abverkäufe erhoben werden.[127]

Zusammenfassend kann somit davon ausgegangen werden, dass die genannten
Effekte, wenn überhaupt, in nur geringem Maße einen verzerrenden Einfluss auf
die Ergebnisse von Paneluntersuchungen haben und primär in der *Anfangsphase*
der Panelteilnahme auftreten. Dem wird durch die Einhaltung einer gewissen
Karenzzeit bei der Aufnahme neuer Mitglieder in die Panelauswertung entgegengewirkt. Zudem kann angenommen werden, dass verzerrende Effekte mit
dem Einsatz elektronischer Datenerfassungssysteme insgesamt abnehmen werden.

2.3.5 Arten von Panels

Für eine große Zahl von Erhebungsdesigns wird der Begriff „Panel" benutzt.
Schätzle/Grabicke sprechen in diesem Zusammenhang von einer „babylonisch
anmutenden Sprachverwirrung in der Literatur"[128], an der sich bis heute nicht

---

[126] Vgl. Ehrenberg (1960), S. 22 ff.; Buck/Fairclough/Jephcott/Ringer (1997), S. 28; Broder (1980), S. 13.
[127] Vgl. Henze (1994), S. 44.
[128] Schätzle/Grabicke (1979), S. 293.

viel geändert hat. Bei den meisten dieser Erhebungen handelt es sich jedoch um Designs, die die weiter oben beschriebenen konstitutiven Merkmale eines Panels nicht vollständig aufweisen. Diese Formen, die man auch als „Panels im weiteren Sinne" bezeichnen kann, haben i.Allg. lediglich das Merkmal einer *wiederholten Erhebung* gemein. Damit handelt es sich bei ihnen aber um grundsätzlich andere Forschungsanlagen, weshalb sie in der vorliegenden Arbeit keine Berücksichtigung finden.[129]

Panels können nach unterschiedlichen Kriterien systematisiert werden. Am weitesten verbreitet ist die Unterteilung nach den *Erhebungseinheiten*. Auf dieser Grundlage erfolgt die Einteilung in Verbraucher- bzw. Haushaltspanels auf der einen und Handelspanels auf der anderen Seite. Bei beiden Panelarten kann noch eine weitere Differenzierung nach den erfassten *Erhebungsgegenständen* erfolgen. Man unterscheidet hier den sog. „FMCG-Bereich" und den „Durables-Bereich".[130] Ersterer erfasst alle Warengruppen von *Verbrauchsgütern*, die sich durch eine *hohe Umschlagsgeschwindigkeit* am POS auszeichnen (Lebensmittel, Waschmittel, Putz- und Reinigungsmittel, Körperpflegeprodukte etc.), während der Durables-Bereich die Märkte für *Gebrauchsgüter*, die erst nach längeren Zeitintervallen wiederbeschafft werden (CD-Player, Geschirrspüler, Fernseher usw.), beschreibt.

Neben den klassischen Verbraucher- und Handelspanels, die sich durch die Erfassung einer großen Zahl von Warengruppen auszeichnen, existieren noch Panels, die auf speziellere Fragestellungen hin zugeschnitten sind. Auch sie erfassen das Nachfrage- und/oder Angebotsverhalten von Marktakteuren, weisen aber besondere Charakteristika auf, die sie von den klassischen Panels unterscheiden. Zum Beispiel bilden sie nur einen spezifischen, sehr eng abgegrenzten Bereich des Marktes ab, wie z.B. das Pharmapanel, oder sie weisen besondere

---

[129] Vgl. zu einer Diskussion der unterschiedlichen Begriffsabgrenzungen Schätzle/Grabicke (1979), S. 292 ff.

[130] Bis vor kurzem wurde hier noch vom „Food-Bereich" und „Non-Food-Bereich" gesprochen. Vgl. Günter/Vossebein/Wildner (1998), S. 62. Der Begriff „Food" war allerdings irreführend, da keineswegs nur Warengruppen aus dem Lebensmittelbereich, sondern auch aus dem Körperpflege-, Haushaltsreinigungsbereich usw. erfasst wurden.

Erhebungsmethoden auf, wie beispielsweise Panels, die das Mediennutzungs- oder -angebotsverhalten abbilden (z.B. Fernsehzuschauer- oder Anzeigenpanel).[131]

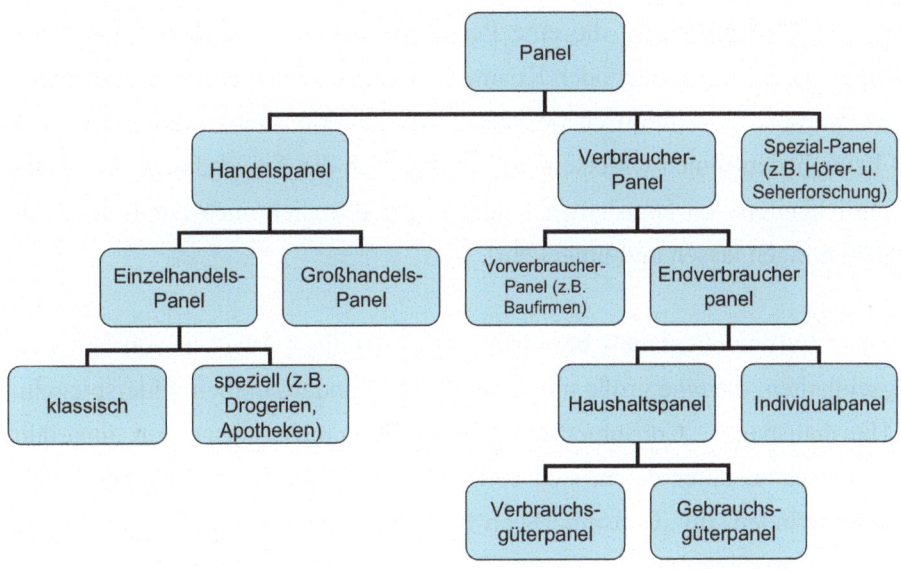

Abb. 4: **Grundsätzliche Arten von Panels**
(Quelle: in Anlehnung an Hüttner/Schwarting (2002), S. 184)

Die in der vorliegenden Arbeit behandelten *Verbraucher-* und *Einzelhandelspanels* werden im Folgenden näher erläutert.[132] Die Darstellung von Spezialpanels erfolgt – wenn erforderlich – an entsprechender Stelle in der Arbeit.

2.3.5.1 Verbraucherpanel

2.3.5.1.1 Erhebungseinheiten des Verbraucherpanels

Die Erhebungseinheiten von klassischen Verbraucherpanels sind *private Endverbraucher*.[133] Verbraucherpanels werden i.Allg. in Haushalts- und Individual-

---

[131]   Vgl. Hüttner/Schwarting (2002), S. 183 ff.
[132]   Vgl. Diller/Gentner/Müller (2000), S. 38.

panels untergliedert. Für Warengruppen, die üblicherweise von der Verbrauchs-gemeinschaft *Haushalt* konsumiert werden und deren Verbrauch nur schwer einzelnen Haushaltsmitgliedern zuzuordnen ist (z.B. Waschmittel und Grund-nahrungsmittel), ist die Erfassung über ein Haushaltspanel zweckmäßiger,[134] wohingegen Warengruppen, die eine Person primär für sich alleine kauft und konsumiert (z.B. Zigaretten oder Kosmetika), besser über ein Individualpanel erhoben werden.[135] Methodisch bestehen zwischen Haushalts- und Individual-panel keine bedeutsamen Unterschiede, so dass sich die Anwendungs- und Ana-lysemöglichkeiten von Haushaltspaneldaten grundsätzlich auch auf Individual-panels übertragen lassen und umgekehrt.[136]

Klassische Verbraucherpanels bestehen i.Allg. aus einer Auswahl von Untersu-chungseinheiten, die eine große und heterogene Grundgesamtheit widerspiegeln. Das Haushaltspanel „ConsumerScan" der GfK umfasst insgesamt ungefähr 20000 Haushalte, unter denen sich seit kurzer Zeit auch ca. 1200 Ausländer-haushalte befinden. Im „ConsumerScan Individual" befinden sich sogar um die 25000 Erhebungseinheiten.[137]

---

[133] Großverbraucher werden, wie schon erwähnt, nicht berücksichtigt. Für diese Gruppe von Verbrauchern existiert eine eigene Form von Panels – sog. „Großverbraucherpa-nels" (vgl. Günther/Vossebein/Wildner (1998), S. 7). Das Verbraucherpanel trägt im Übrigen seinen Namen eigentlich zu Unrecht, denn mit seiner Hilfe wird nicht der *Ver-brauch*, sondern der *Einkauf* von Gütern erhoben. Die Tatsache, dass der Einkauf von FMCG i.Allg. einen zeitnahen Verbrauch nach sich zieht, erklärt das Zustandekommen dieses in der deutschsprachigen Literatur weit verbreiteten Begriffs.

[134] Der Haushalt wird hier als Verbrauchs- oder Nachfragegemeinschaft definiert. Vgl. hierzu Broder (1980), S. 5.

[135] Vgl. Günter/Vossebein/Wildner (1998), S. 68; Prassny (1996), S. 21 f. Theoretisch könnte die Ermittlung der gesamten Nachfrage eines Haushalts – die gemeinschaftliche wie die individuelle – auch nur über ein Haushaltspanel erfolgen. Dies könnte allerdings zu Ergebnisverzerrungen führen, denn zum einen könnte eine Aufzeichnung der gekauf-ten persönlichen Produkte aller Haushaltsmitglieder durch die haushaltsführende Person zu Ungenauigkeiten führen (vgl. Böhler (2004), S. 71). Zum anderen würde man bei den einzelnen Mitgliedern eines Haushalts auf psychologische Probleme stoßen. Eine solche Erhebung würde nämlich die haushaltsinterne Offenlegung des individuellen Kaufverhaltens bedeuten, was insbesondere bei Spontan- und Geheimkäufen nicht er-wartet werden kann (vgl. Sedlmeyer (1983), S. 57 f.). Eine verzerrte Berichterstattung wäre die Folge.

[136] Vgl. Wiggins (1973), S. xi.

[137] Vgl. GfK (2005).

Die Stichproben von Verbraucherpanels können auch sehr *speziell* sein.[138] Dies ist immer dann nötig, wenn ein bestimmtes Marktsegment separat beobachtet werden soll, die Anzahl der betreffenden Untersuchungseinheiten im klassischen Verbraucherpanel aber zu klein wäre, um hinreichend verwertbare Ergebnisse zu generieren.[139] Für eine solche Grundgesamtheit wird dann ein eigenes Panel aufgebaut. Das „ConsumerScan Baby"-Panel der GfK, dessen Stichprobe aus 1320 deutschen Müttern von Kindern im Alter von 0 - 48 Monaten besteht, ist ein Beispiel hierfür.[140]

2.3.5.1.2 Erhebungsgegenstände des Verbraucherpanels

In einem Panel kann grundsätzlich alles, was wiederholt bei den gleichen Unter-suchungseinheiten erhoben werden kann, den Erhebungsgegenstand bilden. Bei Letzterem darf es aber nicht alleine aufgrund der wiederholten Erhebung zu Veränderungen kommen (Paneleffekt). Ein Beispiel ist die Ermittlung von Wer-bebekanntheit. In diesem Fall würde es zu einer erhöhten Aufmerksamkeit der Befragten gegenüber der entsprechenden Werbung kommen, was zu einem nach oben verzerrten Bekanntheitsgrad führen würde.[141]

Zentraler Erhebungsgegenstand des Verbraucherpanels ist das *Einkaufsverhalten* von Haushalten bzw. Individuen. Dabei wird ermittelt wer, was, wann, wo, in welchen Mengen, zu welchem Preis gekauft hat. Hieraus ergibt sich zunächst die in Abbildung 5 veranschaulichte sog. „Panelzahl", welche die vier Dimen-sionen *Artikel* (welches Produkt wurde gekauft), *Periode* (wann wurde das Pro-dukt gekauft), *Segment* (wo wurde es gekauft) und *Fakt* (welche Mengen wur-den zu welchem Preis gekauft) umfasst.[142]

---

[138]   Vgl. Hammann/Erichson (2000), S. 165.
[139]   Vgl. Günther/Vossebein/Wildner (1998), S. 15 f.
[140]   Vgl. GfK (2005).
[141]   Vgl. Baum (1974), S. 947. Für eine solche Erhebung müsste eine Wellenbefragung mit wechselnden Stichproben durchgeführt werden. Vgl. Günther/Vossebein/Wildner (1998), S. 4.
[142]   Vgl. Günther/Vossebein/Wildner (1998), S. 113 f.

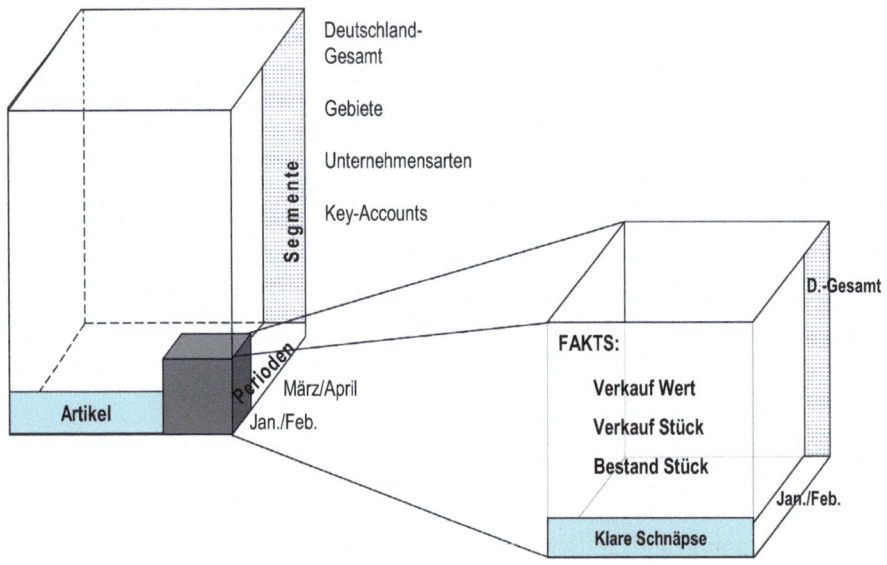

Abb. 5:   **Dimensionen einer Panelzahl**

               (Quelle: Günther/Vossebein/Wildner (1998), S. 114)

Auf allen Dimensionen sind sehr weit gehende Aufschlüsselungen möglich, so dass eine detaillierte Marktbeobachtung möglich wird. Beispielsweise kann alleine der Warengruppenkorb „Alkoholische Getränke" bis auf die *Einzelartikelebene* (z.B. Krombacher, 0,33 Liter, Mehrweg) heruntergebrochen werden.[143] Dies ist möglich, weil die Warenwelt, wie in der folgenden Abbildung veranschaulicht, im Rahmen eines Panels in einer sog. „Artikelpyramide" systematisch auf unterschiedlichen Aggregationsniveaus erfasst ist.[144]

---

[143]   Vgl. Günther/Vossebein/Wildner (1998), S. 115.

[144]   Die Artikelpyramide ist natürlich noch weiter differenzierbar. Welche Unterteilung letztlich gewählt werden soll, entscheidet der die Paneldaten nachfragende Kunde.

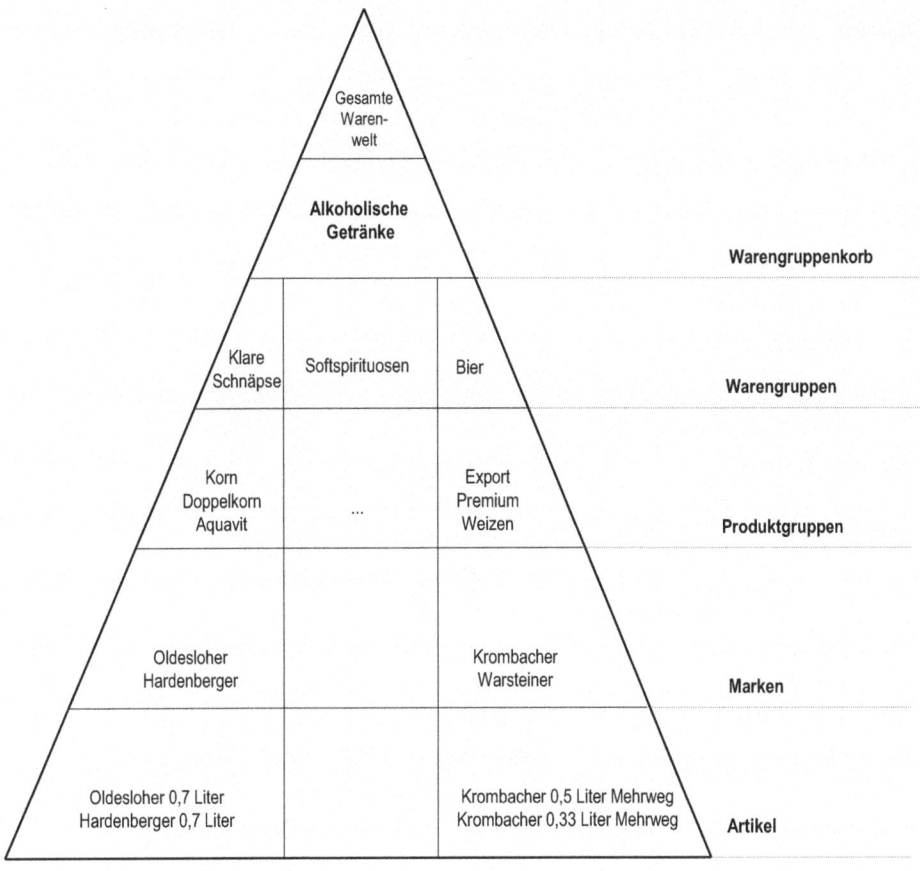

Abb. 6: **Artikelpyramide am Beispiel des Warengruppenkorbs**
„Alkoholische Getränke"
(Quelle: Günther/Vossebein/Wildner (1998), S. 115)

Um nun zu ermitteln, *wer* welches Kaufverhalten an den Tag legt, werden die soziodemografischen Merkmale der Panelteilnehmer erfasst. Dies macht eine exakte Zuordnung des Kaufverhaltens zu beliebig abgegrenzten soziodemografischen Segmenten möglich.[145] Die Erfassung der Merkmale dient im Rahmen des Quotenverfahrens zudem zur Bildung und Aufrechterhaltung der Panelstichprobe.[146]

---

[145] Vgl. Berekoven/Eckert/Ellenrieder (2004), S. 137.
[146] Vgl. Weissman (1983), S. 23.

Weiterhin werden bei den Panelmitgliedern über sog. „Paneleinfragen", die schriftlich in Form eines Fragebogens durchgeführt werden, einmal im Jahr weitere Daten wie z.B. das Umweltbewusstsein standardmäßig erhoben.[147] Hierbei handelt es sich zumeist um *psychografische Merkmale* oder *besondere Verhaltensmerkmale*, die ebenfalls zum Kaufverhalten in Beziehung gesetzt werden können.[148] Die abgefragten Bereiche sind in der folgenden Abbildung dargestellt.

Derzeitige Themenbereiche:	Beispiele:
- Ansichten zu Dingen des tägl. Lebens	- Innovationsneigung, Qualitätsorientierung, ...
- Medien-Involvement	- pro Werbung, pro Fernsehen, pro Radio, ...
- neue Trends und Entwicklungen	- Avantgardisten, Konformisten, ...
- Ernährung	- Schlankheits-, Frischeorientierung, ...
- Umwelt	- umweltfreundliche Verpackung, ...
- Gentechn. Herstellung von Lebensmitteln	- Akzeptanz/Ablehnung
- Bio-/Öko-Produkte	- Präferenz bei ausgewählten Warengruppen
- Freizeit/Hobbies	- in meiner Freizeit ... lese ich gern Bücher ...
- Gesichtshaut/Haare	- Abfrage Eigenschaften (normal, trocken ...)
- Fernseh-Sender	- Seh-Häufigkeiten (ARD, ZDF, RTL, SAT.1 ...)
- Fernseh-Genres	- im Fernsehen sehe ich am liebsten ... Krimis ...
- Zeitschriften-Genres	- bei Zeitschriften lese ich am liebsten ... EDV-Z., ...
- Buchclub-Mitgliedschaft	- ja/nein; wenn ja: in welchem? seit wann? ...
- Allergien	- im HH eine Person m. Pollen-, Tierhaar-...Allergie

Abb. 7: Inhalte der jährlich durchgeführten Standardeinfragen
(Quelle: GfK (2005b))

Paneleinfragen können auf Wunsch auch gesondert für Unternehmen durchgeführt werden, die eine bestimmte Fragestellung beantwortet haben möchten. Beispielsweise könnte es einen Kosmetik-Hersteller interessieren, wie stark die Nachfrager ihren Kaufentscheidungen die Urteile der *Stiftung Warentest* zugrunde legen. Solche Paneleinfragen müssen jedoch vorsichtig eingesetzt werden. Lenken sie die Aufmerksamkeit der Untersuchungseinheit auf einen bestimmten Sachverhalt, welcher potenziell Einfluss auf das Kaufverhalten hat

---

[147] Vgl. Berekoven/Eckert/Ellenrieder (2004), S. 137; Weissman (1983), S. 23 f.
[148] Vgl. Berekoven/Eckert/Ellenrieder (2004), S. 137.

(z.B. Fragen nach einem bestimmten Produkt), kann das zu einer stärkeren Verhaltensreflexion führen. Ein daraus resultierendes verändertes Kaufverhalten wäre ein durch die Einfrage ausgelöster Paneleffekt, der jedoch unbedingt vermieden werden muss. Daher dürfen Paneleinfragen niemals einen direkten Bezug zu bestimmten Produkten oder gar Marken aufweisen. Selbst Einfragen zu einzelnen Warengruppen werden sehr kritisch beurteilt.[149] Zudem muss eine Überlastung der Panelhaushalte durch eine zu große Anzahl an Einfragen unbedingt vermieden werden, da ansonsten ein Ausscheiden der Haushalte aus dem Panel die Folge sein kann. Mehr als ca. sechs solcher zusätzlichen Einfragen pro Jahr sind daher nicht möglich.[150]

Durch die systematische Erfassung und die Zuordnung zu unterschiedlichen Aggregationsebenen können alle aus einem Panel gewonnenen Daten in einen übergeordneten Rahmen eingeordnet und flexibel in vielfältiger Weise zueinander in Beziehung gesetzt werden. Insofern erfüllt ein Panel auch hier die Anforderungen zur Bereitstellung einer informatorischen Basis für strategische Marketing-Entscheidungen.[151] In der folgenden Abbildung wird nochmals ein Gesamtüberblick über die Datenstruktur des Verbraucherpanels gegeben.

---

[149] Lt. mündlicher Auskunft Dr. R. Wildner (GfK) vom 10.01.2006.
[150] Lt. mündlicher Auskunft G. Schneider (GfK) vom 10.01.2006.
[151] Vgl. Kap. 2.2.

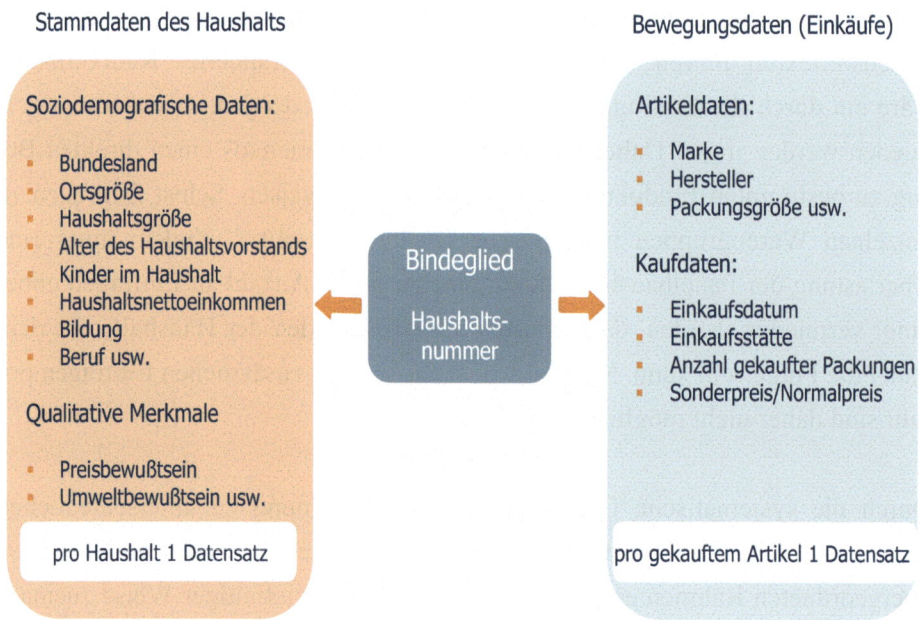

Abb. 8:   **Datenstruktur des Verbraucherpanels
(Quelle: GfK (2005c))**

2.3.5.1.3 Erhebungsmethoden des Verbraucherpanels

Bei der Erhebung des Kaufverhaltens wurde bis in die 90er Jahre die sog. Kalendermethode eingesetzt.[152] Hierbei erhält der teilnehmende Haushalt in regelmäßigen Abständen ein Berichtsheft, in das er nach bestimmten Systematisie-
rungsvorschriften (z.B. nach Warengruppen) alle gekauften Artikel einträgt.
Darüber hinaus müssen weitere Angaben zum Zeitpunkt des Einkaufs, der Einkaufsstätte, Zahl der gekauften Artikel, Preis etc. gemacht werden.[153] Es handelt
sich also um eine *schriftliche Befragung*.

---

[152]   Darüber hinaus existiert noch die – allerdings sehr seltene – „Dustbin-Methode", bei der
anhand der Abfälle der Haushalte deren Konsumverhalten erfasst wurde. Diese Methode wirft jedoch erhebliche Probleme auf. So können beispielsweise Preis und Einkaufsort nur sehr schwer festgestellt werden. Vgl. Sedlmeyer (1983), S. 52.

[153]   Vgl. Günter/Vossebein/Wildner (1998), S. 31 f.

Diese Methode weist jedoch Mängel auf. Nachteilig ist der hohe Aufwand für die Buch führende Person im Haushalt sowie das erhebende Institut.[154] Dies kann erstens zu Nachlässigkeiten bei der Dokumentation der getätigten Einkäufe führen und zweitens steigt bei einer höheren Belastung die Wahrscheinlichkeit des Ausscheidens aus dem Panel (Panelsterblichkeit).[155] Aus diesem Grund mussten der *Detaillierungsgrad* und der *Umfang* der erfassten Artikel in einem recht engen Rahmen gehalten werden, was z.B. eine Beschränkung der Anzahl der erhobenen Warengruppen erzwang.[156]

Eine solche Einschränkung der beobachtbaren Produktbereiche ist jedoch gerade unter strategischen Gesichtspunkten kritisch, da dann keine *umfassenden* Informationen über die Märkte vorliegen. Somit wird auch die Möglichkeit, *warengruppenübergreifende* Analysen durchzuführen, stark begrenzt. Diese spielen jedoch gerade im strategischen Marketing eine wichtige Rolle, denn sie zeigen, inwieweit sich generelle Kaufverhaltensmuster der Nachfrager wandeln und ob warengruppenübergreifende Verbindungen zwischen unterschiedlichen Leistungsangeboten bestehen, die auf mögliche neue Betätigungsfelder hinweisen.[157]

Ein weiterer gravierender Nachteil der Kalendermethode besteht schließlich darin, dass die Aufnahme von neuen oder veränderten Artikeln sehr (zeit-) aufwändig ist.[158] Daten über diese Produkte sind dann u.U. erst so spät verfügbar, dass nicht mehr ausreichend Zeit verbleibt, um Fehlentwicklungen zu korrigieren. Dies stellt insbesondere bei Neuprodukteinführungen ein schwerwiegendes Problem dar.

Diese Probleme führten Ende der siebziger Jahre zu Überlegungen, wie der Prozess der Datenerfassung effizienter gestaltet werden könnte. Ansatzpunkt möglicher Verbesserungen war die Tatsache, dass immer mehr Produkte mit einem

---

[154] Vgl. Berekoven/Eckert/Ellenrieder (2004), S. 134.
[155] Vgl. Kaper (1999), S. 73 f.
[156] Vgl. Günter/Vossebein/Wildner (1998), S. 32.
[157] Vgl. hierzu insbesondere Kap. 6.3.
[158] Vgl. Günter/Vossebein/Wildner (1998), S. 32.

EAN-Code[159] versehen wurden. Über den EAN-Code können große Teile der Daten, die zuvor per Hand in den Berichtsbogen eingetragen wurden, mit Hilfe eines entsprechenden Lesegerätes (Scanner) elektronisch erfasst werden. Man spricht hierbei von „Inhome-Scanning"[160]. Zunächst wurden im Rahmen dieses Verfahrens nicht EAN-codierte Artikel mit Hilfe eines Codebuches identifiziert und erfasst. Diese Kombination von (physischem) Codebuch und Scanner bei der Datenerfassung erwies sich jedoch als recht aufwändig, so dass die GfK das sog. „Electronic Diary" einführte. Kernstück dieser Methode ist ein Gerät, in dem das Codebuch elektronisch integriert war. Die Erfassung nicht EAN-codierter Artikel erfolgt dabei durch einen Dialog mit dem Gerät. Dies erleichtert die Datenerfassung erheblich, so dass sich Electronic Diary inzwischen auch bei *A.C. Nielsen* durchgesetzt hat.[161]

Eine Weiterentwicklung des Electronic Diary stellt das System *ScanIT* dar, mit dem seit Januar 2005 4000 Haushalte des GfK-Panels ausgestattet sind.[162] Hierbei werden die gekauften Artikel mit einem Lesestift gescannt und dann über eine PC-basierte Internetverbindung an das Marktforschungsinstitut übertragen. Dort wird der Einkaufsvorgang erfasst und es werden die Artikelbeschreibungen der eingekauften Produkte zurückgeliefert. Der Panelteilnehmer erhält am Computer-Bildschirm eine Liste der gekauften Artikel und bearbeitet diese, indem er die Preise der Artikel einträgt, angibt, ob es sich um ein Sonderangebot gehandelt hat usw. Nicht EAN-codierte Artikel werden über einen Bildschirmdialog eingegeben. Der Vorteil gegenüber dem Electronic Diary liegt vor allem in der einfacheren Informationserfassung, da am PC gearbeitet werden kann. Dies ist für Teilnehmer, die mit der Arbeit am PC vertraut sind, wesentlich weniger umständlich als die Arbeit mit dem Electronic Diary. Allerdings können nicht alle Haushalte mit diesem System ausgestattet werden, da es einen Internetanschluss voraussetzt und zudem gewährleistet sein muss, dass das Panelmitglied mit ei-

---

[159]   EAN steht für „Europäische Artikelnummerierung" (vgl. hierzu ausführlich Zentes (2001), S. 64 f.). Beachtenswert sind in diesem Zusammenhang auch die neuesten Entwicklungen eines diesbezüglichen „Global Standard" (vgl. hierzu o.V. (2006)).

[160]   Vgl. Günther/Vossebein/Wildner (1998), S. 36 f.

[161]   Vgl. Günther/Vossebein/Wildner (1998), S. 38 f.

[162]   Vgl. GfK (2005).

nem PC umgehen kann. Insbesondere ältere Teilnehmer kommen daher für *ScanIT* häufig nicht in Frage.

Wie schon angedeutet, ist die Umstellung von der Kalendermethode auf die elektronische Datenerfassung unter dem Gesichtspunkt der Bereitstellung *strategischer* Informationen von nicht zu unterschätzender Bedeutung, denn

- es können nun alle Warengruppen erfasst und zueinander in Beziehung gesetzt werden (*umfassende* und *verknüpfbare* Informationen),
- es liegen detaillierte Daten auch auf sehr niedrigen Abstraktionsebenen (z.B. Artikelebene) vor (*flexibler Aggregationsgrad*),
- und es ist eine wesentlich schnellere Aufnahme neuer Produkte in die Berichterstattung möglich, so dass insbesondere die kritische Phase der Neuprodukteinführung – und zwar sowohl die eigene wie die der Wettbewerber – überwacht werden kann (*Frühzeitigkeit*).

2.3.5.2 Handelspanel

2.3.5.2.1 Erhebungseinheiten des Handelspanels

Handelspanels können in Groß- und Einzelhandelspanels unterteilt werden. Erstere werden recht selten durchgeführt[163] und liefern grundsätzlich keine Daten über den Absatz an private Endverbraucher. Sie werden daher in der vorliegenden Arbeit nicht berücksichtigt.

Das klassische Einzelhandelspanel, das unter den Handelspanels die größte Bedeutung hat,[164] erfasst das Ver- und Zukaufsverhalten von Einzelhändlern. Es zeichnet sich durch die Erfassung einer großen Zahl von Warengruppen aus, da in ihm, abgesehen von einigen großen Discountern,[165] fast alle bedeutenden Arten von Absatzmitteln für FMCG vertreten sind (Verbrauchermärkte, Super-

---

[163]   Vgl. Hüttner/Schwarting (2002), S. 184.
[164]   Vgl. Günther/Vossebein/Wildner (1998), S. 7.
[165]   Vgl. hierzu auch Hampe (1992), S. 51.

märkte, Warenhäuser, kleine Lebensmitteleinzelhändler etc.).[166] Ähnlich wie beim Verbraucherpanel existieren neben dem allgemeinen Einzelhandelspanel auch spezielle Handelspanels,[167] in denen sich die Absatzmittler befinden, die in bestimmten Warengruppen sehr hohe Marktanteile erzielen. Hierbei handelt es sich um Drogeriemärkte, Reformhäuser, Süßwarenfachhandelsgeschäfte usw. Ihre besondere Berücksichtigung ist zur Erreichung einer hohen Coverage bei den entsprechenden Warengruppen notwendig.[168] Insgesamt besteht ein großes und diversifiziertes Angebot an Handelspanels, sodass ebenfalls umfassende Einblicke in den Markt möglich sind.

2.3.5.2.2 Erhebungsgegenstände des Handelspanels

Im Handelspanel wird erhoben, welcher Absatzmittler, was, wann, wo, in welchen Mengen, zu welchem Preis ver- und zugekauft hat.[169] Im Folgenden steht der *Verkauf* der Handelsunternehmen im Mittelpunkt. Handelspaneldaten lassen sich ebenfalls anhand der vier Dimensionen Artikel, Periode, Segment und Fakt beschreiben, und auch hier ist eine detaillierte Aufschlüsselung der Daten möglich.

Weiterhin werden in Analogie zu den soziodemografischen Daten im Verbraucherpanel unternehmensbezogene Daten wie Gesamtumsatz, Verkaufsfläche, Region etc. erfasst, so dass die Zuordnung von Verkäufen zu ausgewählten Handelssegmenten möglich ist. Diese Daten bilden darüber hinaus ebenfalls die Grundlage bei der Ziehung und Aufrechterhaltung der Handelspanelstichprobe nach Maßgabe der zugrunde gelegten Quoten.

---

[166] Vgl. Böhler (2004), S. 81.
[167] Diese werden auch als „Fachhandels-Panels" bezeichnet. Vgl. Hüttner/Schwarting (2002), S. 185.
[168] Vgl. Ruppe (1989), S. 4.
[169] Vgl. Günther/Vossebein/Wildner (1998), S. 149 ff. Der Begriff „Zukauf" wird für den Einkauf von Handelsunternehmen bei Großhändlern bzw. Herstellern verwendet. Vgl. Günther/Vossebein/Wildner (1998), S. 154.

Schließlich können über Sonderabfragen weitere Daten, z.B. über *Instore-Maßnahmen* wie den Einsatz von Displays, die Verteilung von Handzetteln usw. erhoben werden. Die Gefahr von Paneleffekten durch solche gesonderten Erhebungen besteht im Gegensatz zum Verbraucherpanel kaum.

2.3.5.2.3 Erhebungsmethoden des Handelspanels

Die ursprüngliche Erhebungsmethode im Handelspanel ist die sog. „Inventurmethode", bei der Bestände und Preise in den Einzelhandelsgeschäften durch Mitarbeiter des Marktforschungsinstituts in bestimmten Intervallen erfasst werden.[170] Zukäufe werden über Rechnungsbelege ermittelt. Über die „Inventurgleichung"

$$V_t = B_{t-1} + Z_t - B_t$$

mit:

V_t	=	Verkäufe in der Periode t
Z_t	=	Zukäufe in der Periode t
B_t	=	Bestand in der Periode t

werden dann die Abverkäufe eines jeden Artikels errechnet. Dieses Verfahren ist jedoch sehr aufwändig, so dass man ab Mitte der 80er Jahre auch hier dazu übergegangen ist, die Daten elektronisch zu erfassen. Im Idealfall werden dabei die Zukäufe des Einzelhandelsgeschäfts mittels Datenträgeraustausch erhoben, die Verkäufe über Scannerkassen erfasst und aus diesen Daten die Bestände errechnet.[171]

Durch die Erfassung der Abverkäufe über Scannerkassen ergeben sich wesentliche Vorteile: Bei der manuellen Erhebung an einem bestimmten Stichtag würde der zu diesem Zeitpunkt gültige Preis für einen Artikel ermittelt und allen Verkäufen der Erhebungsperiode (z.B. einem Monat) zugewiesen. Dadurch ist aber

---

[170] Vgl. Günther/Vossebein/Wildner (1998), S. 27.
[171] Vgl. Günther/Vossebein/Wildner (1998), S. 27 f.

erstens keine genaue Zuordnung unterschiedlicher Abverkaufsmengen zu unterschiedlichen Preisen möglich, so dass die Reaktionen der Nachfrager auf Preisänderungen innerhalb eines Erhebungsintervalls nicht beobachtet werden können. Und zweitens wird ein verzerrter Durchschnittspreis ermittelt, insbesondere wenn der Preis für den Artikel im betrachteten Zeitraum stark schwankt. Diese Verzerrung ist insbesondere bei (preis-)aktionsintensiven Warengruppen hoch, da bei niedrigen Aktionspreisen die Abverkäufe steigen, was z.B. zu einer deutlichen Überschätzung des wahren Durchschnittspreises führen kann. Hieraus resultiert dann u.U. eine fehlerhafte Bestimmung der Preislagen, in denen sich bestimmte Produkte bewegen, was etwa bei der Beurteilung zukünftig anzuvisierender Märkte zu Fehleinschätzungen führen kann. Durch den Einsatz von Scannerkassen und die damit einhergehende *zeitgleiche* Erfassung von Menge und Preis verschwinden beide Probleme jedoch ebenso wie das nicht ganz unerhebliche Problem der Erfassung von Schwund und Diebstahl als Abverkauf.

Die grundlegenden Charakteristika der Panelmethode, die hierbei bestehenden spezifischen Probleme sowie die zu behandelnden Panelarten sind damit erläutert. Es wurde gezeigt, dass Paneldaten die grundsätzlichen Anforderungen, die an strategisch ausgerichtete Informationen gestellt werden, in hohem Maße erfüllen. Im Folgenden wird untersucht, inwieweit sich die Daten aus Verbraucher- und Handelspanels zur Fundierung der Teilaufgaben der strategischen Marketing-Planung für FMCG-Hersteller heranziehen lassen. Dabei werden dann auch spezifische Analysemöglichkeiten der Panels, die bisher noch keine Erwähnung gefunden haben, eingehend erläutert.

3 Situationsanalyse

Im Rahmen der Situationsanalyse wird diagnostiziert, „welche Position die Unternehmung auf ihren Märkten in Bezug auf andere Marktteilnehmer erreicht hat, welche Veränderungen sich dabei im Zeitablauf erkennen lassen und welche Konsequenzen für den wirtschaftlichen Erfolg damit verbunden sind."[172] Die Ergebnisse der Situationsanalyse stellen zusammen mit den Informationen aus der Früherkennung und den Prognosen über die weitere Entwicklung relevanter Größen die informatorische Basis für Entscheidungen im Rahmen der strategischen Marketing-Planung dar. Die Situationsanalyse kann in vier Bereiche aufgeteilt werden:[173]

1. Kundenstrukturanalyse
2. Programmstrukturanalyse
3. Distributionsstrukturanalyse
4. Konkurrentenanalyse

Die Analyse der *globalen Umwelt* und ihrer Entwicklung (z.B. rechtliche oder politische Bedingungen), die für die Bestimmung der Position des Unternehmens ebenfalls von Bedeutung ist, wird nicht berücksichtigt, da Paneldaten hierzu keinen Beitrag leisten können. Hierfür muss auf andere Quellen insbesondere qualitativer Natur (z.B. regelmäßige Expertenrunden) zurückgegriffen werden.[174]

---

[172]   Köhler (1993), S. 7.
[173]   Vgl. Köhler (1993), S. 9 f.
[174]   Solche Expertenrunden werden im Übrigen häufig auch als „Experten-Panels" bezeichnet. Wie schon in Kap. 2.3.5 gezeigt, handelt es sich hierbei jedoch nicht um echte Panels.

© Springer Fachmedien Wiesbaden GmbH, ein Teil von Springer Nature 2007
K. Schütz, *Die Nutzung von Paneldaten im strategischen Marketing von Fast Moving Consumer Goods-Herstellern*, Edition KWV, https://doi.org/10.1007/978-3-658-24690-7_3

3.1 Kundenstrukturanalyse

3.1.1 Abgrenzung der Betrachtungsebene

Bei der Durchführung einer Kundenstrukturanalyse stellt sich zunächst die Frage nach dem *Objekt*, dem eine bestimmte Kundenstruktur zugeordnet werden soll. Hierfür eignen sich unterschiedliche Bezugspunkte, die in einem *hierarchischen* Verhältnis zueinander stehen. So kann die Kundenstruktur des gesamten Unternehmens, einer Geschäftseinheit, einer Warengruppe usw. betrachtet werden.

Unter strategischen Gesichtspunkten ist grundsätzlich eine simultane Betrachtung aller Abnehmer des Unternehmens zu fordern. Das würde die intendierte *ganzheitliche Analyse* der Unternehmenssituation ermöglichen und die Gefahr von Bereichsblindheiten verringern. Für FMCG-Hersteller ergibt eine aggregierte Betrachtung aller Kunden allerdings kaum Sinn. Es käme dann nämlich zu einer Vermischung von sehr unterschiedlichen Objekten mit jeweils *spezifischen* Kundenstrukturen. Man denke z.B. an die Kunden für Haarshampoo für dauergewelltes Haar einerseits und Kunden für Rasierschaum andererseits. Eine Analyse der Kundenstruktur über solch verschiedenartige Leistungsangebote hinweg wäre letztlich nichtssagend, da aus ihr keine Handlungsempfehlungen ableitbar wären.

Die Frage nach der *Ebene*, auf der eine Kundenstrukturanalyse durchgeführt werden soll, ist pauschal nicht zu beantworten und bewegt sich immer im Spannungsfeld zwischen ganzheitlicher Betrachtung der Unternehmenssituation einerseits und möglichst aussagefähigen und handlungsleitenden Ergebnissen andererseits. Eine zusammenfassende Betrachtung ist umso weniger sinnvoll, je unterschiedlicher die Leistungsangebote des Unternehmens sind. Die meisten FMCG-Hersteller zeichnen sich durch ein stark diversifiziertes Angebot aus, bei dem einzelne Marken eine bedeutende Rolle spielen. Daher werden die Analysemöglichkeiten im Folgenden grundsätzlich auf Markenebene dargestellt, wobei die hierbei aufgezeigten Analysemöglichkeiten auch auf höhere Ebenen (z.B. Produktgruppen) übertragbar sind, wenn die Beschaffenheit der Sortimentsstruktur dies sinnvoll erscheinen lässt.

3.1.2 Erfassung strategisch relevanter Merkmale der Kundenstruktur

Die Analyse der Kundenstruktur zielt darauf ab, zu bewerten, inwieweit es einem Unternehmen gelungen ist, die attraktiven Käufergruppen für sich zu gewinnen, was wiederum eine Grundlage zur Beurteilung zukünftiger absatzbezogener Chancen und Bedrohungen darstellt.[175] Voraussetzung für eine sinnvolle Abgrenzung unterschiedlicher Käufergruppen ist die Anwendung kaufverhaltensrelevanter Segmentierungsvariablen. Grundsätzlich lassen sich Letztere analog zur Marktsegmentierung in vier Gruppen unterteilen: in geografische, soziodemografische, psychografische und verhaltensbezogene Merkmale.[176]

3.1.2.1 Geografie

Mit einem Panel lässt sich zunächst die *regionale* Verteilung der Kunden des Unternehmens aufdecken. So kann festgestellt werden, ob die Käufer eher aus dem ländlichen oder dem städtischen Umfeld kommen oder ob die Nachfrage schwerpunktmäßig in bestimmten Landesteilen liegt. Zusammen mit Informationen zur Bevölkerungsentwicklung in den entsprechenden Gebieten kann dann abgeschätzt werden, ob allein aus der bisherigen regionalen Verteilung der Ab-

---

[175] Vgl. Köhler (1993), S. 9; Gollnow (1974), S. 236.
[176] Vgl. Schulz (1995), S. 52; Nieschlag/Dichtl/Hörschgen (2002), S. 209; Becker (2001), S. 250 ff.; Freter (1995), Sp. 1805 ff. Methodisch besteht zwischen der Marktsegmentierung und der Kundensegmentierung kein Unterschied. Die entsprechenden Ausführungen zur Kundenstrukturanalyse können daher auf die Marktsegmentierung übertragen werden. Der Unterschied liegt lediglich darin, dass bei der Kundenstrukturanalyse das betrachtete Individuum bzw. der Haushalt in einem bestimmten Zeitraum mindestens einmal ein Produkt des Unternehmens gekauft haben muss. Logisch geht einer Segmentierung der Kunden daher eine Segmentierung des Marktes nach dem Kriterium „Käufer/Nichtkäufer des Produktes" voraus.

satzschwerpunkte Erfolgspotenziale in Gefahr geraten oder neue entstehen könnten.

3.1.2.2 Soziodemografie

Die Anwendung *soziodemografischer* Kriterien stellt den „klassischen" Schritt bei der Unterteilung eines Marktes bzw. der Kunden eines Unternehmens dar.[177] Im Rahmen des Verbraucherpanels werden praktisch alle relevanten soziodemografischen Merkmale wie Alter, Geschlecht, Familienstand, Einkommen usw. detailliert erfasst.[178] Von besonderer Bedeutung ist dabei die schon angesprochene Tatsache, dass die Panelteilnehmer i.Allg. auch bei *kritischen Merkmalen* wie dem Einkommen eher bereit sind, (wahrheitsgemäße) Auskünfte zu geben, da durch die lange Zusammenarbeit mit dem Panelinstitut eine entsprechende Vertrauensbasis geschaffen wird.[179] Gerade Informationen zur längerfristigen Entwicklung der Vermögenssituation der Haushalte, der beruflichen Veränderungen der Haushaltsvorstände usw. sind von großer Bedeutung für die Abschätzung zukünftiger Nachfragepotenziale der Kunden.

In den meisten Fällen wird eine Kundenstruktur über mehr als nur ein Segmentierungsmerkmal beschrieben, da die Segmente dann in aller Regel eine höhere kaufverhaltensbezogene Trennschärfe aufweisen.[180] Grundsätzlich kann mit Hilfe des Haushaltpanels *jede gewünschte Kombination* soziodemografischer Merkmale herangezogen werden.

Zusätzlich existieren spezielle „vorgefertigte" soziodemografische Segmentierungen, mit denen umfassende *Lebenssituationen* oder *Lebensphasen* erfasst werden. Zum Beispiel kann eine Einordnung der Kunden in *soziale Schichten* erfolgen. Dabei werden Merkmale wie Ausbildung, Beruf und Einkommen zugrunde gelegt und daraus jeweils eine „obere" und „untere" Ober-, Mittel- und

---

[177] Vgl. Becker (2001), S. 250; Dichtl (1974), S. 55;
[178] Vgl. Schulz (1995), S. 78.
[179] Vgl. Kap. 2.3.2.
[180] Vgl. Becker (2001), S. 250.

Unterschicht gebildet.[181] Eine weitere sehr verbreitete Segmentierung bezieht sich auf den *Familien-Lebenszyklus*, der darauf abstellt, dass die Mitglieder eines Haushalts im Zeitablauf unterschiedliche Phasen durchlaufen. Die zugrunde gelegten Merkmale der Phasenabgrenzung sind „Alter des Haushaltsvorstandes", „Familienstatus", „Anzahl und Alter der Kinder" sowie „Berufsstatus des Haushaltsvorstandes".[182] Es konnte empirisch gezeigt werden, dass die jeweiligen Lebensphasen das Konsumverhalten stark beeinflussen.[183]

Soziodemografische Analysen der Käuferschaft sind unter Heranziehung des Verbraucherpanels recht einfach durchzuführen und bergen teilweise erhebliche strategische Aussagekraft – insbesondere dann, wenn sie zu anderen Größen in Bezug gesetzt werden: Wird beispielsweise die *Altersstruktur* der Käufer einer Marke untersucht, kann unter Heranziehung allgemein zugänglicher Informationen, z.B. aus den amtlichen Statistiken zur Bevölkerungsentwicklung,[184] ein Abgleich mit der Altersentwicklung der Bevölkerung erfolgen. Hierbei wird erkennbar, ob sich die angestammte Käuferschaft möglicherweise in einem *rein demografisch bedingten* Schrumpfungs- oder Wachstumsprozess befindet. Allein aus einem solch einfachen Vergleich, bei dem lediglich ein einzelnes Strukturmerkmal zugrunde gelegt wird, können dann schon wertvolle Hinweise zur Abschätzung zukünftiger Absatzpotenziale gewonnen werden.[185]

Soziodemografische Abgrenzungen können darüber hinaus herangezogen werden, um zu prüfen, ob die ursprünglich anvisierte Zielgruppe auch wirklich den Nachfrageschwerpunkt bildet bzw. wie stark die tatsächlich erreichte Käuferschaft von dieser abweicht. Abweichungen von der Zielkundenstruktur bedeuten, dass attraktive Kundengruppen nicht erreicht werden konnten, was ein erhebliches *Gefahrenpotenzial* für die langfristige Entwicklung der betrachteten Marke birgt. Hier sollten dann Überlegungen zu möglichen Repositionierungen

---

[181] Vgl. Becker (2001), S. 254 f.; Stegmüller/Hempel (1996), S. 26.

[182] Vgl. Wells/Gubar (1966), S. 362, die neun Phasen unterscheiden. Vgl. auch Müller-Hagedorn (1984), S. 561 ff.

[183] Vgl. Becker (2001), S. 255.

[184] Vgl. Statistisches Bundesamt (2006).

[185] Vgl. hierzu auch Kap. 5.

des Leistungsangebots angestellt werden. Umgekehrt können solche Informationen aber auch *Chancenpotenziale* aufzeigen, wenn Hinweise auf neue, (unbeabsichtigt) erreichte Käufergruppen gewonnen werden, die möglicherweise langfristig an das Unternehmen gebunden werden können. Schon an dieser Stelle wird deutlich, dass die Situationsanalyse immer auch Kontrollinformationen in Bezug auf Zielerreichungsgrade beinhaltet, die wiederum den Boden für die *Früherkennung* sich anbahnender Marktchancen und Bedrohungen bereiten.[186]

In diesem Zusammenhang kann auch geprüft werden, inwieweit das Profil der Käuferschaft einer Marke von der *typischen* Käuferschaft dieses Produkttyps im Markt abweicht. Diese Information kann u.a. zeigen, ob die Marke eher dazu geeignet ist als *Standard-* oder als *Nischen*produkt geführt zu werden.

Die Beispiele zeigen, dass allein die systematische Erfassung der Kundenstruktur nach soziodemografischen Merkmalen schon eine erhebliche Aussagekraft für die Beurteilung der Unternehmenssituation besitzt. Gerade vor dem Hintergrund der strategischen Planung ergibt sich die Relevanz soziodemografischer Merkmale zudem daraus, dass durch sie gebildete Segmente eine vergleichsweise hohe Stabilität aufweisen[187] und somit insbesondere für die *langfristige* Planung wertvoll sind. Dies spielt insbesondere im Rahmen der Früherkennung und Prognose, die umfassend in den Kapiteln 4 und 5 behandelt werden, eine große Rolle.

3.1.2.3 Psychografie

Geografische und soziodemografische Segmentierungskriterien sind oft dem Vorwurf ausgesetzt, nur eine eingeschränkte Kaufverhaltensrelevanz aufzuweisen.[188] So wurde für den Konsumgüterbereich gezeigt, dass demografisch ho-

---

186   Vgl. hierzu Diller (1998), S. 11 f.
187   Vgl. Freter (1983), S. 58.
188   Vgl. Weissman/Tröger/Adlwarth (1983), S. 7; Nieschlag/Dichtl/Hörschgen (2002), S. 209; Becker (2001), S. 255; Yankelovich (1964), S. 83.

mogene Segmente sehr unterschiedliches Kaufverhalten aufweisen können.[189] Heterogene psychografische Strukturen innerhalb einer soziodemografisch homogenen Gruppe können hierfür die Erklärung sein. Daher wird empfohlen, zur Erfassung der Kundenstruktur zusätzlich *psychografische Merkmale* einzusetzen. Von ihnen wird angenommen, dass sie die *Ursachen* (und nicht nur die *Korrelate*) des Kaufverhaltens besser erfassen.[190]

Im Gegensatz zur Soziodemografie herrscht bei der Frage nach der Abgrenzung und Systematisierung psychografischer Merkmale in der Literatur keine einhellige Meinung.[191] Zumeist wird eine psychografische Segmentierung aber anhand von Kriterien wie Einstellungen, Motiven, Werten, usw. vorgenommen.[192] Hierbei handelt es sich nicht um direkt beobachtbare Größen, sondern um sog. „hypothetische Konstrukte", die zunächst operationalisiert werden müssen.[193] Dem Kriterium Einstellung kommt in diesem Zusammenhang eine herausragende Bedeutung zu, da es häufig *alleine* zur Segmentierung herangezogen wird, aber auch in die meisten der weiteren psychografisch orientierten Segmentierungsansätze (z.B. Lifestyle-Segmentierung) als *Teilkomponente* einfließt.[194]

Auch bei der Frage nach der *Kaufverhaltensrelevanz* psychografischer Merkmale ist die Meinung in der Literatur uneinheitlich.[195] Allerdings hat sich inzwischen zumindest die grundlegende Auffassung durchgesetzt, dass eine Unterscheidung in *generelle persönlichkeitsbezogene Kriterien* (z.B. Gesundheitsbewusstsein) auf der einen und *spezielle produktbereichsbezogene Kriterien* (z.B. Einstellung zu antibakteriellen Spülmitteln) auf der anderen Seite zu treffen ist. Den produktspezifischen psychografischen Merkmalen wird grundsätzlich die

---

[189] Vgl. Köhler (1972), S. 232; Bergler (1972), S. 11.
[190] Vgl. Weissman (1983), S. 96 f.; Nieschlag/Dichtl/Hörschgen (2002), S. 209.
[191] Vgl. Becker (2001), S. 256.
[192] Vgl. Kotler/Bliemel (2001), S. 438 ff.; Weissman/Tröger/Adlwarth (1983), S. 8 ff.; Meffert (2000), S. 196 ff.
[193] Vgl. Diekmann (1999), S. 181 ff.
[194] Vgl. Meffert (2000), S. 196. Vgl. zur Kaufverhaltensrelevanz von Einstellungen auch Kroeber-Riel/Weinberg (2003), S. 171 ff.
[195] Vgl. Becker (2001), S. 256.

stärkere Kaufverhaltensrelevanz zugesprochen.[196] Es ist daher zu prüfen, inwieweit die Merkmale in der einen oder anderen Form in einem Panel erhoben werden können, und welche Bedeutung sie jeweils für strategische Fragestellungen haben.

Wie schon im Grundlagenteil erläutert, erfolgt die Erhebung psychografischer Merkmale über eine Paneleinfrage. Der Haushalt muss zusätzlich zur standardmäßigen Erfassung der Einkäufe einen Fragebogen ausfüllen und an das Marktforschungsinstitut schicken,[197] wodurch sich sein Arbeitsaufwand erhöht. Eine hieraus resultierende Überlastung kann zur Folge haben, dass sich die Qualität der Aufzeichnungen verringert oder der Haushalt sogar langfristig aus dem Panel ausscheidet.[198] Nun würde aber eine auf *alle Marken* bezogene psychografische Kundenstrukturanalyse selbst bei einem kleinen FMCG-Hersteller zu einer großen Anzahl von Paneleinfragen führen und somit eine erhebliche Zusatzbelastung für die Panelhaushalte bedeuten. Dies ist aufgrund der hiermit verbundenen Probleme nicht möglich. Zukünftig könnten Paneleinfragen allerdings anstelle eines schriftlichen Fragebogens online über die PC-Schnittstelle im Rahmen des ScanIT-Verfahrens erfolgen. Dies senkt den Aufwand bei Paneleinfragen erheblich, so dass sie in stärkerem Maße eingesetzt werden können.[199]

Neben der Überlastung ergibt sich ein zweites Problem dadurch, dass durch Einfragen Paneleffekte ausgelöst werden können. Verschiedenen Studien zeigen, dass alleine die Hervorhebung von Produkten im Zuge einer Einfrage schon ein solchermaßen verändertes Kaufverhalten nach sich zog.[200] Der Effekt ist umso

---

[196] Vgl. Freter (2001), S. 1076; Meffert (2000), S. 196 ff.; Weissman/Tröger/Adlwarth (1983), S. 9 ff.; Homburg/Krohmer (2003), S. 316; Breuer (1980), S. 51 und 114 und 124; Böhler (1977), S. 148; Becker (2001), S. 267.

[197] Theoretisch könnten auch Interviews mit den Panelhaushalten geführt werden, allerdings wäre dies sowohl aus Kostengesichtspunkten als auch aus potenziell verzerrenden Interviewereinflüssen nicht sinnvoll. Vgl. zum Interviewereinfluss Atteslander/Kneubühler (1975), S. 52 f.; Hafermalz (1976), S. 23 f.

[198] Vgl. Kap. 2.3.5.1.2.

[199] Dies setzt allerdings voraus, dass alle Haushalte mit einem Erfassungssystem wie ScanIT ausgestattet sind. Ansonsten sind elektronische Einfragen nur für bestimmte Teilsegmente möglich. Siehe zu ScanIT auch die Ausführungen in Kap. 2.3.5.1.3.

[200] Vgl. Sudman/Wansink (2002), S. 124 ff.

stärker, je konkreter sich die Einfragen auf bestimmte Leistungsangebote beziehen. In der Konsequenz heißt das, dass bei Paneleinfragen *kein Bezug zu Produkten oder Marken* hergestellt werden darf und damit die Möglichkeit einer marken- oder produktspezifischen Messung psychografischer Merkmalsausprägungen im Verbraucherpanel grundsätzlich nicht gegeben ist.[201] Mit zunehmendem Abstraktionsgrad der abgefragten psychografischen Merkmale – z.B. von produktgruppenbezogenen über warengruppenbezogene hin zu generellen Einstellungen – schwächt sich der verzerrende Einfluss auf das Kaufverhalten ab, gleichzeitig sinkt jedoch die marken- bzw. produktspezifische Verwertbarkeit der erhobenen Merkmale.

Zusammenfassend ist damit festzuhalten, dass der psychografisch orientierten Analyse der Kundenstruktur auf der Marken- oder Produktebene gewisse Grenzen gesetzt sind. Daraus sollte jedoch keinesfalls der Schluss gezogen werden, ganz auf die Nutzung psychografischer Merkmale zu verzichten, denn auch die Beschreibung der Kunden nach *generellen persönlichkeitsbezogenen* Einstellungen wie dem Umweltbewusstsein oder der Gesundheitsorientierung trägt zu einem wesentlich besseren Verständnis der Käuferstruktur bei. So wurde in mehreren Studien gezeigt, dass die im Rahmen des Verbraucherpanels standardmäßig erhobenen psychografischen Merkmale[202] das Kaufverhalten stark beeinflussen.[203]

Dies gilt insbesondere in strategischer Hinsicht, denn *generelle* Einstellungsänderungen weisen eine höhere Nachhaltigkeit auf als marken- oder produktspezifische und sind daher gerade vor dem Hintergrund *langfristiger* Überlegungen – z.B. hinsichtlich der Entwicklung neuartiger Produkte – von besonderer Bedeutung.

---

[201] Lt. mündlicher Auskunft Dr. R. Wildner (GfK) vom 10.01.2006.

[202] Vgl. zu den Inhalten der durchgeführten Paneleinfragen Kap. 2.3.5.1.2.

[203] Vgl. die Studie von Adlwarth/Wimmer (1986), die auf der Grundlage von Verbraucherpaneldaten eine Beziehung zwischen „Umweltbewusstsein" und Kaufverhalten nachweisen. Ohr (1999) zeigte ebenfalls auf der Basis von Paneldaten, dass die „Einstellung zu gesunder Ernährung" auf das Kaufverhalten durchschlägt und zudem mit spezifischen soziodemografischen Variablen einhergeht. Vgl. auch Parfitt (1986), S. 224.

Neben der Möglichkeit, psychografische Merkmale im Panel selbst zu erheben, kann auch versucht werden, durch eine sog. „Datenfusion" die mit einer Paneleinfrage verbundenen Probleme zu umgehen. Hierbei wird nicht wie beim Single-Source-Ansatz versucht, die interessierenden Variablen in derselben Stichprobe zu erheben, sondern es werden *zwei unterschiedliche Stichproben* herangezogen. Die eine ist die Panelstichprobe, über die das Kaufverhalten gemessen wird, und die andere ist eine Ad-hoc-Stichprobe, in der die psychografischen Merkmale erhoben werden. Die Ergebnisse werden dann über soziodemografische und – in begrenztem Umfang – einstellungs- und verhaltensbezogene Bindevariablen zueinander in Bezug gesetzt, so dass die erhobenen psychografischen Merkmale behandelt werden können, als kämen sie aus der Panelstichprobe.[204] Dies stellt eine Möglichkeit dar, die Kundenstruktur ohne Paneleffekte auch auf Produkt- oder sogar Markenebene psychografisch zu erfassen. Allerdings ist dabei zu beachten, dass bei Datenfusionen noch erhebliche Validitätsprobleme bestehen,[205] was die Aussagekraft solcher Analysen deutlich einschränkt. Wie stark die Validitätsprobleme sind, ist noch nicht abschließend geklärt, so dass abzuwarten bleibt, ob die Methode der Datenfusion als Grundlage *strategischer* Entscheidungen eine hinreichende Verlässlichkeit besitzt.

3.1.2.4 Kaufverhalten

Die Segmentierung der Kundenstruktur nach dem Kaufverhalten unterscheidet sich grundsätzlich von der Segmentierung nach geografischen, soziodemografischen oder psychografischen Merkmalen: Der Markt wird hierbei nicht nach Variablen unterteilt, von denen angenommen wird, dass sie ursächlich für ein bestimmtes Verhalten sind, sondern es wird nach dem letztlich interessierenden

---

[204] Hierzu werden in der Panelstichprobe das Kaufverhalten Y und die soziodemografischen und sonstigen zur „Zwillingsbildung" herangezogenen Merkmale X der Haushalte erfasst. In der Ad-hoc-Stichprobe werden die interessierenden psychografischen Merkmale Z und ebenfalls die soziodemografischen und sonstigen Merkmale X erhoben. Da X in beiden Datenbeständen vorkommt, wird sie als „gemeinsame Variable" bezeichnet, über die die Haushalte der beiden Stichproben zusammengeführt werden. Vgl. hierzu ausführlich Wildner (2000), S. 245 ff.

[205] Vgl. Diller (2001), S. 1551.

Kaufverhalten selbst segmentiert und dann retrograd nach Variablen gesucht, die dieses Verhalten möglicherweise erklären.[206]

Für eine verhaltensbezogene Segmentierung stellt ein Panel aus vier Gründen eine nahezu ideale Grundlage dar: Erstens findet in einem Verbraucherpanel eine detaillierte und grundsätzlich alle Warengruppen einschließende Aufzeichnung des Kaufverhaltens der Haushalte statt. Zweitens erfolgt eine Dokumentation über einen langen Zeitraum hinweg, d.h. mit Hilfe des Panels kann die Entwicklung des Kaufverhaltens erfasst werden. Drittens werden die individuellen Kaufhistorien der Haushalte nachvollzogen, was z.B. Käuferwanderungsanalysen ermöglicht. Und viertens kann das Kaufverhalten mit allen anderen Segmentierungsvariablen aus derselben Datenquelle korreliert werden,[207] wodurch Hinweise auf die möglichen Ursachen des Kaufverhaltens gewonnen werden können.

Bei der Beurteilung der Kundenstruktur unter strategischen Gesichtspunkten sind insbesondere solche Verhaltensmerkmale relevant, die die langfristige Erfolgsträchtigkeit einer Marke beeinflussen. Im Folgenden wird daher das Kaufverhalten in Bezug auf die *Kaufvolumina*, das *Markenwahlverhalten*, die *Einkaufsstättenwahl* und das *Preisverhalten* untersucht.[208]

3.1.2.4.1 Kaufvolumina

Von zentraler Bedeutung sind Informationen darüber, in welchem Maße es gelungen ist, die Kundengruppen mit den höchsten Nachfragevolumina in einer Warengruppe an sich zu binden. Diese Intensivkäufer, die auch als „Heavy User" bezeichnet werden, sind trotz ihres kleinen zahlenmäßigen Anteils für große Teile des Marktvolumens verantwortlich und somit von besonderer Bedeutung für derzeitige und zukünftige Absatzpotenziale. Um die Heavy User zu erfassen, werden Mengenintensitätsklassen gebildet, in die alle Nachfrager einer

---

[206] Vgl. Freter (1983), S. 87; Weissman (1983), S. 91.
[207] Vgl. Günther/Vossebein/Wildner (1998), S. 255.
[208] Vgl. Becker (2001), S. 270.

Warengruppe entsprechend ihrer in einem bestimmten Zeitraum gekauften Mengen eingeordnet werden.[209] Eine Einteilung kann z.B. in Intensiv-, Normal-, Wenig- und Nichtkäufer erfolgen, wobei die Grenzen der Einteilung frei wählbar sind.[210] Wie in der folgenden Abbildung zu sehen ist, wurde beispielsweise für eine bestimmte Kaffee-Sorte gezeigt, dass 29 % der Nachfrager 60 % des Nachfragevolumens ausmachen.[211] Für die einzelnen Intensitätsklassen können dann weitere Untersuchungen angestellt werden, z.B. hinsichtlich ihrer durchschnittlich in einer Periode gekauften Mengen, den präferierten Einkaufsstätten, ihrer soziodemografischen Struktur usw.[212]

Im Rahmen der Kundenstrukturanalyse ist nun zu prüfen, zu welchen Anteilen die Intensiv-, Normal- und Wenigkäufer in der eigenen Käuferschaft im Vergleich zu ihrer Verteilung in der Warengruppe der betrachteten Marke vertreten sind. Informationen hierzu haben strategische Bedeutung, denn sie geben Hinweise darauf, inwieweit das *Absatzpotenzial* einer Marke *ausgereizt* ist, und sie sind daher vor allem für die Abschätzung der verbleibenden Entwicklungsmöglichkeiten von Bedeutung. Gleichzeitig haben die Informationen handlungsleitenden Charakter, denn sie zeigen, *welche* Maßnahmen zur Ausweitung der Nachfrage wahrscheinlich Erfolg versprechend sind. Wird beispielsweise festgestellt, dass die Marke schon vergleichsweise stark von Intensivkäufern, aber schwach von Normalkäufern nachgefragt wird, wäre der Versuch, eine Erhöhung des Absatzes durch eine Steigerung der durchschnittlichen Verbrauchsintensität herbeizuführen, möglicherweise weniger aussichtsreich als der Versuch, eine Erhöhung der Marktpenetration bei den Normalkäufern herbeizuführen.

---

[209]   Vgl. Becker (2001), S. 271; Twedt (1964), S. 72.

[210]   Dafür legt man i.Allg. die Grenzen bei der nachgefragten Menge fest und ordnet die entsprechenden Käuferanteile zu. Eine weitere Möglichkeit ist die Einteilung in die „Heavy-Half" und „Light-Half" (vgl. Twedt (1972), S. 265 ff.).

[211]   Vgl. Becker (2001), S. 272. Vgl. zu weiteren Beispielen Cook/Mindak (1984), S. 79 ff.

[212]   In diesem Zusammenhang spricht man auch von sog. „passiven", weil beschreibenden Segmentierungskriterien. Die zur eigentlichen Unterteilung herangezogenen Kriterien – in diesem Fall die Einkaufsmenge pro Periode – werden demgegenüber als „aktive" Segmentierungskriterien bezeichnet. Vgl. Homburg/Krohmer (2003), S. 319.

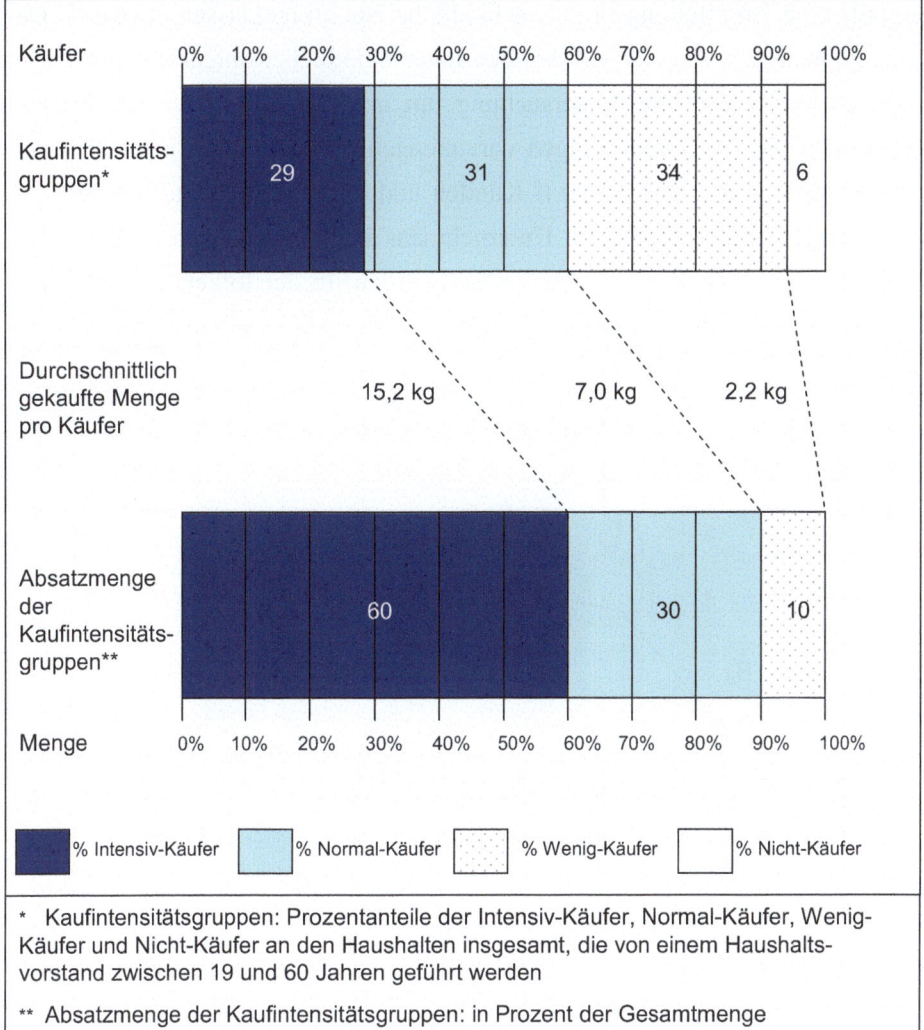

Abb. 9: **Kaufintensitäten für eine bestimmte Sorte Bohnenkaffee**
(Quelle: Becker (2001), S. 272)

Die Analyse der Verteilung unterschiedlicher Kaufintensitäten kann auch unter einem anderen, rein *unternehmensinternen* Blickwinkel erfolgen. Hierfür werden die Kunden danach geordnet, wie viel Prozent von ihnen wie viel Prozent der Absatzmenge einer Marke generieren. Das Ergebnis einer solchen Konzentrationsanalyse wird anhand einer sog. „Lorenzkurve" veranschaulicht,[213] wobei

---

[213]   Vgl. zur Lorenzkurve z.B. Meffert (2000), S. 349.

ebenfalls eine Unterteilung in unterschiedliche Nachfrageklassen erfolgt.[214] Dabei ist zu beachten, dass es sich bei den unterschiedlichen Intensitätsklassen im
Gegensatz zur vorherigen Untersuchung um *unternehmensbezogene* Gruppen
handelt. Um hier Verwechselungen vorzubeugen, werden diese Intensitätsgrup-
pen im Weiteren als A-Kunden, B-Kunden und C-Kunden bezeichnet. Die unterschiedlichen Zielgruppen des Unternehmens können nach ihrem Absatzbei-
trag in die einzelnen Klassen eingeordnet werden. In der folgenden Abbildung
wären 10 % A-Kunden beispielsweise für 55 % des Markenabsatzes verantwortlich.

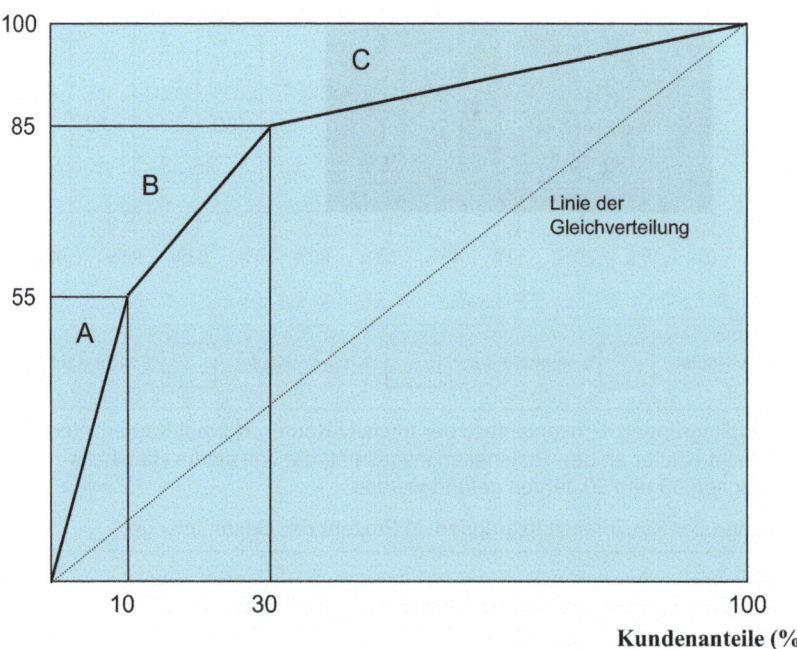

Absatz Marke X (%)

Abb. 10: Lorenzkurve
(Quelle: in Anlehnung an Meffert (2000), S. 349)

Damit hat die Konzentrationsanalyse einen anderen Aussagegehalt als die vor-
hergehende Untersuchung. Denn sie zeigt, inwieweit *Absatzabhängigkeiten* von

---

[214]   Vgl. Günther/Vossebein/Wildner (1998), S. 235 f.

bestimmten Kundengruppen bestehen. Dagegen macht die Analyse der unterschiedlichen Kaufintensitätsklassen deutlich, wie gut es gelungen ist, *Absatzpotenziale zu erschließen.*

Absatzabhängigkeiten weisen ein erhebliches Gefahrenpotenzial auf, wenn die dauerhafte Nachfrage der A-Kunden nicht gesichert ist. Hängt, wie im Beispiel, der Absatz zu großen Teilen von einer kleinen Gruppe ab, würde die Marke bei einer Erosion dieses Segments in Schwierigkeiten geraten.

Es muss allerdings in diesem Zusammenhang darauf hingewiesen werden, dass eine umfassende strategische Analyse der Abhängigkeiten von Nachfragersegmenten ein Abstrahieren von der markenspezifischen Betrachtung erfordert. Es kann nämlich durchaus beabsichtigt sein, im Rahmen der spezifischen Ansprache ausgewählter Zielgruppen zu hohen Umsatzkonzentrationen bei kleinen Segmenten zu kommen. Die hohe markenspezifische Abhängigkeit von einer Kundengruppe relativiert sich aber, wenn weitere Marken des Unternehmens ebenfalls sehr spezifische, aber gänzlich andere Segmente bedienen und somit *insgesamt* eine breite Aufstellung vorliegt. Dies verdeutlicht, wie wichtig die übergeordnete Sichtweise bei der Beurteilung der strategischen Unternehmenssituation ist.

Liegen als bedrohlich einzustufende Abhängigkeiten vor, müssen weitere Analysen durchgeführt werden, um die langfristige Beständigkeit der Nachfrage abschätzen zu können. Hierbei spielt vor allem das im folgenden Kapitel zu behandelnde *Markenwahlverhalten* der Kunden eine wichtige Rolle.[215]

3.1.2.4.2 Markenwahlverhalten

3.1.2.4.2.1 Käuferreichweite

Die Käuferreichweite (KRW) zeigt, wie viel Prozent aller potenziellen Käufer eines Produktes, einer Marke etc. diese(s) mindestens einmal in einem bestimm-

---

[215] Vgl. Becker (2001), S. 272.

ten Zeitraum gekauft haben.[216] Die *potenzielle Käuferschaft* kann dabei unterschiedlich definiert werden. So kann sich die KRW auf die gesamte Bevölkerung, aber auch nur auf einen Teilausschnitt der Nachfrager, z.B. die Käufer einer Produkt- oder Warengruppe, beziehen. Dann wird die KRW als „Käuferpenetration" bezeichnet.[217] Die Kennzahlen zeigen dem Unternehmen, wie groß der Käuferkreis für seine Leistungsangebote ist, d.h. wie viele der potenziellen Nachfrager tatsächlich als Kunden gewonnen werden konnten. In der folgenden Abbildung sind die KRW für unterschiedliche Marken im Jahre 2003 dargestellt.

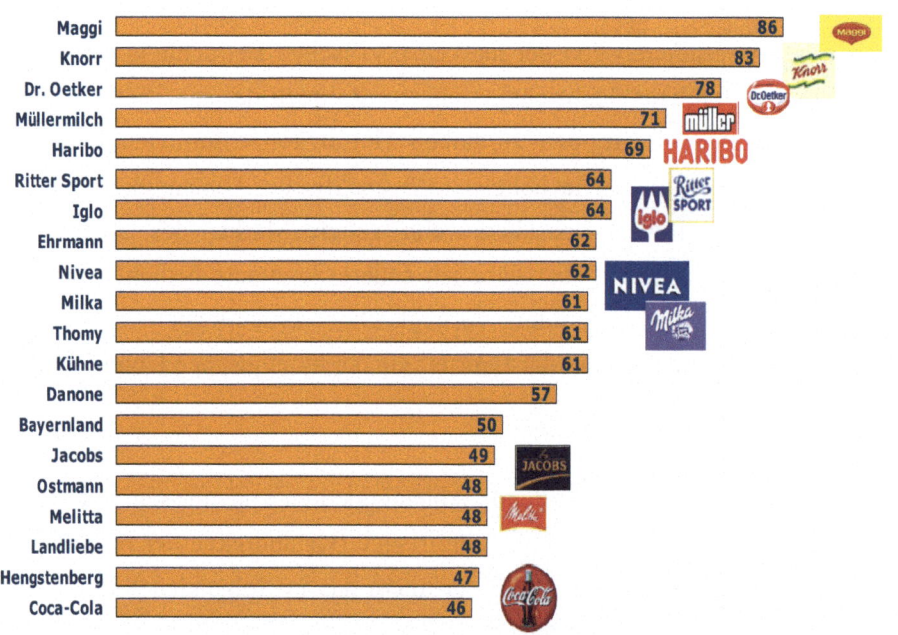

Abb. 11: Käuferreichweiten unterschiedlicher (Dach-)Marken in Prozent aller Haushalte in 2003 (Quelle: GfK (2003b))

---

[216] Vgl. o.V. (2001a), S. 752.

[217] Daher sind die Werte für die Käuferpenetration in der Regel höher als die der KRW. Vgl. Günther/Vossebein/Wildner (1998), S. 199 f.

Da die KRW sowohl für den Gesamtmarkt als auch für unterschiedlich abgegrenzte Segmente ausweisbar ist, kann das Unternehmen die Verbreitung seiner Produkte zielgruppenspezifisch analysieren. So wird beispielsweise den Hersteller einer hochwertigen Whiskysorte die KRW bei den über 50jährigen Gutverdienern mehr interessieren als bei den 20-30jährigen mit geringem Einkommen.

Eine hohe KRW alleine reicht jedoch für den Erfolg einer Marke langfristig nicht aus, da sie nur Auskunft darüber gibt, wie viele Personen eine Marke zumindest *einmal* ausprobiert haben. Wichtig ist darüber hinaus, ob die Kunden dann auch gehalten werden können, d.h. dem Leistungsangebot *treu* bleiben.

3.1.2.4.2.2 Markentreue

Die strategische Bedeutung der Markentreue ergibt sich insbesondere daraus, dass sie einen Faktor für die *Stabilität* eines einmal erreichten Marktanteils darstellt. Eine hohe Markenloyalität[218] erschwert nämlich erstens Marktanteilsgewinne aktueller Wettbewerber und stellt zweitens für potenzielle Konkurrenten eine Markteintrittsbarriere dar.[219] Die Markentreue kann in diesem Zusammenhang mit Einschränkungen auch als (quantitativer) Indikator für die Zufriedenheit der Kunden mit dem Leistungsangebot des Unternehmens interpretiert werden.[220] Unterstellt man, dass die Kundenneugewinnung teurer ist als die Bindung bestehender Kunden, ist eine hohe Markentreue zudem unter *Rentabilitätsgesichtspunkten* vorteilhaft.[221]

Die Messung der Markentreue stellt ein recht komplexes Problem dar. Es existieren hierzu unterschiedliche Ansätze, die sich grundsätzlich in *verhaltensbezo-*

---

[218] Die Begriffe *Markentreue* und *Markenloyalität* werden im Folgenden synonym gebraucht.

[219] Vgl. Kotler/Bliemel (2001), S. 444; Becker (2001), S. 271.

[220] Vgl. Köhler (1998), S. 33 f.

[221] Vgl. Blanchard/Lesceux (1995), S. 146.

gene (behavioristische) und *einstellungsorientierte* Ansätze unterteilen lassen.[222] Letztere bedienen sich primär markenbezogener Einstellungsmessungen[223] und können aufgrund der hiermit einhergehenden Probleme nicht im Rahmen von Panelerhebungen eingesetzt werden.

Um die verhaltensbezogene Markentreue valide zu erfassen, ist es unabdingbar, eine *kontinuierliche Beobachtung* des Kaufverhaltens vorzunehmen. Versuche, dieses durch Befragungen über zurückliegendes Verhalten zu erfassen, sind, wie in Kap. 2.3.2 gezeigt wurde, gescheitert. Daher ist das Panel das einzige Instrument, welches in hinreichendem Umfang und hinreichender Qualität Informationen über das Verhaltensmerkmal Markentreue liefern kann.

Bei der verhaltensbezogenen Erfassung werden i.Allg. *kaufreihenfolgebezogene* oder *volumenbezogene* Ansätze unterschieden.[224] Bei Ersteren wird die Markentreue durch die Beobachtung des individuellen Kaufverhaltens über einen bestimmten Zeitraum hinweg ermittelt. Die Kaufsequenzmuster stellen die Grundlage zur Einteilung der Kunden in verschiedene Markentreueklassen dar. Ein Markt mit fünf Marken A, B, C, D und E könnte somit beispielsweise in folgende Gruppen eingeteilt werden:[225]

- ungeteilt markentreue Käufer (Kaufmuster (a): A, A, A, A, A, A)
- geteilt markentreue Käufer (Kaufmuster (b): A, A, B, B, A, B)
- wandernd markentreue Käufer (Kaufmuster (c): A, A, B, B, C, C)
- Wechselkäufer (Kaufmuster (d): A, E, A, C, B, D).

Je nach den Anteilen einer Marke an den unterschiedlichen Gruppen kann die Loyalität der Kunden beurteilt werden. Ein schwerwiegendes Problem einer solchen Erfassung besteht jedoch darin, dass sich insbesondere bei einer viele Marken umfassenden Warengruppe und einer hohen Anzahl an Kaufakten eine so

---

[222] Vgl. die ausführliche Darstellung und Beurteilung unterschiedlicher Ansätze zur Messung der Markentreue bei Nolte (1976), S. 10 ff.

[223] Vgl. Nolte (1976), S. 71 ff.

[224] Vgl. Böhler (1977), S. 119 ff. und die dort zitierte Literatur.

[225] Vgl. Kotler/Bliemel (2001), S. 444.

große Anzahl möglicher Kaufsequenzen ergibt, dass ihre eindeutige Zuordnung zu den unterschiedlichen Markentreuegruppen praktisch unmöglich wird. Daher werden zur Messung der Markentreue *volumenbezogene* Ansätze herangezogen.[226]

Bei den volumenbezogenen Ansätzen wird die Markentreue über einen Vergleich der gekauften Mengen der Marke mit dem gesamten Nachfragevolumen des Haushaltes in der betrachteten Warengruppe erfasst. Voraussetzung dabei ist, dass die betrachteten Haushalte eine bestimmte Anzahl von Käufen in der Warengruppe getätigt haben. Denn nur wenn eine Mindestanzahl von Markenwahlentscheidungen getroffen wurde, kann vom Einkaufsverhalten auf die Markentreue geschlossen werden.[227] Diese Operationalisierung wird auch als „Bedarfsdeckung" bezeichnet: „Ihre Höhe drückt die Loyalität der Käufer zu der Marke aus."[228] Um den Grad der Loyalität festzustellen, werden Klassen unterschiedlicher Bedarfsdeckungen gebildet, wobei die Klassengrenzen frei wählbar sind und primär von marktspezifischen Faktoren wie z.B. der Gesamtzahl der in der Warengruppe angebotenen Produkte abhängen. Im folgenden Beispiel werden die Grenzen bei 33 %, 66 %, 99 % und 100 % gezogen.

Die Frage, ab welcher Bedarfsdeckungsrate ein Kunde als treu zu bezeichnen ist, lässt sich nicht allgemeingültig festlegen, sondern hängt ebenfalls von marktspezifischen Faktoren ab. Im Beispiel ist aber klar ersichtlich, dass die Nachfrager der Marke B wesentlich markentreuer sind als die der Marke A, da B insgesamt die höheren Käuferanteile in den höheren Bedarfsdeckungsklassen aufweist. So hat B allein 33 % sog. „Nurkäufer", d.h. solche, die ihren Bedarf *ausschließlich* über B decken.

---

[226]   Vgl. Berekoven/Eckert/Ellenrieder (2004), S. 416; Günther/Vossebein/Wildner (1998), S. 238 ff.; Goerdt (1999), S. 54 f.

[227]   Vgl. Günther/Vossebein/Wildner (1998), S. 240.

[228]   Günther/Vossebein/Wildner (1998), S. 238.

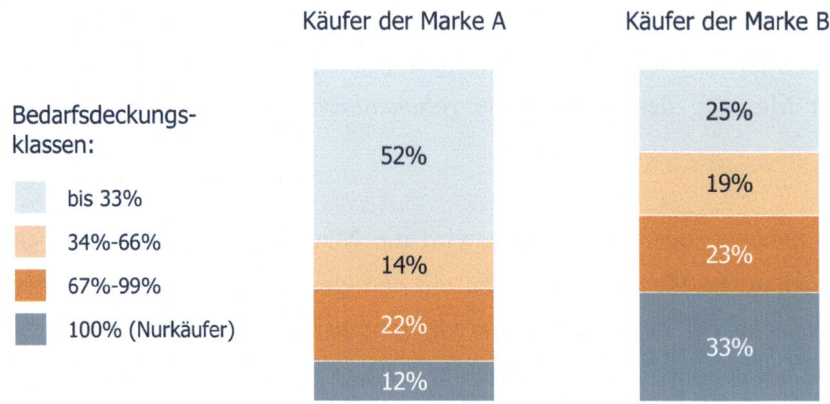

Abb. 12: **Bedarfsdeckungsklassen für zwei Marken**
(Quelle: GfK (2005d))

Ein Nachteil der volumenmäßigen Erfassung der Markentreue besteht darin, dass *innerhalb eines einzelnen Analysezeitraums* nicht erkennbar ist, in welche Richtung sich die Markenwahl entwickelt. So würde – bei Unterstellung der gleichen gekauften Menge pro Kauf – bei der Sequenz

$$(A, A, A, A, A, A, C, B, F, D)$$

eine hohe Markentreue für A festgestellt, da die Bedarfsdeckungsrate bei 60 % liegt. Übersehen würde dabei allerdings, dass die Markentreue *innerhalb* der Periode erodiert. Dieses Problem ist jedoch mittels einer mehrperiodigen Betrachtung, bei der mehrere Analysezeiträume hintereinander geschaltet werden, weit gehend zu lösen, denn würde es sich hierbei um eine tatsächliche Erosion der Loyalität handeln, würden, wie in Abb. 12 dargestellt, in den Folgeperioden auch die Bedarfsdeckungsraten entsprechend niedrige Werte annehmen.[229]

---

[229] Da zudem die beobachteten Zeitintervalle beliebig kurz gewählt werden können, z.B. um eine Neuprodukteinführung zu überwachen, spielen *intraperiodige* Veränderungen des Kaufverhaltens unter strategischen Gesichtspunkten kaum eine Rolle.

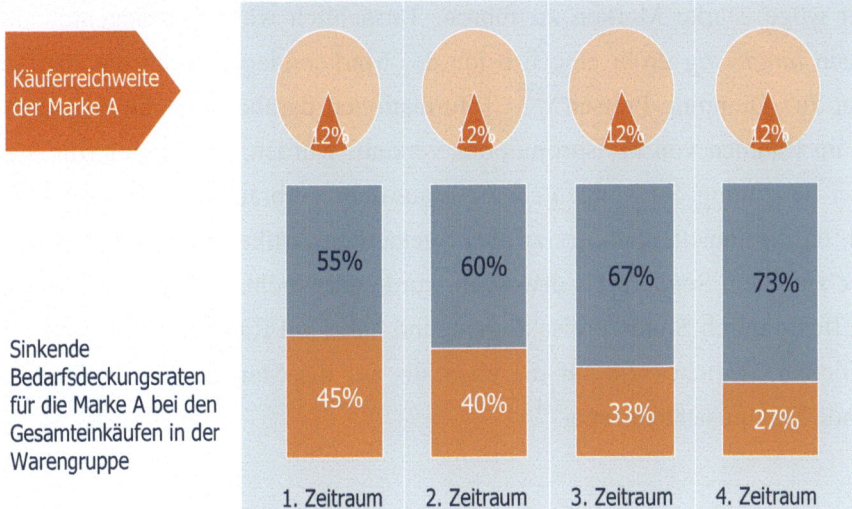

Abb. 13: **Bedarfsdeckungsraten im Zeitablauf bei einer sinkenden Markentreue**
(**Quelle: GfK (2005d)**)

Schon angesprochen wurde, dass neben der Messung der durchschnittlichen Loyalität aller Kunden einer Marke auch separate Analysen *unterschiedlicher Kundensegmente* erfolgen sollten. Solche *disaggregierten* Analysen sind vor dem Hintergrund der unterschiedlichen Bedeutung von Kundensegmenten für die langfristige Erfolgssicherung des Unternehmens sehr wichtig. Denn nur so können Gefährdungs- oder Chancenpotenziale präzise identifiziert und entsprechende Maßnahmen ergriffen werden.[230]

Ein Faktor, der bei Markentreueuntersuchungen berücksichtigt werden muss, ist der *Preis*. Ein markentreues Verhalten kann beispielsweise aufgrund einer hohen (Preis-)Promotionfrequenz einer Marke und der daraus resultierenden häufigen Verfügbarkeit zu relativ niedrigen Preisen auftreten.[231] Hierbei würde eine Art „Scheinmarkentreue" vorliegen, die das Unternehmen in der trügerischen Si-

---

[230] Hierbei bestehen lediglich insofern Restriktionen, als dass die Segmente zahlenmäßig hinreichend besetzt sein müssen und die entsprechenden Kaufvolumina einen ausreichenden Umfang haben, da ansonsten keine verlässlichen Aussagen zum Markenwahlverhalten gemacht werden können.

[231] Vgl. zu den unterschiedlichen Formen von Preispromotions Gedenk (2002), S. 21 ff.

cherheit wöge, starke Marken zu führen. Tatsächlich wäre das Gegenteil der Fall, denn *langfristig* droht eine Erosion des Markenimages durch das häufige Angebot zu „Dumping-Preisen".[232] Informationen darüber, welche Absatzvolumina im Rahmen von Preispromotions verkauft wurden, sind damit von strategischer Bedeutung. Sie können ebenfalls aus dem Verbraucherpanel gewonnen werden, da die Panelteilnehmer zu jeder gekauften Artikelposition angegeben, ob diese zu einem Sonderpreis erworben wurde oder nicht.[233] Potenziell verzerrende Effekte durch Sonderpreisaktionen sind daher im Rahmen des Panels gut kontrollierbar. Gleiches gilt für die ebenfalls auf die Markenloyalität Einfluss nehmende Einkaufsstättentreue.[234]

3.1.2.4.2.3 First-Choice-Buyer

Eine weitere, mit der Markentreue verwandte Möglichkeit, die Qualität der Kundschaft einer Marke zu beurteilen, liegt in der Erfassung der sog. „First-Choice-Buyer" (FCB). Dies sind die Nachfrager, die ihren Bedarf innerhalb einer Warengruppe *zum größten Teil* mit der in Betracht stehenden Marke decken, d.h. für einen FCB der Marke A stellt A die *erstpräferierte Marke* dar, wenn er in der entsprechenden Warengruppe einkauft.[235] In der folgenden Abbildung 13 wird die Warengruppe „Weichspüler" betrachtet. Die beiden Haushalte geben jeweils 100 € pro Jahr für Weichspüler aus. Davon entfällt bei Haushalt 1 mit 60 € der größte Teil auf Marke A, d.h. er wird in die Klasse der FCB der Marke A eingeordnet. Haushalt 2 ist hingegen ein FCB der Marke B.

---

[232] Vgl. hierzu auch das Kap. 3.2.2 zur Markengesundheit.
[233] Vgl. Kap. 2.3.5.1.2.
[234] Vgl. hierzu Kap. 3.1.2.4.3.
[235] Eine solche First Choice Buyer-Analyse lässt sich auch für Einkaufsstätten durchführen. Hierbei geht es dann um die erstpräferierte Einkaufsstätte beim Kauf in einer bestimmten Warengruppe.

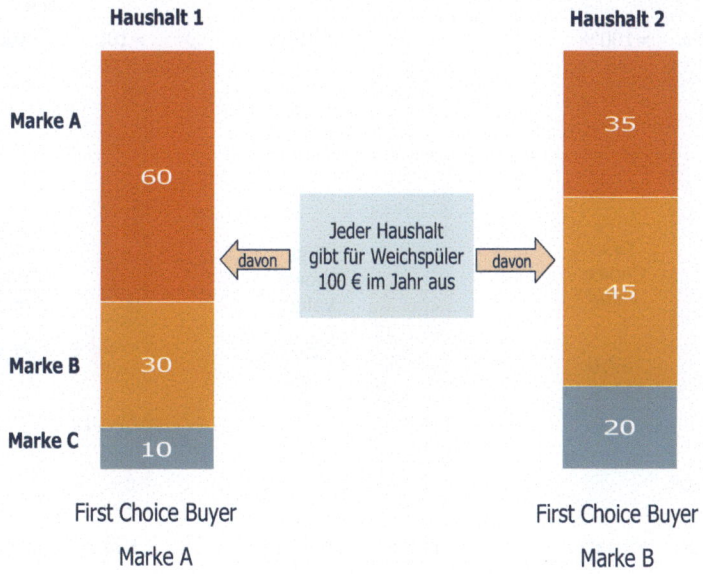

Abb. 14: **First Choice Buyer der Marken A und B**
(Quelle: GfK (2005e))

Ein Unternehmen muss einen möglichst hohen Anteil an FCB in seiner Kundschaft anstreben. FCB können als Stammkunden interpretiert werden, die aufgrund ihrer relativ hohen Bedarfsdeckung und Preisbereitschaft[236] ökonomisch eine große Bedeutung haben, wie die folgende Abbildung zeigt. Bei Marke C sind beispielsweise 41,9 % FCB für 71,4 % des Umsatzes verantwortlich, der auch als „First Choice Value" (FCV) bezeichnet wird. Ähnliche Verhältnisse liegen bei den anderen Marken vor.

---

[236] Vgl. GfK (2005).

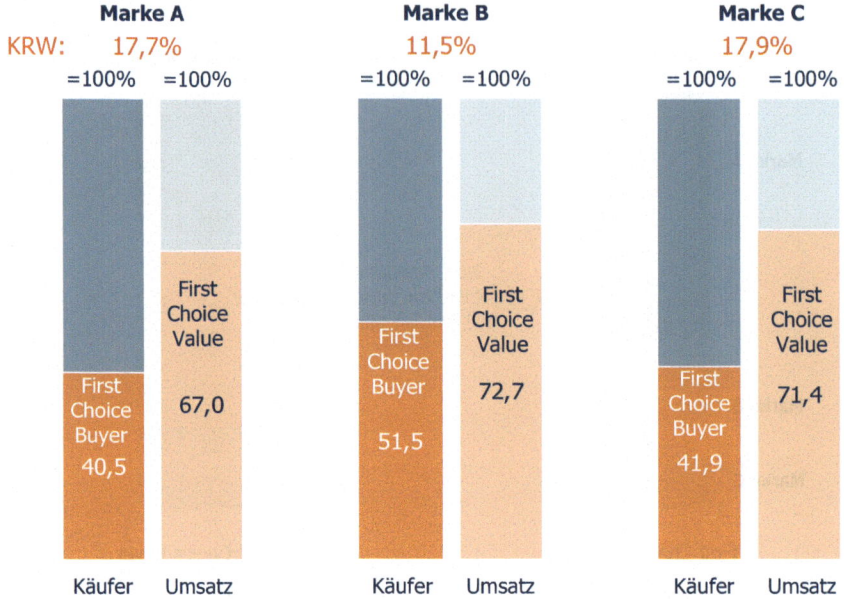

Abb. 15: **Umsatzbedeutung First Choice Buyer**
(Quelle: GfK (2005e))

Natürlich können auch die Anteile der FCB für unterschiedliche Segmente ausgewiesen und ihre Entwicklung im Zeitablauf beobachtet werden, so dass ein
differenzierter Einblick in die bedeutenden Kundensegmente ermöglicht wird.

3.1.2.4.2.4 Unterteilung der Kunden nach Shopper-Typen

Im Rahmen der bisherigen Ausführungen ist deutlich geworden, dass die grundsätzliche Neigung von Kunden, beispielsweise (Preis-)Promotion-Angebote
wahrzunehmen, von großer Bedeutung für die Abschätzung der Stabilität bestehender Marktanteile ist: Kunden mit einer hohen Promotion-Neigung werden
i.Allg. eine recht geringe Markentreue aufweisen bzw. legen diese (Scheinmarkentreue) nur bei dauerhaft niedrigen Preisen an den Tag. Für einen Markenarti-

kelhersteller ist es daher wichtig zu wissen, wie groß z.B. die Anteile von typischen Promotion-Käufern in seiner Kundschaft sind.

Auf der Grundlage von Verbraucherpaneldaten können Nachfrager nach ihrem typischen Kaufverhalten gegenüber bestimmten Leistungsangeboten segmentiert werden, wobei eine Unterteilung in „Markenkäufer", „Promotionkäufer", „Handelsmarkenkäufer" und „multioptionale Konsumenten" möglich ist.[237] Markenkäufer sind solche Nachfrager, die schwerpunktmäßig Markenprodukte zum Normalpreis kaufen, während sich Promotionkäufer dadurch auszeichnen, dass sie zwar ebenfalls Markenprodukte kaufen, dies aber zu großen Teilen zu Sonderpreisen tun. Handelsmarkenkäufer kaufen überproportional Handelsmarken, und die multioptionalen Konsumenten lassen sich keiner der Gruppen eindeutig zuordnen.[238] In der folgenden Abbildung sind die Verteilungen der unterschiedlichen Typen in Deutschland und deren Bedarfsdeckungsraten für das Jahr 1999 dargestellt. So kaufen etwa Handelsmarkenkäufer, zu denen 30 % aller Nachfrager gehören, zu 50,2 % Markenprodukte zum Normalpreis, zu 10,6 % Markenprodukte im Rahmen von Promotions und 39,2 % Handelsmarken.

Die Markenkäufer werden darüber hinaus seit dem Jahre 2004 noch weiter in sog. „Premium-Shopper" und „Marken-Shopper" unterteilt, wobei letztere einen etwas größeren Anteil aufweisen.[239] Premium-Shopper sind solche Käufer, die schwerpunktmäßig Marken kaufen, die *teurer* sind als der jeweilige Marktführer (dies ist die Marke mit dem höchsten Umsatz in der Warengruppe),[240] wobei Handelsmarken ausgeschlossen werden.

---

[237] Vgl. Twardawa (2000), S. 8.
[238] Bei multioptionalen Konsumenten kann es sich auch um sog. „hybride Käufer" handeln. Vgl. hierzu Kap. 3.1.2.4.4.1.
[239] Vgl. GfK (2004).
[240] Ist der Markführer gleichzeitig die teuerste Marke in der Warengruppe, gilt sie als Premiummarke.

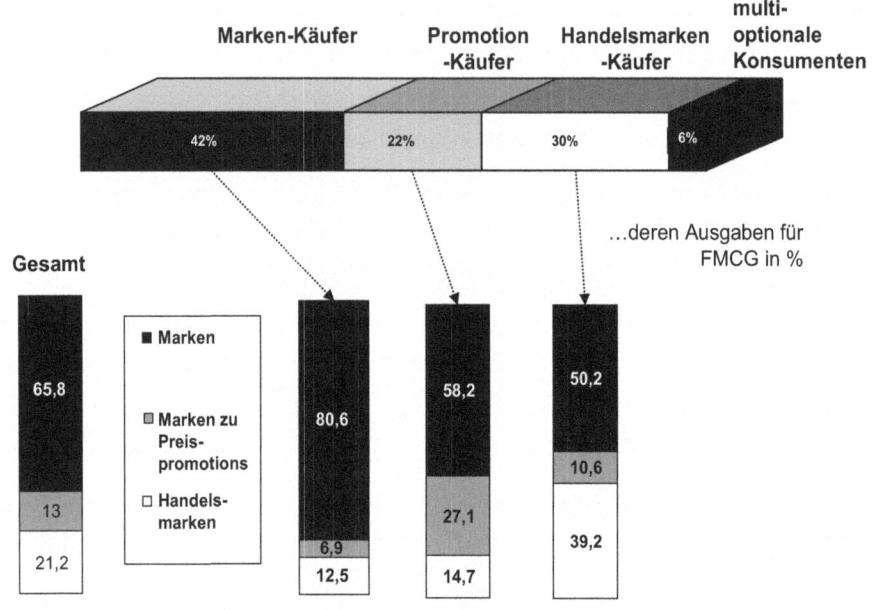

Abb. 16:   Shopper-Typen in Deutschland im Jahr 1999
(Quelle: Twardawa (2000), S. 9)

Je nachdem welche Typen sich zu welchen Anteilen in der eigenen Käuferschaft befinden, kann ein Unternehmen Schlüsse auf die Möglichkeiten ziehen, bestehende Erfolgspotenziale zu sichern und neue aufzubauen. Stellt ein Markenartikelhersteller beispielsweise fest, dass seine Kernmarke zum größten Teil von solchen Konsumenten nachgefragt wird, die eigentlich zu den typischen Handelsmarkenkäufern gehören, könnten ihm schnell große Absatzanteile verloren gehen, wenn ein entsprechendes Me-too-Leistungsangebot in Form einer Handelsmarke eingeführt wird. Durch die differenzierte Erfassung kann der Anbieter systematisch die Entwicklung der Shopper-Typen-Anteile in unterschiedlichen Warengruppen im Zeitablauf verfolgen und so schon früh Hinweise erlangen, *welche Bereiche* seines Leistungsangebots beispielsweise durch Handelsmarken besonders bedroht sind.

Das Markenwahlverhalten der Kunden unterliegt nicht ausschließlich der Präferenz für ein bestimmtes Leistungsangebot, sondern kann auch durch die im Folgenden zu behandelnde Einkaufsstättenwahl beeinflusst werden. Daher sollten entsprechende Aussagen auch unter Berücksichtigung der präferierten Einkaufsstätten gemacht werden.

3.1.2.4.3 Einkaufsstättenwahl

Informationen über die Einkaufsstättenwahl der Nachfrager sind von kaum zu unterschätzender Bedeutung, da eine hinreichende vertriebliche Erreichbarkeit der Endverwender eine der Kernvoraussetzungen für zufrieden stellende Absatzergebnisse ist.[243] Daher ist eine genaue Analyse der eigenen Absatzwegestruktur vor dem Hintergrund der Einkaufsstättenpräferenzen der Kundengruppen von großer Bedeutung.

Da zu jeder gekauften Artikelposition im Rahmen des Haushaltspanels auch der *Einkaufsort* angegeben wird, kann die Einkaufsstättenwahl der Nachfrager über das Verbraucherpanel präzise nachvollzogen werden. Die Analyse der Vertriebswegepräferenzen ist separat nach unterschiedlichen Kundensegmenten und unterschiedlichen Leistungsangeboten durchführbar, so dass systematisch geprüft werden kann, inwieweit die eigene Aufstellung in den Vertriebskanälen mit den grundsätzlichen Präferenzen der jeweiligen Zielgruppen übereinstimmt. Damit kann ein umfassender und differenzierter Abgleich des *Vertriebswegeprofils* des Unternehmens mit dem *vertriebsbezogenen Nachfrageprofil* der Käuferschaft erfolgen. Hieraus können zum einen Schlussfolgerungen gezogen werden, inwieweit sich durch eine Restrukturierung der Distribution noch brach liegende oder bisher von den Wettbewerbern bediente Absatzpotenziale bei den derzeit bedeutenden Kunden besser abschöpfen lassen. Zum anderen werden Ansatzpunkte zur Weiterentwicklung der Vertriebsstruktur im Hinblick auf den Aufbau neuer Erfolgspotenziale bei besonders zukunftsträchtigen Kundengruppen aufgezeigt.

---

[243] Vgl. Becker (2001), S. 273.

Wird beispielsweise festgestellt, dass eine attraktive Zielgruppe eine nur geringe Nachfrage nach den eigenen Produkten aufweist, kann dies darauf zurückzuführen sein, dass in den von diesen Kunden präferierten Einkaufsstätten eine zu geringe Präsenz der eigenen Marke besteht. Dieser Überlegung sollte z.B. dann nachgegangen werden, wenn die betrachtete Käufergruppe einen nur kleinen Anteil am Umsatz der eigenen Marke ausmacht, *in Bezug auf die Warengruppe* aber zu den Heavy Usern gehört. In diesem Fall werden möglicherweise Absatzpotenziale durch eine suboptimale Distributionspolitik verschenkt.

Aufschlussreich kann auch die kombinierte Analyse der Marken- und Einkaufsstättentreue sein. Stellt sich heraus, dass markentreue Kunden in besonderem Maße einkaufsstättentreu sind, ist es möglich, dass die gemessene Markentreue aufgrund einer vertriebswegepezifischen Sortimentsstruktur zumindest teilweise durch eine hohe Einkaufsstättentreue zu erklären ist.[244] Dies kann zu erheblichen Fehlschlüssen bezüglich der Bewertung der Markenstärke führen: Die Bindungskraft der Marke würde überschätzt, denn tatsächlich würde sie teilweise aus der Einkaufsstättentreue resultieren.

Die Beispiele zeigen einmal mehr, welches Informationspotenzial Paneldaten insbesondere aufgrund der *Verknüpfbarkeit* unterschiedlicher, auf den ersten Blick nicht zusammengehöriger Sachverhalte bergen.

3.1.2.4.4 Preisverhalten

Zur Einordnung von Nachfragergruppen hinsichtlich ihres Preisverhaltens werden i.Allg. der *Kauf in bestimmten Preislagen* und die Neigung zum *Kauf von Sonderangeboten* herangezogen.[245]

3.1.2.4.4.1 Preislagenwahl

---

[244] Vgl. Goerdt (1999); Sudman/Wansink (2002), S. 28 f.; Freter (1983), S. 93.
[245] Vgl. Meffert (2000), S. 210 ; Becker (2001), S. 273; Freter (1983), S. 91 f.

Preislagenanalysen zeigen die grundsätzliche Preisbereitschaft der Kunden und geben Hinweise auf die Zielgruppenadäquanz der gewählten Preispositionierung einer Marke.[246] Die Käuferschaft der Marke wird dafür in einem ersten Schritt über alle Warengruppen hinweg auf ihre allgemein bevorzugten Preislagen untersucht[247] und in unterschiedliche Klassen (z.B. Billig-, Normal- und Exklusivkäufer) eingeteilt.[248] Der Verteilung der Käuferschaft auf die unterschiedlichen Klassen wird dann die *preisliche Positionierung* der Marke gegenübergestellt, um das Maß an Übereinstimmung zu prüfen. Würde sich hierbei zeigen, dass eine Marke, die eigentlich im unteren bis mittleren Preissegment positioniert sein soll, zwar im erwarteten Umfang von Billig- und Normalkäufern nachgefragt wird, aber – im Vergleich zu anderen Produkten derselben Preislage – in weit überdurchschnittlichem Maße auch von Exklusivkäufern erworben wird, könnte das ein Hinweis auf einen zu niedrig gesetzten Preis sein, bei dem Preisbereitschaften nicht hinreichend abgeschöpft werden.

Es ist allerdings möglich, dass sich die Preisbereitschaften derselben Nachfrager von Warengruppe zu Warengruppe unterscheiden.[249] Daher müssen weitere Untersuchungen auf *Warengruppenebene* vorgenommen werden, um Fehlschlüsse zu vermeiden. Eine zumeist hochpreisige Güter nachfragende Kundengruppe kann nämlich in bestimmten Warengruppen durchaus eine nur geringe Preisbereitschaft aufweisen. Eine Preiserhöhung wäre unter diesen Umständen nicht anzuraten.

Das hier angesprochene Kaufverhalten, bei dem ein und derselbe Haushalt von Warengruppe zu Warengruppe in unterschiedlichen Preislagen einkauft, wird

---

[246]   Vgl. Gierl (2001), S. 1328; Gierl (1991), S. 48 ff.

[247]   Hierbei wird i.Allg. eine untere, eine mittlere und eine hohe Preislage unterschieden, wobei die Grenzen der jeweiligen Preislagen zumeist bei „runden", d.h. vollen Preisen liegen. Vgl. Diller/Sabel/Tacke (2001), S. 1327.

[248]   Vgl. zu den Möglichkeiten, die Kunden nach ihrem Kaufverhalten den unterschiedlichen Klassen zuzuordnen Diller/Gentner/Müller (2000), S. 55 f.

[249]   Vgl. Gierl (1991), S. 49.

auch als „hybrides Kaufverhalten" bezeichnet.[250] Dieses Verhaltensphänomen kann mit Hilfe des Verbraucherpanels differenziert erfasst werden, da die individuellen Einkaufshistorien nachvollzogen werden können.[251] Unter strategischen Gesichtspunkten ist die Erfassung hybriden Kaufverhaltens wichtig, da ein solches Verhalten die Möglichkeit, von Merkmalen wie dem Einkommen, der Vermögenssituation usw. auf *allgemeine* Preisbereitschaften zu schließen, erheblich verringert. Die Kenntnis, welche Kundengruppen hybrides Kaufverhalten aufweisen und welche Warengruppen von ihnen in welchen Preislagen nachgefragt werden, ist daher bei der Positionierung eines Leistungsangebotes und der Zielgruppenbeurteilung von nicht zu unterschätzender Bedeutung.

3.1.2.4.4.2 Sonderpreiswahl

Die Bedeutung der Neigung von Kunden, *Sonderangebote* zu kaufen, wurde schon im Rahmen der Markentreue angesprochen. Ist sie überdurchschnittlich hoch, liegt die Vermutung nahe, dass die Marke möglicherweise nicht um ihrer selbst willen, sondern primär wegen des niedrigen Preises nachgefragt wird. Dann aber besteht die Gefahr, dass Wettbewerber die Kunden über niedrige Preise leicht abwerben können. Daher sollten insbesondere A-Kundengruppen auf die Durchsetzung mit Promotionkäufern untersucht werden, um Hinweise auf die Stabilität des „Kundenfundaments" einer Marke zu gewinnen. Darüber hinaus stellen Promotion-Käufer auch unter Deckungsbeitragsgesichtspunkten ein eher unattraktives Kundensegment dar, da sie nur über niedrige (Sonder-)Preise zum Kauf zu bewegen sind.[252]

---

[250] Vgl. Schmalen (2001), S. 621 f. Diese Form des hybriden Kaufverhaltens wird auch als *Inter*warengruppen-Hybridität bezeichnet. Daneben existiert noch die *Intra*warengruppen-Hybridität, bei der ein Haushalt *innerhalb* einer Warengruppe in unterschiedlichen Preislagen einkauft (vgl. Diller/Gentner/Müller (2000), S. 13). Die Gruppe der *intra*hybriden Käufer ist jedoch mit einem Anteil von 3 % im Vergleich zu den *inter*hybriden Käufern mit ca. 20 % an allen Käufertypen (weitere Anteile: Hochpreiskäufer 8 %, Mittelpreiskäufer 55 %, Niedrigpreiskäufer 14 %) vergleichsweise klein (vgl. Diller/Gentner/Müller (2000), S. 68 f.).

[251] Vgl. zur genauen Vorgehensweise bei der Messung des hybriden Kaufverhaltens Diller/Gentner/Müller (2000), S. 50 ff.

[252] Zur Ermittlung der Deckungsbeiträge müssen zusätzlich Informationen aus dem internen Rechnungswesen herangezogen werden. Vgl. Schmidt (1997), S. 103 ff.

Im Rahmen der Diskussion der unterschiedlichen Kaufverhaltensmerkmale hat sich gezeigt, dass zwischen dem *Markenwahlverhalten*, der *Einkaufsstättenwahl* und der *Preislagenwahl* enge Verbindungen bestehen. Alle Größen haben für sich genommen schon strategischen Charakter. Das volle Informationspotenzial bzgl. des Kaufverhaltens der Nachfrager entfaltet sich aber, wie an den Beispielen gezeigt wurde, erst bei der *kombinierten* Betrachtung der verschiedenen Verhaltenskomponenten. Das Verbraucherpanel erfüllt die für eine solche integrierte Analyse nötigen Datenanforderungen in hohem Maße, da alle relevanten Informationen aus *einer* Quelle stammen und daher im Gegensatz zu Datenfusionstechniken problemlos miteinander verknüpfbar sind. Da zudem geografische, soziodemografische und psychografische Daten der Nachfrager in die Untersuchung mit einbezogen werden können, liefert das Verbraucherpanel eine praktisch konkurrenzlose Datenbasis zur Analyse kaufverhaltensbezogener Aspekte der Kundenstruktur eines FMCG-Herstellers.

3.1.3 Kennzahlen, ABC-Analysen und Kundenportfolios als Möglichkeiten zur Verdichtung kundenstrukturbezogener Informationen

Die bisherigen Ausführungen haben deutlich gemacht, dass das Verbraucherpanel eine große Anzahl von Analysen der Kundenstruktur ermöglicht. Daher ist es notwendig, die gewonnenen Daten systematisch zusammenzufassen, um einen „information overload" zu vermeiden und dem Entscheider die relevanten Informationen in übersichtlicher Weise bereitzustellen. Hierzu eignen sich Kennzahlen, ABC-Analysen und Kundenportfolios.[253]

3.1.3.1 Kennzahlen

Mittels Kennzahlen werden die gewonnenen Daten systematisch verdichtet, so dass sich der Entscheider „einen schnellen und komprimierten Überblick über komplexe betriebliche Sachverhalte"[254] verschaffen kann. Angesichts be-

---

[253]   Vgl. Homburg/Beutin (2001), S. 213.
[254]   Palloks (1995), Sp. 1136.

schränkter Informationsverarbeitungskapazitäten des Menschen[255] ist dies vor allem dann wichtig, wenn – wie bei den hier betrachteten Konsumgüterherstellern üblich – die Anzahl der zu kontrollierenden Objekte sehr groß ist. Daten, die der Kennzahlenbildung zugrunde liegen, müssen insbesondere vor dem Hintergrund strategischer Entscheidungen zwei Anforderungen erfüllen: Sie müssen ausreichend *differenziert* und *zeitraumübergreifend* sein.[256]

Kennzahlen können in absolute und relative Zahlen unterschieden werden.[257] Erstere quantifizieren einen Sachverhalt ohne Bezug zu einer anderen Größe, wohingegen Zweitere ein Verhältnis zwischen zwei absoluten Größen abbilden.[258] Da eine kaum überschaubare Menge von Kennzahlen auf der Grundlage von Paneldaten generiert werden kann, kommt ihrer gezielten Auswahl besondere Bedeutung zu. Ansonsten besteht die Gefahr, das Ziel eines komprimierten Überblicks durch eine Kennzahlenflut zu konterkarieren. Die Auswahlkriterien können jedoch nicht generell festgelegt werden, da sich die Bedeutung unterschiedlicher Kennzahlen situativ ergibt.

Eine der im Rahmen der Kennzahlenbildung meistgenutzten Größen ist der volumen- oder wertmäßige *Absatz*. Dieser lässt sich in vielfältiger Weise aufgliedern und zu anderen Größen wie beispielsweise den Gesamtunternehmensabsatz in Beziehung setzen, um die Bedeutung unterschiedlicher Kundensegmente aufzuzeigen.[259] Ebenso kann der Absatz an eine Kundengruppe ins Verhältnis zu

---

[255] Vgl. Simon (1976), S. 61 ff.
[256] Vgl. hierzu Homburg/Beutin (2001), S. 223.
[257] Vgl. Reichmann (2001), S. 21 f.
[258] Relative Kennzahlen können noch in drei weitere Gruppen unterteilt werden: *Gliederungszahlen* setzen sich aus gleichartigen aber ungleichrangigen Größen zusammen (z.B. Umsatz Produkt A zu Gesamtumsatz). *Beziehungszahlen* verknüpfen gleichrangige aber ungleichartige Größen miteinander (z.B. Input-Output-Relationen). In beiden Fällen liegt eine zeitliche Identität der Größen vor. *Indexzahlen* vergleichen gleichrangige und gleichartige Größen über unterschiedliche Zeitpunkte hinweg. Vgl. Staudt/Groeters/Hafkesbrink/Treichel (1985), S. 26 f.; Wissenbach (1967), S. 44 ff.
[259] Vgl. Plinke (1995), Sp. 1331.

deren Gesamtnachfrage gesetzt werden, wobei es sich um die schon angesprochene Bedarfsdeckung handelt.[260]

Werden *umsatzbezogene* Kennzahlen herangezogen, besteht das Problem, dass keine Aussagen über den *Gewinnbeitrag* eines Kundensegments möglich sind. Ein Kundensegment, das den höchsten Umsatz generiert, kann unter Deckungsbeitragsgesichtspunkten durchaus unattraktiv sein,[261] z.B. wenn eine überdurchschnittlich starke und damit kostenintensive Ansprache des Segments nötig ist. Um den Gewinnbeitrag eines Segments zu ermitteln, müssen daher ergänzende Daten aus dem internen Rechnungswesen herangezogen werden.[262] Allerdings ist gerade auf den hier betrachteten FMCG-Märkten die *verursachungsgerechte Zuordnung* der Kosten besonders schwierig,[263] da im Gegensatz zu Märkten mit institutionellen Einzelkunden *anonyme Kundengruppen* betrachtet werden.

Paneldaten können aber zumindest teilweise zur Lösung dieser Zurechnungsproblematik beitragen. Eine Möglichkeit bestünde darin, die vertriebswegespezifischen Kosten, die über das interne Rechnungswesen ermittelt werden, heranzuziehen. Sind diese Kosten für die einzelnen Absatzkanäle bekannt, kann geprüft werden, zu welchen Anteilen die Kunden welche Vertriebswege wählen. Auf der Grundlage ihrer Einkaufsstättenwahl können den einzelnen Kundensegmenten dann die Vertriebskosten im Sinne einer Gemeinkostenschlüsselung zugerechnet werden. Schlüsselgrößen wären die in den jeweiligen Vertriebsschienen getätigten Umsätze pro Kundensegment. Auf diese Weise können mit Hilfe von Paneldaten kundenbezogene *Absatzsegmentrechnungen* für anonyme Märkte unterstützt werden.[264]

Neben dem *Absatz*, der als ökonomische Größe das *Resultat des Kaufverhaltens* widerspiegelt, können Kennzahlen auf der Grundlage von Paneldaten ebenso an

---

[260] Vgl. hierzu auch Diller (1996), S. 85 f.

[261] Vgl. hierzu auch Schmöller (2001), S. 247.

[262] Vgl. Köhler (1993), S. 284 ff.

[263] Vgl. hierzu Riebel (1990), S. 77 ff.

[264] Unter *Absatzsegmenten* werden „gedanklich unterscheidbare Teilbereiche der betrieblichen Marktbeziehungen und Absatztätigkeit bezeichnet." Köhler (1993), S. 383. Vgl. auch Köhler (2001a), S. 8; Albers (1995), Sp. 19 ff.

Größen wie *soziodemografischen Merkmalen, Einstellungen* oder dem *Kaufverhalten* ansetzen.[265] Alle Kennzahlen können so separat für unterschiedliche Segmente differenziert und über lange Zeiträume ausgewiesen werden. Die Betrachtung im zeitlichen Längsschnitt ist in diesem Zusammenhang insbesondere für die *frühzeitige* Identifikation relevanter Entwicklungen von Bedeutung, die den Ausgangspunkt für weitere Analysen bildet.[266]

Die vielfältigen Verknüpfungsmöglichkeiten von Paneldaten bieten darüber hinaus eine sehr gute Grundlage für den Aufbau eines *Kennzahlensystems*, unter dem „eine Zusammenstellung von quantitativen Variablen verstanden (wird), wobei die einzelnen Kennzahlen in einer sachlich sinnvollen Beziehung zueinander stehen, einander ergänzen oder erklären und insgesamt auf ein gemeinsames übergeordnetes Ziel ausgerichtet sind."[267] Dies ist insbesondere unter strategischen Gesichtspunkten von Bedeutung, da die Möglichkeiten von *datenursprungsbezogenen* und *bereichsübergreifenden* Analysen verbessert werden.[268]

3.1.3.2 ABC-Analysen

Während Kennzahlen einen schwerpunktmäßig beschreibenden Charakter haben, handelt es sich bei ABC-Analysen um ein recht einfach zu handhabendes Instrument zur *Bewertung* der Kundenstruktur.[269] Hierbei werden auf anonymen Konsumgütermärkten die Kundengruppen[270] nach der Ausprägung eines bestimmten Merkmals (z.B. des Absatzes) in Klassen eingeteilt, um deren Bedeutung für das Unternehmen kompakt darzustellen. Die weiter oben dargestellte Lorenzkurve ist ein Beispiel für die Visualisierung der Bedeutung bestimmter Kundengruppen in Bezug auf das ausgewählte Merkmal.[271]

---

[265] *Böcker* spricht hier von „vorökonomischen Kriterien". Böcker (1988), S. 135.
[266] Vgl. Köhler (2001), S. 24.
[267] Reichmann (2001), S. 23.
[268] Vgl. Köhler (2001), S. 24.
[269] Vgl. Schmöller (2001), S. 247 ff.; Link (1995), S. 108.
[270] Vgl. Krafft (2001), S. 845.
[271] Vgl. Rieker (1995), S. 54; Plinke (1995), Sp. 1333.

Die ABC-Analyse ist dem Vorwurf ausgesetzt, ihr mangele es an Potenzial-orientierung. Tatsächlich kann der aktuelle Umsatz einer Kundengruppe zwar niedrig, ihr Nachfragepotenzial aber hoch sein.[272] Unter strategischen Gesichtspunkten könnte es daher zu einer Fehlbeurteilung von Kundengruppen kommen. Gerade hier können Panels durch ihre gesamtmarktbezogene Datenbasis Abhilfe schaffen. Denn im Gegensatz zu Informationen aus dem internen Rechnungswesen ermöglichen sie *Potenzialabschätzungen* auf der Grundlage der Gesamtnachfragevolumina der jeweiligen Kundensegmente. Dazu wird z.B. die unternehmensspezifische Nachfrage der Kunden mit deren Gesamtnachfrage in der Warengruppe verglichen.[273] Eine ursprüngliche C-Bewertung einer Kundengruppe kann dadurch erheblich relativiert werden. Die Erweiterungen der ABC-Analyse durch die Einbeziehung zusätzlicher Größen leiten zu den im Folgenden behandelten Portfolioanalysen über.

3.1.3.3 Kundenportfolios

Urheber der Portfolioanalyse als Instrument der strategischen Unternehmensführung sind *Henderson* und die *Boston Consulting Group*.[274] Die Portfolioanalyse wurde ursprünglich entwickelt, um einen Bezugsrahmen zu schaffen, mit dessen Hilfe die Erfolgspotenziale unterschiedlicher strategischer Geschäfteinheiten (SGE) eines Unternehmens einzeln *und* in Relation zueinander bewertet werden können.[275] Damit soll die Möglichkeit einer *integrativen Steuerung* der Geschäfteinheiten verbessert werden, um zu einer ausgewogenen Struktur des Geschäftsfeld-Portfolios zu gelangen. Der Gefahr von Suboptimalitäten, die aus einer isolierten Steuerung einzelner Erfolgspotenziale resultieren kann, wird so besser entgegengewirkt.[276] Gleichzeitig sollen Portfolioanalysen Hilfestellung bei der Ressourcenzuweisung auf die unterschiedlichen Geschäfteinheiten ge-

---

[272] Vgl. Köhler (2005), S. 409.
[273] Vgl. Plinke (1995), Sp. 1331.
[274] Vgl. Müller-Stewens (1995), Sp. 2042.
[275] Vgl. Böhler (1989), Sp. 1549.
[276] Vgl. Müller-Stewens (1995), Sp. 2042.

ben.[277] Die entscheidende Stärke der Portfolioanalyse liegt in ihrer Fähigkeit, unterschiedliche, z.T. recht komplexe Sachverhalte geschlossen zu verarbeiten und in Form einer einzigen Matrixdarstellung kompakt zu veranschaulichen.

Das Prinzip der Portfolio-Analyse für strategische Geschäftseinheiten wurde auf andere Objekte übertragen. *Kundenportfolios* zielen auf die bewertende Gesamtbetrachtung der Kundenstruktur. Sie erweitern im Vergleich zu ABC-Analysen den Blickwinkel insofern, als dass immer mehrere Dimensionen bei der Kundenbewertung integriert werden. Dies verbessert die informatorische Grundlage zur Beurteilung der Chancen- und Gefahrenpotenziale vor allem deshalb, weil neben der Bewertung der Kunden selbst zumeist auch eine Bewertung der Stellung des Unternehmens bei den Kunden erfolgt.[278]

Basis eines Kundenportfolios ist ein in unterschiedliche Bereiche eingeteilter Beurteilungsraum, der zumeist durch zwei voneinander unabhängige Dimensionen aufgespannt wird.[279] Im Allgemeinen bildet die eine Dimension unternehmens*externe* Gegebenheiten ab, während die andere Dimension unternehmens-*spezifische* Stärken und Schwächen in der Kundenbeziehung zum Ausdruck bringt.[280] Eine solche Unterscheidung ist jedoch nicht zwingend. Je nach Fragestellung können durchaus auch beide Dimensionen nur interner oder nur externer Natur sein.[281] Weiterhin kann in Bezug auf die Dimensionen unterschieden werden, ob diese *mono-* oder *multifaktoriell* sind. Im ersten Fall werden die Dimensionen über eine einzige Variable erfasst, im zweiten Fall über mehrere.[282] Ist der Beurteilungsraum aufgespannt, werden die Kunden bzw. im hier vorliegenden Fall die Kundengruppen gemäß ihrer dimensionsbezogenen Ausprägungen eingeordnet.

---

[277] Vgl. Roventa (1979), S. 143.
[278] Vgl. Köhler (2005), S. 416.
[279] Wird die Unabhängigkeit verletzt, kommt es zu Doppelbewertungen und damit zu verzerrten Ergebnissen. Vgl. Götz/Diller (1991), S. 5.
[280] Vgl. Köhler (2005), S. 416; Schmöller (2001), S. 138.
[281] Vgl. Schulz (1995), S. 128.
[282] Vgl. Götz/Diller (1991), S. 10.

Einer der gebräuchlichsten monofaktoriellen Ansätze ist das „Kundenwachstum – Relativer Lieferanteil – Portfolio".[283] Hierbei ist das Kundenwachstum, worunter im Folgenden die mengen- oder wertmäßige Nachfragesteigerung der Kundengruppen verstanden wird,[284] die externe Dimension und der relative Lieferanteil, der die Relation des eigenen Lieferanteils zu dem des größten Konkurrenten bezeichnet, die interne. Zur horizontalen Trennung der Bereiche kann das *durchschnittliche Kundenwachstum* (z.B. in Bezug auf die betrachtete Warengruppe) herangezogen werden.[285] Im Vergleich zu *Dickson*, der die Trennung des Kundenwachstums bei Null durchführt,[286] hat die hier vorgeschlagene Trennung den Vorteil, dass die Wachstumsdynamik des Marktes in die Analyse mit einbezogen wird.[287] Die vertikale Trennung der Bereiche des *relativen Lieferanteils* kann beim Wert 1,0 erfolgen, wodurch sofort sichtbar wird, bei welchen Kundengruppen eine Marktführerschaft besteht.[288] Hierbei handelt es sich jedoch nur um Vorschläge zur Einteilung der Matrix, grundsätzlich muss diese situationsspezifisch erfolgen.

Bei den multifaktoriellen Ansätzen ist in der Literatur häufig das „Kundenattraktivität – relative Lieferantenposition – Portfolio" zu finden. Hierbei stellt die *Kundenattraktivität* die externe und die *relative Lieferantenposition* die interne Dimension dar.[289] Beide werden i.Allg. über eine Mehrzahl von Variablen operationalisiert, wobei in der Literatur bisher allerdings primär solche Kriterien vorgeschlagen wurden, die sich zur Beurteilung *institutioneller Einzelkunden* eignen.[290] Der Vorteil multifaktorieller Portfolios liegt in der mit der Operatio-

---

[283] Vgl. Rieker (1995), S. 71.

[284] Welches Kriterium zur Bestimmung des Kundenwachstums herangezogen wird, ist aber letztlich situativ zu bestimmen. Vgl. Böing/Barzen (1992), S. 86.

[285] Vgl. hierzu Rieker (1995), S. 72.

[286] Vgl. Dickson (1983), S. 38. *Dickson* bezieht sich allerdings nicht auf Endverwender, sondern auf Handelskunden.

[287] Vgl. Rieker (1995), S. 72.

[288] Vgl. Rieker (1995), S. 72.

[289] Die interne Dimension wird dabei häufig unterschiedlich benannt, z.B. „Wettbewerbsposition", „Marktposition" oder „Position des eigenen Unternehmens beim Kunden". Vgl. Köhler (2005), S. 416.

[290] Vgl. hierzu Schulz (1995), S. 136 ff. Bei den vorgeschlagenen Kriterien handelt es sich z.B. um das Zahlungsverhalten der Kunden, deren Kooperationsverhalten oder deren Bonität für die Beurteilung der *Kundenattraktivität* und die Beziehung zu den Entschei-

nalisierung der Beurteilungsdimensionen über mehrere Variablen potenziell einhergehenden differenzierteren Beurteilung der Kunden(segmente). Dieser Vorteil wird jedoch durch die anschließende Verdichtung der Variablen auf zwei
Dimensionen und den damit verbundenen Informationsverlust in starkem Maße
wieder relativiert.[291] Hierbei besteht insbesondere eine Tendenz zur Mittelwert-
bildung, da sich die Ausprägungen der dimensionsbildenden Variablen kompen-
sieren können.[292]

Zur Erstellung eines Kundenportfolios muss zunächst die informatorische Fundierung der Dimensionen erfolgen. Dafür müssen Informationen über Nachfra-
gemengen der betrachteten Segmente sowohl für das *eigene* Unternehmen als
auch für die *Wettbewerber* ermittelt werden. Bei der Betrachtung anonymer
Konsumgütermärkte *muss* dafür das Panel herangezogen werden, da kein anderes Instrument die entsprechenden Wettbewerberdaten liefern kann. Bei monofaktoriellen Ansätzen wird das „Kundenwachstum" über die Entwicklung der
Nachfragevolumina der einzelnen Segmente erfasst und der „relative Lieferanteil" über die durchschnittlichen Bedarfsdeckungen der Kundengruppen.[293] Bei
multifaktoriellen Portfolios können ebenfalls Merkmale des Kaufverhaltens herangezogen werden: für die „Kundenattraktivität" z.B. das Bedarfsvolumen, das
Nachfragewachstum und die Preisbereitschaft, für die „relative Lieferantenposition" die Bedarfsdeckungsrate, die dann mit weiteren, auch qualitativen Merkmalen kombiniert werden kann.[294]

---

dungsträgern des Kunden, die bisherige Länge der Geschäftsbeziehung usw. für die *rel.
Lieferantenposition.* Vgl. Krafft (2001a), S. 871; Schleppegrell (1987), S. 80 ff.;
Böing/Barzen (1992), S. 88; Götz/Diller (1991), S. 12 f.; Link (1995), S. 110;
Meyer/Oevermann (1995), Sp. 1346; Kaltenbach (1982), S. 86.
[291] Vgl. Robens (1985), S. 195.
[292] Vgl. Böing/Barzen (1992), S. 89.
[293] Je nach Problemstellung können solche Analysen auf unterschiedlichen Abstraktionsebenen (auf Gesamtunternehmensebene, auf Warengruppenebene usw.) durchgeführt
werden.
[294] Vgl. Schleppegrell (1987), S. 80 f.

Kundenwachstum p.a. in %

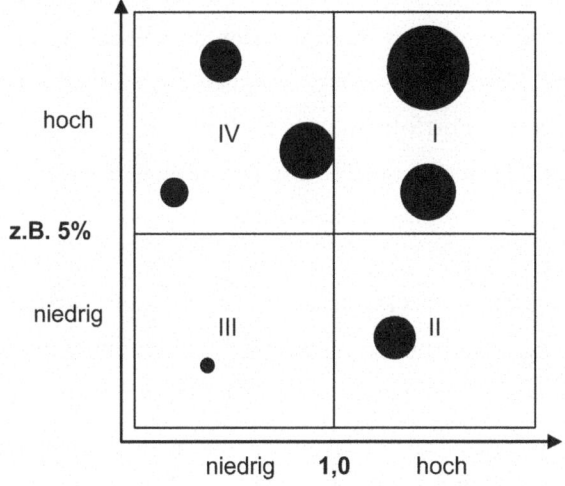

I : Star-Kundengruppen

II: Abschöpfungs-Kundengruppen

III: Abbau-Kundengruppen

IV: Entwicklungskundengruppen

Abb. 17:   Monofaktorielles Kundenportfolio
(Quelle: in Anlehnung an Krafft (2001), S. 871)

Zur Verdeutlichung der aktuellen Bedeutung der einzelnen Kundengruppen
können weitere Informationen integriert werden, z.B. der mit ihnen erzielte Umsatz, der ebenfalls direkt aus den Paneldaten gewonnen und durch Kreisgrößen
visualisiert wird.[297] Hierbei handelt es sich letztlich um die Aufnahme einer weiteren Dimension,[298] so dass wieder auf Unabhängigkeit von den anderen Dimen-

---

[297]   Vgl. Rieker (1995), S. 72.

[298]   Vgl. Fließ (2001), S. 493. Alternativ hierzu könnte auch ein dreidimensionaler Raum
mit *rel. Lieferanteil*, *Kundenwachstum* und *Umsatz* aufgespannt werden, in den die
Kundengruppen als Punkte eingeordnet werden oder als Kugeln, wenn eine vierte Dimension berücksichtigt wird (z.B. Anzahl der Kunden). Allerdings verliert bei einem
solchen Vorgehen die Portfolioanalyse schnell ihren zentralen Vorteil der kompakten
und schnell erfassbaren Visualisierung von Sachverhalten.

sionen zu achten ist. In der obigen Abbildung ist ein monofaktorielles Kunden-portfolio exemplarisch dargestellt.

Kunden-Portfolioansätze haben im Rahmen der strategischen Planung weite Verbreitung gefunden. Daher ist es ausgesprochen verwunderlich, dass in der Literatur *nicht eine* Kunden-Portfolioanalyse zu finden ist, die sich auf anonyme Endverwender bezieht.[299] Hierfür dürften im Wesentlichen *zwei Ursachen* ver-antwortlich sein:

1. Kunden*gruppen* stellen im Gegensatz zu Märkten mit institutionellen Nachfragern keine „natürlichen" Einheiten dar, womit sich das Prob-lem der *Abgrenzung* der zu bewertenden Kundensegmente ergibt.

2. Kundengruppen weisen darüber hinaus eine mehr oder weniger starke *Streuung* in den dimensionsbezogenen Merkmalsausprägungen auf, was bei institutionellen Nachfragern ebenfalls nicht der Fall ist. Je ausgeprägter diese sind, desto stärker verliert die Positionierung im Portfolio an Aussagekraft.

Beide Probleme können jedoch unter Heranziehung von Paneldaten zumindest teilweise gelöst werden. Zur Lösung der *Abgrenzungsproblematik* können die schon beschriebenen Segmentierungskriterien herangezogen werden. Welche Kriterien im konkreten Fall Anwendung finden, ist pauschal nicht zu beantwor-ten, die Abgrenzung kann aber beispielsweise analog der unternehmensspezifi-schen Zielgruppeneinteilung erfolgen. Grundsätzlich ist darauf zu achten, dass die Segmentierungsmerkmale *unabhängig* von den dimensionsbeschreibenden Merkmalen sind, da es sonst zu Ergebnisverzerrungen kommt. Die gebildeten Kundengruppen werden dann nach ihrem Mittelwert der jeweiligen Merkmals-ausprägung in der Matrix platziert.

---

[299] Vgl. Schulz (1995), S. 127. Lediglich für den Finanzdienstleistungsbereich sind Kun-denportfolios für Endverwender zu finden (vgl. Boie (1990), S. 138 ff.; Oggenfuss (1993), S. 12 f.). Allerdings handelt es sich hier auch nicht um *anonyme* Märkte, da die einzelnen Kunden identifizierbar sind.

Die zweite Problematik betrifft die *Streuungen* der Merkmalsausprägungen innerhalb der Gruppen. Eine auf den ersten Blick plausible Lösung bestünde darin, die Kundengruppen, die eine hohe Streuung aufweisen, so lange weiter zu unterteilen, bis Gruppen mit hinreichend geringer Streuung entstehen. Dies ist neben der Frage, welche Streuung noch akzeptabel ist, jedoch aus zwei Gründen nicht sinnvoll. Erstens besteht die Gefahr, dass man sich immer weiter von den eigentlich interessierenden Kundensegmenten entfernt und eine unüberschaubare Anzahl von Kleinstkundengruppen entsteht. Zweitens würde die Prämisse der Unabhängigkeit verletzt, denn bei dem beschriebenen Vorgehen würde die Abgrenzung der Segmente ja gerade in *Abhängigkeit* von den Ausprägungen der dimensionsbeschreibenden Merkmale erfolgen. Ein „Herausrechnen" der Streuung ist daher nicht möglich.

Eine Lösung kann dadurch herbeigeführt werden, dass die Streuungen in den dimensionsbeschreibenden Merkmalen in das Portfolio *integriert* werden. Hierzu wird ausgenutzt, dass es auf der Grundlage der individuellen Kaufmengenerfassung im Verbraucherpanel möglich ist, die Streuung einer Kundengruppe in Bezug auf die dimensionsbeschreibenden Merkmale zu erfassen.[300] Diese kann dann innerhalb der im Portfolio platzierten Gruppen veranschaulicht werden, ohne die kompakte Visualisierung der Analyseergebnisse zu beeinträchtigen. In der folgenden Abbildung weist beispielsweise die Star-Kundengruppe ein recht homogenes *Wachstum* auf, in Bezug auf den *relativen Lieferanteil* (Bedarfsdeckung) ist jedoch eine starke Streuung festzustellen. Ganz offensichtlich unterscheiden sich die Kunden dieses Segments bezüglich ihrer Loyalität gegenüber dem Unternehmen recht stark voneinander. Dies würde sofort Anlass zu weiteren Analysen geben, um die Kundengruppen mit den niedrigen Loyalitätswerten zu identifizieren.

---

[300] Die Frage, welche Streuungsmaße hierbei herangezogen werden können, wird in der einschlägigen Fachliteratur ausführlich behandelt und soll daher an dieser Stelle nicht diskutiert werden.

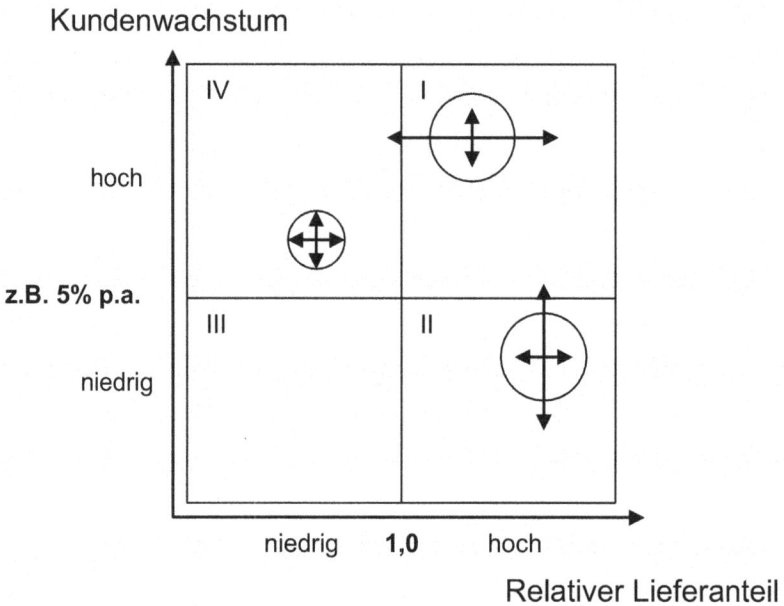

Abb. 18: **Monofaktorielles Kundenportfolio mit Visualisierung der Merkmalsstreu-ungen**
(Quelle: eigene Darstellung)

Neben der informatorischen Fundierung der dargestellten „klassischen" Kun-denportfolios können auf der Grundlage von Paneldaten aber auch auf spezielle Fragestellungen zugeschnittene Portfolios erstellt werden. Wie schon gezeigt wurde, sind bei der Bewertung der Kundenstruktur z.B. die *Markentreue* und die *Bedarfsintensität* äußerst relevant. Daher bietet es sich an, diese Variablen eben-falls im Rahmen eines Kundenportfolios einzusetzen, um einen ganzheitlichen Überblick über die Ausprägungen dieser Schlüsselfaktoren bei den Kunden-gruppen zu ermöglichen. Ein solches Portfolio zeigt, ob eine Marke ihren Um-satz eher über illoyale Intensivverwender oder markentreue Wenigkäufer reali-siert, was bzgl. der zu ergreifenden Maßnahmen einen bedeutenden Unterschied macht.

In der folgenden Abbildung erzielt das Unternehmen mit dem Kundensegment 1 den höchsten Umsatz. Diese Kundengruppe bietet noch ein erhebliches Absatzpotenzial, wobei primär in eine Erhöhung der Markentreue investiert werden sollte. Dies gilt in noch stärkerem Maße für die Kundengruppe 4, die die höchste Bedarfsintensität aufweist. Das Kundensegment 2 hingegen ist unter Loyalitätsgesichtspunkten sehr attraktiv, die Bedarfsintensität ist jedoch noch recht niedrig, so dass entsprechende Maßnahmen anzuraten wären.

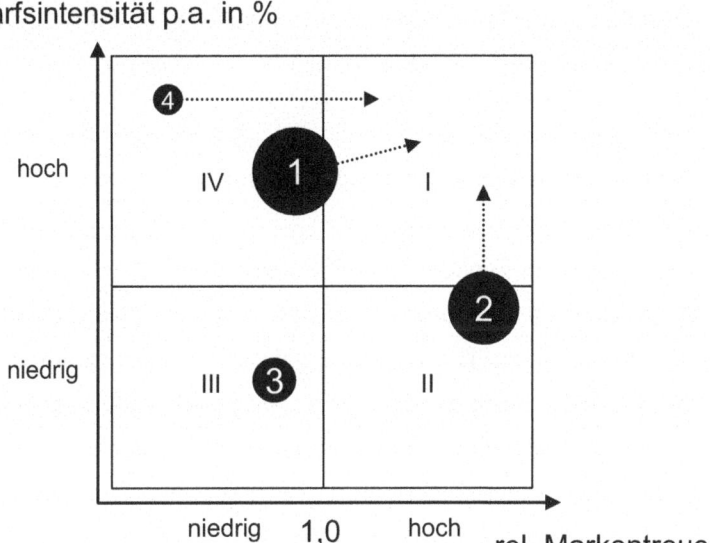

Abb. 19: **Bedarfsintensität-Markentreue-Portfolio**
            (Quelle: eigene Darstellung)

Aufgrund der kontinuierlichen Erhebung können schließlich auch die *Bewegungen* der Kundengruppen im Zeitablauf verfolgt werden und somit auch zeitraumübergreifende Betrachtungen realisiert werden. Hieraus wird ersichtlich, inwieweit es gelungen ist, die Kundenstruktur in die Richtung attraktiver Bereiche zu bewegen, oder ob umgekehrt zukunftsträchtige Positionen verloren gegangen sind. Dynamische Portfolioanalysen stellen damit auch ein wichtiges Instrument der Marketing-Früherkennung dar.

3.2 Programmstrukturanalyse

Im Rahmen der Programmstrukturanalyse wird untersucht, inwieweit mit dem bestehenden Angebot eine langfristige Erfolgssicherung gewährleistet ist bzw. inwieweit die Notwendigkeit zu einer Programmanpassung besteht. Für die strategische Programmplanung müssen daher Informationen bereitgestellt werden, die als Grundlage für Innovations-, Eliminations- und Produktvariationsentscheidungen herangezogen werden können.[301]

3.2.1 Absatzstruktur des Leistungsprogramms

Als Basisanalyse kann zunächst eine Untersuchung der *einzelnen* Leistungsangebote hinsichtlich ihrer volumen- und wertmäßigen Absatzbedeutung und Absatzentwicklung erfolgen. Die zugrunde gelegten Zeiträume sollten ausreichend lang sein, um Fehlinterpretationen z.B. aufgrund zufälliger oder saisonaler Schwankungen zu vermeiden. Im Rahmen dieser Untersuchung können dann beispielsweise alle Produkte näher in Augenschein genommen werden, die kontinuierlich rückläufige Absätze aufweisen. Allerdings sollte die Absatzentwicklung nie isoliert, sondern *immer* vor dem Hintergrund der jeweiligen Marktentwicklung untersucht werden. So wird beispielsweise ein Absatzwachstum von 5 % p.a. in einem Markt, der mit 10 % wächst, unbefriedigend sein. Ebenso kann aber auch ein scheinbar zufrieden stellender konstanter Absatz in einem insgesamt schrumpfenden Markt und ein damit einhergehender steigender Marktanteil tatsächlich ein Hinweis auf eine *suboptimale Programmpolitik* sein. Dies wäre z.B. der Fall, wenn der stabile Absatz lediglich der Ausweitung verkaufsfördernder Maßnahmen durch das Produktmanagement geschuldet wäre. Dann nämlich verharrt das Unternehmen u.U. zu lange in erodierenden Märkten, aus denen sich die Wettbewerber schon zurückziehen, um ihre Tätigkeiten auf neue,

---

[301] Vgl. Köhler (1993), S. 335; Meffert (2000), S. 338.

zukunftsträchtigere Bereiche zu verlagern. Unter langfristigen Gesichtspunkten wäre es dementsprechend besser, Überlegungen zu einer Produktelimination anzustoßen und die frei werdenden Ressourcen in wachstumsstarke Bereiche zu lenken.

Unter strategischen Gesichtspunkten reicht die Untersuchung der einzelnen Leistungsangebote jedoch nicht aus. Daher muss im Anschluss eine Gesamtbetrachtung des Angebotsspektrums erfolgen, da nur so festgestellt werden kann, inwieweit mit den bisherigen Produkten zukünftig eine ausgewogene Erfolgssicherung möglich ist.[302] Dies ist vor allem für Unternehmen mit einem umfangreichen Leistungsprogramm wichtig,[303] denn gerade bei diesen besteht die Gefahr, dass z.B. durch die weit verbreitete Organisationsform des Produktmanagements[304] und einer damit einhergehenden möglichen Bereichsblindheit die *Sicht für die Gesamtaufstellung des Unternehmens* verloren geht.

Für die Gesamtbetrachtung des Leistungsangebots werden primär die später noch zu behandelnden Portfolioanalysen herangezogen. Darüber hinaus bieten sich analog zur Kundenanalyse Absatzkonzentrationsanalysen an, die die *Verteilung* des Gesamtabsatzes auf die unterschiedlichen Produkte, Warengruppen usw. aufzeigen. Hierbei wird deutlich, von welchen Produkten eine hohe Abhängigkeit besteht bzw. inwieweit eine gleichmäßige Verteilung der Absätze gegeben ist. Die Absatzverteilung auf die Leistungsangebote kann ebenfalls in Form einer Lorenzkurve dargestellt werden, um mögliche Abhängigkeiten transparent zu machen.

Inwieweit aus der Konzentration des Absatzes auf eine geringe Anzahl von Produkten tatsächlich eine strategische Bedrohung erwächst, kann aber pauschal nicht beantwortet werden, sondern muss unter Heranziehung der im Rahmen der Einzelanalyse gewonnenen Informationen näher untersucht werden. Befinden sich die Warengruppen einer größeren Anzahl von untersuchten Produkten in

---

[302] Vgl. Köhler (1993), S. 9. Diese Gesamtbetrachtung kann natürlich wiederum auf unterschiedlich hohen Abstraktionsebenen durchgeführt werden.

[303] Vgl. Meffert (2000), S. 346.

[304] Vgl. Olbrich/Grünblatt (2003), S. 35.

einem Schrumpfungsprozess, birgt eine entsprechende Absatzabhängigkeit tatsächlich ein erhebliches Gefahrenpotenzial. Umgekehrt muss eine hohe Absatzkonzentration zumindest mittelfristig nicht immer negativ bewertet werden. Weist die zugrunde liegende Warengruppe hohe positive Wachstumsraten auf, könnte die Absatzkonzentration sogar Resultat einer Unternehmenspolitik sein, gezielt einen bestimmten wachstumsstarken Markt anzugehen. Nichtsdestoweniger sollte langfristig jedoch wieder eine ausgewogene Umsatzverteilung vorliegen.

Es wird deutlich, dass eine Absatzstrukturanalyse erst dann ihre volle Aussagekraft entfaltet, wenn durch die Verbreiterung der Informationsgrundlage um marktbezogene Aspekte die Basis geschaffen wird, um auf zukünftige Bedrohungen und Chancen zu schließen. Die Notwendigkeit, unternehmensexterne Daten heranzuziehen, macht daher den Einsatz von Panels unabdingbar.

3.2.2 „Brand Health" als besonderes Merkmal der Absatzstruktur

Die Markengesundheit, die sog. „Brand Health", stellt eine aus drei unterschiedlichen absatzbezogenen Teilaspekten abgeleitete Größe dar. Hierbei handelt es sich um die *Käuferreichweite*, den *First Choice Buyer-Anteil* und die *Marken-Performance*.[305]

Die beiden ersten Aspekte und ihre Bedeutung im strategischen Marketing wurden schon im Rahmen der Kundenstrukturanalyse erläutert. Bei der dritten Größe, der *Marken-Performance*, handelt es sich um eine Kennzahl, die sich aus der Zusammensetzung des Gesamtabsatzes einer Marke ergibt. Hierzu erfolgt eine Unterscheidung in den „markengetriebenen" Absatz und den „promotiongetriebenen" Absatz. Ersterer ist der Teil des Absatzes, der durch den Verkauf der Marke zu Normalpreisen und ohne Unterstützung sonstiger Aktionen erzielt

---

[305]   Vgl. Twardawa (2000), S. 2 ff.

wird. Zweiterer bezeichnet den Teil, der im Rahmen zusätzlicher Absatzförde-
rungsmaßnahmen entstanden ist.[306]

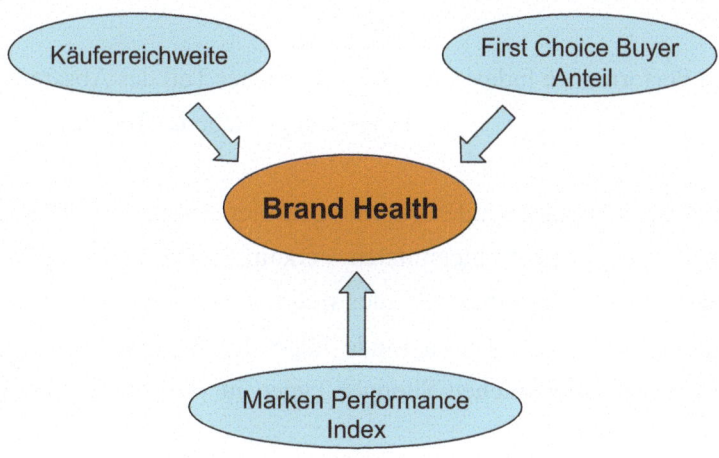

Abb. 20:   Komponenten der „Brand Health"
          (Quelle: eigene Darstellung)

Marken, die in hohem Maße durch verkaufsfördernde Maßnahmen unterstützt
werden, droht die Gefahr der Erosion der Markenimages. Dies gilt insbesondere
dann, wenn es sich um *Preispromotions* handelt, was u.a. daraus resultiert, dass
sich der Ankerpunkt der Preiswahrnehmung für ein Produkt verschiebt.[308] Dies
wirkt sich dann besonders negativ aus, wenn der Preis von den Nachfragern als
Qualitätsindikator wahrgenommen wird.[309] Außerdem sinkt der Prestigewert der
Marke.[310] Für einen Markenartikelhersteller ist es daher von großer Bedeutung

---

[306]   An dieser Stelle sind auch andere Definitionen denkbar, die aber letztlich immer auf
        eine Unterscheidung in den *markengetriebenen* und den *promotiongetriebenen* Teil des
        Absatzes abzielen (vgl. Twardawa (2000), S. 12 ff.). Diese beiden Teilkomponenten des
        Absatzes lassen sich sowohl im Haushalts- als auch im Verbraucherpanel exakt abgren-
        zen. Während im Haushaltspanel die Panelteilnehmer angeben, ob sie ein Produkt im
        Rahmen einer Promotion gekauft haben, wird diese Information im Handelspanel beim
        Scanning an der Kasse erfasst.

[308]   Vgl. Günther/Vossebein/Wildner (1998), S. 266.

[309]   Vgl. hierzu Müller-Hagedorn (1998), S. 457 ff.

[310]   Vgl. Twardawa (2000), S. 14.

zu wissen, zu welchen Teile sich seine Marken „von alleine" verkaufen und zu welchen Teilen sie einer Unterstützung bedürfen. Das Verhältnis zwischen den Teilen des Absatzes kann mit Hilfe des „Marken Performance Index" wie folgt ausgedrückt werden:

Marken Performance Index = Markengetriebener Teil des Absatzes
– Promotiongetriebener Teil des Absatzes

Ist der Marken Performance Index positiv, geht der Absatz der Marke zu einem größeren Teil auf den nicht unterstützten Verkauf zurück und umgekehrt. Welche Höhe des Marken Performance Index optimal ist, hängt von der Markenpositionierung und auch von der zugrunde liegenden Warengruppe ab, wie die Verteilung der unterschiedlichen Shopper-Typen in verschiedenen Warengruppen zeigt.

In einer Warengruppe wie den Heißgetränken wäre ein niedrigerer Indexwert eher hinzunehmen als bei den alkoholischen Getränken. Grundsätzlich kann aber festgehalten werden, dass der Marken Performance Index einer Marke tendenziell hohe Werte aufweisen sollte. Wichtig ist vor allem die *Entwicklung* des Indexes; ein kontinuierlich sinkender Wert wäre ein Warnsignal hinsichtlich zukünftiger Marktanteilsverluste. Denn wenn der Indexwert immer weiter abnimmt, die Marke also immer stärker über Promotions „in den Markt gedrückt" wird, sinkt letztlich aufgrund des erodierenden Images auch ihre Promotion-Attraktivität, was schließlich Marktanteilsverluste auf breiter Front zur Folge hätte. Dies ist in der folgenden Abbildung schematisch dargestellt und wird auch als „Promotion-Falle" bezeichnet.[311]

---

[311]   Vgl. in diesem Zusammenhang auch Gedenk (2002), S. 170 ff.

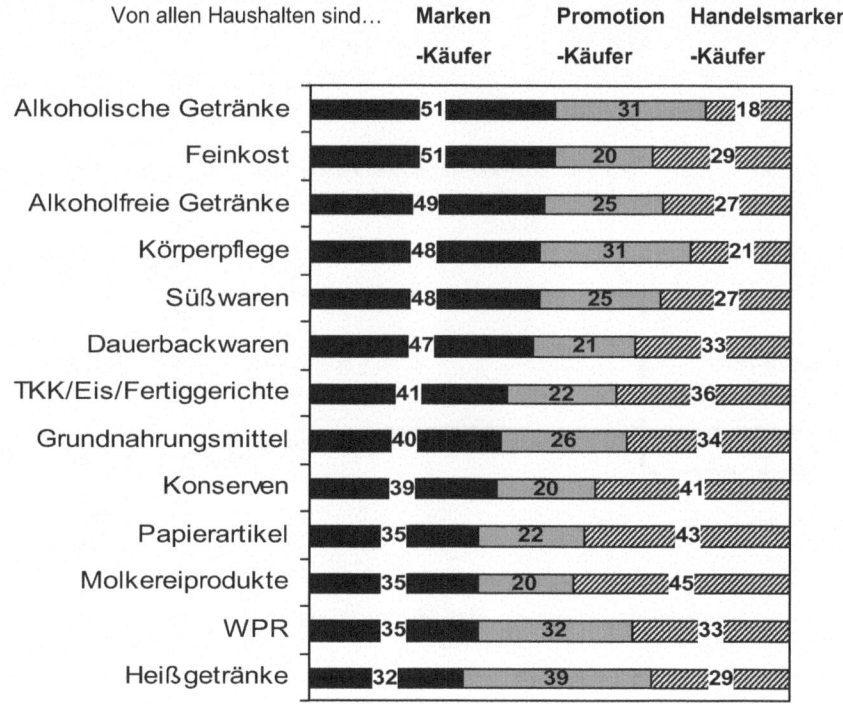

Von allen Haushalten sind...	Marken -Käufer	Promotion -Käufer	Handelsmarken -Käufer
Alkoholische Getränke	51	31	18
Feinkost	51	20	29
Alkoholfreie Getränke	49	25	27
Körperpflege	48	31	21
Süßwaren	48	25	27
Dauerbackwaren	47	21	33
TKK/Eis/Fertiggerichte	41	22	36
Grundnahrungsmittel	40	26	34
Konserven	39	20	41
Papierartikel	35	22	43
Molkereiprodukte	35	20	45
WPR	35	32	33
Heißgetränke	32	39	29

Abb. 21: Bedeutung der unterschiedlichen Shopper-Typen nach Warengruppen
(Quelle Twardawa (2000), S. 12)

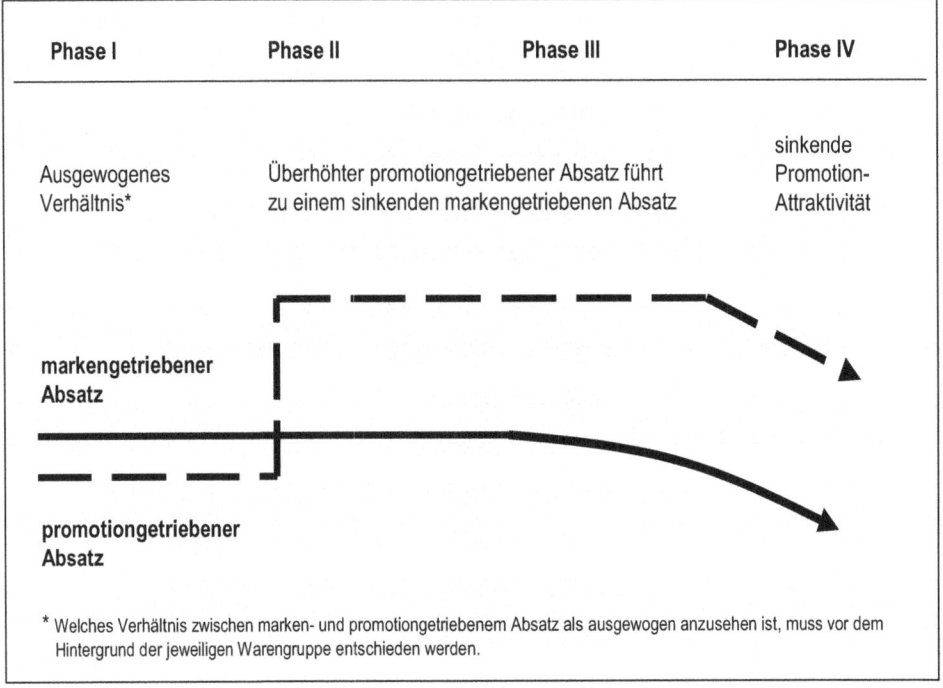

**Abb. 22: Schematische Darstellung der Promotion-Falle
(Quelle: Twardawa (2000), S. 16)**

Mit Hilfe dieser sehr einfach zu bildenden Kennzahl (Marken Performance Index) ist es möglich, mit geringem Aufwand Hinweise auf die Markenstärke zu
erlangen.[312] Wie im Hinblick auf die langfristige Marktanteilsentwicklung gezeigt wurde, hat eine solche Analyse einen ausgesprochen strategischen Charakter, da sie die langfristigen Gefahren der kurzfristigen Jagd nach Absatzsteigerungen aufzeigt. Auch hier werden wieder die Möglichkeiten von Paneldaten
ausgenutzt, aggregierte Größen auf niedrigere Niveaus herunterzubrechen und
Informationen aus verschiedenen inhaltlichen Teilbereichen zu verknüpfen, um
so tiefere Einblicke in Sachverhalte zu erhalten. Es ist nämlich nicht unwahr-

---

[312] Die Stärke der vorgestellten Kennzahl liegt in ihrer *Einfachheit*. Es soll an dieser Stelle
aber nicht der Eindruck erweckt werden, dass eine umfassende Messung des komplexen
Konstruktes „Markenstärke" (vgl. hierzu beispielsweise Roeb (1994),
S. 45 ff.) erschöpfen mit dem Marken Performance Index erfolgen kann.

scheinlich, dass bei einem immer weiter steigenden Promotion-Anteil der Marktanteil zunächst stabil bleibt oder sogar steigt, während das Markenimage unbemerkt immer weiter ausgehöhlt wird. Somit wohnt dieser Kennzahl ein erhebliches Früherkennungspotenzial inne. Zudem eignet sie sich hervorragend, um im Rahmen der Wettbewerberanalyse die Stärke konkurrierender Marken zu ermitteln, ohne dafür Befragungen durchführen zu müssen.

Da sich die Brand Health letztlich als Gesamtgröße aus dem Zusammenspiel von Käuferreichweite, First Choice Buyer-Anteil und Marken Performance ergibt, können zwischen den Größen Zielkonflikte auftreten. So senken zeitlich begrenzte Promotionmaßnahmen zur Erhöhung der Käuferreichweite den Marken Performance Index. Welche Werte die einzelnen Größen letztlich annehmen sollen, kann nicht allgemeingültig beantwortet werden. Das Konzept der Brand Health sorgt jedoch in jedem Fall dafür, einen einseitigen, oft lediglich auf kurzfristige Absatzsteigerungen gerichteten Blick auf den Markenerfolg zu vermeiden.

3.2.3 Produktlebenszyklusbasierte Altersstruktur des Leistungsprogramms

Das Alter des Leistungsangebotes wird im Folgenden über die Position im Produktlebenszyklus bestimmt und nicht über die Dauer der Marktpräsenz, da Letztere grundsätzlich nichts über zukünftige Erfolgspotenziale eines Produktes aussagt. Grundlage der Altersstrukturanalyse ist damit die Bestimmung der Lebenszyklusphasen der einzelnen Produkte.

Der Produktlebenszyklus stellt eines der bekanntesten und ältesten betriebswirtschaftlichen Konzepte dar.[313] Es kann als allgemeines Modell der Absatz- bzw. Umsatzentwicklung von Produkten angesehen werden, dem die Annahme zugrunde liegt, dass Produkte eine begrenzte Lebensdauer haben und in dieser Zeit

---

[313] Vgl. Fischer (2001), S. 1407.

unterschiedliche Phasen durchlaufen: die Einführungsphase, Wachstumsphase, Reifephase, Sättigungs- und Degenerationsphase.[314]

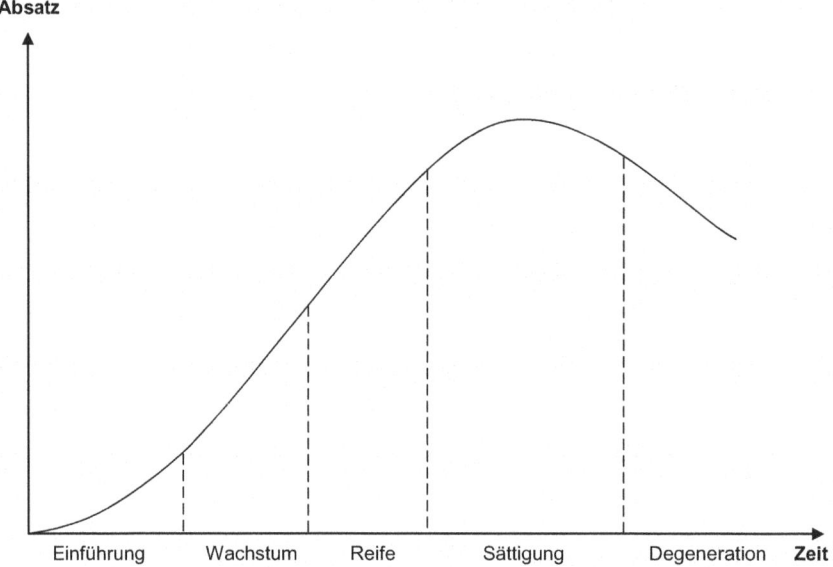

Abb. 23:   (Produkt-)Lebenszyklus
(Quelle: in Anlehnung an Meffert (2000), S. 342)

Die Identifikation der Phase, in der sich ein Produkt befindet, ist strategisch von außerordentlicher Bedeutung, da hieraus Schlüsse auf dessen zukünftige Ertragsstärke gezogen werden können. Um zu einer mittel- bis langfristigen Erfolgssicherung zu gelangen, müssen Produkte, die in die Degenerationsphase eintreten, rechtzeitig durch neue ersetzt bzw. Maßnahmen zu ihrer Regeneration ergriffen werden.[315] Dies ist jedoch nur möglich, wenn das Einsetzen der Degenerationsphase mit hinreichendem zeitlichen Vorlauf erkannt wird. Auch die hierbei gewonnenen Informationen verlassen damit teilweise die diagnostische Ebene und gehen in den Bereich der *Früherkennung* über.

---

[314]   Vgl. Meffert (2000), S. 339; Becker (2001), S. 723. Neben den Fünf-Phasen-Modellen finden sich in der Literatur auch Vier-Phasen-Modelle. Vgl. hierzu Kotler/Bliemel (2001), S. 565; Bauer/Fischer (2000), S. 938.

[315]   Vgl. Nieschlag/Dichtl/Hörschgen (2002), S. 688.

Um die Ausgewogenheit des Leistungsprogramms hinsichtlich mittel- bis lang-fristiger Absatzpotenziale zu überprüfen, reichen aber Einzelbetrachtungen nicht aus. Vielmehr muss eine integrierte Betrachtung der Lebenszyklusphasen *aller* Produkte eines Unternehmens erfolgen. Denn nur so kann festgestellt werden, ob aus einer gegebenen Altersstruktur eher *punktuelle* Gefahren resultieren oder ob sich die Entwicklungen der einzelnen Produkte zu einer *strukturellen* Gefahr summieren, der durch umfassende Innovationsanstrengungen begegnet werden muss. Im Rahmen der Altersstrukturanalyse sollte daher eine Aufstellung der Verteilung der Produkte und ihrer Umsätze auf die unterschiedlichen Lebens-zyklusphasen erfolgen. Die Ergebnisse solcher Analysen zeigen nicht nur auf, *dass* die Notwendigkeit zu verstärkter Innovationstätigkeit, Produkteliminatio-nen oder Repositionierungen bestehen, sondern auch *in welchen Bereichen* dies der Fall ist.

Stellt sich z.B. heraus, dass sich die Produkte in einer bestimmten Warengruppe gehäuft in der Sättigungs- oder Degenerationsphase befinden, muss einer hieraus möglicherweise resultierenden Gefährdung nachgegangen werden. Dafür wird die allgemeine Entwicklung der Warengruppe in Augenschein genommen und untersucht, ob die Warengruppe insgesamt rückläufige Absätze aufweist oder ob lediglich die Stellung der eigenen Produkte erodiert. Hieraus können Schlüsse auf einen mittelfristigen Rückzug aus der Warengruppe oder auf die Notwen-digkeit zu verstärkten Innovationsanstrengungen gezogen werden.

So groß die Bedeutung einer möglichst genauen Phasenabgrenzung für die Prog-rammstrukturanalyse ist, so groß sind auch die mit ihr verbundenen Schwierig-keiten. Im Folgenden soll daher untersucht werden, inwieweit Paneldaten zur Phasenabgrenzung beitragen können. Dabei wird der klassische absatzbasierte Ansatz und ein weit gehend neu entwickelter kundenstrukturbasierter Ansatz zur Phasenabgrenzung, der auf den Überlegungen zur Identifikation von Innovato-ren aufbaut,[316] unterschieden.

---

[316] Vgl. Twardawa/Wildner (1998), S. 12 ff.

3.2.3.1 Möglichkeiten der Phasenabgrenzung im Rahmen des Produktlebenszyklus

3.2.3.1.1 Absatzbezogene Phasenabgrenzung

Ein klassischer Ausgangspunkt der Phasenabgrenzung ist die *Absatzentwicklung*. Bei diesem auf *Polli/Cook* zurückgehenden Ansatz wird davon ausgegangen, dass sich Produkte auf der Grundlage ihrer absatzbezogenen Wachstumsraten in die unterschiedlichen Phasen des Produktlebenszyklus (PLZ) einteilen lassen.[317] Entscheidend ist hierbei, dass die Änderungsraten des zu untersuchenden Produktes nicht *isoliert* betrachtet werden, sondern dass diese in Relation zu den Änderungsraten anderer Produkte der *gleichen* Produktgruppe gesetzt werden.[318] Dadurch werden Entwicklungen, die alle Produkte einer Produktgruppe gleichermaßen betreffen, bis zu einem gewissen Grad eliminiert und nicht als eine dem betrachteten Produkt eigene Entwicklung fehlinterpretiert.[319] Im Folgenden ist daher zu prüfen, inwieweit dieser Ansatz mittels Paneldaten informatorisch fundiert werden kann. Voraussetzungen für eine Phasenabgrenzung nach *Polli/Cook* sind:[320]

1. das *Vorliegen umfassender Absatzdaten* des zu untersuchenden Produktes sowie der zum Vergleich herangezogenen Produktgruppe,
2. eine möglichst *langfristige Dokumentation* der Absatzentwicklung aller einzubeziehenden Produkte und
3. die Möglichkeit, die *Marktsegmente,* auf die sich die Aussagen beziehen, genau abzugrenzen.[321]

---

[317] Vgl. Polli/Cook (1969), S. 385 ff.; Fischer (2001a), S. 80.

[318] Vgl. Polli/Cook (1969), S. 390 ff. Die Schwierigkeit besteht hierbei allerdings darin, festzulegen, *wie* diese Produktgruppe abgegrenzt werden soll. Vgl. zur Abgrenzungsproblematik auch Polli/Cook (1969), S. 388 sowie allgemein Day/Shocker/Srivastava (1979), S. 10.

[319] Vgl. Hofstätter (1977), S. 91. Vgl. zu einer ausführlichen Darstellung der Vorgehensweise Polli/Cook (1969), S. 385 ff. Hierbei muss natürlich auch die Entwicklung der zugrunde liegenden Produktgruppe *insgesamt* beleuchtet werden. Weist sie rückläufige Absätze auf, stellt dies ein Warnsignal dar (vgl. hierzu die Kap. 3.2.1 sowie 4.3).

[320] Vgl. zu den Anforderungen Hofstätter (1977), S. 93; Polli/Cook (1969), S. 390.

[321] *Polli/Cook* nehmen hierfür eine geografische Segmentierung vor. Vgl. Polli/Cook (1969), S. 390.

Alle Anforderungen werden von Panels vollständig erfüllt. Erstens erfassen sie grundsätzlich das gesamte Angebotsspektrum des FMCG-Bereichs, so dass ein differenzierter und umfassender Ausweis der Absatzmengen unterschiedlicher, auch unternehmensfremder Produkte erfolgen kann. Dies ist mit keinem anderen Marktforschungsinstrument in dieser Form möglich. Zudem können Panels bei der Abgrenzung der in die Analyse einzubeziehenden Produktgruppe Hilfestellung leisten, da auf die vorgegebene hierarchische Unterteilung der Warenwelt zurückgegriffen werden kann, aus der sich Über- und Unterordnungsverhältnisse ablesen lassen.[322]

Zweitens ist durch die kontinuierliche Datenerhebung grundsätzlich gewährleistet, dass ausreichend weit in die Vergangenheit zurückreichende Daten über die relevanten Absatzentwicklungen vorliegen.

Drittens können mit Panels die betrachteten Marktsegmente exakt abgegrenzt werden. Die von *Polli/Cook* vorgeschlagene geografische Abgrenzung[323] lässt sich mit Paneldaten noch erweitern, denn prinzipiell können zur Marktabgrenzung alle schon beschriebenen Möglichkeiten der Marktsegmentierung genutzt werden. Dies kann zu interessanten Erkenntnissen führen. So ist durchaus denkbar, dass sich ein Produkt bei der einen Kundengruppe noch in der Sättigungsphase, bei einer anderen jedoch schon in der Degenerationsphase befindet, was entsprechende Auswirkungen auf zielgruppenspezifische Marketingentscheidungen hätte.

Zusammenfassend ist daher *Hofstätter* zuzustimmen, dass für die Anwendung des Ansatzes von *Polli/Cook* dann besonders günstige Verhältnisse vorliegen, wenn „sowohl für den zu untersuchenden Produktmarkt als auch für den Parallel-Produktmarkt eine Reihe von Paneldaten existieren."[324]

---

[322] Vgl. hierzu die Artikelpyramide in Kap. 2.3.5.1.2.
[323] Vgl. Polli/Cook (1969), S. 390.
[324] Hofstätter (1977), S. 95.

3.2.3.1.2 Kundenstrukturbezogene Phasenabgrenzung

Durch die umfassende und differenzierte Erfassung der Haushalte im Verbraucherpanel ergibt sich noch eine zweite Möglichkeit der Phasenidentifikation. Grundlage ist die auf *Rogers* zurückgehende Diffusionstheorie,[325] die den theoretischen Unterbau des Produktlebenszykluskonzepts bildet.[326] Im Rahmen der Diffusionstheorie wird der Prozess untersucht, der beschreibt, wie neue Ideen, Konzepte, Meinungen und auch Produktinnovationen sukzessive einen Markt durchdringen.[327] Es wird grundsätzlich davon ausgegangen, dass unterschiedliche Nachfragersegmente mit jeweils unterschiedlichen Innovationsbereitschaften existieren. Diese Innovationsbereitschaft wird über die Zeitspanne operationalisiert, die zwischen der Produkteinführung und dem ersten Kauf des Produktes vergeht. Im Allgemeinen erfolgt eine Einteilung in fünf Gruppen: Innovatoren, frühe Adopter, frühe Mehrheit, späte Mehrheit und Nachzügler.[328]

Die Verbindung zum Produktlebenszyklus besteht darin, dass die zeitliche Verteilung der Erstkaufentscheidungen der genannten Gruppen, die (idealtypisch) einer Normalverteilung folgt, die Entwicklung des Produktlebenszyklus zu großen Teilen mitbestimmt.[329] In der Einführungsphase treten zunächst die Innovatoren als Nachfrager auf. Bei Eintritt der frühen Adopter geht der Lebenszyklus in die Wachstumsphase über. Die Reife- und Sättigungsphase zeichnet sich durch die einsetzende Nachfrage der frühen und späten Mehrheit aus und endet schließlich in der Degenerationsphase, in der allerdings immer noch neue Kunden, die Nachzügler, gewonnen werden können, sich aber andere Segmente massiv abwenden.[330]

---

[325]   Vgl. Rogers (1995).
[326]   Vgl. Kotler/Bliemel (2001), S. 580; Benkenstein (2002), S. 61; Meffert (2000), S. 340; Fischer (2001a), S. 34; Becker (2001), S. 724 f.
[327]   Vgl. Schmalen/Pechtl (2001), S. 300.
[328]   Vgl. Becker (2001), S. 724.
[329]   Vgl. Bauer/Fischer (2000), S. 939; Becker (2001), S. 725; Hofstätter (1977), S. 56.
[330]   Vgl. Becker (2001), S. 725 ff.

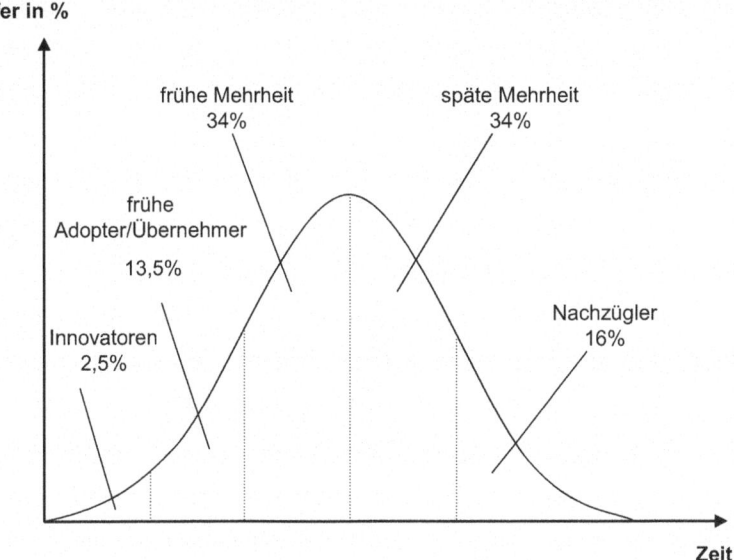

Abb. 24: **Adoptergruppen und ihre relativen Übernahmezeiten von Innovationen (Quelle: Becker (2001), S. 725)**

Die Überlegung besteht nun darin, die Position eines Produktes im Produktlebenszyklus über die einsetzende Akzeptanz bzw. Ablehnung des Produktes bei den *unterschiedlichen Adoptergruppen* zu identifizieren. Grundlage hierfür ist die Erkenntnis, dass die verschiedenen Adoptergruppen unterschiedliche soziodemografische und psychografische Strukturen aufweisen.[331] Innovatoren z.B. zeichnen sich i.Allg. durch einen höheren Bildungsstand, ein höheres Einkommen und ein geringeres Lebensalter aus.[332] Wenn die Gruppen anhand entsprechender Merkmale beschrieben werden können, müsste es möglich sein, aus der Beobachtung ihres Nachfrageverhaltens gegenüber dem betrachteten Produkt auf dessen Phase im Produktlebenszyklus schließen zu können. Dafür wird geprüft, *welches* das letzte Segment war, das in die Nachfragephase eingetreten ist und *wann* dies geschehen ist. Verbraucherpaneldaten liefern hierbei sowohl für die Beschreibung der Adoptergruppen als auch für die genaue zeitliche Erfassung ihres Kaufverhaltens eine vollständige Datenbasis.

---

[331] Vgl. Höft (1992), S. 48; Schmalen/Pechtl (2001), S. 302.
[332] Vgl. hierzu ausführlich Kaas (1973), S. 22 ff.

Paneldaten bieten darüber hinaus aber noch weiter gehendes Informationspotenzial, um die vorgeschlagenen kundenstrukturbezogene Phasenabgrenzung zu fundieren. Mit ihnen kann nämlich nicht nur das im Rahmen der Diffusionsforschung untersuchte *Erstkaufverhalten* der Segmente, sondern auch deren *Wiederkaufverhalten* ermittelt werden.[333] Dadurch wird die Datengrundlage zur Phasenbestimmung erheblich bereichert, denn es ist nicht nur von Bedeutung, welche Nachfrager neu hinzukommen, sondern auch, welche sich zu welchem Zeitpunkt wieder von dem Produkt abwenden. So ist davon auszugehen, dass in bestimmten Phasen, in denen zwar noch neue Nachfrager wie die späte Mehrheit oder die Nachzügler gewonnen werden können, andere Gruppen (z.B. Innovatoren) das Produkt schon nicht mehr nachfragen. Die *kombinierte* Betrachtung des Zu-, Wiederkauf- und Abwanderungsverhaltens der unterschiedlichen Gruppen lässt dann einen präziseren Schluss auf die Zyklusphase zu. Bleiben nämlich beispielsweise die Wiederkaufraten der zuvor zugetretenen Gruppen stabil, bedeutet auch ein verstärktes Aufkommen der Nachzügler nicht unbedingt den Eintritt des Produkts in die Degenerationsphase, sondern lässt eher den Schluss auf eine stabile und länger andauernde Reife- bzw. Sättigungsphase zu.

Die Hauptaufgabe liegt bei diesem Ansatz in der trennscharfen Beschreibung der unterschiedlichen Adoptergruppen. Diese sollte warengruppenbezogen erfolgen, da davon auszugehen ist, dass das Innovationsverhalten von Individuen nicht über alle Produktbereiche gleich ist.[334] Solche umfassenden Abgrenzungen liegen allerdings bisher noch nicht vor, sind aber in Ansätzen – zumindest für die Gruppen der Innovatoren – zu finden.[335]

Abschließend sei noch kurz auf die Problematik der Wahl des geeigneten Aggregationsniveaus bei Lebenszyklusuntersuchungen eingegangen. Hier gehen die

---

[333] Vgl. auch Midgley (1981), S. 109 ff.; Day (1981), S. 63.

[334] Vgl. Twardawa/Wildner (1998), S. 12.

[335] Vgl. Kennedy (1983), S. 63 ff. und die dort angegebene Literatur; Twardawa/Wildner (1998), S. 12 f. Die hierfür notwendigen Analysen könnten ebenfalls mit Hilfe von Paneldaten durchgeführt werden, da sowohl Absatzentwicklungen als auch Merkmale der nachfragenden Haushalte in umfassender Weise vorliegen. Eine solche Analyse kann allerdings an dieser Stelle nicht erfolgen, da sie den Rahmen der Arbeit sprengen würde.

Meinungen in der Literatur weit auseinander.[336] Grundsätzlich sind die Anwendungsmöglichkeiten des Lebenszykluskonzepts nicht von vorneherein auf bestimmte Aggregationsebenen beschränkt.[337] *Die* richtige Analyseebene gibt es ohnehin nicht, denn ob eine Lebenszyklusbetrachtung auf der Ebene eines Marktes, einer Produktkategorie, eines Produkttyps oder einer Marke stattfindet, kann nur vor dem Hintergrund der jeweiligen Problemstellung entschieden werden. Bei der Nutzung von Panels kann die Abstraktionsebene weit gehend flexibel festgelegt werden, so dass Lebenszyklusanalysen grundsätzlich auf allen Ebenen in Betracht kommen. Dies gilt auch vor dem Hintergrund, dass beispielsweise zur Identifikation der *Markt*lebenszyklusphase weitere Kriterien wie das Ausmaß der Angebotsdifferenzierung im betrachteten Markt, die zeitliche Stabilität der Marktanteile und die Höhe der Preis-Elastizität der Nachfrage herangezogen werden, die ebenfalls aus Paneldaten ermittelbar sind.[338]

3.2.3.2 Die Produktinnovationsrate als besonderes Merkmal der Altersstruktur

Ausgewählte Teilaspekte der Altersstruktur können auch gesondert analysiert werden. Eine in diesem Zusammenhang wichtige Kennzahl ist die *Produktinnovationsrate*, die aus Sicht eines bestimmten Unternehmens Auskunft darüber gibt, wie viel Umsatz im Verhältnis zum Gesamtumsatz von neuen (z.B. in den letzten drei Jahren eingeführten) Produkten stammt.[339] Sie bedarf zwar nicht unbedingt der informatorischen Fundierung durch Paneldaten, allerdings entfaltet auch sie erst dann ihre volle Aussagekraft, wenn sie in den Vergleich zu den Innovationsraten anderer Unternehmen gesetzt wird. Die Kennzahl findet auch im

---

[336] Vgl. hierzu die unterschiedlichen Meinungen in Michel (1987), S. 15; Gardner (1987), S. 222; Barksdale/Harris (1982), S. 76; Enis/La Garce/Prell (1977), S. 46 ff.

[337] Vgl. Fischer (2001), S. 1408.

[338] Vgl. zu einer Übersicht Kreilkamp (1987), S. 146 f.; Diller (1991), S. 199 f.

[339] Vgl. Meffert (2000), S. 348.

Rahmen des Defining the Business Anwendung, um mögliche Reaktionen von Wettbewerbern auf den eigenen Eintritt in neue Märkte abzuschätzen.[340]

3.2.4 Gesamtsicht des Leistungsprogramms mit Hilfe der Portfolio-analyse

Der Aufbau des Portfolios erfolgt grundsätzlich analog dem Aufbau eines Kundenportfolios. Die zweidimensionale Matrix wird durch zwei voneinander unabhängige erfolgsbezogene Schlüsselgrößen aufgespannt, die mono- oder multifaktorieller Natur sein können und i.Allg. eine interne und externe Dimension betreffen. Die zu bewertenden Objekte (in diesem Fall unterschiedliche vom Unternehmen angebotene Warengruppen) werden, wie in der folgenden Abbildung dargestellt, auf der Grundlage der Marktdaten im Beurteilungsraum als Kreise positioniert, deren Größe die jeweilige Umsatzbedeutung widerspiegelt.[341]

---

[340] Vgl. Kap. 6.
[341] Vgl. Szyperski/Winand (1978), S. 126.

	Waren-gruppe A	Waren-gruppe B	Waren-gruppe C	Waren-gruppe D
Marktwachstum	-0,5 %	+1,2 %	+1,7 %	-1,9 %
Eigener Marktanteil im ausgewählten Bereich	45%	32%	12%	14%
Marktanteil stärkster Wettbewerber	21%	40%	40%	47%
Relativer Marktanteil $\frac{\text{Eigener MA}}{\text{MA stärkster Wettbewerber}}$	2,1	0,8	0,3	0,3
Umsatzanteil	35%	30%	15%	20%

b) Darstellung des Marktwachstum – rel. Marktanteil – Portfolios

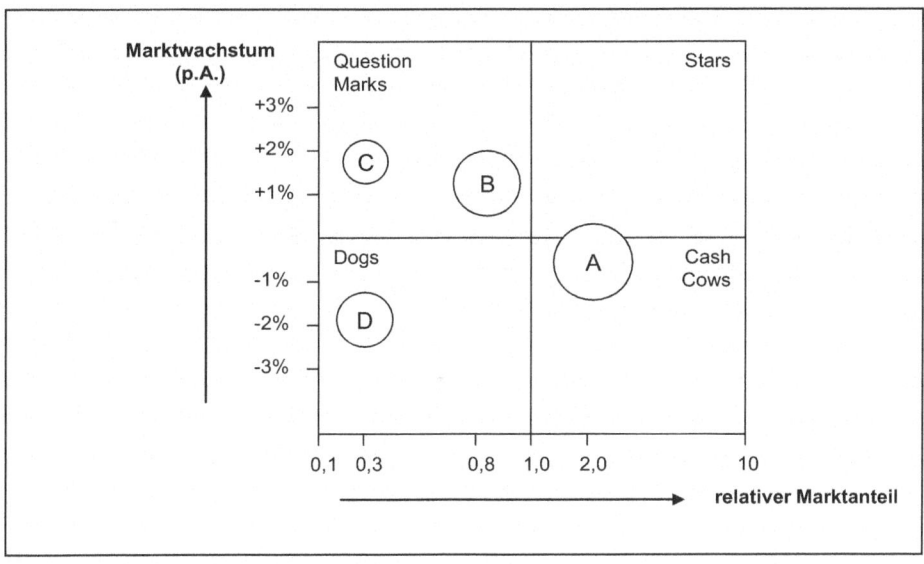

Abb. 25: **Ableitung eines Portfolios aus Paneldaten**
(Quelle: in Anlehnung an Becker (2001), S. 426)

Die Portfolioanalyse kann flexibel an unterschiedliche Abstraktionsebenen angepasst werden, d.h. Analysen können auf der Ebene von SGE, Warengruppen aber auch Einzelprodukten durchgeführt werden.[342] Anhand des erstellten Ist-

---

[342]   Vgl. Meffert (2000), S. 350.

Portfolios kann beurteilt werden, inwieweit mit der gegebenen Programmstruktur eine ausgewogene Erfolgssicherung zu erreichen ist. So ist beispielsweise dafür zu sorgen, dass eine ausreichende Anzahl zukunftsträchtiger Produkte vorhanden ist, die die möglicherweise zu eliminierenden „Poor Dogs" ersetzen können.

Paneldaten können einen erschöpfenden Beitrag zur informatorischen Fundierung klassischer *monofaktorieller* Portfolio-Analysen leisten, deren Beurteilungsraum anhand der Dimensionen Marktwachstum und rel. Marktanteil aufgespannt wird. Von besonderer Bedeutung ist dabei, dass es unerheblich ist, wie der Referenzmarkt abgegrenzt wird, da Daten über beliebig definierte Märkte beziehbar sind. Bei *multifaktoriellen* Portfolios werden üblicherweise die „Marktattraktivität" und die „relative Wettbewerbsstärke" als Dimensionen herangezogen, die über eine Vielzahl von Variablen operationalisiert werden und auch qualitative Aspekte (z.B. „rechtliche Rahmenbedingungen" bei der Marktattraktivität und „Forschungs- und Entwicklungspotenzial" bei der rel. Wettbewerbsstärke) einschließen können.[343] Inwieweit Panels hier als Datengrundlage dienen können, hängt von der Auswahl der zugrunde gelegten Variablen ab. Viele der strategischen Schlüsselfaktoren wie das Marktvolumen und -wachstum, die Preisentwicklung und die Anzahl der Wettbewerber für die „Marktattraktivität" sowie die Marktanteile, der Distributionsgrad oder die Markentreue der Kunden für die „relative Wettbewerbsstärke"[344] lassen sich aber über Panels erheben, so dass auch hier eine weit reichende Fundierung möglich ist.

Zusammenfassend bleibt festzuhalten, dass eine auf das Ziel des langfristigen Erhalts und Aufbaus von Erfolgspotenzialen ausgerichtete Beurteilung des eigenen Leistungsprogramms immer nur vor dem Hintergrund der Marktsituation bzw. -entwicklung erfolgen kann. Die Nutzung von Paneldaten wird damit zu

---

[343]   Vgl. Köhler (1993), S. 32.

[344]   Vgl. zu den Schlüsselfaktoren für strategische Entscheidungen Gälweiler (1974), S. 325; Jauschowetz (1989), S. 117 f.

einer *notwendigen Bedingung* für den Aufbau eines strategisch ausgerichteten Informationssystems für FMCG-Hersteller.

3.3 Distributionsanalyse

Auch ein den Nachfragerbedürfnissen entsprechendes Produktprogramm kann seine volle Ertragswirkung nur entfalten, wenn der Zugang zu den Kunden gewährleistet ist. Im Rahmen der Distributionsanalyse muss daher untersucht werden, wie gut das Unternehmen in seinen Absatzkanälen aufgestellt ist. Die hierbei gewonnenen Informationen dienen als Entscheidungsgrundlage für potenzielle Restrukturierungen des Distributionssystems, die zur Integration neuer Kanäle, dem Rückzug aus bisher genutzten Absatzwegen oder der Veränderung bestehender Distributionsbeziehungen führen. Distributionspolitische Entscheidungen haben aufgrund ihrer *Absatzbedeutung* einen ausgesprochen strategischen Charakter. Zudem sind Entscheidungen der distributiven Aufstellung kurzfristig kaum revidierbar und bedürfen daher einer fundierten, langfristig ausgerichteten Informationsgrundlage.[345] Welche Teilaspekte hierbei eine Rolle spielen und wie sie mittels Paneldaten erfasst werden können, wird in den folgenden Kapiteln diskutiert.

3.3.1 Erfassung des Distributionsumfangs und der Distributionskonzentration

Zur Ermittlung des Umfangs, mit dem das Unternehmen in den jeweiligen Distributionskanälen vertreten ist, werden *Distributionskennzahlen* aus dem Handelspanel herangezogen.[346] Sie zeigen die Intensität der Marktpräsenz eines Unternehmens auf der letzten Handelsstufe und damit die Verfügbarkeit der Produkte für den Endverwender.[347] Es ist unmittelbar einsichtig, dass bei einer mangelhaften Distribution alle anderen Marketingmaßnahmen ins Leere laufen, was die Bedeutung der im Folgenden vorgestellten Distributionskennzahlen unterstreicht.

---

[345] Vgl. Specht/Fritz (2005), S. 244.
[346] Vgl. Köhler (1998), S. 37 f.
[347] Vgl. Mann (1983), S. 253; Schröder (2001), S. 326.

Klassische Kennzahlen sind die *numerische* und die *gewichtete Distribution*. Erstere beschreibt, bei wie vielen Absatzmittlern das Unternehmen mit dem entsprechenden Produkt überhaupt vertreten ist, d.h. wie viele Geschäfte von allen in Frage kommenden Geschäften (Absatzmittlergrundgesamtheit) den/die fraglichen Artikel führen. Grundsätzlich ist unter Verfügbarkeitsgesichtspunkten eine möglichst hohe numerische Distribution anzustreben. Allerdings kann es sein, dass ein Produkt zwar bei einer großen Anzahl von Geschäften gelistet ist, diese Geschäfte aber nur einen unterdurchschnittlichen Anteil am Gesamtumsatz in einer Warengruppe aufweisen. Interessanter wäre es daher zu wissen, ob das Produkt nicht nur bei vielen sondern auch bei den *umsatzstarken* Händlern distribuiert ist. Diese Information liefert die *gewichtete Distribution*. Sie zeigt, welchen Umsatzanteil die distribuierenden Geschäfte am Gesamtumsatz einer Warengruppe haben.[348] Da dieser Kennzahl eine größere Bedeutung bei der Generierung von Marktanteilen zukommt,[349] spiegelt sie den Umfang der Distribution besser wider. Dies ist zudem unter Kostengesichtspunkten effizienter, wenn pro beliefertem Handelspartner bestimmte Fixkosten unterstellt werden. Daher wird das Verhältnis von gewichteter und numerischer Distribution auch als „Distributionsqualität" bezeichnet.[350]

Auf der Grundlage eines Handelspanels können die *Bezugspunkte* der Berechnung beider Kennzahlen flexibel bestimmt werden. Das heißt, der Distributionsgrad einer Marke im Gesamtmarkt kann ebenso ermittelt werden wie der eines einzelnen Artikels in einer bestimmten Packungsgröße in einem spezifischen Absatzkanal.

Einen weiteren grundlegenden Aspekt der Distributionsanalyse stellt die *Konzentration* des mengen- und wertmäßigen unternehmensbezogenen Absatzes auf die unterschiedlichen Vertriebswege dar. Sie dient, wie schon bei der Kunden- und Programmstrukturanalyse, zur Aufdeckung potenzieller Abhängigkeitsbe-

---

[348]   Vgl. Günter/Vossebein/Wildner (1998), S. 159 ff.
[349]   Vgl. Schröder (2001), S. 327.
[350]   Vgl. Günther/Vossebein/Wildner (1998), S. 327 f.

ziehungen. Hierzu erfolgt eine Aufstellung darüber, wie viel Absatz mit den Endverbrauchern über welche Vertriebsschiene erzielt wird, wobei die Analyse je nach Fragestellung für das Gesamtunternehmen, eine Warengruppe, ein Produkt usw. durchgeführt werden kann. Ist die Konzentration hoch, *kann* dies ein Hinweis auf die Notwendigkeit einer breiteren Aufstellung der Absatzwege sein. *Ob* dies der Fall ist, ist ebenfalls nur nach einer näheren Untersuchung der entsprechenden Vertriebswege, z.B. hinsichtlich ihrer zukünftig zu erwartenden Absatzpotenziale, zu beurteilen.

3.3.2 Grundsätzliche Produktprogramm- und Zielgruppenadäquanz der Distribution

Die numerische und gewichtete Distribution vermittelt einen Einblick in die allgemeine Aufstellung des Unternehmens in den Distributionskanälen. Unter dem Gesichtspunkt der dauerhaften Erfolgssicherung reicht eine solche Betrachtung allerdings nicht aus, da noch keine Aussagen über das *langfristige Potenzial* der Absatzmittlersegmente möglich sind. Hierzu sind Analysen nötig, die Hinweise auf eine zu- oder abnehmende Marktbedeutung der unterschiedlichen Distributionswege geben, was insbesondere dann wichtig ist, wenn große Teile des Absatzes über einen oder wenige Absatzmittler erfolgen.

In einem ersten Schritt kann die *Gesamtabsatzbedeutung* der Vertriebswege im Markt und deren Entwicklung in den letzten Jahren mit Hilfe des Handels- oder Haushaltspanels ermittelt werden.[351] Hierbei werden generelle Tendenzen aufgezeigt, wie z.B. die stetig zunehmende Rolle der Discounter in den letzten Jahren.[352] Da die Bedeutung unterschiedlicher Vertriebsschienen mit den Warengruppen variiert,[353] müssen in einem zweiten Schritt *warengruppenspezifische* Absatzentwicklungen erfasst werden. Stellt sich heraus, dass bedeutende War-

---

[351] Da viele bedeutende Discounter die Mitarbeit im Handelspanel verweigern, müssen aber bei gsamtmarktbezogenen Analysen letztlich *immer* zumindest ergänzende Daten aus dem Haushaltspanel hinzugezogen werden, um den Markt vollständig abzudecken. Vgl. Günther/Vossebein/Wildner (1998), S. 138 f.

[352] Vgl. Twardawa (2006), S. 383; Bachl (2004), S. 37.

[353] Vgl. GfK (2005).

engruppen schwerpunktmäßig über Kanäle distribuiert werden, die im Markt an Bedeutung verlieren, kann das eine Gefährdung langfristiger Absatzmöglichkeiten bedeuten. Der Hersteller muss dann versuchen, seine Präsenz in den warengruppenspezifisch attraktiven Vertriebswegen auszubauen.

Bislang wurde Distributionsanalyse unter dem Aspekt untersucht, ob das Unternehmen die Kanäle nutzt, in denen die von ihm angebotenen Produkttypen auch schwerpunktmäßig abgesetzt werden. Da hierbei die Absatzobjekte im Mittelpunkt standen, kann man von der Überprüfung der *Programmstrukturadäquanz der Distribution* sprechen.

Eine solche Analyse alleine reicht jedoch noch nicht aus. Die Distributionsstruktur muss auch dahingehend untersucht werden, inwieweit sie den Einkaufsstättenpräferenzen der Zielgruppen entspricht, denn nur auf dieser Grundlage ist eine kundenorientierte Distributionsgestaltung möglich. Hierfür können keine Daten aus dem Handelspanel herangezogen werden, da nur über das Haushaltspanels die bevorzugten Distributionswege unterschiedlicher Nachfragersegmente ausgewiesen werden können. Hierauf aufbauend wird dann das Ausmaß der *Zielgruppenadäquanz der Distribution* festgestellt. Dies ist notwendig, um die Zielgruppe weit gehend lückenlos und möglichst ohne Streuverluste zu erreichen.[354] Ist die Zielgruppenadäquanz gering, muss im Hinblick auf mögliche Restrukturierungen analysiert werden, welche Nachfragergruppen welche Warengruppen zu welchen Teilen in welchen Vertriebswegen einkaufen. Letztlich erfolgt an dieser Stelle also eine kombinierte Beurteilung der Zielgruppen- und Programmstrukturadäquanz der Distribution.

Auf der Grundlage von Verbraucherpaneldaten können noch tiefer gehende Analysen durchgeführt werden. Angesprochen ist hier die Beobachtung von *individuellen Wanderungsbewegungen* der Nachfrager. Eine solche Käuferwanderungsanalyse stellt eine wesentliche Bereicherung der Entscheidungsgrundlage für mögliche Modifikationen der Absatzwegewahl dar, weil genau nachvollzogen werden kann, welche Kunden in Bezug auf welche Absatzmittler zu- oder

---

[354] Vgl. Specht/Fritz (2005), S. 224 f.

abgewandert sind.[355] Dies gibt dem Unternehmen die Möglichkeit zu prüfen, ob eine vormals möglicherweise zielgruppenadäquate Distribution durch den Wandel der einkaufsstättenbezogenen Präferenzen der Nachfrager einer Restrukturierung bedarf.

Eng mit der Frage nach der Programmstruktur- und Zielgruppenadäquanz verbunden ist die *Preisstellung* der Händler, da sie in hohem Maße Einfluss auf die von den Nachfragern wahrgenommene Positionierung des Händlers hat. Da die Preisstellung von so zentraler Bedeutung ist, wird sie im folgenden Kapitel separat behandelt.

3.3.3 Preisstellung der Händler

Der Handel bestimmt letztlich den Endabgabepreis für die Nachfrager, da die Hersteller lediglich eine Preis*empfehlung* abgeben.[356] Die Kenntnis der zu erwartenden langfristigen preispolitischen Ausrichtung der Absatzmittler ist daher aus zwei Gründen von Bedeutung: Erstens ist davon auszugehen, dass ein Händler, der kontinuierlich sein Preisniveau senkt, versuchen wird, den Hersteller in Preisverhandlungen unter Druck zu setzen, was wiederum eine Erosion der *Herstellermargen* zur Folge haben kann. Zweitens spielt die Höhe des Preisniveaus für die *Positionierung* der Produkte eine bedeutende Rolle. Positioniert sich ein Hersteller als Premium-Anbieter, wäre ein Händler, der sich durch niedrige bzw. systematisch sinkende Durchschnittspreise auszeichnet, kaum die richtige Wahl. Zur Beurteilung der preispolitischen Ausrichtung eines Distributionskanals können analog zum Preisverhalten der Nachfrager zwei Aspekte berücksichtigt werden – das generelle Preisniveau und die Neigung zu Sonderpreisaktionen.

---

[355] Vgl. ausführlich zur Käuferwanderungsanalyse Kap. 3.4.2.

[356] Vgl. Olbrich/Battenfeld/Grünblatt (2001), S. 20; vgl. hierzu allgemein Müller-Hagedorn (2005), S. 256 ff.

3.3.3.1 Generelles Preisniveau

Über das Handelspanel kann zunächst die allgemeine Preisstellung[357] der eigenen und der Konkurrenzprodukte in den unterschiedlichen Absatzkanälen untersucht werden. Wie schon angesprochen, kommt hierbei der Tatsache, dass es sich bei Handelspanels inzwischen fast ausschließlich um Scannerpanels handelt, Bedeutung zu. Deren Stärke liegt in der exakten Erfassung von Preis-Mengen Kombinationen, wodurch Verzerrungen aufgrund von Durchschnittspreisbildungen weit gehend ausgeschlossen werden.[358] Die Preisstellung kann dann auf unterschiedlichen Abstraktionsebenen – von der Produktebene über die Warengruppenebene bis hin zur Ebene „FMCG gesamt" – festgestellt werden.

Die generelle preispolitische Tendenz eines Absatzkanals bzw. Händlers wird ermittelt, indem die Preisentwicklungen in unterschiedlichen Waren- oder Produktgruppen im Zeitablauf verfolgt werden. Aus den prozentualen Veränderungen der einzelnen Leistungsbereiche wird dann der Mittelwert gebildet, wobei die jeweiligen Warengruppen nach ihren Umsätzen zu gewichten sind, um sie entsprechend ihrer Marktbedeutung zu berücksichtigen. Als Ergebnis erhält man die durchschnittliche Preisentwicklung des Absatzmittlers, die dann wiederum die Grundlage zur Identifikation solcher Waren- oder Produktgruppen bildet, bei denen eine *besonders starke* Preisaggressivität besteht. Möglicherweise zeigt sich, dass ein Absatzmittler gerade die für den Hersteller besonders wichtigen Warengruppen oder Produkte, z.B. dessen Kernmarke, in starkem Maße als „Preismagneten" im Sinne dauerhafter Niedrigpreise nutzt.[359] Sollte sich der Händler von dieser Politik nicht abbringen lassen, wäre über eine Verschiebung der Distributionsschwerpunkte nachzudenken, um einer möglichen Erosion des Markenimages vorzubeugen.

Die Ermittlung der Höhe der Unterschiede im Preisgefüge der Absatzmittler untereinander bzw. die Intensität der Verschiebungen im allgemeinen Preisgefüge

---

[357] Hierunter ist die Preisstellung *ohne* Sonderpreisaktionen zu verstehen.
[358] Vgl. Kap. 2.3.5.2.3.
[359] Vgl. hierzu auch Müller-Hagedorn (1998), S. 460 f.

erfolgt über die Festlegung von Referenzpreisen in den entsprechenden Waren- oder Produktgruppen. Wie diese gewählt werden, bleibt dem jeweiligen Anwender überlassen. Er hat hierbei vielfältige Möglichkeiten: Beispielsweise könnte der vom Hersteller empfohlene Endabgabepreis herangezogen werden. Absatzmittler, die zu weit von diesem Preis abweichen, könnten dann einer näheren Betrachtung unterzogen werden. Darüber hinaus kann auch die Abweichung vom *durchschnittlich geforderten Marktpreis in der Vorperiode* ermittelt werden.[360] Hierbei wird auch die Tendenz in der Preisentwicklung deutlich. Zudem besteht der Vorteil des letztgenannten Referenzpreises darin, dass Aspekte der Preisdurchsetzbarkeit am Markt mit einfließen.

3.3.3.2 Häufigkeit von Sonderpreisaktionen

Händler sollten nicht nur vor dem Hintergrund, dass ständige Preisaktionen Negativ-Effekte auf die Markenpositionierung haben, hinsichtlich der Häufigkeit durchgeführter *Sonderpreisaktionen* analysiert werden. Letztere bergen nämlich darüber hinaus eine weitere, bislang möglicherweise unterschätzte Gefahr: Dadurch dass ständige Sonderpreisaktionen vermutlich sinkende Referenzpreise nach sich ziehen, werden Handelsmarken aus Nachfragersicht langfristig immer attraktiver, da sich *normalpreisige* Markenartikel immer weiter vom akzeptierten Referenzpreisniveau entfernen. Wäre dies der Fall, würde sich der Handel, auch wenn es auf den ersten Blick paradox erscheinen mag, durch kontinuierliche Preis-Promotions bei Markenartikeln seine eigene (Handelsmarken-) Nachfrage schaffen und die Markenartikel letztlich sogar zurückdrängen.

Um das Ausmaß der Sonderpreisaktionen zu ermitteln, wird untersucht, in wie vielen Kalenderwochen oder im Rahmen wie vieler Aktionen die Preise um einen bestimmten Mindestbetrag gesenkt wurden.[361] Die Häufigkeiten werden für die ausgewählten Absatzmittler getrennt ausgewiesen, wobei darauf zu achten ist, dass die Anzahl der Aktionen durch die Anzahl der das Produkt listenden

---

[360] Diese Referenzpreise können selbstverständlich auch separat für unterschiedliche Vertriebsschienen ermittelt werden.

[361] Vgl. Grünblatt (2001), S. 22 f.; Günther/Vossebein/Wildner (1998), S. 265.

Händlerfilialen bzw. durch deren Verkaufsfläche relativiert wird, da davon aus-zugehen ist, dass die Anzahl der Sonderaktionen mit diesen Größen korreliert.[362] Daneben muss die Höhe der Preissenkung ermittelt werden. Dafür kann auf Pro-duktebene für jeden Händler z.B. der durchschnittliche Sonderpreis und der durchschnittliche prozentuale Preisabstand zum Normalgeschäft ermittelt wer-den. Aus der Kombination der gewonnenen Informationen kann dann ein recht detailliertes Bild davon gezeichnet werden, in welchen Kanälen der Absatz wel-cher Produkte mit welcher Intensität durch Sonderpreisaktionen forciert wird.

3.3.4 Distributions-Portfolios

Die Distributionsstruktur kann wie schon die Kunden- und Programmstruktur mit Hilfe des Portfolio-Ansatzes analysiert werden.[363] Als Dimensionen der Matrix werden z.B. die *Wachstumsrate des Absatzkanals* als externe und der entsprechende *relative Umsatzanteil* als interne Dimension herangezogen.[364] Je nach Fragestellung kann dabei der Gesamtumsatz des Händlers oder der Umsatz in einer ausgewählten Warengruppe, Produktgruppe, Region usw. zugrunde ge-legt werden.[365] Die unterschiedlichen Absatzmittler werden wie üblich als Krei-se in der Matrix positioniert, wobei die Kreisgröße den Umsatz symbolisiert, den der Hersteller mit dem entsprechenden Absatzmittler erzielt. Unter dem Ge-sichtspunkt der Sicherung und des Aufbaus langfristiger Erfolgspotenziale ist es ratsam, auch solche Absatzmittler in die Analyse einzubeziehen, mit denen noch *keine* Geschäftsbeziehung besteht. Da mit ihnen noch keine Umsätze realisiert werden, können sie z.B. als Punkte auf der externen Achse erfasst werden.[366]

---

[362]   Als normierte Häufigkeit ergäbe sich dann beispielsweise der Quotient aus der Aktions-anzahl und der Anzahl listender Filialen. Vgl. Grünblatt (2001), S. 12.

[363]   Vgl. hierzu auch Drexel (1981), S. 153 ff. Die grundsätzliche Methodik bei der Erstel-lung des Distributions-Portfolios ist die gleiche wie bei Kunden- und Programmportfo-lios und wird daher nicht noch mal aufgegriffen.

[364]   Selbstverständlich können auch Distributionsportfolios multifaktoriell aufgebaut sein. Die Dimensionen werden dann z.B. als „Attraktivität des Absatzkanals" und „Stellung im Absatzkanal" bezeichnet.

[365]   Für einen kleinen Hersteller mit Angeboten in nur wenigen Warengruppen wäre es z.B. sinnvoll, eine Analyse nur auf Warengruppenebene durchzuführen, da der Ausweis des relativen Umsatzanteils bzgl. des Gesamtsortiments eines Händlers nichts sagend wäre.

[366]   Vgl. zu diesem Vorschlag Dickson (1983), S. 37.

Die Matrix kann analog zu den bisher vorgestellten Ansätzen in vier Bereiche unterteilt werden, für die jeweils bestimmte Normstrategien festgelegt sind.

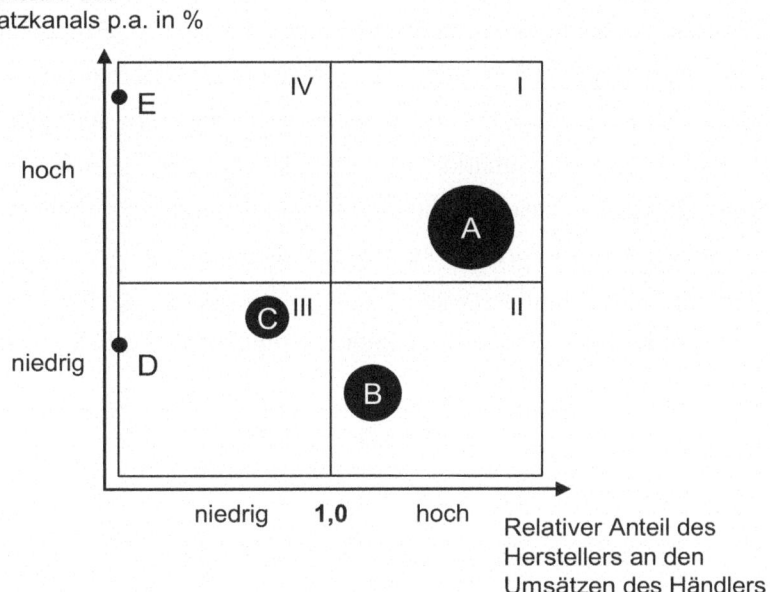

Feld I: Verteidigungsstrategie

Feld II: Abschöpfungsstrategie

Feld III: Eliminationsstrategie

Feld IV: Investitionsstrategie

Abb. 26:   Distributionsportfolio
         (Quelle: eigene Darstellung)

Im Beispiel erzielt das Unternehmen seinen größten Umsatz über den Absatzkanal (A), der ein zufrieden stellendes Wachstum aufweist und bei dem eine sehr starke Stellung besteht, die verteidigt werden muss. Die beiden anderen Distributionswege (B und C) weisen nur ein geringes Wachstum auf. Bezüglich des Distributionskanals C sollte eine Elimination aus dem Distributionsportfolio in Erwägung gezogen werden. Besondere Beachtung muss hingegen dem noch nicht in die Distribution eingebundenen Absatzmittler E geschenkt werden. Dieser weist sehr hohe Wachstumsraten auf und bietet sich daher für einen Erschließungsversuch an.

Eine spezielle Variante der Absatzmittler-Portfolio-Analyse untersucht, wie gut sich bestimmte Produkte bei unterschiedlichen Absatzmittlern verkaufen.[367] Dazu wird auf der vertikalen Achse die prozentuale Abweichung zwischen den Marktanteilen eines Produktes bei den einzelnen Händlern und dem Marktanteil des Produktes im Gesamtmarkt abgetragen. Die horizontale Achse stellt die prozentuale Differenz zwischen Händlerpreis und durchschnittlichem Marktpreis des Produktes dar. Im Portfolio können nun die einzelnen Absatzmittler (und die über sie mit dem Produkt jeweils erzielten Umsätze in der üblichen Form verschieden großer Kreise) unterschiedlichen Gruppen zugeordnet werden.

---

[367] Vgl. Günther/Vossebein/Wildner (1998), S. 231 f.

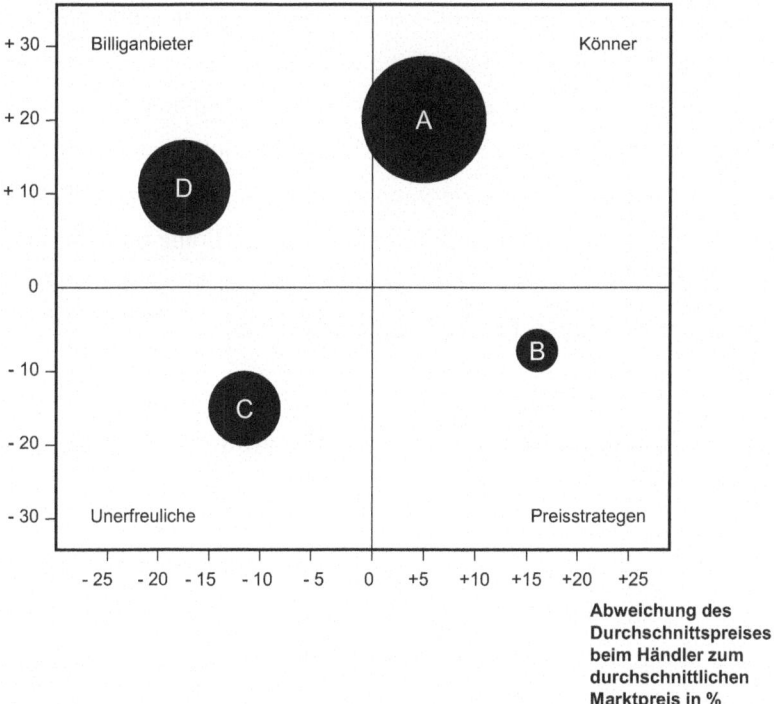

Abb. 27: **Absatzmittleranalyse bezüglich der Preisdurchsetzbarkeit für ein bestimmtes Produkt**
(Quelle: in Anlehnung an Günther/Vossebein/Wildner (1998), S. 231)

Bei den *Könnern* wird das Produkt im Verhältnis zu seinem Gesamtmarktanteil überproportional häufig verkauft und zwar zu einem überdurchschnittlichen Preis (im Vergleich zum Gesamtmarkt). Bei den *Billiganbietern* liegt ebenfalls ein überdurchschnittlicher Marktanteil beim Händler vor, die Preise sind aber unterdurchschnittlich. Die *Preisstrategen* verfolgen eine Hochpreisstrategie, dort hat das Produkt aber geringere Marktanteile als im Gesamtmarkt, und bei den *Unerfreulichen* hat das Produkt selbst bei niedrigen Preisen im Vergleich zum Gesamtmarkt niedrigere Marktanteile. Die Analyse zeigt, welche Absatzmittler wie gut in der Lage sind, den Abverkauf des Produktes zu unterstützen.

Da alle Daten i.Allg. über lange Zeiträume vorliegen, kann die Entwicklung von Distributions-Portfolios im Zeitablauf verfolgt und beispielsweise der Status der Annäherung an ein angestrebtes Soll-Portfolio kontinuierlich überwacht werden. Zudem ergeben sich Hinweise darauf, ob Zugeständnisse, die seitens des Herstellers gegenüber einem Händler, z.B. in Form von Rabatten, gemacht werden, seiner Marktbedeutung noch entsprechen. Denn möglicherweise sind solche Zugeständnisse noch das Relikt aus vergangenen Zeiten, die der aktuellen Situation nicht mehr angemessen sind. Letztlich ist hiermit die Frage nach der Machtverteilung zwischen Hersteller und Händler angesprochen, die eine außerordentlich große Bedeutung hat und im Folgenden diskutiert wird.

3.3.5 Die Bedeutung und Ermittlung der Machtposition des Herstellers im Absatzkanal

Im Rahmen der Analyse der Distributionsstruktur stehen zwei Problemkreise im Mittelpunkt:[368] Zum einen muss die Attraktivität und die Adäquanz der unterschiedlichen Absatzwege vor dem Hintergrund des Leistungsangebots und der Zielgruppen des Unternehmens bewertet werden. Diese in den vorangegangenen Kapiteln behandelte Thematik stellt die Grundlage für die Beurteilung der bestehenden Distributionsstruktur und damit für potenziell notwendige Restrukturierungsmaßnahmen dar. Zusätzlich muss aber auch untersucht werden, welche *Machtposition* ein Hersteller in den jeweiligen Absatzwegen innehat, denn je nachdem, wie stark oder schwach diese ist, hat der Händler mehr oder weniger Möglichkeiten, den Hersteller z.B. in Preisverhandlungen unter Druck zu setzen, weniger Regalfläche zur Verfügung zu stellen oder ihm gar mit Auslistung zu drohen.[369] Damit hat die Machtposition Auswirkungen auf das *Margen-* und *Umsatzpotenzial* des Herstellers.[370]

---

[368] Vgl. Specht/Fritz (2005), S. 227.
[369] Vgl. hierzu z.B. Meffert/Steffenhagen (1976), S. 15 ff.; Nieschlag/Dichtl/Hörschgen (2002), S. 927 ff.; Fiocca (1982), S. 54.
[370] Vgl. Specht/Fritz (2005), S. 443 ff.; Müller-Hagedorn (1998), S. 435 ff.

Darüber hinaus beeinflusst die Machtposition die *distributiven Entfaltungsmöglichkeiten* des Herstellers, d.h. die Umsetzbarkeit einer angestrebten Soll-Distributionsstruktur. Möglicherweise kann ein Hersteller nämlich gar nicht im anzuratenden Umfang in bestimmte Absatzkanäle eintreten, da er entsprechende Listungen nicht in hinreichendem Maße bzw. nur zu sehr hohen Kosten[371] durchsetzen kann. Folglich müssen Machtaspekte schon bei der Aufstellung einer anzustrebenden Distributionsstruktur berücksichtigt werden, um zu realistischen Entscheidungsgrundlagen zu gelangen. Die Machtrelation zwischen Hersteller und Händler wird dabei von unterschiedlichen Faktoren beeinflusst, die im Folgenden diskutiert werden.[372]

3.3.5.1 Umsatzrelation zwischen Hersteller und Händler

Zunächst ist davon auszugehen, dass ein Hersteller eine umso stärkere Stellung innehat, je höher die *Umsätze* sind, die der Händler mit seinen Produkten im Vergleich zu anderen Herstellern erzielt. Hierbei handelt es sich um eine *Umsatzkonzentration* des Händlers.[373] Die hierfür nötigen Informationen über die Verteilung von Umsatzanteilen, die die unterschiedlichen Hersteller bei den Händlern haben, können aus Handels- oder Verbraucherpanels gewonnen werden. Sie können auch separat für unterschiedliche Warengruppen ausgewiesen werden, was dann sinnvoll ist, wenn die Bedeutung der Warengruppen für den Händler stark divergiert. Es ist nämlich möglich, dass ein Hersteller zwar insgesamt einen nur durchschnittlichen Anteil am Gesamtumsatz des Händlers ausmacht, aber in bestimmten Warengruppen so dominiert, dass er die hieraus resultierende Machtposition auf andere Bereiche ausdehnen kann, z.B. um Listungen von Produkten in bisher nicht bedienten Warengruppen durchzusetzen. Ein großer Umsatzanteil beim Händler wirkt sich für den Hersteller insbesondere dann Macht steigernd aus, wenn der Händler die Produkte nicht ohne Weiteres

---

[371] Vgl. Gmünder (2001), S. 836 ff.

[372] Vgl. hierzu Stern/El-Ansary/Coughlan (1996), S. 286 ff.; Irrgang (2001), S. 932; Specht (1979), S. 212 ff.; Little (1970), S. 32 ff.

[373] Vgl. Turnbull (1990), S. 19 f.

durch Produkte anderer Hersteller substituieren kann, sei es aufgrund spezifischer Nachfragerpräferenzen[374] oder weil ihm dadurch hohe Kosten entstünden.

In umgekehrter Weise wirkt die *Distributionskonzentration* des Herstellers.[375] Vertreibt er seine Produkte zu großen Teilen über einen oder wenige Händler, ist seine Abhängigkeit von diesen groß und seine Machtposition entsprechend schwach, solange er nicht schnell und problemlos auf einen anderen Absatzkanal ausweichen kann. Somit ist auch unter Machtgesichtspunkten eine ausgeprägte Konzentration negativ zu bewerten und möglichst zu vermeiden. Um nicht in eine solche Abhängigkeit zu geraten, könnte ein Hersteller z.B. Obergrenzen für den Absatz über bestimmte Händler festsetzen.[376] Dies wird allerdings durch die zunehmende Konzentration auf Seiten des Handels immer schwieriger.[377]

Beide Konzentrationsmaße stellen letztlich zwei Seiten derselben Medaille dar. Der Aussagewert erhöht sich daher, wenn sie integriert betrachtet werden, und zwar in dem Sinne, dass Macht nicht im Sinne absoluter Abhängigkeiten interpretiert wird, sondern auf die *Machtrelation* abgestellt wird: „A supplier's ability to exercise influence over a distributor depends not only on the supplier's dependency on the distributor but also on the distributor's dependency on the supplier."[378]

Eine Möglichkeit, diese gegenseitigen Abhängigkeitsbeziehungen abzubilden, ergibt sich aus der Gegenüberstellung der Umsatzanteile, die die Marktakteure mit dem jeweiligen Partner realisieren. Um diese zu veranschaulichen, wird eine – in der folgenden Abbildung dargestellte – Matrix erstellt, in deren Zellen sich die Umsatzanteile aller in die Analyse einbezogenen Hersteller-Händler-Kombinationen befinden. Die Zeilensummen der Matrix ergeben den Gesamtumsatzanteil der Hersteller und die Spaltensummen den der Händler.

---

[374] Hiermit ist das „akquisitorische Potenzial" der Herstellerprodukte angesprochen (vgl. Gutenberg (1984), S. 243 ff.).

[375] Vgl. Fiocca (1982), S. 53 f.

[376] Vgl. Irrgang (2001), S. 932.

[377] Vgl. Müller-Hagedorn (1998), S. 72 ff.

[378] Dickson (1983), S. 41. Vgl. Dickson (1983), S. 41 ff. auch zu den folgenden Ausführungen.

Umsatzanteil Hersteller beim jeweiligen Händler (in %-Punkten)	Umsatzanteil Händler mit Produkten des Herstellers (in %-Punkten)					
	A	B	C	D	E	
X	20	15	5	0	5	45%
Y	20	0	5	5	0	30%
Z	10	0	5	5	5	25%
	50%	15%	15%	10%	10%	100%

Abb. 28: **Absatzwege-Abhängigkeits-Matrix**
(Quelle: Dickson (1983), S. 42)

Im vorliegenden Beispiel hält der Hersteller X insgesamt 45 % Umsatzanteil, wovon er über die Vertriebswege A 20 %-Punkte, B 15 %-Punkte, C 5 %-Punkte und E ebenfalls 5 %-Punkte generiert. Umgekehrt erzielt beispielsweise der Händler D einen Gesamtumsatzanteil von 10 %, der jeweils zu 5 %-Punkten mit Produkten der Hersteller Y und Z erzielt wird.

In der Matrix werden alle Hersteller-Händler-Kombinationen erfasst, die dann die Grundlage für die Beurteilung der Machtverteilung darstellen. Dabei gilt folgender Zusammenhang: Die Machtposition eines Herstellers/Händlers ist um-so schwächer, je geringer der Unterschied zwischen dem spezifischen Hersteller-Händler-Umsatzanteil und dem Gesamtumsatzanteil des Herstellers bzw. Händlers ist.[379] Dies bedeutet nämlich nichts anderes, als dass ein Hersteller mit einem bestimmten Händler oder ein Händler mit einem bestimmten Hersteller große Teile seines Umsatzes realisiert. Im vorliegenden Beispiel hätte Hersteller X eine starke Machtposition gegenüber Händler B, da Letzterer seinen gesamten Umsatz mit Produkten von X erzielt, X umgekehrt aber nur 33 % seines Umsatzes über den Vertriebsweg B erlöst.

---

[379] Vgl. hierzu Dickson (1983), S. 42.

Eine solche Absatzwege-Abhängigkeits-Analyse liefert noch weitere Informationen. Aus ihr lässt sich auch ablesen, wie groß die Anzahl schnell aktivierbarer alternativer Partner für einen Hersteller oder Händler voraussichtlich ist.[380] Je besser dies möglich ist, desto stärker ist die jeweilige Machtposition in der Hersteller-Händler-Dyade. Im vorliegenden Beispiel unterstreicht dies die schwache Position von B gegenüber X, da der Händler lediglich mit X in Geschäftsbeziehung steht, X jedoch auf drei weitere Vertriebswege (A, C und E) zurückgreifen kann.

Schließlich lassen sich aus der Matrix auch Hinweise auf mögliche Reaktionen *potenzieller Wettbewerber* auf den Versuch, in ihre Absatzkanäle einzutreten, gewinnen. So werden solche Anbieter, die über einen Händler große Umsätze generieren und nur in geringem Umfang andere Distributionskanäle nutzen, den Eintritt eines neuen Herstellers kaum tatenlos hinnehmen und würden wahrscheinlich entsprechende Reaktionen zeigen, z.B. massive Preissenkungen. Sie könnten neben Abwehrmaßnahmen *innerhalb* des Vertriebsweges aber auch versuchen, ihrerseits verstärkt in bisherige Absatzkanäle des neu eintretenden Herstellers einzudringen.[381]

3.3.5.2 Handelsmarkenanteil im Sortiment des Händlers

Ein weiterer Machtfaktor, der sich über Paneldaten erfassen lässt, ist der *Anteil der Handelsmarken* im Sortiment des Absatzmittlers. Je größer der Umfang ist, in dem ein Händler auf eigene Marken zurückgreifen kann, desto stärker wird seine Machtposition gegenüber dem Hersteller sein. Dies resultiert aus der insgesamt geringer werdenden Regalfläche für die Markenhersteller, was zu einer

---

[380] Hierbei wird unterstellt, dass das Ausweichen auf einen anderen Hersteller/Händler wesentlich schneller und kostengünstiger möglich ist, wenn schon eine Geschäftsbeziehung besteht und nicht erst neu etabliert werden muss. Vgl. hierzu auch Olsen/Ellram (1997), S. 107.

[381] Die Absatzkanal-Abhängigkeits-Analyse ist aus diesem Grund auch bei Marktwahlentscheidungen und den hierbei zu treffenden Entscheidungen über die zu nutzenden Absatzwege von großer Bedeutung. Vgl. hierzu Kap. 6.3.3.

verschärften Konkurrenz zwischen den Markenherstellern führt, die wiederum der Händler zu seinen Gunsten ausnutzen kann.[382] Darüber hinaus tritt der Händler mit seinen Produkten in Substitutionskonkurrenz zum Hersteller, was seine Machtposition weiter verbessert. Daher muss geprüft werden, welche Umsatzanteile bei welchen Händlern schon auf Handelsmarken entfallen und inwieweit hier eine zunehmende Verbreitung zu erwarten ist. Alle Entwicklungen können warengruppenspezifisch erfasst werden, was von besonderer Relevanz ist, da die Bedeutung der Handelsmarken stark von der Produktkategorie abhängt.

3.3.5.3 Breite der Produktpalette des Herstellers

Schließlich kann, wenn auch in geringerem Umfang, die *Breite der Produktpalette* des Herstellers eine Rolle bei der Ausbildung der Machtrelation spielen. Es wird davon ausgegangen, dass ein Hersteller mit einem breiteren Angebot tendenziell mächtiger ist als ein Anbieter mit einem schmalen Sortiment. Neben der Tatsache, dass Ersterer i.Allg. größer ist und somit insgesamt mehr Umsatzvolumen auf seine Produkte vereint, wird als Begründung angeführt, dass Handelsunternehmen aus Kostengründen versuchen, die Anzahl der Lieferanten tendenziell niedrig zu halten.[383] Für sie kann es nämlich insgesamt – also auch unter Berücksichtigung einer dadurch stärker werdenden Machtposition des Herstellers – effizienter sein, *einen* Lieferanten zu haben, der alles liefert, als mehrere kleine, die lediglich Teile der Angebotspalette bereitstellen und jeweils neue Fixkosten verursachen.

Die Überprüfung der Breite der Produktpalette, mit der die unterschiedlichen Hersteller in den Distributionskanälen aufgestellt sind, kann auf der Grundlage von Handelspanels erfolgen, die ausweisen, welcher Hersteller mit wie vielen Produkten in welchen Absatzkanälen vertreten ist.

---

[382] Vgl. Collins (2002), S. 182; Turnbull (1990), S. 19 f.
[383] Vgl. Specht (1979), S. 214.

Über die aus Panels zu gewinnenden Daten hinaus müssen für eine vollständige Beurteilung der Machtrelation weitere Informationen, z.B. über potenzielle Kosten eines Lieferantenwechsels, Überschusskapazitäten bei den Herstellern oder die Konzentration der Handelsunternehmen, aus anderen Quellen gewonnen werden.[384] Nichtsdestoweniger liefern Paneldaten eine erstaunlich breite Informationsbasis zur Abschätzung der Machtposition eines Herstellers gegenüber den Absatzmittlern. Insbesondere fallen bei der Nutzung der Paneldaten häufig keine *zusätzlichen* Marktforschungskosten an, da große Teile der notwendigen Daten ohnehin im Rahmen der standardmäßig bezogenen Panelberichterstattung vorliegen.

In diesem Zusammenhang soll auch darauf hingewiesen werden, dass die in der Literatur häufiger postulierte „Informationshoheit" des Handels,[385] die sich aus der größeren Nähe zum Endverbraucher ergeben soll, so nicht existiert. Denn durch die Nutzung von Handels- oder Verbraucherpanels haben Herstellerunternehmen letztlich die gleichen Möglichkeiten wie Handelsunternehmen, Marktinformationen zu beschaffen.[386] Zudem weisen die durch den Handel selbst, z.B. in Form von Kundenkarten, erhobenen Daten erhebliche Lücken auf,[387] so dass auf dieser Grundlage nur sehr beschränkte Auswertungsmöglichkeiten bestehen.

3.4 Konkurrentenanalyse

Die Konkurrentenanalyse ist im Rahmen der strategischen Marketing-Planung von herausragender Bedeutung, da es letztlich darauf ankommt, Wettbewerbsvorteile gegenüber Mitbewerbern aufzubauen. Sie umfasst unterschiedliche Teilaspekte: Zunächst muss eine *Identifikation* der wesentlichen Wettbewerber erfolgen, um diese dann in Bezug auf ihre *Kunden*, *Produktprogramme* und

---

[384] Vgl. Collins (2002), S. 173; Irrgang (2001), S. 932; Söllner (2001), S. 1845.
[385] Vgl. beispielsweise Schögel (2001), S. 546.
[386] Vgl. Müller-Hagedorn (1998), S. 436.
[387] Vgl. Preddy (1996), S. 4.

Verhaltensweisen zu untersuchen.[388] Damit werden letztlich alle Aspekte der Situationsanalyse, die bisher schwerpunktmäßig für das eigene Unternehmen untersucht wurden, der jeweiligen Leistungsfähigkeit der Wettbewerber gegenübergestellt.[389]

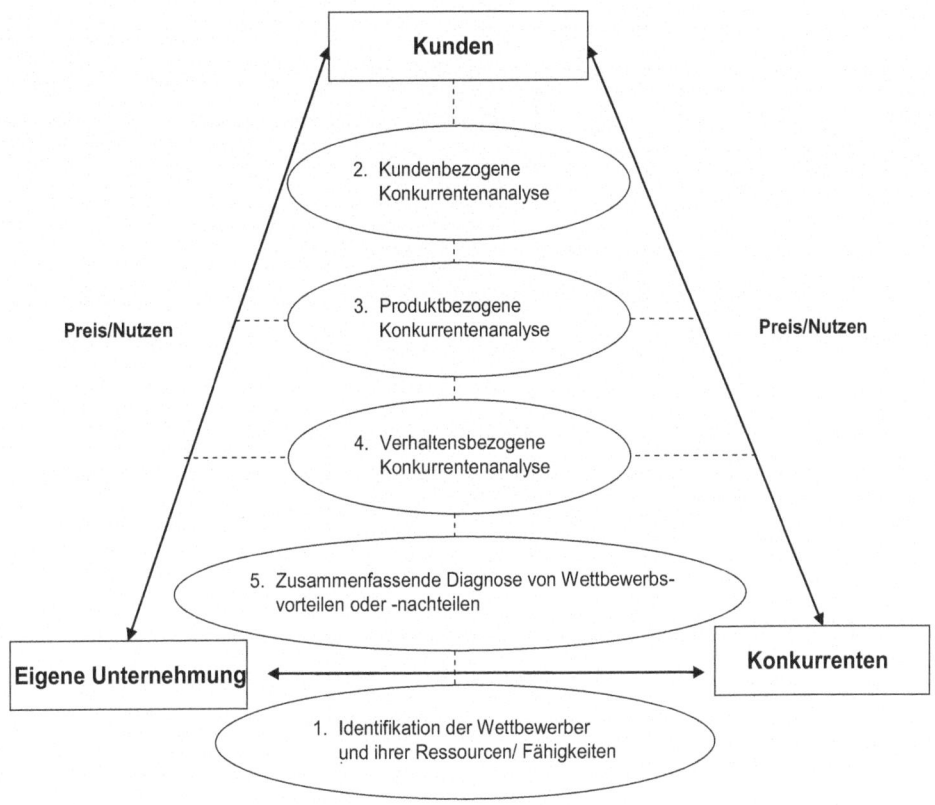

Abb. 29:   **Teilaufgaben der Konkurrentenanalyse im „Strategischen Dreieck"**
                (Quelle: Köhler (1998), S. 29)

---

[388]   Vgl. Köhler (1998), S. 26 f.

[389]   Die im Folgenden behandelte *Konkurrentenanalyse* bezieht sich auf die vergleichende Untersuchung von Mitbewerbern und wird daher enger gefasst als die *Wettbewerbsanalyse*, die den gesamten Bedingungsrahmen der Wettbewerbssituation und somit beispielsweise auch mit Paneldaten nicht erfassbare rechtliche oder gesamtwirtschaftliche Aspekte einschließt. Vgl. Köhler (1998), S. 26.

Panels können grundsätzlich alle absatzmarktbezogenen Informationen, die bislang für das eigene Unternehmen benötigt wurden, auch für die Wettbewerber bereitstellen. Darüber hinaus können auf Paneldatenbasis noch sehr viel tiefer gehende Untersuchungen erfolgen. Hier sind solche Analysen angesprochen, die – basierend auf der Beobachtung individueller Verhaltensweisen – die direkten *Wirkungs-* oder *Austauschbeziehungen zwischen Unternehmen* aufdecken. Solche Analysen machen nicht nur deutlich, wie das Unternehmen in Bezug auf ausgewählte Kriterien im Vergleich zu den anderen Marktteilnehmern aufgestellt ist, sondern auch *welche individuellen Wandlungsprozesse* diesen Zustand herbeigeführt haben.

Analysen dieser Art, die einen differenzierten Einblick in die *Dynamik* einer Wettbewerbsbeziehung ermöglichen, werden im Folgenden schwerpunktmäßig behandelt. Die im Rahmen der Situationsanalyse schon besprochenen Informationsinhalte werden zur Vermeidung von Wiederholungen nur im abschließenden Kapitel aufgegriffen, in dem exemplarisch gezeigt wird, wie mit Hilfe von Stärken-Schwächen-Analysen eine zusammenfassende Diagnose der Stellung gegenüber den Wettbewerbern erfolgen kann.

3.4.1 Identifikation relevanter Konkurrenten

Im Rahmen der *Identifikation relevanter Konkurrenten* müssen die Anbieter aufgespürt werden, die aufgrund ihres bisherigen oder möglicherweise zukünftigen Leistungsangebots und Absatzmarktverhaltens bei der Marketing-Planung des Unternehmens zu berücksichtigen sind.[390] Im Rahmen der Nutzung von Paneldaten ergeben sich zwei Ansatzpunkte, um Wettbewerber zu identifizieren: ein leistungsprogrammbezogener und ein nachfragerbezogener.[391]

---

[390]   Vgl. Köhler (1998), S. 29 ff. Letztlich handelt es sich hierbei um die Frage nach der Abgrenzung des relevanten Marktes. Vgl. hierzu Bauer (1989), S. 30 ff.

[391]   Vgl. hierzu Köhler (1998), S. 30, der auf den in Kap. 6 noch ausführlich zu behandelnden Ansatz von *Abell* (vgl. Abell (1980)) Bezug nimmt, bei dem u.a. zu klären ist, welche anderen Anbieter die für das eigene Unternehmen relevanten *Nachfragersegmente* noch ansprechen und welche Unternehmen ähnliche *Problemlösungen* anbieten.

3.4.1.1 Leistungsprogrammbezogene Identifikation von Konkurrenten

Bei der leistungsprogrammbezogenen Identifikation wird untersucht, welche Anbieter ebenfalls mit Produkten in den vom Unternehmen angebotenen Warengruppen vertreten sind. Diese Informationen sind aus dem Handels- oder Verbraucherpanel zu gewinnen, wo die entsprechenden Akteure mitsamt ihren Marktanteilen ausgewiesen werden. Hierdurch ist es möglich, auf *Warengruppenebene* alle im Markt vertretenen Konkurrenten zu identifizieren und durch den Ausweis ihrer Marktanteile schon Hinweise auf deren Marktbedeutung zu erlangen. Auch wenn die großen Wettbewerber dem Unternehmen i.Allg. schon bekannt sein dürften, lenkt insbesondere der Ausweis von *Marktanteilsentwicklungen* den Blick auf möglicherweise noch kleine aber stark expandierende Konkurrenten hin, die eine zukünftige Bedrohung darstellen können.

Da im Rahmen der Konkurrentenanalyse auch solche Anbieter identifiziert werden sollen, die die Leistungen des eigenen Unternehmens *grundsätzlich* substituieren können,[392] empfiehlt es sich, den Blickwinkel im nächsten Schritt über die Warengruppengrenzen hinaus auszuweiten. Ansonsten besteht die Gefahr einer zu engen Konkurrenzabgrenzung, was zu einer Überschätzung möglicher Wettbewerbsvorteile führen kann. Andererseits darf diese Erweiterung aber auch nicht zu umfassend ausfallen, da dann u.U. so viele Wettbewerber in die Konkurrentenanalyse einzubeziehen sind, dass aufgrund begrenzter Informationsverarbeitungskapazitäten im Unternehmen die relevanten Mitbewerber nicht mehr sorgfältig genug untersucht werden können.[393]

Offen ist damit die Frage, *welche* weiteren Produktbereiche in die Analyse mit einbezogen werden sollen. Auch hier liefern Panels aufgrund der schon mehrfach angesprochenen hierarchisch strukturierten Warenwelt eine wesentliche Hilfestellung. Durch sie kann der Identifikationsbereich mittels sukzessiver Ausweitung der Analyseebenen systematisch erweitert werden. Die Überlegung

---

[392] Vgl. Köhler (1998), S. 30; Hoffmann (1979), S. 61.
[393] Vgl. Brezski (1993), S. 27. Vergleiche zur hierbei entstehenden Problematik eines „information overload" auch Braun/Hentschel (1989), S. 94.

hierbei ist, dass z.B. in einem Warengruppenkorb zwar unterschiedliche, aber doch durch eine *gewisse Verwandtschaft* gekennzeichnete Warengruppen wie Softspirituosen und Bier zusammengefasst werden,[394] so dass von einem überdurchschnittlichen Substitutionspotenzial ausgegangen werden kann. Auf diese Weise ist es möglich, Wettbewerber auch außerhalb des ursprünglich zugrunde gelegten Produktspektrums zu identifizieren, *ohne* den Bezug zur Ausgangsebene zu verlieren.

3.4.1.2 Nachfragerbezogene Identifikation von Konkurrenten

Bei der *nachfragerbezogenen* Identifikation relevanter Konkurrenten wird untersucht, bei welchen weiteren Anbietern im Markt die eigenen Kundengruppen nachfragen. Hierbei handelt es sich letztlich um eine Erweiterung der vorherigen Vorgehensweise, da die Identifikation der Wettbewerber nun nicht mehr nur unter dem Aspekt einer ähnlichen Leistungserbringung, sondern auch unter Zielgruppenaspekten erfolgt.

Die Identifikation sollte auch hier letztlich *warengruppenübergreifend* erfolgen. Denn auch Anbieter, die noch nicht in den eigenen Warengruppen vertreten sind, bei denen aber die eigenen Kunden stark nachfragen, müssen unbedingt identifiziert und auf ihre Fähigkeit, in den eigenen Markt einzutreten, untersucht werden. Sie besitzen nämlich bei den Nachfragern möglicherweise schon eine starke Stellung, was ihnen den Markteintritt in einer bisher nicht bedienten Warengruppe erheblich erleichtern kann. Somit stellen sie *potenzielle* Wettbewerber dar.

Methodische Unterstützung für die Identifikation von Wettbewerbern leistet die *Nebeneinander-Verwendungs-Analyse*. Sie wird auf der Grundlage von Haushaltspaneldaten durchgeführt und zeigt, welche weiteren Marken die Käufer einer ausgewählten Marke in einem bestimmten Zeitraum nachfragen. Dies wird in der folgenden Abbildung in Bezug auf die Marke A gezeigt:

---

[394] Vgl. Kap. 2.3.5.1.2.

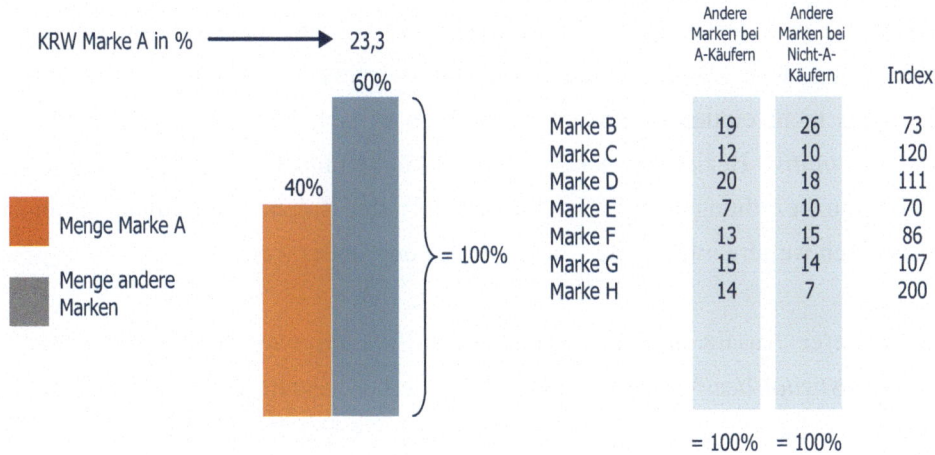

Abb. 30: Nebeneinanderverwendungsanalyse
(Quelle: GfK (2005f))

Für alle Käufer der Marke A wird ermittelt, welcher Anteil ihrer Gesamteinkäufe auf A entfällt und welcher auf die restlichen Marken (B – H). Im Beispiel ist das Verhältnis 40 % zu 60 %. Im nächsten Schritt wird untersucht, welche Anteile die restlichen Marken *bei den Käufern von A* untereinander erzielen, wobei sich zeigt, dass die Marke D mit 20 % den höchsten Anteil auf sich vereint. Hieraus ist jedoch noch nicht der Schluss zu ziehen, dass zwischen den Marken A und D eine besonders starke Verbindung besteht, denn dazu muss zunächst geprüft werden, welchen Marktanteil D auf einem (fiktiven) Markt, auf dem A *nicht* vertreten ist, besäße. Dafür werden die Marktanteile der restlichen Marken B - H für alle Käufer, die A nicht gekauft haben, bestimmt. Hierbei zeigt sich, dass der Marktanteil von D auf diesem Markt bei 18 % läge. Das heißt, der Marktanteil von D erhöht sich nur leicht von 18 % auf 20 %, wenn nur Kunden von A zugrunde gelegt werden. Somit kann nicht auf eine besondere Beziehung zwischen A und D geschlossen werden. Diese besteht aber z.B. zwischen A und H, denn der Marktanteil von H liegt bei den Käufern von A doppelt so hoch wie bei den Nicht-Käufern von A.

Dieses Verhältnis zwischen den Marken kann durch einen entsprechenden Index ausgedrückt werden, welcher die Absatzanteile der anderen Marken (alle außer A) bei den Käufern von A zu den Anteilen bei den Nicht-Käufern von A in Bezug setzt. Der Index ist auf 100 normiert. Je weiter der Indexwert von 100 verschieden ist, desto stärker ist die Beziehung zwischen den Marken. Dabei kann allerdings nicht eindeutig gezeigt werden, ob es sich um eine *komplementäre* oder *substitutive* Beziehung handelt, d.h. es können nur Hinweise auf *mögliche* Konkurrenzbeziehungen geliefert werden. Ob eine solche tatsächlich vorliegt, muss durch weitere inhaltliche Überlegungen begründet werden.

Als weiterer Ansatz zur Konkurrentenidentifikation wird häufig die *Kreuz-Preis-Elastizität der Nachfrage* angeführt. Hierbei besteht jedoch ein logisches Problem. Denn um Kreuz-Preis-Elastizitäten zwischen Produkten ermitteln zu können, müssen ja zuvor die Konkurrenzprodukte, die untersucht werden sollen, ausgewählt werden, was jedoch gerade im Widerspruch zum Ziel der *Identifikation* konkurrierender Leistungsangebote steht. Um diesen Widerspruch aufzulösen, müssten alle denkbaren Produkt-Kombinationen auf ihre preisliche Verbundenheit untersucht werden, was einen nicht zu bewältigenden Analyseumfang bedeuten würde. Die Kreuz-Preis-Elastizität sollte daher eher zur Ermittlung der *Intensität* als zur Identifikation einer Wettbewerbsbeziehung herangezogen werden.[395]

3.4.2 Kundenbezogene Konkurrentenanalyse

Die kundenbezogene Konkurrentenanalyse zeigt, inwieweit es dem Unternehmen gelungen ist, bei den *attraktiven Nachfragersegmenten* eine im Marktvergleich starke Stellung aufzubauen.[396] Möglichst alle Teilaspekte der Kundenstrukturanalyse (geografische, soziodemografische, psychografische und verhaltensbezogene Merkmale der Abnehmergruppen) sollten bei der Konkurrentenanalyse berücksichtigt werden.

---

[395]   Vgl. hierzu ausführlich Kap. 3.4.4.1.1.
[396]   Vgl. Köhler (1998), S. 33.

Um die Austauschprozesse zwischen konkurrierenden Unternehmen auf Kundenebene zu analysieren, kann die *Käuferwanderungsanalyse* herangezogen werden. Durch die Erfassung des Zu- und Abwanderungsverhaltens von Käufern zwischen Marken, Packungsgrößen, Vertriebswegen etc. ermöglicht sie es, die Richtung und Stärke der abnehmerbezogenen *Wettbewerbsdynamik* zu erfassen.[397] Im Folgenden stehen Austauschprozesse zwischen Marken im Mittelpunkt.

Um eine Käuferwanderungsanalyse durchzuführen, werden zwei gleich große Zeiträume bestimmt,[398] die einander gegenübergestellt werden. Als Basis der Analyse werden in Bezug auf eine bestimmte Marke (hier: Marke A, für die ein Relaunch durchgeführt wurde) drei Gruppen von Käufern gebildet:

1. Käufer, die die Marke A *nur* im ersten Zeitraum t_1 gekauft haben, nicht aber in t_2, werden als *Abwanderer* bezeichnet.
2. *Zuwanderer* sind solche Käufer, die die Marke *nur* im zweiten Zeitraum t_2 gekauft haben.
3. *Wiederkäufer* haben die Marke in *beiden* Zeiträumen gekauft.

Zunächst wird ermittelt, wie viele Käufer die Marke A *nur in t_1* (Abwanderer), wie viele sie *nur in t_2* (Zuwanderer) und wie viele sie *sowohl in t_1 als auch t_2* (Wiederkäufer) gekauft haben. Aus den Salden ergibt sich der Gewinn oder Verlust der Marke A in Bezug auf die Kundenanzahl.

In der folgenden Abbildung stehen 20 % Abwanderern 50 % Zuwanderer gegenüber, so dass A im betrachteten Jahr per Saldo Käufer hinzugewonnen hat. Dies allein ist zwar schon eine wichtige Information, klärt aber noch nicht, wel-

---

[397] Vgl. Köhler (1998), S. 33.
[398] Die Bestimmung der Zeiträume hängt z.B. von der Drehzeit des untersuchten Produktes oder saisonalen Effekten ab und kann daher nicht allgemeingültig festgelegt werden. Die einzige Beschränkung besteht darin, dass keine zu langen Zeiträume gewählt werden dürfen, da die Käuferwanderungsanalyse nur auf der Grundlage der durchgehenden Masse durchführbar ist. Vgl. hierzu insbesondere Kap. 2.3.4.1.2.

che Austauschprozesse mit anderen Marken zu den Salden geführt haben. Das heißt, es ist nicht erkennbar, ob die Zuwanderer überproportional von bestimmten Marken kommen und wohin die Abwanderer schwerpunktmäßig gehen.

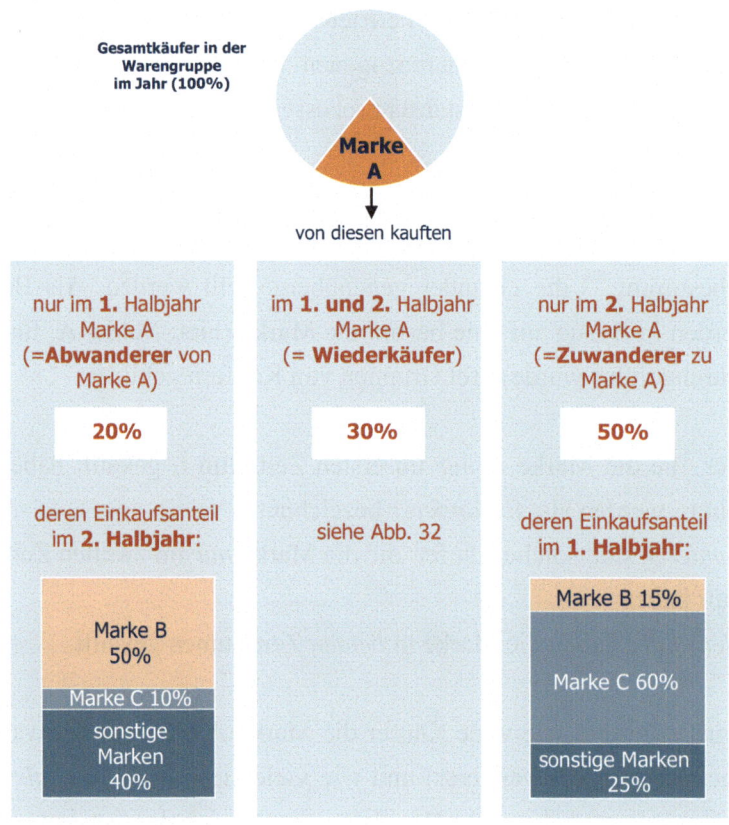

Abb. 31: Käuferwanderung – Analyse der Zu- und Abwanderer
(Quelle: GfK (2005g))

Um dies zu ermitteln, müssen die Zuwanderer und Abwanderer hinsichtlich ihres Kaufverhaltens gegenüber *allen anderen Marken außer A* untersucht werden. Dafür werden die Einkaufsanteile, die B, C und die sonstigen Marken bei den *Zuwanderern* im ersten Halbjahr hatten, denen des zweiten Halbjahres gegenübergestellt. Dabei muss A herausgerechnet werden, da ja für A kein zu vergleichender Einkaufsanteil im ersten Halbjahr existiert. Die Einkaufsanteile zeigen, zu wie viel Prozent die Zuwanderer ihren Bedarf in Bezug auf die Marken B, C und Sonstige in den beiden Zeiträumen gedeckt haben. Angenommen die Einkaufsanteile bei den *Zuwanderern* betrugen im *zweiten* Halbjahr 30 % für B, 40 % für C und 30 % für die Sonstigen. Dann hat die Marke C in überproportionalem Maße Käufer an A verloren, da der Einkaufsanteil von C im *ersten* Halbjahr noch 60 % betragen hat.

Umgekehrt kann für die *Abwanderer* geprüft werden, wie hoch die Einkaufsanteile für B, C und die Sonstigen unter Herausrechnung von A im ersten Halbjahr waren, um diese mit denen des zweiten Halbjahres zu vergleichen. Angenommen B hatte in t_1 30 %, C 30 % und die Sonstigen 40 %, dann erfolgt die Abwanderung von A primär zugunsten von B, da diese Marke nun (in t_2) einen Einkaufsanteil von 50 % aufweist.

Nach der Analyse der *Zu-* und *Abwanderer* müssen schließlich die Verschiebungen bei den *Wiederkäufern* analysiert werden. In der folgenden Abbildung ist erkennbar, dass das Erstarken von A vor allem zu Lasten von C geht, denn die Wiederkäufer decken ihren Bedarf in zunehmendem Maße durch A, verringern aber gleichzeitig ihre Nachfrage nach C in erheblichem Umfang. Es zeigt sich aber auch, dass die Marke B offensichtlich auch bei den Wiederkäufern von A an Attraktivität gewinnt.

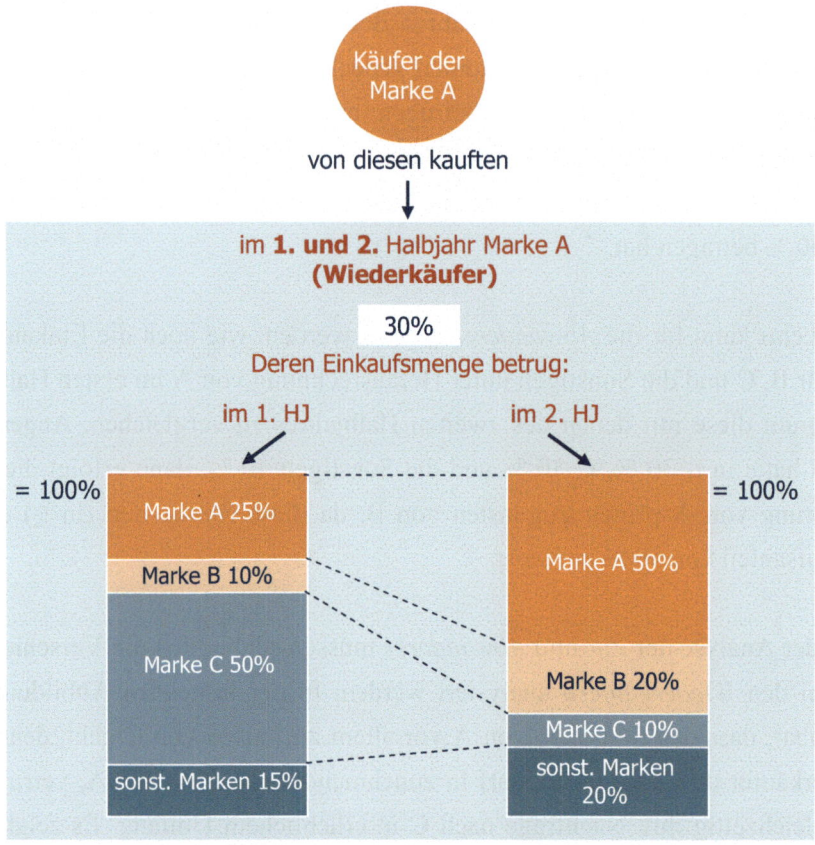

Abb. 32: Käuferwanderung – Analyse der Wiederkäufer
(Quelle: GfK (2005g))

Die Käuferwanderungsanalyse zeigt, dass die Relaunch-Maßnahmen für die Marke A insgesamt erfolgreich waren. A weist einen deutlich positiven Wanderungssaldo auf. In Bezug auf die Veränderungen, die diesem Saldo zugrunde liegen, wird deutlich, dass C am stärksten unter dem Relaunch von A leidet. Aus Sicht von A ist die Entwicklung grundsätzlich erfreulich, allerdings muss damit gerechnet werden, dass Gegenmaßnahmen der konkurrierenden Marken erfolgen, um ein weiteres Erstarken von A zu verhindern. Insbesondere die Marke C muss diesbezüglich beobachtet werden, da der Relaunch diese in ihrer Existenz bedroht. Aber auch B muss näher analysiert werden, denn sie übt eine hohe Attraktion auf die Nachfrager von A aus. Sie konnte sowohl den Großteil der Abwanderer von A für sich gewinnen als auch eine zunehmende Bedarfsdeckung bei den Wiederkäufern von A verzeichnen.

Gerade unter strategischen Gesichtspunkten ist es von besonderer Bedeutung, *welche* Kundentypen schwerpunktmäßig zu- oder abgewandert sind. So macht es für einen Waschmittelhersteller beispielsweise einen erheblichen Unterschied, ob schwerpunktmäßig junge Großfamilien oder ältere Singlehaushalte zur Konkurrenz abwandern. Eine auf dem Verbraucherpanel basierende Käuferwanderungsanalyse kann diese Frage beantworten. Durch die Beschreibung der wandernden Käufer über soziodemografische, psychografische und weitere kaufverhaltensbezogene Merkmale verleiht sie den Wanderungsbewegungen „ein Gesicht". Dadurch wird es möglich, genau zu analysieren, inwieweit attraktive Käufergruppen gewonnen oder verloren wurden und welche Segmente sich gegenüber welchen Marken zu- oder abgewandt haben.

Käuferwanderungsanalysen müssen auf der Grundlage recht kurzer Zeiträume durchgeführt werden, da auf die durchgehende Masse zurückgegriffen wird. Wie gezeigt wurde, kann auch eine Analyse mit begrenztem Zeithorizont von strategischer Bedeutung sein: Die Marke C hat durch die Relaunch-Maßnahmen von A eine existenzbedrohende Abwanderung eines breiten Kundenstamms hinnehmen müssen, der möglicherweise nur schwer wieder zurückzugewinnen ist. Grundsätzlich muss aber eine kontinuierliche Überwachung erfolgen, um systematische und zeitlich stabile Kundenwanderungen festzustellen. Das heißt, die auf Jahresbasis durchgeführten Analysen müssen regelmäßig über längere Zeiträume wiederholt werden.[399] Die Gefahr wäre ansonsten zu groß, dass Wanderungsbewegungen, die beispielsweise auf kurzfristige Aktivitäten von Wettbewerbern oder eine misslungene eigene Werbekampagne zurückzuführen sind, fehlinterpretiert werden und somit die falschen Konkurrenzunternehmen in den Fokus der Betrachtung geraten.

---

[399] Vgl. Weissman (1983), S. 118; vgl. auch Blanchard/Lesceux (1995), S. 159.

3.4.3 Produktbezogene Konkurrentenanalyse

Austauschbeziehungen zwischen konkurrierenden Produkten werden über *Gain&Loss-Analysen* ermittelt. Sie erfassen im Gegensatz zu Kundenwanderungsanalysen direkt mengen- oder wertbezogene Veränderungen zwischen Marken im Zeitablauf.[400] Bei Kundenwanderungsanalysen können mengen- oder wertmäßige Absatzänderungen lediglich indirekt über die zusätzliche Einbeziehung der Verteilung von Kaufintensitätsklassen bei den Wiederkäufern und den Zu- und Abwanderern geschätzt werden. Daher stellt die Gain&Loss-Analyse das geeignetere Verfahren dar, wenn es darum geht, die mengenmäßigen Austauschbeziehungen zwischen Marken und die daraus resultierenden Marktanteilsveränderungen möglichst exakt zu erfassen.

Um eine Gain&Loss-Analyse durchzuführen, werden wie bei Käuferwanderungsanalysen zwei gleich lange Zeiträume (t_1 und t_2) miteinander verglichen. Es ist notwendig, dass die zur Berechnung der Gewinne und Verluste herangezogenen Einkaufsmengen der Haushalte in beiden Zeiträumen *gleich groß* sind. Der Grund hierfür liegt darin, dass eine Zu- oder Abnahme der Verkaufsvolumina, die aus einer veränderten Gesamtnachfrage in der Warengruppe resultiert, nicht als mengenmäßiger Gewinn oder Verlust der Marken untereinander gedeutet werden kann. Veränderungen der Gesamtnachfrage können sich aus einer Veränderung des Käuferkreises der Warengruppe (Zu- und Abwanderung von Käufern) und einer Veränderung des Verbrauchsverhaltens der Nachfrager (Intensivierung und Extensivierung des Verbrauchs) ergeben.

Da eine Vielzahl von Faktoren, wie verstärkte Werbemaßnahmen der Unternehmen oder saisonale Schwankungen, zu den genannten Veränderungen führen, ist daher i.Allg. nicht zu erwarten, dass die gesamten Einkaufsmengen in zwei Zeiträumen identisch sind. Deshalb entstehen in t_2 verglichen mit t_1 normalerweise *Mehr-* oder *Minderkäufe*, die aus der Analyse herausgerechnet werden müssen. Diesen Teil der Nachfrage, der dann im Weiteren keine Berücksichtigung mehr findet, bezeichnet man als das *nicht aufrechenbare Segment*.[401]

---

[400] Vgl. GfK (2005).
[401] Vgl. Günther/Vossebein/Wildner (1998), S. 250.

Herangezogen wird ausschließlich das verbleibende sog. „aufrechenbare Segment" (ARBS), in dem nur noch die Gewinne und Verluste sowie die Wiederkäufe der Marken erfasst sind.[402] Diese Markenbewegungen fließen in die sog. „Gain&Loss-Innenmatrix" ein. Sie ist die Summenmatrix aller für die Haushalte individuell erstellten Wechselmatrizen.[403] Aus ihr ist abzulesen,

- wie viel eine Marke insgesamt hinzugewinnen konnte, und zu Lasten welcher Marken dies geschehen ist,
- wie viel eine Marke insgesamt verloren hat, und wohin dieser Verlust gegangen ist und
- wie hoch der Wiederkaufanteil war.

Die folgende Abbildung stellt eine solche Matrix dar. Hierbei sind beispielsweise von Marke A 10 Mengeneinheiten zu Marke B abgewandert, und umgekehrt konnte A 50 ME von B gewinnen.

nach

Marke	A	B	C	Verluste	Wiederkauf	ARBS
A		10	40	50	60	110
B	50		10	60	80	140
C	30	10		40	50	90
Gewinne	80	20	50	150		
Wiederkauf	60	80	50		190	
ARBS	140	100	100			340

von

Abb. 33: Gain&Loss-Innenmatrix
(Quelle: Günther/Vossebein/Wildner (1998), S. 251)

---

[402] Vgl. Günther/Vossebein/Wildner (1998), S. 250.
[403] Vgl. Sedlmeyer (1983), S. 186. Zu einem Beispiel zur Erstellung der Innenmatrix aus den individuellen Wechselmatrizen vgl. Berekoven/Eckert/Ellenrieder (2004), S. 424.

Mit Hilfe der Matrix lassen sich die absoluten Wanderungsvolumina zwischen den einzelnen Marken aufdecken. Die Interpretation von lediglich absoluten Gewinnen und Verlusten kann allerdings zu Fehlschlüssen hinsichtlich der tatsächlichen Wettbewerbsintensität führen. Dies liegt insbesondere daran, dass die Höhe der Marktanteile der jeweiligen Marken einen erheblichen Einfluss auf die absolut ausgetauschten Mengen haben. Um die Gefahr einer solchen Fehlinterpretation zu verringern und die Konkurrenzintensität zwischen den Marken übersichtlich zu erfassen, werden sog. „Affinitätswerte" ermittelt. Sie relativieren die absoluten Austauschmengen, indem nach folgender Formel die *realen* Gewinne und Verluste zwischen zwei Marken ins Verhältnis zu den statistisch *erwarteten* Gewinnen und Verlusten gesetzt werden:[404]

$$\text{Affinität (A, B)} = \frac{\text{(reale Gew. A von B) + (reale Verl. A an B) + (reale Gew. B von A) + (reale Verl. B an A)}}{\text{(erw. Gew. A von B) + (erw. Verl. A an B) + (erw. Gew. B von A) + (erw. Verl. B an A)}}$$

Die realen Gewinne/Verluste können direkt aus der Innenmatrix abgelesen werden. Der Berechnung der zu erwartenden Gewinne/Verluste (es wird beispielhaft der zu erwartende Gewinn der Marke A zu Lasten von Marke B ermittelt) liegt folgende Logik zugrunde: Alle Marken außer B gewinnen zusammen 130 Einheiten. Hiervon gewinnt A 80 Einheiten, was einem prozentualen Anteil von 61,5 % entspricht. 61,5 % des *gesamten Gewinns* entfallen also auf A. Daher wäre zu erwarten, dass A auch mit 61,5 % an den *Gesamtverlusten* von B in Höhe von 60 Einheiten beteiligt ist, was einen *erwarteten Gewinn* von 36,9 Einheiten bedeutet. Analog kann der erwartete Verlust von A an B errechnet werden.[405] Der Affinitätswert zeigt also, wie stark eine Austauschbeziehung zwischen zwei Marken von den durchschnittlichen Austauschbeziehungen mit den anderen Marken abweicht.

Der Affinitätswert ist auf 100 normiert. In diesem Fall liegen keine überproportionalen Austauschbeziehungen vor. Je größer die realen Austauschmengen im Vergleich zu den erwarteten sind, desto stärker ist die Beziehung zwischen Mar-

---

[404] Vgl. GfK (2005).
[405] Vgl. Weissman (1983), S. 129 ff.

ken und umgekehrt. Das heißt, Affinitätswerte > 100 deuten auf eine starke Konkurrenzbeziehung hin, Werte < 100 auf eine schwache, wobei der Abstand des Affinitätswertes von 100 als Maß für die Stärke des Zusammenhangs zu interpretieren ist. So kann mit Hilfe der Affinitätswerte eine systematische Analyse der Intensität der Wettbewerbsbeziehungen zwischen unterschiedlichen Marken durchgeführt werden.

Allerdings ist auch damit noch keine eindeutige Aussage darüber möglich, welche marktanteilsbezogene Bedrohung von einer Marke mit einem hohen Affinitätswert tatsächlich ausgeht. Diese Frage kann abschließend nur beantwortet werden, wenn der Affinitätswert in Kombination mit den zuvor ermittelten absoluten Mengen, die gegenüber der Konkurrenzmarke gewonnen oder verloren wurden, interpretiert wird. Ein hoher Affinitätswert stellt nämlich insbesondere dann eine Bedrohung dar, wenn er mit hohen absoluten Verlusten an die entsprechende Marke einhergeht. Dann sind nämlich weitere Verluste in großem Umfang zu befürchten. Umgekehrt stellt ein hoher Affinitätswert zusammen mit hohen Gewinnen gegenüber einer Konkurrenzmarke eine günstige Ausgangsbasis für eine weitere Ausweitung des Marktanteils dar.[406] Zur Überprüfung, warum bestimmte Marken trotz hoher Affinitätswerte nur geringe Anteile an den absoluten Gewinnen oder Verlusten der eigenen Marke haben, können deren aktuelle Marktanteile herangezogen werden. Sind diese gering, sind trotz hoher Affinitätswerte zumindest mittelfristig keine hohen absoluten Austauschmengen zu erwarten. Die folgende Abbildung zeigt die reale Situation einer Marke A aus dem FMCG-Bereich in den Jahren 2001 – 2002.

---

[406]   Vgl. GfK (2003c).

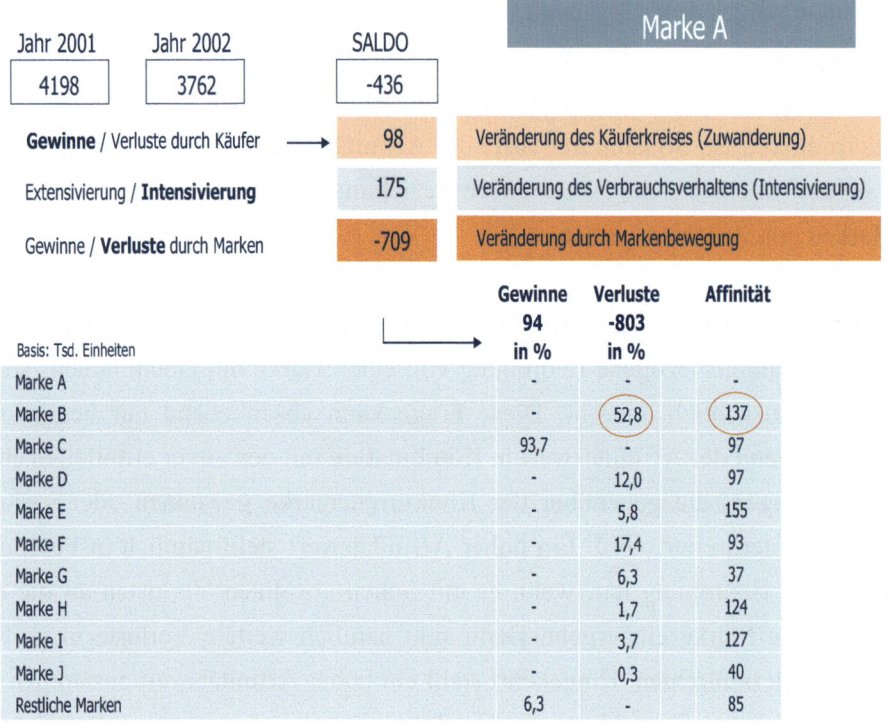

Abb. 34: Gain&Loss-Analyse
(Quelle: GfK (2003c))

Eine besonders große Gefahr für A geht von Marke B aus, obwohl sie nicht den höchsten Affinitätswert besitzt. Diesen weist Marke E auf, die aber volumenmäßig im Vergleich zu B eher unbedeutend ist. Allerdings bedeutet dies nicht, dass ihr im Rahmen der Konkurrenzanalyse keine weitere Beachtung geschenkt werden sollte. Denn auch wenn sie derzeit eine noch recht unbedeutende Marktstellung hat, besitzt sie aufgrund des hohen Affinitätswerts das Potenzial, *zukünftig* zu einer bedeutenden Konkurrenzmarke heranzuwachsen. Gleiches gilt für die Marken H und I.

Um abzuschätzen, welche die Konkurrenzmarken der Zukunft sind, müssen daher unter dem Gesichtspunkt der Früherkennung insbesondere die *Absatzentwicklungen* der Marken mit hohen Affinitätswerten verfolgt werden, da diese ihre zukünftigen Marktanteilsgewinne mit hoher Wahrscheinlichkeit auf Kosten der eigenen Marke ausbauen werden. Stellt sich im Rahmen kontinuierlich durchgeführter Gain&Loss-Analysen heraus, dass die absoluten Austauschvolumina mit wachstumsstarken Marken zunehmen, deutet sich eine ernsthafte Bedrohung an.

Die Gain&Loss-Analyse kann im Übrigen wie die Käuferwanderungsanalyse auch nicht nur zur Analyse von Beziehungen zu Wettbewerbern eingesetzt werden. Beide eignen sich ebenso, um *Kannibalisierungseffekte* der eigenen Produkte untereinander zu beobachten. Dies ist insbesondere bei Neuprodukteinführungen oder Relaunches von Relevanz. Denn möglicherweise realisiert die neue Marke zwar im anvisierten Umfang Nachfrage, zieht diese aber von anderen Leistungsangeboten des Unternehmens ab.

3.4.4 Verhaltensbezogene Konkurrentenanalyse

Im Rahmen der verhaltensbezogenen Konkurrentenanalyse wird untersucht, mit welchen Maßnahmen der Preis-, Distributions- und Kommunikationspolitik für bestimmte Produkte die Mitbewerber am Markt agieren. Hier werden ebenfalls nur solche Analysen hinsichtlich ihrer Relevanz für die Konkurrentenanalyse diskutiert, die direkte Wirkungsbeziehungen zwischen den Unternehmen aufdecken. Da für den Bereich der Kommunikation keine verwertbaren Analysen auf der Basis von Verbraucher- oder Handelspanels existieren, werden nur die Bereiche der *Preis-* und *Distributionspolitik* berücksichtigt.

3.4.4.1 Preisbezogene Konkurrentenanalyse

3.4.4.1.1 Kreuzpreis-Elastizität der Nachfrage

Bei preisbezogenen Konkurrentenanalysen interessiert neben der allgemeinen Preisstellung der Wettbewerber besonders die Stärke der Absatzwirkungen, die unterschiedliche Wettbewerbspreise auf die eigene Nachfrage entfalten und umgekehrt. Hierzu kann, wie oben schon angesprochen, die *Kreuzpreis-Elastizität der Nachfrage* herangezogen werden, welche die relative Preisänderung einer Marke B der sich hieraus ergebenden relativen Absatzänderung einer Marke A gegenüberstellt:[407]

$$\varepsilon_{A,B} = \frac{dx_A}{x_A} \div \frac{dp_B}{p_B}$$

mit:

$\varepsilon_{A,B}$ =   Kreuzpreis-Elastizität der Nachfrage zwischen den Marken A und B

x_A =   Absatzmenge von A

p_B =   Preis von B

Eine positive Kreuzpreis-Elastizität weist auf eine konkurrierende Beziehung zwischen zwei Produkten hin, d.h. ein sinkender Preis der Marke B zieht eine Verringerung der Abverkaufsmenge der Marke A nach sich. Eine negative Kreuzpreis-Elastizität ist folglich das Resultat einer komplementären Beziehung.[408] Während das Vorzeichen also die *Richtung* anzeigt, gibt die Höhe der Kreuzpreis-Elastizität Hinweise auf die *Intensität* der Wettbewerbsbeziehung.[409]

Die Kreuzpreis-Elastizität zeigt damit die *konkurrenzpreisbezogene Verwundbarkeit* einer Marke an. Ist diese hoch, reicht eine kleine Preisänderung konkurrierender Marken, um große Absatzvolumina von der eigenen Marke abzuziehen. Liegt eine hohe Elastizität bei den Hauptumsatzträgern vor, besteht somit immer die latente Gefahr erheblicher kurzfristiger Umsatzeinbrüche, die zu bedrohlichen Liquiditätsengpässen führen können.[410] Zudem wäre man bei einer

---

[407]   Vgl. Simon (1995), S. 28.

[408]   Vgl. Benkenstein (2001), S. 65.

[409]   Hierbei ist allerdings zu berücksichtigen, dass sich der Wettbewerb nicht nur über den Preis abspielt und sich daher nur ein Teil einer Konkurrenzbeziehung in der Kreuzpreis-Elastizität niederschlägt. Daher müsste streng genommen die Reaktionsverbundenheit zwischen den Produkten hinsichtlich *aller* Marketing-Instrumente ermittelt werden, was jedoch kaum lösbare Erhebungs- und Auswertungsprobleme mit sich bringen würde. Vgl. Köhler (1998), S. 30.

[410]   Der indirekte Absatz über den Handel zieht hierbei allerdings eine Wirkungsverzögerung nach sich.

dauerhaften Senkung des Konkurrenzpreises zu eigenen Preisanpassungen gezwungen, die u.U. im Widerspruch zur langfristigen Preispositionierung stünden
oder aus Kostengründen nicht realisierbar wären. Aus strategischer Sicht muss
daher bei Vorliegen hoher Kreuzpreis-Elastizitäten untersucht werden, inwieweit das Leistungsprogramm und/oder die Preispolitik so umgestaltet werden
können, dass die starken preislichen Abhängigkeiten von den entsprechenden
Wettbewerbern verringert werden.

Die Kreuzpreis-Elastizität kann sowohl auf der Grundlage des Handelspanels als
auch des Haushaltspanels gemessen werden. Werden (Scanner-)Handelspanels
herangezogen, liegt eine zeitgenaue Zuordnung von Preisen und abverkauften
Mengen sowie eine exakte Erfassung der gleichzeitig im Handelsgeschäft angebotenen Konkurrenzpreise vor, so dass eine genaue Messung durchgeführt werden kann. Ein schwerwiegendes Problem besteht jedoch darin, dass es nicht
möglich ist, die Elastizitäten separat für unterschiedliche *Käufersegmente* auszuweisen. Gerade dies ist aber von großer Bedeutung, weil insbesondere die
preisliche Verwundbarkeit bei den strategischen Kernzielgruppen von hoher Relevanz ist.
Eine zielgruppenspezifische Messung der Kreuzpreis-Elastizität ist nur über das
Verbraucherpanel möglich. Da die Panelhaushalte allerdings keine Angaben
über die Wettbewerberpreise machen können, werden diese über die Einkäufe
anderer Haushalte bei denselben Handelsunternehmen ermittelt. Zwar ist die
Messung aufgrund der hiermit verbundenen Zugrundelegung eines fiktiven
Konkurrenzpreises weniger exakt als die im Handelspanel, sie hat sich aber dennoch als tragbar erwiesen, da die Preise der Handelsfilialen i.Allg. zentral festgelegt werden.[411]

---

[411] Vgl. GfK (2006). Gleiches gilt für die einfache *Preis-Elastizität der Nachfrage*, die bei
Marktwahlentscheidungen im Rahmen des „Defining the Business" eine Rolle spielt.
Vgl. hierzu Kap. 6.3.3.1.

3.4.4.1.2 Preisabstandsanalyse

Aufbauend auf Kreuz-Preis-Elastizitäten kann über die *Preisabstandsanalyse* ermittelt werden, wie sich der relative Absatzanteil zweier Produkte bei einer sich ändernden Preisdifferenz zwischen ihnen entwickelt.[412] Da hierdurch deutlich wird, bei welcher Preisdifferenz sich welcher Absatzanteil der jeweiligen Marke ergibt, können *nicht-preisbedingte Markenpräferenzen* aufgedeckt werden. Diese sind dann vorhanden, wenn eine Marke bei gleichem Preis einen höheren Absatz als die andere Marke verbucht.[413] Umgekehrt kann durch die Festsetzung der Absatzanteile auf jeweils 50 % das *Preispremium* ermittelt werden, welches die Käufer für die stärkere Marke zu zahlen bereit sind. Hierdurch kann der Präferenzvorsprung oder -rückstand gegenüber anderen Marken ermittelt werden, was eine präzisere Bestimmung der eigenen Position im Markt ermöglicht. Diese Position kann zudem für unterschiedliche Kundengruppen und Vertriebswege separat ermittelt werden, was die Aussagekraft der Analyse erheblich erhöht. Zeigt sich z.B., dass sich Preisdifferenzen in unterschiedlichen Absatzwegen unterschiedlich stark auswirken, würden nämlich die Präferenzen für die Marke auch von den distribuierenden Absatzwegen abhängen.

In der folgenden Abbildung hat die Marke A eine stärkere Stellung im Markt als die Marke B, da sie beispielsweise bei einem 10 % höheren Preis noch 57 % Absatzanteil hält und Marke B folglich nur 43 %. Bei Preisgleichheit ist das Absatzverhältnis 63 % zu 37 %.

---

[412] Vgl. Günther/Vossebein/Wildner (1998), S. 263.
[413] Vgl. Köhler (1998), S. 37.

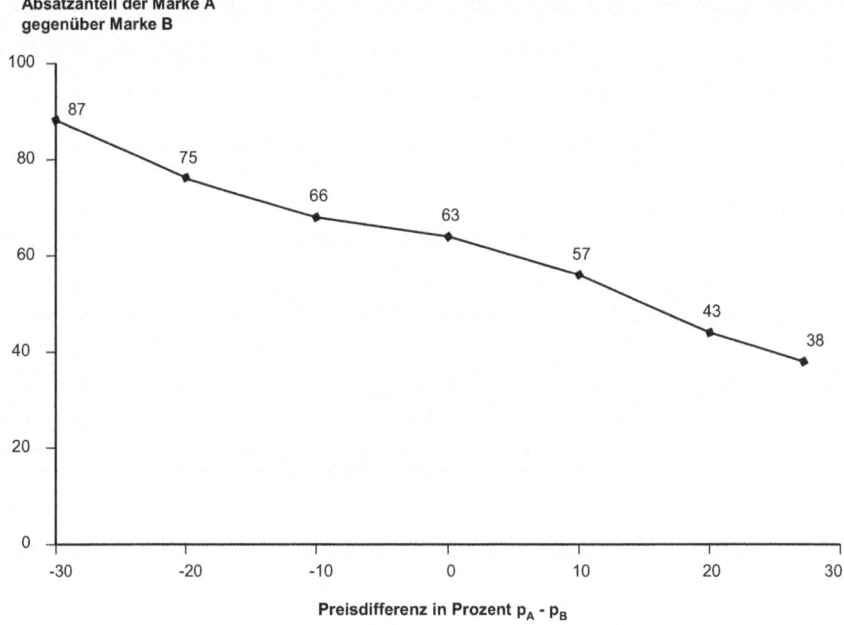

Abb. 35: Preisabstandsanalyse
(Quelle: Günther/Vossebein/Wildner (1998), S. 264)

Preisbezogene Untersuchungen zeigen besonders deutlich und nur über *einen einzigen* Indikator, welche Dynamik in einer direkten Konkurrenzbeziehung steckt. Sie stellen daher einen weiteren wichtigen Baustein zur Vervollständigung der Konkurrentenanalyse dar. Diese wird im nächsten Abschnitt mit der Betrachtung distributionsbezogener Aspekte abgeschlossen.

3.4.4.2 Distributionsbezogene Konkurrentenanalyse

Distributionsbezogene Konkurrenzbeziehungen zwischen zwei Marken können über die *Distributionsüberschneidungsanalyse* erfasst werden. Sie gibt Aufschluss über die Marktstellung eines Produktes in Abhängigkeit von der Verfügbarkeit *anderer* Produkte im gleichen Absatzkanal.[414] Hierzu werden drei Grup-

---

[414] Vgl. Günther/Vossebein/Wildner (1998), S. 220 ff.

pen von Geschäften gebildet, und zwar solche, in denen nur Marke A, nur Marke B oder die Marken A und B gemeinsam distribuiert werden. Die folgende Abbildung zeigt, wie sich die Abverkaufsmenge einer Marke A in Abhängigkeit vom Vorhandensein der Marke B verändert.

Marke	Marktanteil			
	gesamt	nur A distribuiert	nur B distribuiert	A und B distribuieren
A	14,2	15,3		13,9
B	9,3		12,9	7,9
	Preis pro Einheit			
A	12,93	13,18		11,72
B	12,68		12,82	11,65

Abb. 36: Distributionsüberschneidungsanalyse
(Quelle: in Anlehnung an Günther/Vossebein/Wildner (1998), S. 221)

In der dargestellten Situation zeigt sich, dass A bei einer gleichzeitigen Distribution von B im Vergleich zur Situation, in der A *alleine* in den Geschäften vertreten ist, kaum Marktanteile verliert. B hingegen muss erhebliche Einbußen hinnehmen, wenn A im gleichen Geschäft verfügbar ist. Um den Erklärungsgehalt zu erhöhen, kann die Distributionsüberschneidungsanalyse mit Preisinformationen angereichert werden. So wird geprüft, ob die unterschiedlichen Marktanteile auf Preisdifferenzen zurückzuführen sind. Im Beispiel ist das nicht der Fall, denn B weist sogar einen *niedrigeren* Preis auf als A. Das heißt B hat die eindeutig schwächere Position.

Mit Hilfe der Distributionsüberschneidungsanalyse kann systematisch ermittelt werden, zu welchen Marken bei den unterschiedlichen Absatzmittlern die intensivsten Konkurrenzbeziehungen bestehen bzw. welche Konkurrenzprodukte den eigenen Abverkaufserfolg am meisten beeinträchtigen. Diese Information trägt erheblich dazu bei, die Distributionsstruktur zu beurteilen: Zeigt sich, dass B vornehmlich dort distribuiert wird, wo auch A angeboten wird, muss die Distributionsstruktur für B zumindest dann als suboptimal eingeschätzt werden, wenn die Möglichkeit existiert, in andere Kanäle auszuweichen, in denen die Konkurrenzmarke nicht anzutreffen ist. Um Hinweise auf die Möglichkeit einer solchen Vermeidungsstrategie zu gewinnen, kann wieder auf die schon angesprochenen Distributionsindizes zurückgegriffen werden. Möglicherweise zeigt sich dann, dass A eine so hohe numerische und/oder gewichtete Distribution aufweist, dass ein Ausweichen in andere (attraktivere) Absatzkanäle kaum möglich ist. Dann müssen Maßnahmen ergriffen werden, die auch in der direkten Konkurrenzsituation zu A zur Steigerung des eigenen Absatzes führen.

3.4.5 Zusammenfassende Diagnose der Wettbewerbssituation

Im Rahmen der Konkurrentenanalyse fällt eine große Anzahl von Informationen an. Um die Ergebnisse als Entscheidungsunterstützung für das Management nutzen zu können, ist es angeraten, die Informationen in allgemeineren *Übersichtsdarstellungen* zusammenzufassen.

Hierbei kann auf Portfolioanalysen zurückgegriffen werden, die i.Allg. durch die Berücksichtigung der relativen Wettbewerbsstellung einen direkten Konkurrenzbezug aufweisen. Eine speziellere Variante stellt die *Wettbewerbsvorteilsmatrix* dar, bei der auf der einen Achse ebenfalls die relative Wettbewerbsposition erfasst wird, auf der anderen aber die von den Kunden wahrgenommene Wichtigkeit des jeweils in der Matrix zu platzierenden Merkmals (z.B. Lieferzuverlässigkeit).[415] Bei dieser Form der Portfolioanalyse kann jedoch die Achse der Relevanzbeurteilung von Merkmalen nicht durch Paneldaten unterstützt werden, da hierfür eine umfangreiche Befragung der Kunden nötig wären. Daher wird hierauf nicht weiter eingegangen.

---

[415] Vgl. Simon (1988), S. 471 ff.

Ein besonders häufig verwendetes Darstellungsmittel sind *Stärken-Schwächen-Profile*,[416] bei denen eine Gegenüberstellung der Ergebnisausprägungen in Bezug auf relevante Merkmale zwischen Unternehmen und Wettbewerbern erfolgt. Die Vergleiche können je nach Problemstellung auf unterschiedlichen Analyseebenen (z.B. auf der Ebene strategischer Geschäftsfelder wie auf der Ebene einzelner Produkt-Markt-Kombinationen) erfolgen. Der Umfang der zu berücksichtigenden Merkmale ergibt sich aus dem Spannungsverhältnis zwischen der Anforderung, einerseits alle erfolgsrelevanten Aspekte zu erfassen und andererseits eine noch handhabbare Übersichtlichkeit zu gewährleisten.

Im Folgenden ist exemplarisch ein paneldatenbasiertes Stärken-Schwächen-Profil für einen FMCG-Hersteller auf Warengruppen-Ebene dargestellt. Hierbei ist noch zu beachten, dass Paneldaten i.Allg. ein metrisches Skalenniveau aufweisen, in Stärken-Schwächen-Analysen aber Ordinalskalenniveau verwendet wird, da es um die Darstellung von *Rangordnungen* geht. Daher müssen die festgestellten Werte zunächst transformiert werden, wobei sich eine gewisse Subjektivität nicht vermeiden lässt.[417] Es bietet sich an, Stärken-Schwächen-Profile nach inhaltlichen Schwerpunktbereichen zu differenzieren, wobei der Untergliederung der Situationsanalyse gefolgt werden kann. Danach kann eine zusammenfassende Beurteilung der einzelnen Teilbereiche vorgenommen werden, wobei allerdings mögliche Kompensationseffekte innerhalb der Teilbereiche im Auge zu behalten sind.

---

[416]   Vgl. Köhler (1998), S. 39.
[417]   Vgl. Köhler (1998), S. 40.

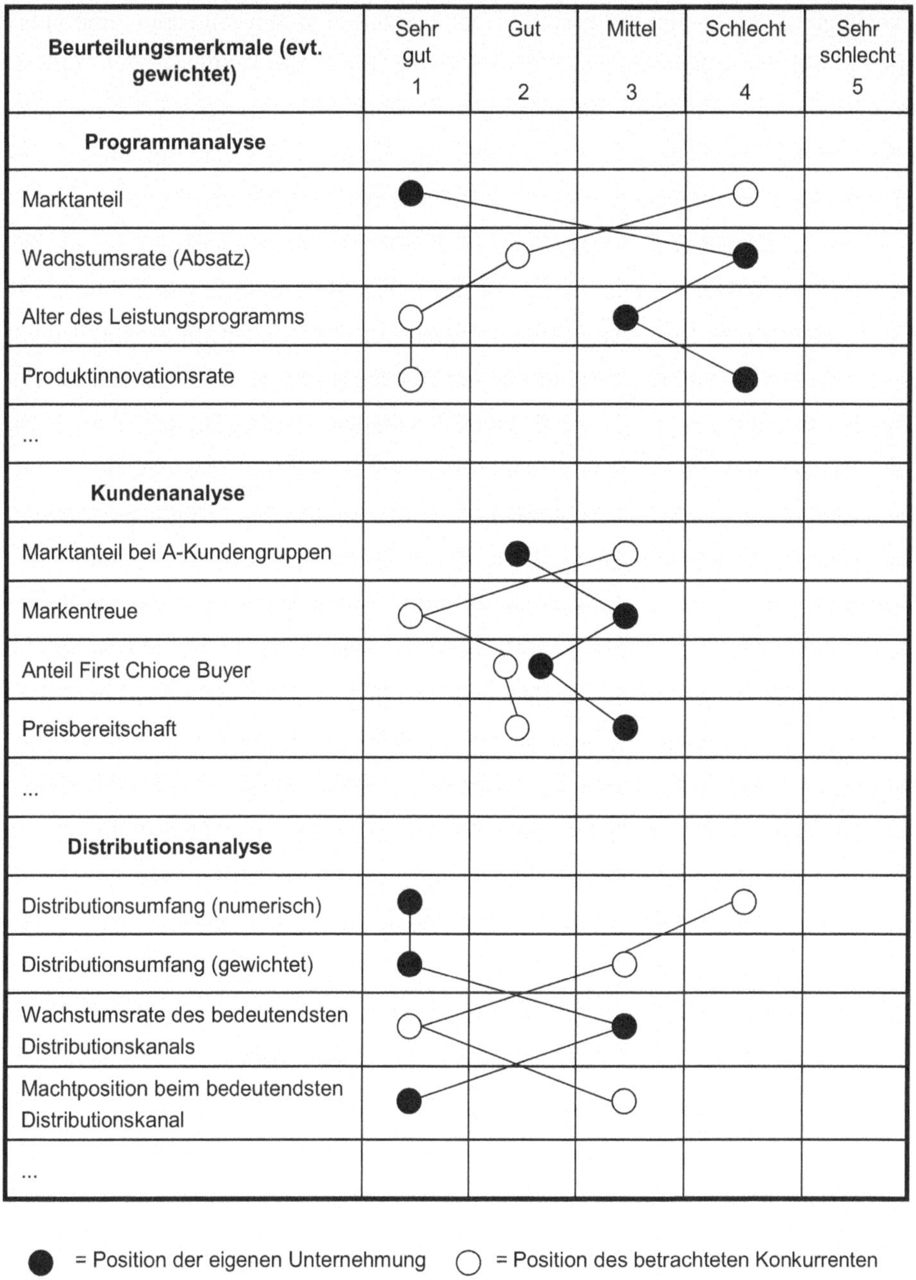

Beurteilungsmerkmale (evt. gewichtet)	Sehr gut 1	Gut 2	Mittel 3	Schlecht 4	Sehr schlecht 5
Programmanalyse					
Marktanteil	●			○	
Wachstumsrate (Absatz)		○		●	
Alter des Leistungsprogramms	○		●		
Produktinnovationsrate	○			●	
...					
Kundenanalyse					
Marktanteil bei A-Kundengruppen		●	○		
Markentreue	○		●		
Anteil First Chioce Buyer		○ ●			
Preisbereitschaft		○	●		
...					
Distributionsanalyse					
Distributionsumfang (numerisch)	●			○	
Distributionsumfang (gewichtet)	●		○		
Wachstumsrate des bedeutendsten Distributionskanals	○		●		
Machtposition beim bedeutendsten Distributionskanal	●		○		
...					

● = Position der eigenen Unternehmung   ○ = Position des betrachteten Konkurrenten

Abb. 37: Stärken-Schwächen-Profil
(Quelle: in Anlehnung an Köhler (1998), S. 40)

151

Im vorliegenden Beispiel zeigt sich in der betrachteten Warengruppe eine langfristige Gefährdung des eigenen Unternehmens durch den Wettbewerber. Offensichtlich wird hier ein schon länger am Markt etablierter Anbieter von einem (in der Warengruppe) recht neuen, aber sehr innovationsstarken Unternehmen angegriffen. Dessen Marktanteil ist zwar noch klein, aber in den Leistungsmerkmalen, die Hinweise auf sein *zukünftiges Potenzial* geben, ist es überlegen. Alleine die disaggregierte Betrachtung der aktuellen Marktanteile weist schon darauf hin, denn obwohl der Angreifer in Bezug auf den Gesamtmarktanteil noch weit unterlegen ist, ist der Abstand bei den A-Kundengruppen (bei denen es sich beispielsweise um junge Familien handeln könnte) schon geringer. Das zeigt, dass der neue Anbieter gezielt zukunftsträchtige Nachfrager angeht, die offensichtlich gut an das Produkt gebunden werden können (hohe Markentreue) und zudem eine vergleichsweise hohe Preisbereitschaft aufweisen. Die Produktinnovationsrate, das Alter des Leistungsprogramms sowie die Wachstumsraten des Absatzes unterstreichen diesen Eindruck, wobei beim letzten Merkmal mögliche Basiseffekte zu berücksichtigen sind. Schließlich zeigt sich der Erfolg des Angreifers auch in der Distribution. Er kann zwar bei weitem nicht den Distributionsumfang des etablierten Unternehmens aufweisen, ist aber bei der gewichteten Distribution schon durchschnittlich aufgestellt. Hier ist eine relativ schnelle Zunahme des Distributionsumfangs zu erwarten, worauf auch das hohe Wachstum des primär genutzten Absatzweges hindeutet.

Das eigene Unternehmen muss in dieser Situation dringend Überlegungen hinsichtlich verstärkter Innovationsanstrengungen anstellen, denn das Leistungsprogramm weist Überalterungserscheinungen auf. In diesem Zusammenhang müssen auch Maßnahmen ergriffen werden, um die Nachfrager stärker an das Unternehmen zu binden. Ausnutzen könnte man die (noch) wesentlich stärkere Machtposition und versuchen, den Eintritt bzw. die weitere Ausbreitung der Konkurrenzangebote in den eigenen Hauptabsatzwegen zu behindern.

4 Panelgestützte Strategische Früherkennung

Im vorangegangenen Kapitel wurde dargelegt, wie auf der Grundlage von Paneldaten eine fundierte Analyse der aktuellen Stellung des Unternehmens durchgeführt werden kann. Da die Situationsanalyse nie nur eine Momentaufnahme der derzeitigen Situation sein darf, sondern auch die *Entwicklungen*, die zum Status Quo geführt haben, untersucht werden müssen, werden an vielen Stellen schon Früherkennungsinformationen generiert.[418] Nichtsdestoweniger erfolgt im Rahmen der Situationsanalyse noch keine *systematisch* auf die Früherkennung ausgerichtete Informationsgewinnung und Verarbeitung. Inwieweit hierzu Panels genutzt werden können, wird im Folgenden diskutiert.

4.1 Entwicklungslinien der Früherkennung und Typen von Früherkennungsinformationen

Im Rahmen der strategischen Marketing-Früherkennung sollen relevante Entwicklungen im Unternehmen und der Umwelt so frühzeitig identifiziert werden, dass dem Unternehmen eine ausreichende Reaktionszeit verbleibt.[419] Die hierfür notwendige Informationsgewinnung und -verarbeitung sollte *systematisch* erfolgen, damit die Früherkennung nicht zu einer Aufgabe degeneriert, die lediglich auf dem „unternehmerischen Fingerspitzengefühl" der Entscheidungsträger beruht.[420]

Die Entwicklung der Früherkennung lässt sich grob in drei Stufen einteilen.[421] Zunächst wurden *Frühwarnsysteme* etabliert, „die für ihren jeweiligen Benutzer mögliche Gefährdungen mit zeitlichem Vorlauf signalisieren und diesen damit in die Lage versetzten sollen, noch rechtzeitig geeignete Gegenmaßnahmen zur

---

[418] Vgl. Köhler (1993), S. 7 f.
[419] Vgl. Köhler (1993), S. 3; Böhler (1983), S. 1; Rieser (1980), S. 29; Perlitz (1993), Sp. 681.
[420] Vgl. Klausmann (1983), S. 40.
[421] Vgl. Wiedmann (1985), S. 302 f.; Kreilkamp (1987), S. 257 f.

© Springer Fachmedien Wiesbaden GmbH, ein Teil von Springer Nature 2007
K. Schütz, *Die Nutzung von Paneldaten im strategischen Marketing von Fast Moving Consumer Goods-Herstellern*, Edition KWV, https://doi.org/10.1007/978-3-658-24690-7_4

Abwehr oder Minderung der signalisierten Gefährdungen ergreifen zu können."[422] Während auf dieser ersten Stufe mögliche Risiken und Bedrohungen des Unternehmens im Mittelpunkt der Betrachtung standen, wurde der Blickwinkel bei den Früherkennungssystemen der zweiten Stufe erweitert, indem die Informationsgewinnung und Verarbeitung nun auch auf die frühzeitige Aufdeckung möglicher *Gelegenheiten* abzielte. Dies war verbunden mit einer erweiterten Umweltperspektive, die über die Orientierung an derzeitigen Zielsetzungen, Strategien, bearbeiteten Märkten usw. hinausging.[423]

Früherkennungssysteme der ersten und zweiten Stufe basieren auf der Überwachung von im Vorhinein grundsätzlich festgelegten Größen, welche auf die Über- oder Unterschreitung bestimmter Toleranzgrenzen hin verfolgt werden.[424] Beiden Früherkennungsansätzen liegt damit letztlich eine Kausallogik zugrunde, bei der die Zukunft als Wenn-Dann-Ergebnis gegenwärtiger oder vergangener Ereignisse interpretiert wird.[425] Hieraus resultieren jedoch zwei Probleme: Zum einen muss vorausgesetzt werden, dass die bisherigen Ursache-Wirkungs-Beziehungen auch in Zukunft Bestand haben, und zum anderen müssen alle relevanten Früherkennungsindikatoren bekannt sein. Diskontinuitäten, die aufgrund neuartiger Ursache-Wirkungs-Beziehungen oder bisher unbekannter Einflussfaktoren entstehen, können daher kaum erfasst werden.[426]

Aus dieser Kritik ging die dritte Stufe von Früherkennungssystemen hervor, deren Ziel die Erfassung sog. „schwacher Signale" ist.[427] Dieses Konzept der „weak signals" geht auf *Ansoff* zurück, der annimmt, dass sich strategische Diskontinuitäten durch bestimmte Anzeichen ankündigen und somit prinzipiell vor-

---

[422] Hahn (1979), S. 25. Vgl. hierzu auch Szyperski (1973), S. 32, der als einer der ersten auf die Bedeutung zukunftsgerichteter Informationen i.S.d. *Frühwarnung* hinweist.

[423] Vgl. Muchna (1995), Sp. 724; Wiedmann (1985), S. 303.

[424] Vgl. Kühn/Fasnacht (2001), S. 92.

[425] Vgl. Trux/Müller/Kirsch (1984), S. 322.

[426] Unter Diskontinuitäten sind hierbei Erscheinungen zu verstehen, „die sich als plötzlich auftretende signifikante Veränderungen in den Beziehungen zwischen verschiedenen Systemvariablen oder in der Systemdynamik bemerkbar machen." Perlitz (1993), Sp. 682. Vgl. zu einer weiter gehenden Differenzierung Trux/Müller/Kirsch (1984), S. 321.

[427] Vgl. Raffée/Wiedmann (1989), S. 26 f.; Kreilkamp (1987), S. 268 ff.

hersehbar sind.[428] Die schwachen Signale sind allerdings unstrukturierte, vage Informationen, die aus den unterschiedlichsten Umweltbereichen stammen können und „die den Empfänger in einem Stadium hoher Ignoranz belassen."[429] Daraus resultieren ebenfalls zwei Probleme: Zum einen ist fraglich, inwieweit ein Entscheidungsträger überhaupt in der Lage ist, alle für seinen Bereich relevanten Früherkennungsinformationen in Form von schwachen Signalen zu erfassen, da er a priori nicht weiß, auf *welche* (Umwelt-)Bereiche er seine Aufmerksamkeit richten soll.[430] Diese Frage ist nicht zuletzt vor dem Hintergrund der schon angesprochenen beschränkten Informationsverarbeitungskapazitäten des Menschen von Relevanz. *Ansoff* selbst gibt nur sehr allgemein gehaltene Hinweise darauf, wie schwache Signale aussehen bzw. wie sie ermittelt werden können.[431] Zum anderen besteht ein zweites Problem darin, dass, selbst wenn ein schwaches Signal von einem Entscheidungsträger tatsächlich wahrgenommen wird, ein sehr hoher Grad an *Interpretationsspielraum* bei dessen Beurteilung verbleibt.[432]

Sicherlich nicht zuletzt aufgrund dieser Schwierigkeiten wird in der Literatur immer wieder betont, dass eine effiziente Gewinnung und Verarbeitung schwacher Signale in besonderem Maße „von der Phantasie, dem Können und der Erfahrung"[433] der entsprechenden Mitarbeiter, der „Sensibilisierung des Managements"[434] oder dem „Expertentum des Führungskaders"[435] abhängt. Gerade damit wird aber das ursprüngliche Ziel, ein systematisch strukturiertes Früherkennungssystem zu etablieren, teilweise konterkariert, und das als „nicht mehr ausreichend"[436] beurteilte, in hohem Maße subjektive „unternehmerische Fingerspitzengefühl" wird wieder zur Basis der Früherkennung.

---

[428] Vgl. Ansoff (1976), S. 129 ff.
[429] Müller (1985), S. 373. Vgl. dazu auch Ansoff (1976), S. 134.
[430] Vgl. Kühn/Fasnacht (2001), S. 95.
[431] Vgl. Ansoff (1976), S. 138 f. Vgl. hierzu auch Kühn/Fasnacht (2001), S. 96 und Kreilkamp (1987), S. 271.
[432] Vgl. Kreilkamp (1987), S. 270.
[433] Klausmann (1983), S. 44.
[434] Raffée/Wiedmann (1989), S. 27.
[435] Kirsch/Trux (1983), S. 234.
[436] Klausmann (1983), S. 40.

Damit bleibt festzuhalten, dass – so reizvoll das Konzept der schwachen Signale grundsätzlich erscheinen mag – seiner Nutzung beim Aufbau eines soliden Früherkennungssystems in der Praxis Grenzen gesetzt sind.

Im Zuge der geschilderten Entwicklung von Früherkennungsansätzen haben sich letztlich drei Typen von Früherkennungsinformationen herausgebildet.[437] Es handelt sich hierbei um

- *Abweichungsangaben* bezüglich laufend zu kontrollierender Zielgrößen

- im Vorhinein festgelegte *Vorlaufindikatoren*, die auf zeitlich nachfolgende Ereignisse schließen lassen oder

- *schwache Signale,* die aus dem Unternehmen oder der Umwelt einzufangen und hinsichtlich ihres Bedrohungs- oder Chancenpotenzials zu interpretieren sind.

Da es sich bei Letzteren um unscharfe Anhaltspunkte überwiegend *qualitativer* Natur handelt,[438] macht eine vertiefende Diskussion im Rahmen einer paneldatengestützten Früherkennung wenig Sinn. Im Übrigen ist hierzu noch zu bemerken, dass die Frage, wann ein *Indikator* vorliegt und wann ein *schwaches Signal,* rein definitorischer Natur ist, denn letztlich wird im Rahmen der Früherkennung immer auf irgendeine Anzeigegröße zurückgegriffen. Daher bezeichnen *Raffée/Wiedmann* schwache Signale auch als eine „spezielle Form von Indikatoren".[439]

---

[437] Vgl. Köhler (2003), S. 478.
[438] Vgl. Köhler (2003), S. 478.
[439] Raffée/Wiedmann (1989), S. 33. Mit direktem Bezug auf die herangezogenen Informationen können in diesem Zusammenhang auch zwei Vorgehensweisen bei der Früherkennung unterschieden werden, die aus dem Spannungsverhältnis zwischen einer möglichst offenen Suche einerseits und einer noch beherrschbaren Informationskomplexität andererseits entstanden sind (vgl. Muchna (1995), Sp. 725 f.): Beim *Monitoring* erfolgt eine gezielte Suche nach im Vorhinein festgelegten spezifischen Informationen in konkret abgegrenzten Unternehmens- und Umweltbereichen. Dies erfolgt typischerweise anhand von Ziel- oder Indikatorenlisten, mit deren Hilfe die Entwicklung von bisher und zukünftig wahrscheinlich bedeutsamen Größen kontinuierlich verfolgt wird. Im Gegen-

Im Folgenden wird zunächst untersucht, inwieweit sich Paneldaten aufgrund ihrer spezifischen Eigenschaften *grundsätzlich* für die Früherkennung eignen. Darauf aufbauend wird gezeigt, inwieweit Panels die Früherkennung durch *Abweichungsanalysen* festgelegter Zielgrößen und die Erfassung von *Vorlaufindikatoren* unterstützen können. Die Ergebnisse von Abweichungsanalysen weisen dabei einen höheren Konkretisierungsgrad bezüglich Art und Ausmaß ihrer Wirkung auf das Unternehmen auf, haben aber dafür einen geringeren „time lead" als Vorlaufindikatoren, was die Reaktionszeit des Unternehmens verkürzt. In diesem Spannungsfeld muss ein auf das Unternehmen zugeschnittenes System von Beobachtungsgrößen aufgebaut werden, um die Versorgung mit strategisch relevanten Informationen sicherzustellen.[440]

4.2 Eignung von Panels für die Früherkennung aufgrund ihrer spezifischen Eigenschaften

4.2.1 Umfang der Datenbereitstellung

Köhler et al. haben im Rahmen einer Untersuchung zur strategischen Früherkennung im Rahmen der Produktinnovationsplanung unterschiedliche *inhaltliche* Bereiche vorgeschlagen, für die Früherkennungs-Informationen zu generieren sind.[441] Diese Bereiche sind nicht spezifisch für die Innovationstätigkeit,

---

satz dazu wird beim *Environmental Scanning* primär auf die Erfassung schwacher Signale abgestellt. Dabei ist der Suchbereich grundsätzlich vollkommen offen gestaltet, weil ja prinzipiell aus jeder Veränderung in der Umwelt eine Gefahr oder Gelegenheit für das Unternehmen erwachsen kann (vgl. hierzu auch die Einteilung in unterschiedlich stark strukturierte Suchaktivitäten bei *Aguilar* (1967), S. 19 ff.). Nichtsdestoweniger erfolgt auch beim Environmental Scanning i.Allg. ein Auswahlprozess, bei dem sukzessive jene Bereiche identifiziert werden, die für die langfristige Erfolgssicherung des Unternehmens von besonderer Bedeutung zu sein scheinen (vgl. Köhler (2003), S. 478; Raffée/Wiedmann (1989), S. 52), da ansonsten die entstehende Informationsvielfalt für einen Entscheider nicht mehr verarbeitbar wäre. Hier zeigt sich, dass zwischen Monitoring und Scanning ein ebenso fließender Übergang besteht wie zwischen Indikatoren und schwachen Signalen.

[440] Vgl. Köhler (2003), S. 478; Muchna (1995), Sp. 723 f.
[441] Vgl. Köhler/Horst/Huxold (1990), S. 13 ff.; Köhler/Fronhoff/Huxold (1988), S. 19 ff.; Köhler (1991), S. 10.

sondern grundsätzlich für die Früherkennung relevant. Hierbei handelt es sich um:

- Produktprogrammindikatoren
- abnehmerorientierte Indikatoren
- handelsorientierte Indikatoren
- konkurrenzorientierte Indikatoren
- technologische Indikatoren
- ressourcenorientierte Indikatoren und
- Indikatoren der sonstigen Umwelt.

Panels erfassen fast vollumfänglich die Warengruppen des FMCG-Bereichs, die Segmente privater Endverwender, die Distributionskanäle und die weiteren FMCG-Hersteller, so dass die ersten vier der genannten Früherkennungsbereiche abgedeckt werden können.[442] Da strategische Bedrohungen und Gelegenheiten nicht selten in Bereichen entstehen, in denen das Unternehmen bislang *nicht* aktiv war, sollten Früherkennungsinformationen nicht nur für angestammte Bereiche, sondern auch für solche *außerhalb* der bisherigen Marktbeziehungen generiert werden. Angesprochen sind hier etwa Warengruppen, die eine gewisse Nähe zum eigenen Leistungsprogramm aufweisen oder andere Anbieter, die im Rahmen der Konkurrentenanalyse als potenzielle Wettbewerber identifiziert wurden. Ansonsten besteht eine nicht unerhebliche Gefahr, dass relevante Entwicklungen unentdeckt bleiben und in den eigenen Produkt-Markt-Feldern erst zu einem Zeitpunkt Wirkung zeigen, in dem es zu ihrer Abwehr bzw. Nutzung zu spät ist.

---

[442] Vgl. Köhler/Horst/Huxold (1990), S. 10.

4.2.2 Möglichkeit der Datendisaggregation

Die hierarchische Datengliederung stellt ein weiteres Charakteristikum von Panels dar. Durch sie ist es möglich, die Daten auf untergeordnete Abstraktionsebenen herunterzubrechen. So kann der Gesamtumsatz eines Produktes differenziert nach unterschiedlichen Bezugsobjekten ausgewiesen werden, so dass diejenigen Teilbereiche einer Produkt-Markt-Beziehung identifiziert werden können, die den größten Anteil an einem sich ändernden Gesamtumsatz haben. Das Panel bietet hierbei eine Vielzahl von Möglichkeiten: Es können Teilergebnisse für Regionen, Kundengruppen, Distributionswege, Warengruppen usw. sowie deren Kombinationen ausgewiesen werden, so dass praktisch jeglicher als potenziell kritisch angesehene Bereich überwacht werden kann.

Durch die Möglichkeit, Zielgrößenveränderungen systematisch auf ihre Ursprünge zurückzuführen, erfolgt nicht nur die Lokalisierung der *Bereiche*, die die primären Treiber einer Veränderung sind, sondern darüber hinaus werden Veränderungen auch *frühzeitiger* erkannt als bei der Beobachtung aggregierter Zielgrößen.[443] Stellt ein Unternehmen beispielsweise fest, dass der Umsatz eines Produktes bei einer bedeutenden Kundengruppe wie etwa den Intensivverwendern sinkt, stellt dies ein Warnsignal hinsichtlich der langfristigen Absatzmöglichkeiten dar, welches bei einer ausschließlichen Verfolgung der Globalgröße „Gesamtumsatz" aufgrund möglicher *Kompensationseffekte* (z.B. aufgrund verstärkter Promotion-Aktivitäten) u.U. nicht erkannt worden wäre.[444]

An dieser Stelle wird auch deutlich, dass der *Umfang der Datenerhebung* einerseits und die *Möglichkeit der Disaggregation* andererseits ineinander greifen und sich im Hinblick auf die Früherkennung ergänzen: Je umfangreicher und differenzierter das Datenangebot innerhalb desselben Erhebungsinstruments ist, desto mehr Möglichkeiten ergeben sich, durch Disaggregation eine datenursprungsbezogene Betrachtung durchzuführen. Damit kann das Früherkennungs-

---

[443] Vgl. Raffée/Wiedmann (1989), S. 48 f.

[444] Vgl. Wiedmann (1985), S. 313; Raffée/Wiedmann (1989), S. 49.

system tief in das Unternehmen und den Markt hinein verästelt werden, um relevante Veränderungen schon im *Entstehungsprozess* zu identifizieren.

4.2.3 Datengewinnung auf individueller Ebene

Durch die zuvor angesprochene Disaggregation der Daten wird ersichtlich, wie sich z.B. Umsatzanteile bei unterschiedlichen Kundengruppen entwickelt haben. Es kann aber noch nicht gezeigt werden, *wie* diese Veränderung zustande gekommen ist, d.h. es ist nicht erkennbar, ob der steigende Umsatz eines Produktes auf den Zustrom neuer Kunden oder die Bedarfsintensivierung von Wiederkäufern zurückzuführen ist. Informationen hierüber sind ausschließlich durch die Verfolgung des individuellen Verhaltens der Haushalte im Zeitablauf erhältlich. Durch diese schon mehrfach angesprochene Aufdeckung der *inneren Struktur* von Veränderungen können schon zu einem Zeitpunkt Hinweise auf Wandlungsprozesse gewonnen werden, in dem bei der Zielgröße noch keinerlei relevante Änderungen feststellbar sind oder diese sich sogar – wie anhand eines Beispiels von *Bernet* im Folgenden dargestellt – positiv entwickelt.[445]

Für einen Joghurt X werden die Käuferanteile im Vergleich zu den anderen am Markt angebotenen Joghurtmarken im Zeitablauf verfolgt. Im Beispielfall handelt es sich um 10.000 Haushalte, die in den Perioden P_1 und P_2 beobachtet werden. Dabei sind:

$X_t =$ Käufer der Marke X in der Periode t

$A_t =$ Käufer anderer Marken in der Periode t

Die Untersuchung ergab folgende Ergebnisse für die Käuferzahlen der unterschiedlichen Marken:[446]

---

[445]   Vgl. Bernet (1968), S. 27 ff.

[446]   *Parallelverwendungen* der Marken werden in dem Beispiel aus Anschaulichkeitsgründen nicht berücksichtigt.

Periode 1			Periode 2		
X_1	=	900	X_2	=	1000
A_1	=	9100	A_2	=	9000

Die Marke X hat ihren Anteil in Bezug auf die gesamte Käuferschaft (10000 Haushalte) von P_1 zu P_2 um einen Prozentpunkt steigern können. Kauften in P_1 noch 900 Haushalte Joghurt X, so waren es in P_2 schon 1000. Gleichzeitig sank die Zahl der Haushalte, die *andere* Joghurtmarken gekauft haben, von 9100 in P_1 auf 9000 in P_2.

Aus diesen Marktanteilsgewinnen könnte auf den ersten Blick der erfreuliche Schluss auf eine positive Entwicklung der Marke X gezogen werden. Dies ist jedoch u.U. verfrüht, denn es ist nicht bekannt, *wie* die Veränderung der aggregierten Größe zustande gekommen ist. Der anscheinend positiven Veränderung der Nachfrageranteile können nämlich zwei vollkommen unterschiedliche Wandlungsprozesse zugrunde liegen:

Fall 1:
Alle 900 Haushalte, die in P_1 die Joghurtmarke X erworben haben, kaufen diese auch in P_2 (Wiederkauf). Das heißt, es hat keine Abwanderung zu anderen Marken stattgefunden, wohl aber konnten 100 Haushalte von den anderen Marken hinzugewonnen werden. Es liegt also folgende Beziehung zugrunde:

$$1000_{X2} = 900_{X1} + 100_{A1}$$

Fall 2:
Im zweiten Fall hingegen stellt sich eine gänzlich andere Situation dar: Keiner der Haushalte, die in P 1 die Joghurtmarke A gekauft haben, taten dies in P 2 wieder. Dafür konnten aber 1000 *neue* Haushalte von anderen Marken hinzugewonnen werden. Hier gilt:

$$1000_{X2} = 900_{X1} - 900_{X1} + 1000_{A1}$$

Das Beispiel macht deutlich, auf welch unterschiedliche Weise die Veränderung einer Zielgröße zustande kommen kann und wie bedeutsam ein solcher Unterschied aus Sicht der Marketing-Planung ist. Unter dem Gesichtspunkt der langfristigen Sicherung von Erfolgspotenzialen sind die beiden Entwicklungen nämlich gänzlich unterschiedlich einzuschätzen. Im ersten Szenario ist die Marke in der Lage, bisher gewonnene Käufer zu halten, und es gelingt darüber hinaus, den Kundenstamm zu erweitern. Dieses Ergebnis lässt sich als Hinweis auf eine *Gelegenheit* deuten, schon bestehende Erfolgspotenziale weiter auszubauen. Im zweiten Fall hingegen liegt der umgekehrte Fall vor. Hier droht die *Gefahr* eines vollständigen Verlustes von Absatzpotenzialen. Die Neukundengewinnung ist wahrscheinlich auf erhebliche werbliche oder verkaufsfördernde Maßnahmen zurückzuführen, die lediglich eine einmalige Wirkung entfalten. Letztlich sind diese Investitionen aber weit gehend vergeudet, da sich die Kunden nach dem Erstkauf wieder von der Marke abwenden.

4.2.4 Langfristigkeit und Kontinuität der Datenerhebung

Paneldaten werden *kontinuierlich* und *über lange Zeiträume* erhoben. Damit liegen prinzipiell lückenlos in die Vergangenheit zurückreichende Datenreihen vor, die die Möglichkeiten zu Längsschnittanalysen eröffnen. Die *Langfristigkeit* der Daten erleichtert die Interpretation von Veränderungen bei den beobachteten Größen. So wird z.B. die Gefahr einer Fehlinterpretation zyklischer Marktschwankungen verringert. Längsschnittuntersuchungen verbessern somit in hohem Maße die Möglichkeit, „normale" Zielgrößenveränderungen von solchen zu unterscheiden, die aufziehende Gefahren oder Gelegenheiten anzeigen.

Die *zeitliche Kontinuität* der Datenerhebung bildet die Grundlage für eine ständige Wachsamkeit und verhindert, dass relevante Veränderungen aufgrund unregelmäßiger oder zu weit auseinander liegender Erhebungen unbeobachtet bleiben. Daneben trägt auch die *inhaltliche Kontinuität* der Erhebung wesentlich zur Eignung der Paneldaten für die Früherkennung bei. Denn nur wenn immer die gleichen Sachverhalte auf immer die gleiche Weise beobachtet werden, ist eine sinnvolle Interpretation von Veränderungen überhaupt möglich.[447] Daher können auch Aneinanderreihungen grundsätzlich ähnlicher, aber in Einzelaspekten unterschiedlicher Ad hoc-Untersuchungen i.Allg. keine qualitativ hinreichende Datengrundlage für strategische Entscheidungen liefern.

Panels liefern umfangreiche, vielfältig untergliederbare und individuelle Marktinformationen, die auf unterschiedlichste Weise miteinander verknüpfbar sind und die Entwicklungen in den Beobachtungsbereichen kontinuierlich über lange Zeiträume erfassen. Damit eignen sie sich wie kaum ein anderes Instrument dazu, die Datengrundlage für eine strategische Marketing-Früherkennung bereitzustellen.

4.3 Möglichkeiten der Generierung von Früherkennungsinformationen auf Paneldatenbasis

4.3.1 Abweichungsanalyse geplanter Zielgrößen

Bei Abweichungsanalysen wird die Entwicklung von Zielgrößen durch kontinuierliche *Zwischenkontrollen im Rahmen mehrperiodiger Zielleitlinien* verfolgt.[448] Sollen Früherkennungsinformationen aus Zwischenkontrollergebnissen gewonnen werden, setzt dies zunächst die Festlegung langfristiger Planziele in Bezug auf die als relevant erachteten Zielgrößen voraus.[449] Hierbei können globale und differenzierte Zielgrößen unterschieden werden, wobei Erstere ein übergeordnetes Ziel wie den Gesamtumsatz des Unternehmens bezeichnen und Zweitere ein aus dem übergeordneten Teilziel abgeleitetes Subziel darstellen, z.B. den Umsatz pro Kundengruppe, Warengruppe oder Distributionsweg.[450]

---

[447] Vgl. hierzu auch Kap. 2.3.1.
[448] Vgl. Köhler (2003), S. 478.
[449] Vgl. Schmidt (1997), S. 182 f.
[450] Vgl. Kühn/Fasnacht (2001), S. 93.

Der Festlegung von Zielen sind im Hinblick auf Art und Differenzierungsgrad kaum Grenzen gesetzt. Es ist allerdings zu beachten, dass die Früherkennungseigenschaften mit zunehmender Aggregation der Ziele tendenziell abnehmen, da sich früherkennungsrelevante Veränderungen unterhalb der festgelegten Zielgröße ereignen können und eine zu starke Verdichtung darüber hinaus zur schon angesprochenen Kompensation gegenläufiger Effekte führen kann, so dass kritische Entwicklungen zu spät erkannt werden.[451] Umgekehrt führt eine zu starke Disaggregation aber u.U. zu nicht mehr relevanten und auch nicht mehr verarbeitbaren Detailbetrachtungen. In diesem Spannungsfeld muss die Festlegung der Zielgrößen erfolgen.

Hinweise auf die Erreichbarkeit der langfristig gesetzten Planziele lassen sich mit Hilfe der sog. „Gap-Analyse" gewinnen, bei der es sich um eine zukunftsgerichtete Entwicklungsanalyse handelt.[452] Bei dem auf Überlegungen von *Ansoff* und insbesondere *Crawford* zurückgehenden Analyseinstrument bilden langfristige Planvorgaben für ausgewählte Zielgrößen den Ausgangspunkt.[453] Dabei werden im Sinne einer normativen Prognose[454] die für die Realisierung des Planziels notwendigen Voraussetzungen retrograd bis zum gegenwärtigen Zeitpunkt chronologisch aufgegliedert und in Form von Stufenzielen definiert.[455] Als Ergebnis erhält man eine über die Zeitachse abgetragene strategische Zielleitlinie, die eine angestrebte Zustandsfolge beschreibt. Man spricht hier auch von einer *Zieltrajektorie*.[456] Anhand der Leitlinie kann abgelesen werden, welche Werte die Zielgröße in zukünftigen Zeitpunkten erreicht haben muss, um das langfristig angestrebte Planziel zu erreichen. Nachdrücklich sei in diesem Zusammenhang darauf hingewiesen, dass es sich hierbei *nicht* um einen genauen Prognoseversuch handelt.[457] Es soll lediglich gezeigt werden, welche Zwischenergebnisse zu erreichen sind, damit ein bestimmtes Endziel überhaupt realisiert werden kann.

---

[451]   Vgl. Schmidt (1997), S. 183.
[452]   Vgl. Wiedmann/Kreutzer (1985), S. 90; Kreikebaum (1997), S. 133 f.
[453]   Vgl. Crawford (1966), S. 118; Ansoff (1965), S. 139 ff.
[454]   Vgl. hierzu Bruckmann (1978), S. 9 f.
[455]   Vgl. Schmidt (1997), S. 183.
[456]   Vgl. Köhler (1993), S. 33 ff.
[457]   Vgl. Köhler (1993), S. 37.

Der Zieltrajektorie wird, wie in der folgenden Abbildung gezeigt, die tatsächliche Entwicklung der Zielgröße im Zeitablauf in Form einer *Entwicklungslinie* gegenübergestellt, deren weiterer Verlauf auf der Basis derzeitig verfügbarer Informationen bis zum anvisierten Zielzeitpunkt geschätzt wird. Liegen die erwarteten Zielerreichungsgrade unter denen der Zieltrajektorie, so liegt ein „Gap" vor.[458]

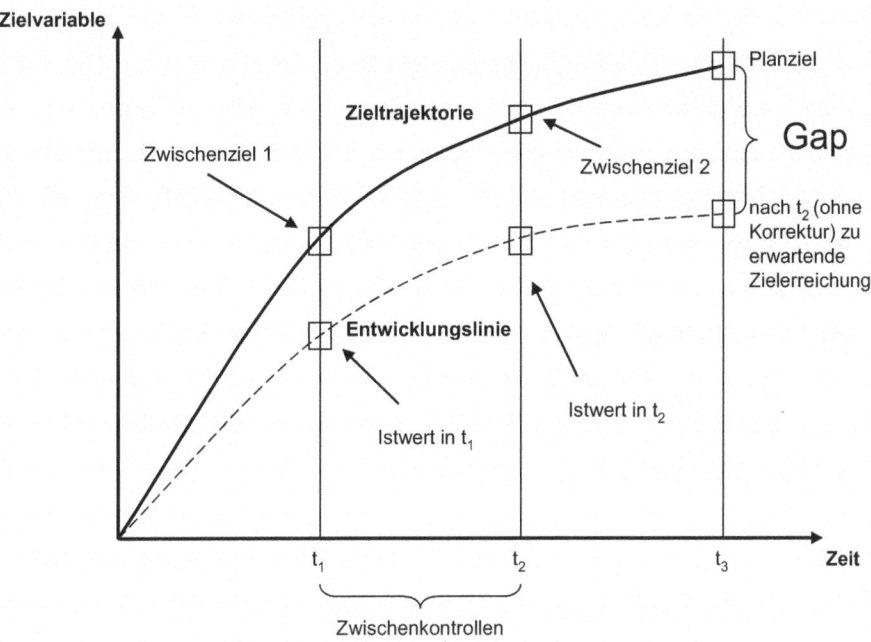

Abb. 38: **Das Trajektorien-Konzept in der Zielplanung**
(Quelle: Köhler (1993), S. 35)

Die Gap-Analyse liefert somit durch Zwischenkontrollen schon frühzeitig Hinweise darauf, inwieweit langfristig angestrebte Ziele angesichts der *bisherigen* Entwicklung der Zielgröße noch erreichbar erscheinen, so dass frühzeitig notwendige Korrekturmaßnahmen eingeleitet werden können.[459] Eine Gegenübers-

---

[458] Vgl. Schmidt (1997), S. 184.
[459] Vgl. Raffée/Wiedmann (1989), S. 51.

tellung von Ergebnis- und Zielgröße erst zum *Ende* eines längeren Planungszeit-raumes, wenn keine Reaktionszeit mehr verbleibt, wird somit vermieden.[460]

Paneldaten können die Gap-Analyse in vielfältiger Form unterstützen. Alle im Rahmen von Panels erhobenen Sachverhalte, auf die das Unternehmen Einfluss nehmen kann, können als Zielgröße definiert und in ihrer Entwicklung verfolgt werden. Dabei schlagen die Kontinuität und die Langfristigkeit, mit der die je-weiligen Zielgrößen erhoben werden, zu Buche. Neben der Verfolgung von Globalgrößen wie Umsatz-, Absatz- oder Marktanteilsentwicklungen, bietet es sich an, die Disaggregationsmöglichkeiten der Paneldaten zu nutzen. Hierdurch können unterschiedliche, aber *in einem Zielzusammenhang* stehende Bereiche separat überwacht werden, was das Früherkennungspotenzial in Bezug auf die übergeordneten Zielgrößen erheblich verbessert. *Welche* Zielgrößen in eine sol-che Analyse Eingang finden und welche Sollwerte festgelegt werden, muss vor dem Hintergrund der jeweiligen Problemstellung entschieden werden. Hierbei kann z.B. eine Orientierung an den Ergebnissen anderer Analysen wie bei-spielsweise der Lebenszyklusanalyse erfolgen.[461] So wird das Wachstumsziel eines neu eingeführten Produktes sicherlich ein anderes sein, als das eines Pro-duktes in der Sättigungsphase.

Bei disaggregierten Gap-Analysen sind mehrdimensionale Trajektorien-Bündel zu bilden,[462] so dass Planabweichungen differenziert für einzelne untergeordnete Ziele nicht nur *frühzeitig* erfasst, sondern auch präzise *lokalisiert* werden kön-nen. Werden die unterschiedlichen Zielgrößenentwicklungen synoptisch über einer Zeitachse abgetragen, ergibt sich selbst bei einer großen Anzahl von (Sub-)Zielen eine übersichtliche Darstellung der jeweiligen Übereinstimmungen von Ziel- und Entwicklungslinien.

Im folgenden Beispiel wird die Entwicklung eines Neuproduktes betrachtet, des-sen Marktanteil sich bislang zufrieden stellend entwickelt hat. Bei disaggregier-

---

460   Vgl. Köhler (1993), S. 39.
461   Vgl. Schmidt (1997), S. 188 f.
462   Vgl. Köhler (1993), S. 35 ff.

ter Betrachtung der einzelnen Marktanteilstreiber zeigt sich, dass sowohl der gewichtete *Distributionsgrad* als auch die *Käuferreichweite* nach eineinhalb Jahren über dem Soll liegen. Auf der Grundlage dieser Entwicklung ist eine Übererfüllung der angestrebten Werte nach zweieinhalb Jahren zu erwarten. Dies zeugt von einer erfolgreichen Zusammenarbeit mit den Händlern und möglicherweise auch von effektiven Kommunikationsmaßnahmen, die zu einer guten Verbreitung des Produktes geführt haben. Die *Wiederkaufrate* aber liegt unter dem Sollwert. Dies ist unter strategischen Gesichtspunkten alarmierend, denn letztlich kommt es darauf an, die Kunden zu binden. Diese haben aber offensichtlich nicht im gewünschten Maße Präferenzen für das Produkt aufgebaut. Erreicht die Wiederkaufrate nicht den angestrebten Zielwert von 58 %, sind die *langfristig* anvisierten Marktanteile nicht zu erreichen. In der bisherigen Entwicklung des Marktanteils wurde diese Entwicklung noch nicht ersichtlich, da sie durch gute Distributions- und Penetrationswerte kompensiert wurde. An dieser Stelle sind dringend weiter gehende Untersuchungen, z.B. Kundenbefragungen, durchzuführen, um zu klären, *warum* die Zufriedenheit der Kunden zu gering ist.

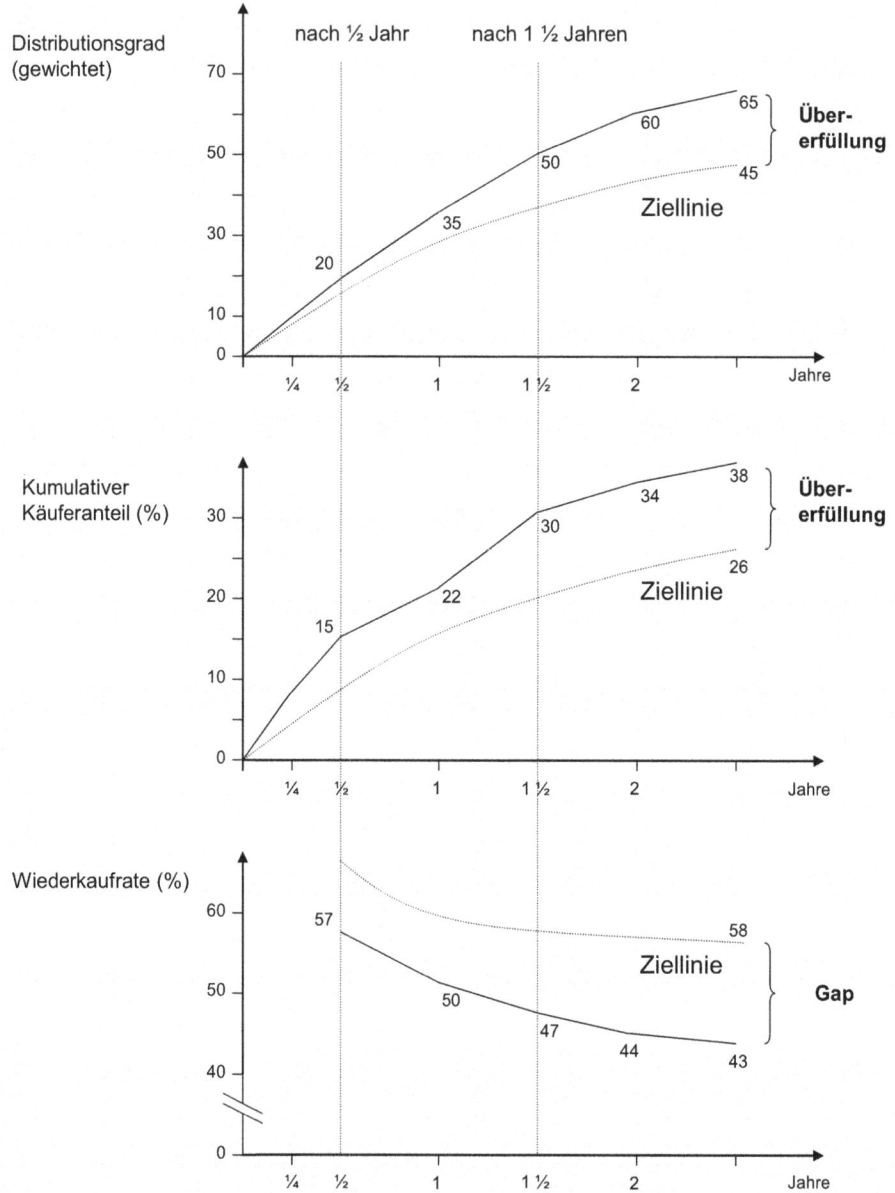

Abb. 39: Trajektorien-Bündel einer disaggregierten Gap-Analyse
(Quelle: in Anlehnung an Köhler (1993), S. 36)

Abweichungsanalysen in Bezug auf die Entwicklung geplanter *Zielgrößen* haben die Funktion eines Feed-Forward-Systems, mit dem Fehlentwicklungen aufgedeckt werden können und somit die Grundlage für strategische Anpassungsmaßnahmen gebildet wird. Darüber hinaus sollten aber auch *Indikatoren* in die Früherkennung mit einbezogen werden, die die weitere Entwicklung der betrachteten Zielgrößen mit zeitlichem Vorlauf anzeigen.[463]

4.3.2 Früherkennung auf der Basis von Vorlaufindikatoren

Früherkennungsinformationen können in Form von *Leit- oder Vorlaufindikatoren* auftreten.[464] Dies sind Größen, die in einer kausalen oder sonstigen sachlogischen Beziehung zur interessierenden Zielgröße stehen und ihnen, wie in der folgenden Abbildung dargestellt, zeitlich vorgelagert sind.[465]

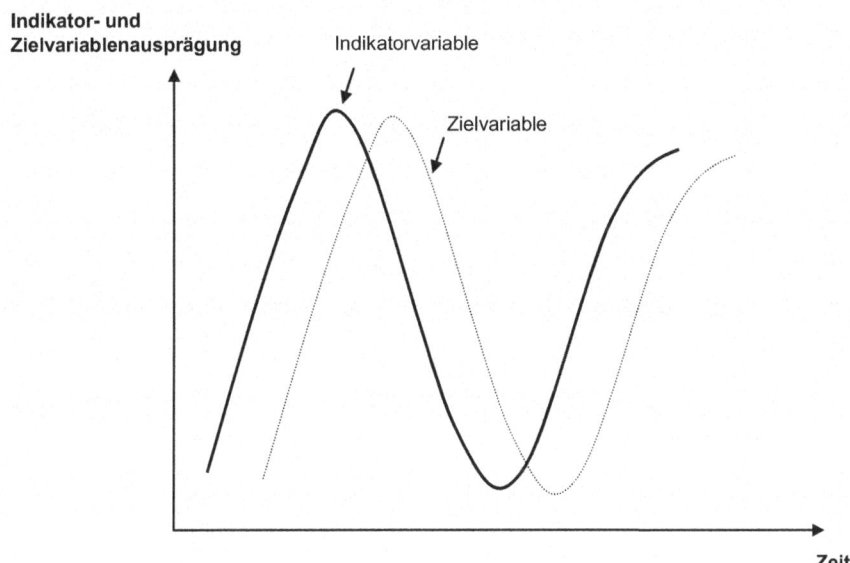

Abb. 40: Idealverlauf eines Indikators und der Zielvariablen
(Quelle: Hujer/Cremer (1978), S. 76)

---

[463]   Vgl. Schmidt (1997), S. 189.
[464]   Vgl. Köhler (2003), S. 478.
[465]   Vgl. Raffée/Wiedmann (1989), S. 52. Auch wenn nicht unbedingt eine *kausale* Beziehung zwischen Indikator und Zielgröße vorliegen muss, so wird doch gefordert, dass zumindest ein plausibler theoretischer Zusammenhang besteht, um Fehlinterpretationen aufgrund zufälliger statistischer Korrelationen oder Korrespondenzen zu vermeiden (vgl. hierzu Henschel (1979), S. 53).

Die Auswahl der Leitindikatoren kann auf der Grundlage von bisher festgestellten (statistischen) Zusammenhängen erfolgen, wofür sich je nach Anzahl der Indikatoren z.B. einfache oder multiple Regressionsanalysen eignen.[466] Häufig sind jedoch die Wirkungsbeziehungen zwischen Indikatoren und Zielgröße sehr komplex und können von weiteren unbeobachteten Größen beeinflusst werden, so dass die Indikatorauswahl auf der Grundlage von Plausibilitätsüberlegungen erfolgen muss. Wenn möglich, sollte diese aber durch wissenschaftliche Erkenntnisse gestützt werden. Zu denken ist etwa an die Beobachtung der Innovatoren oder „Trend-Setter", deren Kaufverhalten – gestützt auf theoretische Erkenntnisse im Bereich der Meinungsführung, Diffusionsforschung etc. – als Indikator für den langfristigen Absatzerfolg herangezogen werden kann.[467]

In der folgenden Abbildung findet sich eine Übersicht möglicher Früherkennungsindikatoren. Diese Liste ließe sich erheblich verlängern, doch häufig zeigt sich, dass für das Unternehmen oft schon die systematische Erfassung weniger zentraler Indikatoren einen erheblichen Beitrag zur Früherkennung leistet.[468] In der Abbildung sind die aufgelisteten Indikatoren unterschiedlichen *Analyseebenen* zugeordnet. Die Indikatoren ließen sich aber auch *inhaltlich* nach den schon in Kap. 4.2.1 angesprochenen absatzmarktbezogenen Bereichen in programmbezogene, abnehmerbezogene, distributionsbezogene und konkurrenzbezogene Vorlaufindikatoren unterteilen.

---

[466] Vgl. Köhler (2003), S. 478.
[467] Vgl. hierzu auch Kap. 3.2.1.3.2.
[468] Vgl. Köhler (1993), S. 52.

Umweltbereich	Beispiel für strategisch relevante Früherkennungsinformationen
1. *Makro-Umwelt* (Informationen für die Planungsaufgaben auf Gesamtunternehmens- und Geschäftsfeldebene)	*Forschung und Technologie* - Ausgaben für Forschung und Entwicklung, z.B. nach Ländern, Wettbewerbern, Forschungsinstitutionen - Ergebnisse der Grundlagenforschung - Änderungen bei Produkt- und Verfahrenstechnologien *Physisch-ökologische Rahmenbedingungen* - Entwicklung bei Rohstoffen, Energie, Umweltbelastung - Infrastruktur *Demographische bzw. sozio-kulturelle Umwelt* - Bevölkerungsentwicklung (Wachstum, Altersstruktur) - Bildung - Kulturelle Wertsysteme - „Life Styles" *Politisch-rechtliche Umwelt* - Gesetzesinitiativen - Politische Stabilitätsindices (z.B. BERI-Index) - Aktivitäten von Interessenverbänden und Bürgerinitiativen *Gesamtwirtschaftliche Umwelt* - Konjunkturprognosen - Geschäftsklima-Index - Auftragseingänge - Entwicklung auf Arbeits- und Kapitalmärkten
2. *Marktsituation des Gesamtunternehmens*	- Ist-Geschäftsfelder-Portfolio des Unternehmens - Ist-Geschäftsfelder-Portfolio der wichtigsten Konkurrenten - Grundsätzliche Diversifikationsmöglichkeiten - Diversifikationsrichtungen wichtiger Wettbewerber
3. *Gesamte Marktbeziehungen eines strategischen Geschäftsfeldes* (Basis für Portfolio-Analysen sowie für die Zielgruppenauswahl und Grundkonzeption des Marketing-Mix)	- Marktwachstum des Geschäftsfeldes, untergliedert nach Regionen und Zielgruppen - Konzentrationstendenzen auf der Anbieter- und Nachfragerseite sowie im Handel - Marktanteile (absolut und zu den stärksten Konkurrenten), untergliedert nach Regionen und Zielgruppen - Stand der Produktinnovation ⎤ - Investitionsvolumen ⎥ relativ zu - Kapazitätsauslastungen ⎬ wichtigen - Marketing-Budgets ⎥ Konkurrenten - FuE-Budgets ⎦
4. *Einzelne Produkt-Markt-Kombinationen innerhalb der strategischen Geschäftsfelder*	-Bekanntheitsgrade - Marktpenetration - Veränderung der Imageposition von Produkten - Beschwerdeverhalten der Verwender - Wiederkaufrate - Produkt-Lebenszyklusphase - Veränderungen in der Käuferstruktur - Auftragseingang

Abb. 41:   Früherkennungsindikatoren auf unterschiedlichen Analyseebenen (Quelle: Köhler (1993), S. 53)

171

Panels können in erheblichem Umfang zur Generierung von Indikatoren sowohl auf den unterschiedlichen Analyseebenen (mit Ausnahme der Makro-Umwelt) als auch in Bezug auf alle absatzmarktbezogenen Teilbereiche beitragen. Viele der in der Abb. 41 vorgeschlagenen Größen, wie Marktwachstumsraten, Marktanteile, Käuferpenetrationen usw. gehören zum Standardrepertoire von Panels. Darüber hinaus stellen insbesondere die Ergebnisse, die im Rahmen dynamischer Analysen zu den Austauschprozessen zwischen Unternehmen gewonnen werden, Früherkennungsinformationen dar. Angesprochen sind hier Käuferwanderungsanalysen, Gain&Loss-Analysen usw. Sie zeigen, inwieweit möglicherweise Prozesse in Gang geraten sind, die mittel- bis langfristig Marktanteilsverluste nach sich ziehen, wenn nicht gegengesteuert wird.

Weiter oben wurde die Forderung aufgestellt, Früherkennungsinformationen möglichst aus theoretisch oder sachlogisch fundierten Konzepten abzuleiten, da davon auszugehen ist, dass die so gewonnenen Früherkennungsindikatoren valider sind. Hier kommt Panels eine herausragende Bedeutung zu, da sich viele Teilkomponenten solcher Konzepte überhaupt erst mit Hilfe von Panels hinreichend genau erfassen lassen. Dies gilt beispielsweise für das schon angesprochene Kaufverhalten von Innovatoren und auch der anderen am Diffusionsprozess beteiligten Gruppen. So stellt beispielsweise das verstärkte Aufkommen der „Nachzügler" einen *Vorlaufindikator* für eine drohende Degenerationsphase dar. Ebenso liefert die Entwicklung des Handelsmarkenanteils im Sortiment eines Absatzmittlers Hinweise auf sich zukünftig abzeichnende Machtkonstellationen zwischen Hersteller und Händler.

Die Beispiele zeigen deutlich, dass zwischen Informationen mit eher *diagnostischem* Charakter (z.B. Altersstruktur des Produktprogramms im Rahmen der Situationsanalyse) und Früherkennungs-Informationen mit *Signalcharakter* (drohender Übergang zur Degenerationsphase) ein fließender Übergang besteht. In diesem Zusammenhang ist grundsätzlich festzustellen, dass letztlich alle strategischen Analyseinstrumente wie Produkt-Lebenszyklus-Analysen, Portfolio-Analysen, Stärken-Schwächen-Analysen usw. eine Grundlage für die Früherkennung darstellen.[469] Ihre Früherkennungseigenschaften können aber noch weiter verbessert werden, wenn sie dynamisiert und beispielsweise die *Verschiebungen* in den Stärken-Schwächen-Relationen oder die „Wanderungen" der untersuchten Produkt-Markt-Beziehungen im Rahmen einer Portfolio-Analyse verfolgt werden. Sofern die Analyseinstrumente auf Paneldaten basieren, ist eine solche Dynamisierung problemlos möglich.[470]

Mit Hilfe von Panels können darüber hinaus nicht nur die angestammten Märkte, sondern auch unternehmensfremde, aber durch eine gewisse Nähe zum eigenen Leistungsangebot gekennzeichnete Bereiche überwacht werden. Früherkennungsinformationen lassen sich dann durch die Beobachtung der Entwicklung in anderen Warengruppen über *Analogieschlüsse* gewinnen.[471] Dies gilt z.B. bei der Frage nach der Verpackungsgestaltung, die ein wichtiges Element der Produktgestaltung ist.[472] Stellt ein Joghurt-Hersteller fest, dass sonstige Molkereiprodukte verstärkt in Mehrweg-Glasverpackungen angeboten bzw. nachgefragt werden, kann dies ein Hinweis auf eine zunehmende Akzeptanz dieser Verpackungsform sein, die möglicherweise für die eigenen Produkte übernommen werden kann.

Darüber hinaus kann eine Perspektivenerweiterung neben der schon im Rahmen der Konkurrentenanalyse durchgeführten Überwachung *konkurrierender* Leistungsbereiche durch die gezielte Analyse *komplementärer* Warengruppen erfolgen. Für einen Marmeladen-, Aufschnitt- oder Käse-Hersteller wird beispielsweise die Nachfrageentwicklung von Brot ein wichtiger Vorlaufindikator für den eigenen Absatz sein.

---

[469] Das zeigt im Übrigen, dass die Früherkennung kein von den anderen Teilkomponenten der strategischen Marketing-Planung losgelöster Aufgabenbereich ist, sondern eine Querschnittsfunktion im gesamten Prozess der Marketing-Planung darstellt. Vgl. Böhler (1983), S. 29; Kirsch/Trux (1983), S. 226; Raffée/Wiedmann (1989), S. 26.

[470] Ein nicht zu unterschätzender Vorteil bei der Nutzung bekannter Instrumente besteht im Übrigen darin, dass das Management mit ihnen i.Allg. schon vertraut ist. Das erhöht sowohl die *Fähigkeit* als auch die *Bereitschaft*, diese im Rahmen der Früherkennung auch tatsächlich einzusetzen.

[471] Vgl. Raffée (1985), S. 160.

[472] Vgl. Hansen/Hennig-Thurau/Schrader (2001); S. 176 ff.; Debrunner (1977), S. 59 ff.

Eher unorthodox dürfte aus Sicht von FMCG-Herstellern die Möglichkeit erscheinen, Märkte komplementärer *langlebiger Gebrauchsgüter* zu beobachten. Dies kann aber von hohem Früherkennungswert sein, wenn ein Leistungsangebot ausschließlich oder häufig in Kombination mit einem solchen Gebrauchsgut verwendet wird. Ein aktuelles Beispiel betrifft den Kaffeemarkt. Hier könnte das Aufkommen von Kaffeemaschinen, die mit sog. „Kaffeepads" arbeiten,[473] langfristig für erhebliche Absatzeinbußen bei klassischem Filterkaffee sorgen und insofern eine Bedrohung darstellen. Diese kann jedoch durch eine Anpassung des Leistungsprogramms zu einer Marktchance werden, wenn der Hersteller rechtzeitig erkennt, dass sich die neuen Kaffeemaschinen durchsetzen, und entsprechende eigene Produkte entwickelt. Ein weiteres Beispiel für die Relevanz komplementärer Leistungsangebote stellen die derzeit in Asien auf den Markt kommenden *Ultraschall-Waschmaschinen* dar. Diese brauchen grundsätzlich kein Waschmittel, so dass im schlimmsten Fall das vollständige Wegbrechen eines ganzen Absatzbereiches droht. Würde ein Waschmittelhersteller neben einer steigenden Nachfrage nach Ultraschall-Waschmaschinen zusätzlich ein steigendes Umweltbewusstsein bei den eigenen Zielgruppen feststellen, so wäre dies ein deutliches Warnsignal.

Da es sich bei komplementären Gebrauchsgütern häufig um technisch neuartige Produkte handelt, sollten zunächst die Möglichkeiten genutzt werden, durch *Patentanalysen* Hinweise auf sich abzeichnende Entwicklungen zu gewinnen.[474] Hierbei werden sehr frühe Informationen gewonnen, die allerdings kaum Aufschluss darüber geben, ob und wann entsprechende Leistungsangebote am Markt verfügbar sind und wer sie kauft. Zur Beantwortung dieser Fragen können dann *Gebrauchsgüterpanels* herangezogen werden, deren Nutzung zum Zeitpunkt der *Markteinführung* ansetzt. Dies erscheint zwar im Vergleich zur Patentanalyse recht spät, liefert aber frühzeitigere Informationen als die ausschließliche Beobachtung der FMCG-Märkte. Hierbei kann analog zum FMCG-Bereich eine

---

[473] Hierbei handelt es sich um fertig abgepackte Portionen von Filterkaffee, die in die Kaffeemaschine eingelegt werden und auf Knopfdruck eine Kaffeezubereitung in sehr kurzer Zeit (ca. 20 Sek.) erlauben.
[474] Vgl. hierzu Faix (1998), S. 177 ff.

Analyse der Kundengruppen erfolgen, die sich als erste dem Produkt zuwenden. Dies zeigt, welche Kundensegmente ein besonderes Interesse an dem Neuprodukt aufweisen. So kann festgestellt werden, inwieweit die *eigenen* Zielgruppen betroffen sind. In Bezug auf die angesprochenen neuartigen Kaffeemaschinen ist beispielsweise zu erwarten, dass Kaffeesorten, die schwerpunktmäßig von älteren und konservativen Kundengruppen gekauft werden, weniger stark vom Aufkommen der Kaffeepad-Systeme betroffen sein werden als eine Kaffeemarke mit einer jungen avantgardistischen Zielgruppe.

Es wurde gezeigt, dass Panels in *inhaltlicher*, *zeitlicher* und *methodischer* Hinsicht eine umfangreiche Informationsbasis für die Früherkennung bereitstellen können, da alle relevanten Bereiche des Absatzmarktes erfasst sind, weit zurückreichende und lückenlose Daten vorliegen und differenzierte Analysen von Veränderungsprozessen möglich sind. Gerade der letzte Punkt ist von besonderer Relevanz, da das Grundprinzip der Früherkennung letztlich auf der Erfassung und Interpretation von *Veränderungen* beruht. Durch die Vielfalt des Datenangebots ist hierbei nicht nur die Feststellung punktueller Veränderungen möglich. Vielmehr können mehrere, in einem Zusammenhang stehende Früherkennungsinformationen erfasst werden, um Hinweise auf generelle und damit strategisch besonders bedeutsame Wandlungsprozesse zu gewinnen. Panels sind damit geradezu prädestiniert für den Aufbau eines auf die situativen Anforderungen zugeschnittenen Früherkennungssystems.

Im Anschluss an die Identifikation kritischer Ereignisse im Rahmen der Früherkennung müssen ihre weiteren Entwicklungspfade prognostiziert werden.[475] Erst dann lässt sich abschätzen, mit welchen Gegebenheiten das Unternehmen in Zukunft zu rechnen hat, was wiederum die Entscheidungsgrundlagen für das Defining the Business darstellt. Im Folgenden wird daher untersucht, welche Möglichkeiten bestehen, auf Paneldatenbasis *strategische Prognosen* zu erstellen.

---

[475]   Vgl. Köhler (1993), S. 56.

5 Strategische Prognosen auf Paneldatenbasis

5.1 Abgrenzung von Prognoseverfahren und ihre Relevanz für strategische Fragestellungen

Eine Prognose ist eine Vorhersage von Ereignissen bzw. Zuständen in zukünftigen Zeitpunkten.[476] Prognosen lassen sich in unterschiedlicher Weise systematisieren. Zunächst können *kurz-*, *mittel-* und *langfristige* Prognosen unterschieden werden, wobei Prognosehorizonte von einem Jahr als kurzfristig, von ein bis drei Jahren als mittel- und darüber hinausgehende als langfristig bezeichnet werden können.[477] Es ist allerdings darauf hinzuweisen, dass in der Literatur uneinheitliche und teilweise sogar überhaupt keine Abgrenzungen der Kurz-, Mittel oder Langfristigkeit zu finden sind.[478]

Eine zweite Unterscheidung bezieht sich auf den Grad der Kontrollierbarkeit von auf die zu prognostizierende Größe wirkenden Variablen. Hieraus ergibt sich eine Unterscheidung in *Entwicklungs-* und *Wirkungsprognosen.*[479] Bei Ersteren handelt es sich z.B. um Prognosen hinsichtlich neuer Konsumgewohnheiten, der Entwicklung von Marktvolumina oder -potenzialen usw.[480] Hierauf hat das Unternehmen keinen oder nur geringen Einfluss. Wirkungsprognosen hingegen dienen der Abschätzung der Konsequenzen von Marketingaktivitäten auf die Prognosegröße.[481]

Schließlich ist die Unterteilung in *quantitative* und *qualitative* Prognosen weit verbreitet, wobei auf die Datengrundlage und Methodik der Prognoseerstellung

---

[476] Vgl. Meffert/Steffenhagen (1977), S. 34.

[477] Sehr weit in die Zukunft reichende Vorhersagen werden auch als „Projektionen" bezeichnet. Vgl. Nieschlag/Dichtl/Hörschgen (2002), S. 150.

[478] Vgl. zu unterschiedlichen Zeiteinteilungen Nieschlag/Dichtl/Hörschgen (2002), S. 150; Meffert (2000), S. 173; Raffée (1985), S. 145; Schütz (1975), S. 10.

[479] Vgl. Meffert/Steffenhagen (1977), S. 36 f.

[480] Vgl. Köhler (1993), S. 10; Raffée (1985), S. 145.

[481] Vgl. Köhler (1993), S. 10.

© Springer Fachmedien Wiesbaden GmbH, ein Teil von Springer Nature 2007
K. Schütz, *Die Nutzung von Paneldaten im strategischen Marketing von Fast Moving Consumer Goods-Herstellern*, Edition KWV, https://doi.org/10.1007/978-3-658-24690-7_5

abgestellt wird.[482] Bei Ersteren kommen schwerpunktmäßig objektiv-statistische Verfahren zum Einsatz, während bei Zweiteren subjektiv-intuitive Verfahren genutzt werden.[483]

Bei der Frage, welche Eigenschaften *strategische* Prognosen aufweisen, wird in der Literatur häufig auf deren Langfristigkeit und qualitativen Charakter hingewiesen. Diese Eingrenzung ist jedoch zu eng gefasst, denn letztlich ist eine strategische Analyse ausschließlich dadurch definiert, dass mit ihrer Hilfe Sachverhalte prognostiziert werden, die für die Sicherung bestehender und den Aufbau zukünftiger Erfolgspotenziale von Bedeutung sind. Dabei ist es *völlig unerheblich*, ob dies auf eine quantitative oder qualitative Art geschieht, ein lang- oder kurzfristiger Zeithorizont vorliegt oder eine Wirkungs- oder Entwicklungsprognose erstellt wird.

Wird der zeitliche Horizont als Kategorisierungsmerkmal herangezogen, kann allerdings festgestellt werden, dass strategische Prognosen zumindest *schwerpunktmäßig* den Langfristprognosen zuzurechnen sind. Dies ergibt sich erstens daraus, dass eine *dauerhafte* Sicherung bestehender Erfolgspotenziale angestrebt wird, und zweitens daraus, dass der Aufbau zukünftiger Erfolgspotenziale (z.B. die Einführung einer neuen Produktlinie) i.Allg. *lange Entwicklungs- und Realisationszeiträume* erfordert. Nichtsdestoweniger können aber auch *kurz- bis mittelfristig orientierte* Prognosen strategischen Gehalt haben. Dies ist z.B. bei der Überwachung von Neuprodukteinführungen der Fall. Treten in diesem Zeitraum – aus welchen Gründen auch immer – Absatzprobleme auf, kann das dazu führen, dass ein eigentlich erfolgversprechendes Produkt als Flop endet. Daher ist es für das kritische Zeitintervall der Markteinführung von *strategischer* Bedeutung, über möglichst präzise kurzfristige Absatzprognosen zu verfügen. Nur dann können rechtzeitig Maßnahmen zur Abwendung eines möglicherweise nicht mehr revidierbaren Fehlstarts ergriffen werden. Daher zählt der in Kap. 5.2 vorgestellte Ansatz von *Parfitt-Collins* eindeutig zu den strategischen Prognosen.

---

[482]   Vgl. Nieschlag/Dichtl/Hörschgen (2002), S. 150.

[483]   Vgl. Töpfer (1976), S. 189 ff.; Nieschlag/Dichtl/Hörschgen (2002), S. 150.

Bezüglich der Frage nach qualitativen und quantitativen Verfahren ist festzustellen, dass im Rahmen strategischer Prognosen grundsätzlich beide Verfahren Anwendung finden. In vielen Fällen sind jedoch qualitative Verfahren besser geeignet. Der Grund hierfür liegt darin, dass quantitativen Prognosemodellen zum Zeitpunkt der Prognoseerstellung immer bestimmte Annahmen über Gesetzmäßigkeiten zugrunde liegen, die auch in der Zukunft gelten müssen.[484] In diesem Zusammenhang spricht man von der *Zeitstabilitätshypothese*.[485] Ist diese Bedingung nicht erfüllt, sind die Ergebnisse auch noch so (mathematisch) anspruchsvoller quantitativer Prognosemodelle wertlos. Da aber gerade bei Prognosen *langfristiger* Entwicklungen davon auszugehen ist, dass die zugrunde gelegten Gesetzmäßigkeiten nur in seltenen Fällen eine solche dauerhafte Gültigkeit besitzen, müssen quantitative Verfahren für die Langfristprognose i.Allg. als ungeeignet angesehen werden. Die einzige Ausnahme bildet die im Folgenden noch zu behandelnde *Kohortenanalyse*. Hierbei ist allerdings anzumerken, dass auch bei dieser Analyse i.Allg. eine zusätzliche Unterstützung durch subjektiv-intuitive Einschätzungen nötig ist, um zu verwertbaren Aussagen zu gelangen. Dies zeigt im Übrigen, dass sich qualitative und quantitative Prognoseverfahren nicht gegenseitig ausschließen, sondern vielmehr ergänzen.[486]

Strategische Prognosen treten schließlich in den meisten Fällen als *Entwicklungsprognosen* auf, die insbesondere als Grundlage für längerfristige Überlegungen zur Marktauswahl – also den Kern der strategischen Marketing-Planung – dienen.[487] Wirkungsprognosen hingegen werden im Marketing schwerpunktmäßig bei der Überprüfung des Erfolges konkreter, eher kurzfristig orientierter Marketing-Mix-Maßnahmen eingesetzt.[488] Sollen langfristige Auswirkungen der unternehmerischen Tätigkeit abgeschätzt werden, kommen im Rahmen des

---

484 Vgl. Berekoven/Eckert/Ellenrieder (2004), S. 254 ff.
485 Vgl. Hansmann (1995), Sp. 2172.
486 Vgl. Nieschlag/Dichtl/Hörschgen (2002), S. 151; Becker (2001), S. 407.
487 Vgl. Köhler (1993), S. 10.
488 Vgl. Köhler (1993), S. 10; Kreilkamp (1987), S. 249.

Marketing-Assessment qualitative Verfahren wie morphologische Tableaus oder Cross-Impact-Matrizen zum Einsatz.[489]

In den folgenden Ausführungen wird dargestellt, inwieweit der Parfitt-Collins-Ansatz, der im kurzen, aber strategisch kritischen Zeitintervall der Markteinführung eingesetzt wird, mit Paneldaten unterstützt werden kann. Danach wird gezeigt, dass unter bestimmten, allerdings sehr restriktiven Bedingungen auf der Kundenstrukturanalyse aufbauende längerfristige Prognosen zukünftiger Marktpotenziale möglich sind, und abschließend werden die Möglichkeiten diskutiert, mit Hilfe von Kohortenanalysen sehr weit in die Zukunft reichende Marktentwicklungen zu prognostizieren.

5.2 Kurz- bis mittelfristige Absatzprognosen mittels des Parfitt-Collins-Ansatzes

Im Rahmen des Ansatzes von *Parfitt* und *Collins* soll der zukünftige Marktanteil eines neu eingeführten Produktes prognostiziert werden,[490] wobei in der Literatur häufig der Hinweis zu finden ist, dass es sich hierbei um den *langfristig* zu erwartenden Marktanteil handle.[491] Definiert man unter „langfristig" einen Zeitraum von vier Jahren und mehr, dürfte dieser Anspruch jedoch ziemlich unrealistisch sein. Es geht vielmehr um die kurz- bis mittelfristige Überwachung des Einführungserfolges eines Neuproduktes, damit es sich in diesem kritischen Zeitraum so am Markt etablieren kann, dass überhaupt die Möglichkeit besteht, langfristig zufrieden stellende Marktanteile zu erzielen.

Im Rahmen des Parfitt-Collins-Ansatzes werden drei Größen herangezogen, die während der Markteinführung laufend überwacht werden.[492] Die erste Größe ist die *Penetration*. Sie zeigt, wie viele Haushalte das Neuprodukt A in einem bestimmten Zeitintervall mindestens einmal gekauft haben. Dazu werden die ku-

---

[489] Vgl. Köller (1995), Sp. 1528. Vgl. ausführlich zu diesen Verfahren Köller (1992), S. 141 ff.

[490] Vgl. Berekoven/Eckert/Ellenrieder (2004), S. 260.

[491] Vgl. z.B. Hammann/Erichson (2000), S. 465.

[492] Vgl. Parfitt/Collins (1968), S. 131 ff.

mulierten Erstkäufer periodenweise in Bezug zum potenziellen Käuferkreis der Warengruppe gesetzt.[493] In der folgenden Abbildung wächst der Penetrations-grad zunächst recht stark an und stabilisiert sich dann auf einem Niveau von ca. 21 %.

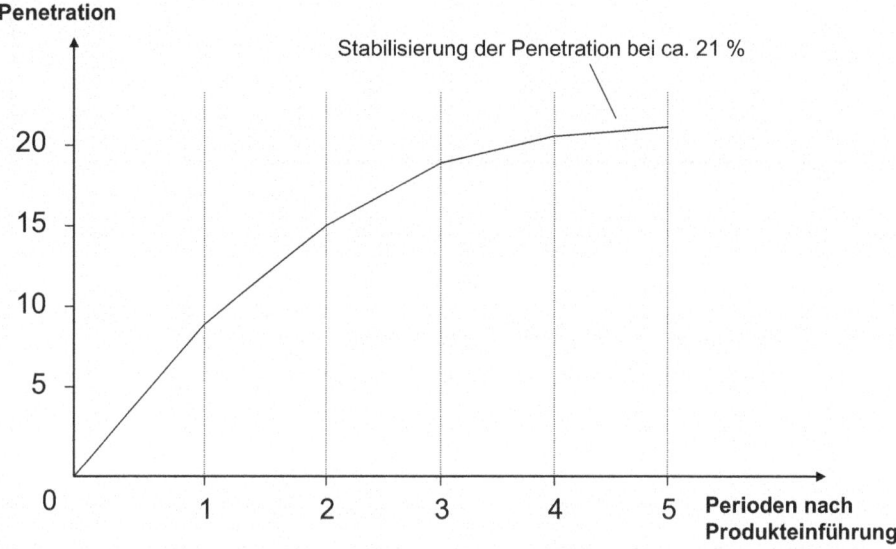

Penetration

Stabilisierung der Penetration bei ca. 21 %

Abb. 42: **Entwicklung der Penetration eines Neuproduktes A**
(Quelle: eigene Darstellung)

Während die Penetration Auskunft über die Fähigkeit eines Produktes gibt, neue Käufer zu gewinnen, zeigt die zweite Größe des Parfitt-Collins-Ansatzes, die *Wiederkaufrate*, wie gut einmal gewonnene Käufer an das Produkt gebunden werden konnten. Dafür muss das *individuelle* Wiederkaufverhalten der Haushal-te gemessen und in den auf den Erstkauf folgenden Perioden ausgewiesen wer-den. Die Vorgehensweise ist in der folgenden Abbildung dargestellt. Fett ge-druckt ist dabei der jeweilige Erstkauf von A in einer bestimmten Periode.

---

[493] Vgl. Parfitt/Collins (1968), S. 132.

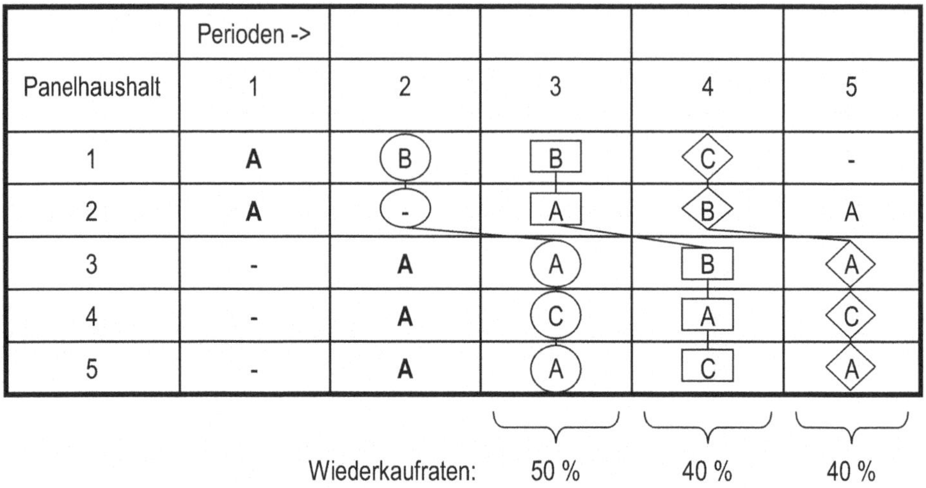

Panelhaushalt	Perioden -> 1	2	3	4	5
1	A	(B)	[B]	◇C◇	-
2	A	(-)	[A]	◇B◇	A
3	-	A	(A)	[B]	◇A◇
4	-	A	(C)	[A]	◇C◇
5	-	A	(A)	[C]	◇A◇

Wiederkaufraten: 50 %   40 %   40 %

Abb. 43: **Berechnung des Wiederkaufverhaltens seit dem Erstkauf (Quelle: in Anlehnung an Günther/Vossebein/Wildner (1998), S. 245)**

In der ersten auf den jeweiligen *Erstkauf* folgenden Periode (dies sind für die Panelhaushalte 1 und 2 die Periode 2 und für die Panelhaushalte 3, 4 und 5 die Periode 3) wurden B, A, C und A gekauft.[494] Das entspricht einer Wiederkaufrate von 50 %. In der zweiten Periode seit dem Erstkauf wurde B, A, B, A und C gekauft, d.h. die Wiederkaufrate sinkt auf 40 %. Dieser Wert bleibt in der dritten Periode seit dem Erstkauf stabil.

Die dritte Größe, die zur Marktanteilsabschätzung herangezogen wird, ist der *Intensitätsfaktor*, der ausdrückt, in welchem Maße das Produkt eher von Intensiv-, Normal- oder Extensivverwendern gekauft wird. Diese Größe, die sich aus der Prozentuierung der durchschnittlichen Kaufmenge von Käufern des Neuproduktes in der Warengruppe auf die durchschnittliche Kaufmenge aller Warengruppenkäufer ergibt,[495] kann also als Maß für die Qualität der erreichten Nachfrager interpretiert werden. Kaufen beispielsweise die Nachfrager der Marke A

---

[494] Panelmitglied 2 wird hier außer Acht gelassen, da in der entsprechenden Periode *kein* Kauf stattfand.

[495] Vgl. Hammann/Erichson (2000), S. 467.

im beobachteten Zeitraum durchschnittlich sechs Einheiten des Produktes, die durchschnittliche Kaufmenge in der entsprechenden Warengruppe liegt aber nur bei fünf Einheiten, ergäbe sich ein Intensitätsfaktor von 1,2.

Die im Einführungszeitraum kontinuierlich ermittelten Ausprägungen der drei Größen bilden dann die Grundlage für die Prognose des Marktanteils. Dabei wird ausgenutzt, dass sich die Werte i.Allg. schon nach wenigen Perioden stabilisieren.[496] Der zu erwartende Marktanteil ergibt sich aus der multiplikativen Verknüpfung der drei Komponenten. Liegt wie im obigen Beispiel die Penetration des Neuproduktes A bei 21 %, die Wiederkaufrate bei 40 % und der Intensitätsfaktor bei 1,2, ergäbe sich ein zu erwartender Marktanteil von ca. 10 % (0,21 x 0,4 x 1,2 = 0,1008).

Die Vorteile des Parfitt-Collins-Ansatzes liegen in der Disaggregation der Marktanteilsentwicklung und der guten Interpretierbarkeit der Teilkomponenten. Es macht nämlich einen Unterschied, ob „ein bestimmter Marktanteil v.a. auf einen hohen Anteil von Laufkunden, einen hohen Anteil von Stammkunden oder/und auf besonders viele Intensivkäufer zurückzuführen ist."[497] Problematische Entwicklungen in Bezug auf einzelne Zielgrößen, die einem angestrebten Marktanteil entgegenstehen, können so frühzeitig identifiziert werden.

Darüber hinaus kann das Modell auf der Basis von Paneldaten erweitert werden. Es besteht die Möglichkeit, die drei Modellkomponenten differenziert nach unterschiedlichen Käufersegmenten zu erfassen. So hat sich beispielsweise empirisch gezeigt, dass die Bedarfsdeckungsrate der *frühen* Erstkäufer i.Allg. höher ist als die der *späten* Erstkäufer.[498] So kann der Erstkaufzeitpunkt als Prädiktorvariable in die Berechnung der zu erwartenden Bedarfsdeckungsrate mit einbezogen werden, um zu einer besseren Marktanteilprognose zu gelangen.

---

[496]   Vgl. Parfitt (1986), S. 225 f.; Günther/Vossebein/Wildner (1998), S. 246.

[497]   Böcker/Hansmann (2001), S. 1248.

[498]   Vgl. Parfitt (1986), S. 226. Dies lässt sich dadurch erklären, dass diejenigen, deren Bedürfnisse das neue Produkt am besten erfüllt, dieses auch zuerst und am treuesten kaufen. Vgl. Hammann/Erichson (2000), S. 469.

5.3 Langfristprognosen

5.3.1 Altersbezogene Prognosen

Bei den *altersbezogenen* Prognosen handelt es sich eigentlich um einen Spezial-
fall der im folgenden Kapitel zu diskutierenden Kohortenanalyse. Einer separa-
ten Diskussion soll aber dennoch Raum gegeben werden, da zu vermuten ist,
dass diese Form der Prognose insbesondere in der Praxis häufig naiv angewendet wird und in Fällen Verwendung findet, in denen sie gar nicht zulässig ist.
Dies kann zu erheblichen Fehlschlüssen führen. Im Folgenden wird daher gezeigt, unter welchen Bedingungen altersbezogene Prognosen nur zulässig sind.

Das *Kernproblem* von längerfristigen Prognosen stellt die Zeitstabilitätshypothese dar. Kann nämlich für Zusammenhänge, die bei der Prognoseerstellung
zugrunde gelegt werden, *nicht* angenommen werden, dass sie im gesamten
Prognosezeitraum Gültigkeit haben, ist eine Prognoseerstellung im Prinzip wertlos. Langfristprognosen können damit nur auf der Grundlage solcher Zusammenhänge erstellt werden, bei denen plausiblerweise ein Mindestmaß an Zeitstabilität unterstellt werden kann. Eine geringe Zeitinstabilität alleine ist aber
noch nicht hinreichend für verwertbare Prognosen im strategischen Marketing.
Zusätzlich muss der zugrunde gelegte Zusammenhang auch *relevant* für die Beurteilung und Auswahl zukünftiger Betätigungsbereiche sein. Nur wenn beide
Voraussetzungen erfüllt sind, macht die Erstellung einer Prognose Sinn. Offen
ist damit die Frage, *welche* Zusammenhänge dann noch zugrunde gelegt werden
können.

Über lange Zeiträume lassen sich weder das Verhalten von Wettbewerbern noch
die politisch-rechtlichen Verhältnisse noch die Umsetzung technologischer Entwicklungen usw. prognostizieren, da sie einer unüberschaubaren Zahl von Einflussfaktoren unterliegen. Die einzige Entwicklung, die mit relativ großer Si-
cherheit abgeschätzt werden kann, ist die *demografische Entwicklung der Bevölkerung*.[499] Dies liegt u.a. daran, dass die anzahlmäßige Besetzung bestimmter

---

[499]   Vgl. Reynolds/Rentz (1981), S. 62; Wimmer/Weßner (1990), S. 176.

Altersklassen in der Zukunft schon heute weit gehend feststeht.[500] Wenn man nun davon ausgeht, dass sich bestimmte Bedürfnisse *grundsätzlich* in Abhängigkeit vom Alter ändern, hier also eine entsprechende Zeitstabilität unterstellt werden kann, lässt sich über die Altersentwicklung der Bevölkerung und die damit i.Allg. einhergehenden soziodemografischen Veränderungen wie die Veränderung des Anteils der Berufstätigen, der Haushaltskonstellationen oder auch der Einkommensverhältnisse[501] auf zukünftige Bedürfnisstrukturen schließen.[502] Hierbei ist allerdings strengstens darauf zu achten, dass Aussagen über zukünftige Absatzpotenziale *nur dann* gemacht werden, wenn ein eindeutiger und auch theoretisch begründbarer Zusammenhang zwischen der Nachfrage und den zugrunde gelegten demografischen Variablen besteht. Somit sind hierauf basierende Prognosen nur für einen eher *engen* Produktbereich einsetzbar.

Liegen die genannten Bedingungen vor, kann man auf Basis der derzeitigen Kundenstrukturen abschätzen, inwieweit *bestehende Erfolgspotenziale* gesichert oder gefährdet sind. Hierzu wird, aufbauend auf den Ergebnissen der Kundenstrukturanalyse, überprüft, welche demografische Struktur die eigene Kundschaft aufweist. Dies kann je nach Bedarf differenziert nach Produkten, Warengruppen usw. erfolgen. Dann werden die ermittelten Strukturen den zu erwartenden Entwicklungen der entsprechenden demografischen Variablen gegenübergestellt,[503] so dass erkennbar wird, ob bisherige Erfolgspotenziale möglicherweise schon allein aufgrund einer sich wandelnden Demografie in sich zusammenschmelzen könnten.[504] Bei der Suche nach *neuen Erfolgspotenzialen* wird unabhängig von der aktuellen Kundenstruktur analysiert, welche demogra-

---

[500] Vgl. Peiser (1991), S. 49.

[501] Vgl. hierzu das Konzept des Familienlebenszyklus bei Müller-Hagedorn (2001), S. 466 ff. Allerdings ist hierbei zu berücksichtigen, dass sich der Zusammenhang zwischen dem Alter und anderen demografischen Größen (beispielsweise dem Einkommen im Rentenalter) im Laufe der Zeit verändern kann, was die Unterstellung der Zeitstabilität für den Zusammenhang zwischen Alter und anderen (sozio-)demografischen Variablen wieder in Frage stellt.

[502] Vgl. McCann/Reibstein (1985), S. 422; Meffert/Steffenhagen (1977), S. 79.

[503] Die hierzu notwendigen Daten der Bevölkerungsentwicklung können z.B. den amtlichen Statistiken entnommen werden. Vgl. Hüttner (1986), S. 324.

[504] Vgl. hierzu McCann/Reibstein (1985), S. 417.

fischen Bereiche zukünftig das größte Wachstum aufweisen, um Hinweise auf Marktpotenziale zu erlangen.

Beispiele für strategische Umorientierungen unter dem Eindruck einer sich wandelnden Demografie sind in jüngster Zeit immer häufiger zu beobachten. Für Baby-Öl werden beispielsweise Werbekampagnen durchgeführt, in denen darauf hingewiesen wird, dass das Öl nicht nur für die empfindliche, samtweiche Haut von Babys geeignet sei, sondern gerade die Mutter des Kindes das Öl nutzen sollte, um eine ähnlich zarte Haut zu bekommen. Ein weiteres Beispiel stellt die Kampagne eines bekannten Babynahrungsherstellers dar, in der auf die magenschonenden Eigenschaften der Nahrung hingewiesen wurde, und sie daher neben Kleinkindern insbesondere für *ältere* Menschen geeignet sei. Das letzte Beispiel ist besonders interessant, da hier ein Nutzentransfer von einer stark schrumpfenden zu einer stark wachsenden Gruppe über eine sehr große Altersdifferenz hinweg vollzogen wird. Solche demografisch induzierten Repositionierungen sind in Zukunft in weiteren Bereichen zu erwarten.

Abschließend sei aber nochmals darauf hingewiesen, dass die angesprochenen Prognosen *ausschließlich* für Leistungsangebote durchgeführt werden können, bei denen ein begründeter und auch in der Zukunft höchstwahrscheinlich stabiler Zusammenhang zwischen erklärender Variable und Nachfrageverhalten unterstellt werden kann wie beispielsweise bei Baby- oder Altersprodukten. Prognosen, bei denen diese Voraussetzungen nicht erfüllt sind, sollten hingegen *unter keinen Umständen* auf der alleinigen Basis zu erwartender Alterungsprozesse durchgeführt werden.[505] Auch wenn diese Erkenntnis fast schon banal erscheint, ist die hier geführte Diskussion insbesondere vor dem Hintergrund der häufig gewählten Vorgehensweise relevant, die Ergebnisse von Querschnittsuntersuchungen des gegenwärtigen Nachfrageverhaltens unterschiedlicher Altersklassen ohne weitere Überlegungen in die Zukunft zu übertragen,[506] um dann über die zukünftige demografische Struktur der Bevölkerung zu *scheinbar* guten

---

[505]   Vgl. Rentz/Reynolds (1991), S. 355.
[506]   Vgl. Wimmer/Weßner (2001), S. 779; Hüttner (1986), S. 313.

Prognosen zukünftiger Marktpotenziale zu gelangen.[507] Die Ergebnisse solcher Analysen sind aber *potenziell falsch*, da die aktuell gemessenen Differenzen zwischen den Altersgruppen nicht zwangsläufig auf das Alter an sich zurückzuführen sind, sondern ebenso der Tatsache geschuldet sein können, dass die verschiedenen Altersklassen (zwangsläufig) unterschiedlichen Generationen angehören, die spezifische Verhaltensweisen aufweisen.[508] In diesem Fall spricht man von *Kohorteneffekten*, die nur im Rahmen des im Folgenden zu besprechenden speziell angelegten Untersuchungsdesigns, der Kohortenanalyse, ermittelt werden können.

5.3.2 Kohortenanalytische Prognosen auf der Basis von Paneldaten

Es wurde gezeigt, dass eine rein auf Alterseffekte abstellende Prognose nur dann durchgeführt werden darf, wenn das Lebensalter der entscheidende Faktor für das Nachfrageverhalten ist. Damit wird der prognostizierbare Objektbereich erheblich eingeschränkt. Die *Kohortenanalyse* hingegen stellt eine Analysemethode dar, auf deren Grundlage Langfristprognosen *ohne Einschränkungen dieser Art* erstellt werden können. Im Folgenden wird zunächst das Grundprinzip der Kohortenanalyse vorgestellt und dann gezeigt, inwieweit kohortenanalytisch fundierte Prognosen auf der Basis von Paneldaten erstellt werden können.

5.3.2.1 Allgemeine Darstellung der Kohortenanalyse

5.3.2.1.1 Alters-, Kohorten- und Periodeneffekte als Ursachen von Veränderungen in Populationen

Die Kohortenanalyse ist eine theoretisch begründete Methode, mit deren Hilfe zeitliche Veränderungen in Populationen untersucht werden können.[509] Das *retrospektive* Ziel der Kohortenanalyse besteht darin, vergangene Marktentwicklungen über die Beobachtung des Verhaltens von Nachfragerpopulationen hin-

---

[507]   Vgl. Rentz/Reynolds/Stout (1983), S. 12 f.

[508]   Vgl. Hüttner/Schwarting (2002), S. 229; Peiser (1991), S. 46.

[509]   Vgl. Wimmer (1995), Sp. 1154.

sichtlich grundsätzlich zeitabhängiger Ursachen und Gesetzmäßigkeiten zu analysieren. Dadurch wird in *prospektiver* Hinsicht die Möglichkeit geschaffen, eine *ursachenbasierte* Erstellung von Langfristprognosen der Nachfrager- bzw. Marktentwicklung durchzuführen.[510] Die Kohortenanalyse basiert auf der Annahme, dass das Verhalten von Nachfragern im Zeitverlauf grundsätzlich auf *drei unterschiedliche Einflussgrößen* zurückzuführen ist: auf *altersspezifische Faktoren*, auf *Umwelteinflüsse* und auf die *Zugehörigkeit zu einer bestimmten Generation*, die im Folgenden als *Kohorte* bezeichnet wird. Zusammenfassend wird von Alters-, Perioden- und Kohorteneffekten gesprochen.[511]

Alterseffekte entstehen dadurch, dass die Mitglieder einer Nachfragepopulation einen natürlichen Alterungsprozess durchlaufen, mit dem i.Allg. auch das Nachfrageverhalten beeinflussende Veränderungsprozesse einhergehen. Die Ursachen hierfür liegen zum einen in altersbedingten *inneren Veränderungen*, welche sich in physisch-biologischer Hinsicht z.B. in einem sich wandelnden Ernährungsverhalten und in psychologischer Hinsicht in sich wandelnden Einstellungen widerspiegeln. Zum anderen treten *äußere Veränderungen* mit dem Altern auf, die sich primär in einem Wandel der Haushaltskonstellationen, aber auch der Einkommensverhältnisse usw. manifestieren.[512] Ausschließlich solche Alterseffekte lagen den im vorigen Kapitel angestellten Überlegungen zugrunde.

Neben Alterseffekten existieren *Kohorteneffekte*. Eine Kohorte ist ein „aggregate of individuals [...] who experienced the same event within the same time interval"[513]. Bei Kohortenanalysen werden i.Allg. *Geburtskohorten* betrachtet, d.h. solche, deren Mitglieder alle im gleichen Zeitintervall geboren wurden. Nur mit ihnen können unterschiedliche Generationen und ihr spezifisches Verhalten erfasst werden. Solche Geburtskohorten liegen den folgenden Ausführungen zugrunde.

---

[510] Vgl. Wimmer/Weßner (2001), S. 777 f.
[511] Vgl. Weßner (1989), S. 63 ff. ; v. Ahsen (1990), S. 224.
[512] Vgl. Wimmer/Weßner (1990), S. 170; Reynolds/Rentz (1981), S. 66.
[513] Ryder (1965), S. 845.

Unterschiedliche Kohorten erleben aufgrund ihres Altersunterschiedes sowohl *andere* Umweltzustände/Ereignisse, weil die einen Kohorten früher geboren sind als die anderen, als auch die *gleichen* Umweltzustände/Ereignisse in *unterschiedlichen Lebensabschnitten*. Jede Kohorte wird also in einem unterschiedlichen Alter mit bestimmten Sozialisationsbedingungen konfrontiert, was zu einer *dauerhaft unterschiedlichen Prägung* der einzelnen Kohorten führt: „Each new cohort makes fresh contact with the contemporary social heritage and carries the impress of the encounter through life."[514] Bei der Entstehung solcher Kohorteneffekte kommt der Adoleszenzphase eine besondere Bedeutung zu, da ihr eine besonders große Prägungsstärke bei der Ausbildung kohortenspezifischer Einstellungen, Werte usw. zugesprochen wird.[515] So unterscheiden sich die heutigen Senioren von den Senioren vor 20 Jahren, da sie in einer anderen Zeit aufgewachsen sind und unterschiedliche, kohortenspezifische Konsumstile entwickelt haben.[516] Dieser Zusammenhang wird später für die kohortenanalytisch fundierte Prognoseerstellung von zentraler Bedeutung sein.

Der dritte Einflussfaktor des Nachfrageverhaltens sind *Periodeneffekte*. Sie entstehen, wenn „Ereignisse oder Entwicklungen in bestimmten historischen Perioden alle Kohorten unabhängig von der Lebenszyklusphase, in der sie sich befinden, in gleicher Weise betreffen."[517] Die Ursachen für Periodeneffekte können der technische Fortschritt, anbieterseitige Marketingmaßnahmen, sich wandelnde gesamtwirtschaftliche Rahmenbedingungen usw. sein.[518] Diese Effekte wirken auf alle Bevölkerungsgruppen gleich und sind damit *altersunabhängig*.[519]

Zusammenfassend kann festgehalten werden, dass die Entwicklung von Populationen zum einen von Faktoren abhängt, die sich systematisch und zwangsläufig mit der Zeit verändern – dies sind Alters- und Kohorteneffekte – und zum ande-

---

[514] Ryder (1965), S. 844. Vgl. auch Schewe/Noble (2000), S. 131 f.; Müller (1978), S. 56.

[515] Vgl. hierzu die Untersuchung von Schuman/Scott (1989) sowie Peiser (1991) S. 19; Weßner (1989), S. 68 f. sowie dort die weiteren Ausführungen auf S. 138 ff.

[516] Vgl. Wimmer/Weßner (1990), S. 171.

[517] Müller (1978), S. 56.

[518] Vgl. Weßner (1989), S. 63 f.

[519] Vgl. Wimmer (1995), Sp. 1156.

ren von Faktoren beeinflusst wird, die zufällig, d.h. ohne systematischen Zusammenhang mit der Zeit auftreten – dies sind Periodeneffekte.[520] Auch diese Unterscheidung ist für die spätere Prognoseerstellung von großer Bedeutung.

5.3.2.1.2 Die Erfassung von Alters-, Kohorten- und Periodeneffekten in der Standardkohortentabelle

Um die Veränderungen von Populationen im Zeitablauf auf die genannten Effekten zurückführen zu können, müssen zwei Bedingungen von der zugrunde liegende Datenbasis erfüllt werden: Erstens muss man die Unterschiede in der abhängigen Variablen der einzelnen Kohorten *im Längsschnitt* verfolgen können, um die Veränderung ihres Verhaltens im Zeitablauf zu erfassen. Und zweitens müssen die Unterschiede zwischen einzelnen *Altersgruppen* zu unterschiedlichen Zeitpunkten im *Querschnitt* ermittelbar sein, um feststellen zu können, inwieweit sich die heute 20-jährigen von denen des Jahres 1980 unterscheiden. Um dies zu ermöglichen, werden die Ausprägungen der abhängigen Variablen, z.B. des Kaufverhaltens, in der gemäß Abb. 44 dargestellten „Standardkohortentabelle" erfasst.[521] Dabei ist darauf zu achten, dass die Intervallbreite der Altersklassen und die Abstände der Messzeitpunkte *gleich groß* sind, denn nur dann können die Entwicklungen der Kohorten in den Diagonalen der Standardkohortentabelle im Zeitablauf überschneidungsfrei verfolgt werden.[522]

---

[520]   Vgl. Wimmer/Weßner (1990), S. 170.

[521]   Vgl. Glenn (1977), S. 10. Die *Standardkohortentabelle* stellt das klassische und am weitesten verbreitete Design für Kohortenanalysen dar. Vgl. Peiser (1991), S. 23; Wimmer/Weßner (2001), S. 778. Auf alternative Untersuchungsanordnungen im Rahmen von Kohortenanalysen soll hier nicht weiter eingegangen werden. Vgl. zu diesen Kaas (1982), S. 241 ff. und die dort angegebene Literatur.

[522]   Vgl. Glenn (1977), S. 10; Wimmer (1995), Sp. 1157; Peiser (1991), S. 37.

Alter ＼ Jahr	P_1 (1970)	P_2 (1980)	P_3 (1990)	P_4 (2000)	
A_1 (10-19)	11	16	19	27	Kohorte
A_2 (20-29)	17	22	24	31	K_8
A_3 (30-39)	26	40	45	50	K_7
A_4 (40-49)	38	46	54	63	K_6
A_5 (50-59)	50	53	60	69	K_5
					K_4
					K_3
					K_2
					K_1

Kohorte:	Jahrgang:
K_8	1981-1990
K_7	1971-1980
K_6	1961-1970
K_5	1951-1960
K_4	1941-1950
K_3	1931-1940
K_2	1921-1930
K_1	1911-1920

A_i : Altersklassen

K_i : Kohorten

P_i : Perioden

Abb. 44: **Standardkohortentabelle mit hypothetischen Daten zur Käuferreichweite (in %)**
(Quelle: in Anlehnung an Peiser (1991), S. 23)

Auf der Grundlage einer solchen Standardkohortentabelle sind grundsätzlich drei Typen von Untersuchungen realisierbar,[523] die in der folgenden Abbildung zusammengefasst sind:

---

[523] Vgl. Wimmer/Weßner (1990), S. 172 f.

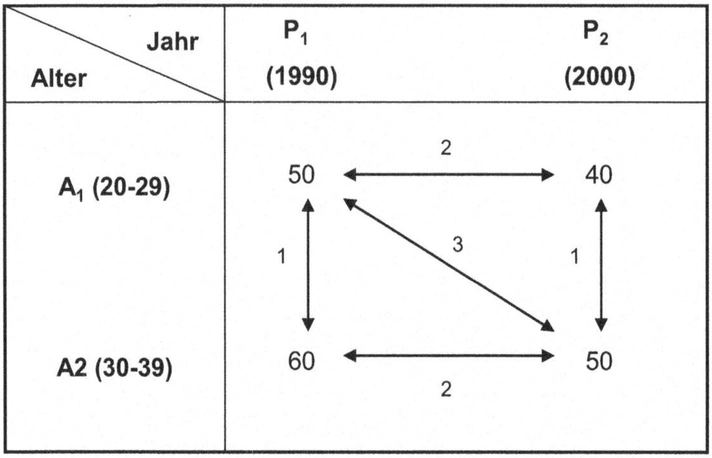

Alter \ Jahr	P$_1$ (1990)	P$_2$ (2000)
A$_1$ (20-29)	50	40
A2 (30-39)	60	50

Bildhafte Darstellung mit Pfeilen:
A$_1$ P$_1$ (50) ↔ A$_1$ P$_2$ (40) [Pfeil 2]
A$_1$ P$_1$ (50) ↕ A2 P$_1$ (60) [Pfeil 1]
A$_1$ P$_2$ (40) ↕ A2 P$_2$ (50) [Pfeil 1]
A$_1$ P$_1$ → A2 P$_2$ (diagonal) [Pfeil 3]
A2 P$_1$ (60) ↔ A2 P$_2$ (50) [Pfeil 2]

1 : Querschnittsanalysen

2 : Zeitwandelanalysen

3 : Längsschnittanalysen

Abb. 45: **Realisierbare Messungen im Rahmen des Kohortendesigns (Quelle: Wimmer/Weßner (1990), S. 173)**

(1) Querschnittsanalysen

Dies sind die in der Marktforschung häufig anzutreffenden Analysen, bei der die abhängige Variable zu einem bestimmten Zeitpunkt bei unterschiedlichen Altersklassen erhoben wird. Ergeben sich bei solchen Messungen Unterschiede zwischen den Altersklassen, werden diese wie oben schon angesprochen häufig *im Sinne eines reinen Alterseffekts* interpretiert und als Grundlage für prognostische Aussagen herangezogen. Wie jedoch schon angedeutet wurde, kann den Differenzen in den Ausprägungen der abhängigen Variablen auch ein *Kohorteneffekt* zugrunde liegen, was zu *gänzlich* anderen Prognosen führen kann. Dies soll an einem Beispiel verdeutlicht werden.

Angenommen die Nachfrage stellt sich für ein Produkt in einem bestimmten Jahr wie folgt dar:

20 – 29 Jahre	100 Einheiten
30 – 39 Jahre	80 Einheiten
40 – 49 Jahre	60 Einheiten

Es läge nun die Interpretation nahe, dass der Konsum des Produktes mit zunehmendem Alter zurückgehe. Um zu einer Prognose zukünftiger Nachfragepotenziale zu gelangen, würde daher die im Querschnitt gemessene Pro-Kopf-Nachfrage pro Altersklasse mit der zukünftigen Besetzung der jeweiligen Altersgruppen multipliziert.[524] Dies ist grundsätzlich jedoch nicht zulässig, da dies einen *reinen Alterseffekt* unterstellt. Es ist jedoch ebenso möglich, dass die gemessenen Unterschiede auf *Kohorteneffekte* zurückzuführen sind,[525] denn die drei Altersgruppen gehören alle unterschiedlichen Generationen an. In diesem Fall würde sich eine andere Prognose des zukünftigen Nachfragepotenzials ergeben. *Dann* nämlich (bei einem *reinen* Kohorteneffekt) würden die z.B. heute 20- bis 29-jährigen in 30 Jahren, d.h. als 50- bis 59-jährige, statt 60 Einheiten 100 Einheiten konsumieren.

Das heißt, alle im Rahmen von Querschnittsmessungen festgestellten Differenzen können das Resultat von Alterseffekten *und/oder* Kohorteneffekten sein.

(2) Zeitwandelanalysen

Hierbei werden die Werte der abhängigen Variablen für jede Altersklasse zu unterschiedlichen Zeitpunkten gemessen und einander gegenübergestellt: Die Messwerte für die Altersgruppen der 20- bis 29-jährigen und der 30- bis 39-jährigen im Jahre 1990 werden jeweils mit den Messwerten für die gleichen Altersgruppen des Jahres 2000 verglichen, d.h. es liegt eine wiederholte Querschnittsuntersuchung vor. Auch hierbei kann die Variation der Messwerte auf *zwei Effekte* zurückzuführen sein: Erstens können Periodeneffekte vorliegen, da

---

[524] Vgl. Reynolds/Rentz (1981), S. 63.
[525] Vgl. Hüttner (1986), S. 313.

ja zu unterschiedlichen Zeitpunkten gemessen wird und sich zwischenzeitliche Umweltereignisse in den Werten niedergeschlagen haben können. Zweitens können aber auch Kohorteneffekte die abhängige Variable beeinflussen, denn zu den jeweiligen Messzeitpunkten gehören ja die Mitglieder der beiden Altersgruppen unterschiedlichen Kohorten an.

(3) Längsschnittanalysen

Hierbei handelt es sich schließlich um Messwiederholungen im Zeitablauf bei den *gleichen* Kohorten. So wird beispielsweise bei der Altersgruppe der 20- bis 29-jährigen im Jahre 1990 die Nachfrage nach einem Produkt festgestellt und diese mit der Nachfrage der im Jahre 2000 dann 30- bis 39-jährigen verglichen. Die zutage tretenden Unterschiede können auch hier wieder zwei Ursachen haben. Zum einen kann ein *Alterseffekt* vorliegen, da die Kohorte in der Zwischenzeit gealtert ist, und zum anderen kann ein *Periodeneffekt* gewirkt haben, da die Messungen zu verschiedenen Zeitpunkten erfolgen.

Mittels einer Standardkohortentabelle können die unterschiedlichen Effekte veranschaulicht werden. In den folgenden Abbildungen sind dafür anhand hypothetischer Daten idealtypisch *reine Alters-, Perioden* und *Kohorteneffekte* dargestellt.[526] In Abb. 46 variiert die abhängige Variable nur mit dem Alter, in Abb. 47 nur mit der Periode und in Abb. 48 nur mit der Kohorte.

---

[526] Im Gegensatz hierzu zeigt Abb. 44 eine Standardkohortentabelle, bei der die Ausprägungen der abhängigen Variablen das Resultat mehrerer *konfundierter* Effekte sind. Vgl. zu diesem sog. „Konfundierungsproblem" das folgende Kap. 5.3.2.1.3.

Alter \ Jahr	P₁ (1970)	P₂ (1980)	P₃ (1990)	P₄ (2000)
A₁ (10-19)	40	40	40	40
A₂ (20-29)	45	45	45	45
A₃ (30-39)	50	50	50	50
A₄ (40-49)	55	55	55	55
A₅ (50-59)	60	60	60	60

Abb. 46: Reiner Alterseffekt
(Quelle: in Anlehnung an Peiser (1991), S. 26)

Alter \ Jahr	P₁ (1970)	P₂ (1980)	P₃ (1990)	P₄ (2000)
A₁ (10-19)	70	60	50	40
A₂ (20-29)	70	60	50	40
A₃ (30-39)	70	60	50	40
A₄ (40-49)	70	60	50	40
A₅ (50-59)	70	60	50	40

Abb. 47: Reiner Periodeneffekt
(Quelle: in Anlehnung an Peiser (1991), S. 27)

Alter \\ Jahr	P₁ (1970)	P₂ (1980)	P₃ (1990)	P₄ (2000)
A₁ (10-19)	50	40	30	20
A₂ (20-29)	60	50	40	30
A₃ (30-39)	70	60	50	40
A₄ (40-49)	80	70	60	50
A₅ (50-59)	90	80	70	60

Abb. 48: Reiner Kohorteneffekt
(Quelle: in Anlehnung an Peiser (1991), S. 27)

5.3.2.1.3 Die Konfundierungsproblematik der Kohortenanalyse und Ansätze zu deren Lösung

In den vorangegangenen Ausführungen ist deutlich geworden, dass Unterschiede in den Werten der abhängigen Variablen *immer* auf zwei Ursachen zurückgeführt werden können.[527] Diesen Sachverhalt bezeichnet man auch als *Konfundierungs-* oder *Identifikationsproblem* der Kohortenanalyse.[528] Dieses Problem ergibt sich zwingend aus der linearen Abhängigkeit der Variablen untereinander, denn es gilt:[529]

$$A = P - K$$

mit: A = Alter

K = Kohorte

P = Periode

Bezug nehmend auf die Standardkohortentabelle in Abb. 44 bedeutet dies, dass beispielsweise mit der Betrachtung der Kohorte 6 (Jahrgang 1961 – 1970) in der

---

[527] Vgl. Glenn (1977), S. 51.
[528] Vgl. Peiser (1991), S. 29; Wimmer/Weßner (1990), S. 173.
[529] Vgl. Wimmer (1995), Sp. 1160.

Periode 4 (Jahr 2000) *zwangsläufig* festliegt, um welche Altersklasse es sich handelt, nämlich die 30- bis 39-jährigen. Das heißt, es besteht eine lineare Abhängigkeit zwischen Altersklassenzugehörigkeit, Kohortenzugehörigkeit und betrachteter Periode. Das Gesamtdesign einer Kohortenanalyse ist damit *immer* mit der Festlegung von zwei der drei Variablen vollständig bestimmt,[530] so dass ein einzelner Effekt niemals isoliert variiert werden kann. Daher ist es unmöglich, alleine aus den Daten einen bestimmten Effekt bzw. die relativen Anteile mehrerer Effekte eindeutig als Ursache der Variation der abhängigen Variablen zu bestimmen. Um dieses sog. „Konfundierungsproblem" zu lösen, sind unterschiedliche Ansätze entwickelt worden, die sich in zwei Kategorien unterteilen lassen, in *formal-quantitative* und *inhaltlich-interpretative*.[531]

Im Rahmen formal-quantitativer Verfahren wird versucht, eine Separierung der Effekte auf mathematischem Wege durchzuführen. Das Problem der linearen Abhängigkeit wird hierbei durch das Setzen von Annahmen bzw. Restriktionen gelöst. Dadurch wird die (mathematische) Unabhängigkeit zwischen den Variablen herbeigeführt und das Konfundierungsproblem gewissermaßen von vorneherein „ausgeschaltet".[532] Hierfür ist eine Vielzahl von Verfahren entwickelt worden, bei denen jedoch immer das gleiche Problem besteht: Die Ergebnisse, d.h. die ermittelten Wirkungsbeiträge der unterschiedlichen Effekte, reagieren äußerst sensibel auf die gesetzten Annahmen. Peiser zeigt in diesem Zusammenhang, dass „allgemein je nach Wahl der Restriktionen teilweise völlig verschiedene Verläufe der drei Effekte resultieren können."[533] Entscheidend für die Güte der Schätzung ist damit die *Realitätsnähe* der Annahmen.[534] *Wie* Letztere gesetzt werden sollen, ist jedoch nicht mathematisch herleitbar. Ohne auf die Vielzahl weiterer formal-quantitativer Separierungsansätze zur Lösung des Kon-

---

[530] Vgl. Peiser (1991), S. 30.
[531] Vgl. Wimmer/Weßner (1990), S. 173.
[532] Vgl. Weßner (1989), S. 107.
[533] Peiser (1991), S. 135. Vgl. hierzu auch Weßner (1989), S. 119 f. Auf diese Problematik weisen auch *Mason et al.* hin, die ein regressionsanalytisches Separierungsverfahren entwickelt haben (vgl. Mason/Winsborough/Mason/Poole (1973), S. 253 f.).
[534] Vgl. Wimmer/Weßner (1990), S. 173; Kupper/Janis/Karmous/Greenberg (1985), S. 822.

fundierungsproblems einzugehen,[535] kann daher festgehalten werden, dass eine rein mathematische Lösung des Identifikationsproblems letztlich unmöglich ist.[536]

Dies leitet zu den *inhaltlich-interpretativen* Lösungsansätzen des Konfundierungsproblems über, bei denen die vorliegenden Daten auf plausible und originäre Wirkungseinflüsse hin untersucht werden.[537] Hierbei wird *nicht* zunächst eine restringierte mathematische Separierung der Effekte durchgeführt, um dann die Ergebnisse im Nachhinein zu interpretieren,[538] sondern es wird vielmehr versucht, direkt an den möglichen *Ursachen* von vermuteten Alters-, Perioden- und Kohorteneffekten anzusetzen. Grundlage der inhaltlich-interpretativen Vorgehensweise sind die Daten der Standardkohortentabelle, die z.B. im Sinne *Glenns* zunächst einer „visual inspection" unterzogen werden.[539] Hierbei wird versucht, durch eine systematische Analyse der vorliegenden Messdifferenzen (zwischen unterschiedlichen Altersklassen, Kohorten und Perioden) herauszufinden, welche Effekte vorliegen und welche Ursachen hierfür verantwortlich gewesen sein könnten. Auch hier sind die Daten aus der Standardkohortentabelle allein nicht ausreichend. Vielmehr ist ein *fundiertes Hintergrundwissen* über den betrachteten Markt und seine Entwicklung nötig, weshalb zur Interpretation der Daten Experten herangezogen werden sollten. Hierzu kommen Marktforscher, Pro-

---

[535] Vgl. hierzu insbesondere Baltes (1967), S. 61 ff.; Schaie (1965), S. 97 ff.; Palmore (1978), S. 282 ff. sowie die Diskussion unterschiedlicher formal-quantitativer Separierungsverfahren bei Weßner (1989), S. 107 ff. sowie v. Ahsen (1990), S. 98 ff.

[536] Vgl. Blalock (1966), S. 52 ff.; Glenn (1976), S. 900; Peiser (1991), S. 31; Wimmer/Weßner (1990), S. 173. Vgl. zu verschiedenen mathematischen Separierungsansätzen und der Kritik an den hierbei zu setzenden Annahmen auch Hüttner (1986), S. 318 ff.

[537] Vgl. Wimmer/Weßner (1990), S. 173.

[538] Gerade hierbei ist nämlich die Tendenz zu vermuten, dass nicht *a priori* die plausibelsten Restriktionen gesetzt werden, sondern zunächst mit diversen Restriktionen modelliert wird, um dann das den Erwartungen am ehesten entsprechende oder – noch schlimmer – das statistisch „sauberste" Modell mitsamt seinen Restriktionen zu übernehmen und deren Sinnhaftigkeit wiederum ex post „zurechtzuargumentieren". Vgl. zu diesen Bedenken auch Peiser (1991), S. 138, der u.a. darauf hinweist, dass Rentz/Reynolds/Stout (1983) in dieser Weise verfahren.

[539] Vgl. Glenn (1977), S. 48.

duktmanager etc. in Frage, die mit der betreffenden Warengruppe seit längerem vertraut sind.[540]

Es wurde schon darauf hingewiesen, dass auch bei den mathematischen Separierungsverfahren die Einbeziehung solcher Erfahrungswerte eine *notwendige Bedingung* für eine sinnvolle Restiktionenfestlegung ist.[541] Denn nur wenn restriktive Annahmen auf einer *plausiblen theoretischen Grundlage* basieren, kann eine mathematisch exakte Separierung überhaupt erst in Erwägung gezogen werden. Damit besteht zwischen der inhaltlich-interpretativen und der formal-quantitativen Vorgehensweise kein substitutiver, sondern ein komplementärer Zusammenhang. Die *Basis* zur Lösung des Konfundierungsproblems und damit der Kohortenanalyse insgesamt bilden letztlich *immer* inhaltlich-interpretative Überlegungen. Ob und inwieweit im Anschluss auch formal-quantitative Verfahren zum Einsatz kommen, muss im Einzelfall entschieden werden. Keinesfalls jedoch sollte der Fehler gemacht werden, lediglich aus Gründen methodischer Eleganz alle Kraft auf die Erstellung eines möglichst anspruchsvollen mathematischen Modells zu verwenden, um dann *scheinbar* exakte Ergebnisse zu generieren. Dies wäre der klassische Fall von wissenschaftlicher l'art pour l'art, die *Glenn* wohl befürchtet, wenn er feststellt, dass „rather simple and informal [methods] will not satisfy researchers who believe that social scientific research – if it is to be truly scientific – must use only the most rigorous available methods."[542]

Wie gezeigt wurde, können mit Hilfe der Kohortenanalyse *vergangene* Marktentwicklungen analysiert werden, um z.B. die Frage zu beantworten, ob sich Marktveränderungen durch das Hineinwachsen neuer Kohorten mit spezifischem Nachfrageverhalten erklären lassen, oder ob sich die gesamte Nachfragerpopulation in ihrem Nachfrageverhalten ändert, was für Periodeneffekte spräche.[543] Von Bedeutung ist vor allem, dass der Einsatz der Kohortenanalyse den häufig begangenen Fehler einer vorschnellen rein altersbezogenen und da-

---

540   Vgl. Weßner (1989), S. 104.
541   Vgl. Weßner, S. 127.
542   Glenn (1977), S. 57.
543   Vgl. Wimmer/Weßner (1990), S. 176.

mit potenziell falschen Interpretation von Verhaltensänderungen vermeiden hilft. Durch die Berücksichtigung *aller* dem Verhalten von Populationen potenziell zugrunde liegenden zeitbezogenen Effekten ist die Kohortenanalyse daher für die Untersuchung von langfristigen Marktentwicklungen *grundsätzlich* leistungsstärker als alle anderen auf quantitativen Daten beruhenden Verfahren. Dies gilt auch vor dem Hintergrund der Konfundierungsproblematik, denn diese ist ja *kein Spezifikum der Kohortenanalyse*, sondern sie besteht *immer*, nur dass sie in anderen Ansätzen schlicht ignoriert wird.

Insofern ist es auch nicht verständlich, warum die Kohortenanalyse – häufig mit Hinweis auf das Identifikationsproblem – in der einschlägigen Marktforschungsliteratur bislang nur ein eher rudimentäres Dasein führt.[544] Dies gilt umso mehr, als dass sich, wie im Folgenden gezeigt wird, auf der Grundlage von Kohortenanalysen auch weit in die Zukunft reichende Prognosen durchführen lassen. Insbesondere für Marktforschungsinstitute, bei denen kohortenanalytische Untersuchungen noch nicht zum Standard gehören, sollte diese Analysemethode von großem Interesse sein – insbesondere vor dem Hintergrund der von Unternehmensseite gestellten Forderung nach einer stärker *strategisch* ausgerichteten Marktforschung. Denn gerade bei den institutionellen Marktforschungsunternehmen ist sowohl das notwendige methodische Know-how als auch eine langfristige und umfassende Erfahrung mit den Marktentwicklungen unterschiedlichster Marktbereiche vorhanden, so dass hier ausgezeichnete Bedingungen vorliegen, um Kohortenanalysen durchzuführen.

5.3.2.2 Prognosen auf der Grundlage der Kohortenanalyse

Sind im Rahmen retrospektiver Analysen die marktbeeinflussenden Effekte untersucht worden, können auf dieser Grundlage Prognosen hinsichtlich des *zukünftig* zu erwartenden Nachfragerverhaltens erstellt werden. Inwieweit dies möglich ist, hängt primär davon ab, *welche* Effekte in der Vergangenheit dominierten. Letztlich ist hier wieder die Frage der *Zeitstabilität* angesprochen, denn

---

[544] Vgl. beispielsweise Berekoven/Eckert/Ellenrieder (2004), S. 267.

auch bei kohortenanalytischen Untersuchungen können nur solche Zusammenhänge bzw. Effekte fortgeschrieben werden, von denen anzunehmen ist, dass sie auch *weiterhin* Gültigkeit besitzen.

Waren in der Vergangenheit primär *Periodeneffekte* Einfluss gebend, kann hierauf aufbauend nur sehr beschränkt eine längerfristige Prognose erstellt werden. Der Grund liegt darin, dass sich zukünftige, Periodeneffekte auslösende Umweltereignisse (Marketingmaßnahmen der Anbieter, ökonomische Rahmenbedingungen, Umweltkatastrophen usw.) kaum auf der Grundlage vergangener Umweltereignisse langfristig vorhersagen lassen und somit grundsätzlich keine Zeitstabilität vorliegt.

Alterseffekte hingegen resultieren aus den oben schon erläuterten typischen physiologischen und psychologischen Veränderungen im Zuge des natürlichen Alterungsprozesses. Solange nicht zu erwarten ist, dass sich dieser Alterungsprozess und die damit einhergehenden altersgruppenspezifischen Bedürfnis- und Nachfrageveränderungen in absehbarer Zukunft radikal ändern, kann von einem recht zeitstabilen Zusammenhang ausgegangen und können im Gegensatz zu Periodeneffekten in der Vergangenheit festgestellte Alterseffekte als Prognosebasis herangezogen werden.[545] Liegen ausreichend lange Zeitreihen vor, wird vorgeschlagen, eine mögliche Entwicklung des Alterseffekts u.U. auch durch trendextrapolierende Verfahren fortzuschreiben.[546] Dies ergibt aber nur dann Sinn, wenn damit zu rechnen ist, dass bestimmte vorhersehbare Entwicklungen den Alterseffekt *systematisch* beeinflussen. Ein Beispiel hierfür könnte der kontinuierliche medizinische Fortschritt sein, der Alterseffekte nach hinten verschiebt. Letztlich handelt es sich hierbei um die implizite Berücksichtigung von zukünftigen Periodeneffekten. Dies zeigt, dass die Fortschreibung von Alterseffekten in die Zukunft, soweit möglich, durch *theoretische Überlegungen* gestützt sein sollte.[547]

---

[545] Vgl. Weßner (1989), S. 190.

[546] Vgl. Wimmer/Weßner (1990), S. 179.

[547] An dieser Stelle ist auch dem Vorgehen von *v. Ahsen* zu widersprechen, der sowohl Alters- als auch Kohorteneffekte *ohne jegliche theoretische Fundierung* rein quantitativ in die Zukunft extrapoliert (vgl. v. Ahsen (1990), S. 142 ff.). Dies ermöglicht zwar eine

Kohorteneffekte entstehen aufgrund der Verankerung von Einstellungen, Verhaltensweisen usw. im Rahmen bestimmter Sozialisationserfahrungen in der prägenden Phase der Adoleszenz: „These events, referred to as defining moments, shape an individual's values, attitudes, beliefs, and behaviours such that these shared experiences distinguish one cohort from another. [...] And these cohort effects stay with that cohort and direct its behavior over its entire lifetime."[548] Kohorteneffekte lassen sich damit am besten in die Zukunft übertragen, da die durch vergangene Erfahrungen entstandenen und fest verankerte Werte, Einstellungen und Verhaltensweisen für die einzelnen Kohorten stabile Bestimmungsgründe für zukünftiges Verhalten darstellen.[549] Auch für Kohorteneffekte wird bei Vorliegen ausreichend weit zurückreichender Daten der Vorschlag der Extrapolation zur Aufdeckung von „Kohortentrends" gemacht.[550] Diese Vorgehensweise macht Sinn, wenn angenommen werden kann, dass die kohortenspezifische Sozialisation und damit ihre verhaltensbeeinflussende Prägung auch noch – wenn auch ungleich schwächer – durch Erfahrungen *nach* der Adoleszenzphase erfolgt.[551]

Zur Entfaltung der vollen prognostischen Kraft kohortenanalytischer Untersuchungen reicht es jedoch noch nicht aus, nur *verhaltensbezogene* Größen, d.h. Alters- und Kohorteneffekte und unter bestimmten Bedingungen Periodeneffekte, in die Zukunft fortzuschreiben. Um zukünftige (Absatz-)Marktentwicklungen zu prognostizieren, muss auch die zukünftige *anzahlmäßige Besetzung* der Altersklassen geschätzt werden, die dann als *Mengenkomponente* in die Prognose mit einfließt.[552] Nur dann kann der auf die Entwicklung von Marktpotenzialen ausgehende Gesamteffekt sich verändernder Altersstrukturen richtig prognostiziert werden. In diesem Zusammenhang ist dann die gute Prognostizierbarkeit

---

äußerst einfache Prognoseerstellung, birgt aber die Gefahr erheblicher Fehlschlüsse. Von einer solchen Vorgehensweise ist daher strikt abzuraten.
[548] Vgl. Schewe/Noble (2000), S. 130.
[549] Vgl. Peiser (1991), S. 110 f.
[550] Vgl. Wimmer/Weßner (1990), S. 179.
[551] Vgl. Weßner (1989), S. 194 f.
[552] Vgl. Rentz/Reynolds/Stout (1983), S. 12.

der langfristigen demografische Entwicklung der Bevölkerung und damit der zukünftigen *Alters-* und *Kohortenstrukturen* von entscheidender Bedeutung.[553]

Um die Bedeutung der richtigen Interpretation von Veränderungsprozessen für die Prognose zukünftiger Marktentwicklungen nochmals zu verdeutlichen, soll abschließend kurz auf den derzeit stark ins Blickfeld der Anbieter gerückten *Seniorenmarkt* eingegangen werden.[554]

Die Bedeutung des Senioren-Marktsegments ergibt sich aus dem starken demografischen Wandel, der zu einem immer größeren Anteil von Menschen höherer Altersklassen in der Bevölkerung führt.[555] Für diesen Markt ist eine kohortenanalytisch fundierte Prognose des Nachfrageverhaltens unabdingbar, denn das zukünftige Nachfrageverhalten der Senioren wird in starker Weise davon abhängen, ob *Alters-* oder *Kohorteneffekte* dominieren. Lägen primär Alterseffekte vor, könnte auf der Grundlage des bisherigen Konsumverhaltens von Senioren auf zukünftige Absatzpotenziale geschlossen werden. Spielen jedoch Kohorteneffekte eine zentrale Rolle, ist anzunehmen, dass sich die zukünftigen Senioren von den heutigen stark unterscheiden werden. Dies gilt insbesondere für die Generation der Baby-Boomer, die im Vergleich zu ihren Eltern in gänzlich anderen Verhältnissen aufgewachsen sind, nämlich solchen, die von Frieden, Wohlstand und Freiheit geprägt waren. Daher muss bei Vorliegen von Kohorteneffekten davon ausgegangen werden, dass zukünftige Senioren wesentlich aktiver und konsumorientierter sind als die durch mindestens einen Weltkrieg geprägte eher sparsame und wenig hedonistisch orientierte Vorgängergeneration.[556] Die Frage, durch welchen Nachfragertyp sich dieser anzahlmäßig große Zukunftsmarkt auszeichnet, ist damit von außerordentlicher Bedeutung für die strategische Marketing-Planung und kann *ausschließlich* auf der Grundlage kohortenanalytischer Überlegungen beantwortet werden.

---

[553] Vgl. Horn (1995), S. 99. Hierzu können die Daten aus amtlichen Statistiken zur Bevölkerungsentwicklung herangezogen werden. Vgl. Hüttner (1986), S. 324.

[554] Vgl. Weßner (1989), S. 216 ff.

[555] Vgl. Michels/Brühne (1996), S. 64.

[556] Vgl. Lakaschus (1985), S. 185 ff.; Schewe/Meredith (1994), S. 24 f.

5.3.2.3 Unterstützung der Szenariotechnik durch Kohortenanalysen

Auch wenn eine kohortenanalytisch fundierte Prognose eine inhaltlich wesentlich fundiertere Vorhersage langfristiger Entwicklungen als alle sonstigen auf quantitativen Verfahren beruhenden Vorhersagen ermöglicht, würde es dennoch an Selbstbetrug grenzen, den Versuch zu unternehmen, *die* Zukunft im Sinne einer Punktprognose vorherzusagen. Schon allein aufgrund einer letztlich immer verbleibenden Unsicherheit in Bezug auf die Wirkungsanteile der unterschiedlichen Effekte verbietet sich ein solcher Anspruch. Das heißt, auch bei der Kohortenanalyse stellt sich nicht die (unbeantwortbare) Frage nach *der* Zukunft, sondern nach den *möglichen Zukünften*. Damit bietet es sich an, die Kohortenanalyse als Grundlage der *Szenarioanalyse* heranzuziehen. Bei Letzterer wird – der Unsicherheit langfristiger Vorhersagen Tribut zollend – ein Spektrum möglicher Zukünfte prognostiziert, um daraus beispielsweise Hinweise auf langfristig mögliche Markt- bzw. Absatzpotenziale zu gewinnen.[557] Dabei bilden i.Allg. drei Szenarien den Rahmen der Analyse: Das erste ergibt sich aus den pessimistischsten, das zweite aus den optimistischsten und das dritte aus den für am wahrscheinlichsten gehaltenen Annahmen über die Entwicklung der betrachteten erfolgsrelevanten Größen. Das Ergebnis kann in Form eines Szenariotrichters veranschaulicht werden.

Werden Prognosen auf kohortenanalytischer Basis erstellt, können die möglichen Marktentwicklungen unter Zugrundelegung unterschiedlicher Anteilsverteilungen der Effekte prognostiziert werden und den *Rahmen einer Szenarioanalyse* abstecken. Dies ist insbesondere dann sinnvoll, wenn sich bei der Schätzung der Relevanz der einzelnen Effekte unterschiedliche Meinungen bei den an der Analyse beteiligten Experten herausbilden.[558] Auf diese Weise können frühzeitig Überlegungen in Bezug auf die *möglichen* Entwicklungen angestellt und Schub-

---

[557] Vgl. Benkenstein (2002), S. 43 ff.; Götze (1991), S. 71 ff. Vgl. hierzu auch v. Ahsen (1990), S. 147 ff.

[558] Hierbei könnte beispielsweise die „Delphi-Methode" eingesetzt werden, wobei dann jedoch nicht das Streben nach *Konvergenz* der Meinungen im Vordergrund steht, sondern der Rückkopplungsprozess recht frühzeitig bewusst abgebrochen wird, um auf Basis der bis dato vorliegenden Einschätzungen eine Szenarioanalyse durchzuführen. Vgl. zu einer ausführlichen Darstellung der Delphi-Methode Wechsler (1978), S. 23 ff.

ladenpläne entwickelt werden, falls sich abzeichnen sollte, dass das für am wahrscheinlichsten gehaltene Szenario nicht eintritt.

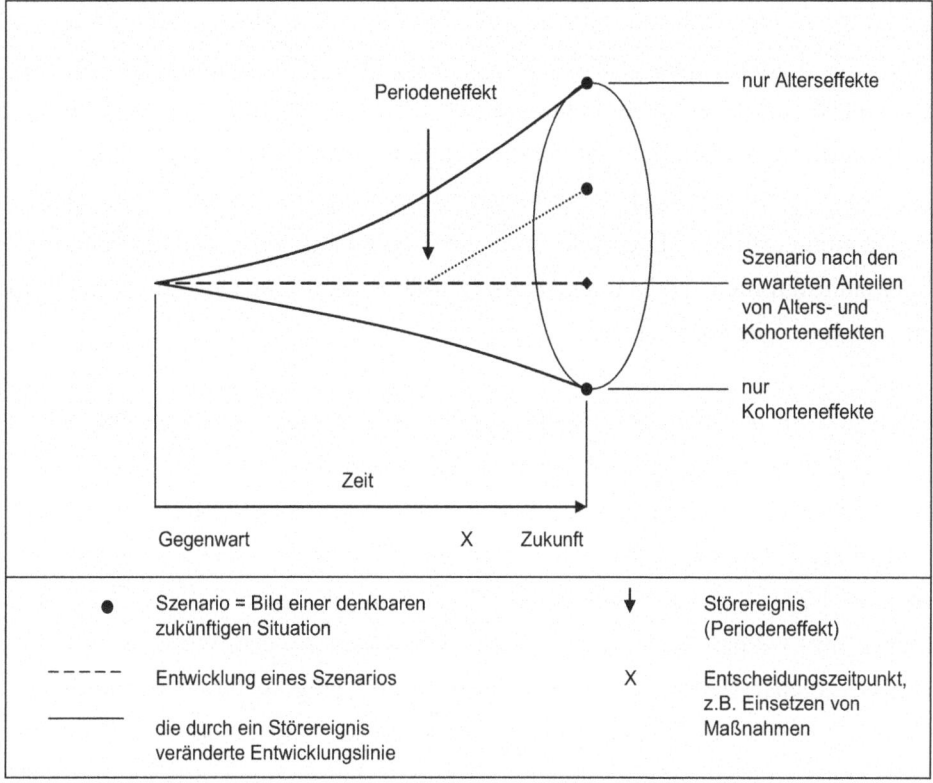

Abb. 49: Szenarioanalyse auf der Grundlage kohortenanalytischer Überlegungen (Quelle: in Anlehnung an Becker (2001), S. 97)

5.3.2.4 Eignung von Panels als Datenbasis für Kohortenanalysen

Die Möglichkeit, das Potenzial der Kohortenanalyse auszuschöpfen, hängt vor allem von der zugrunde liegenden *Datenbasis* ab. Nach der umfangreichen Diskussion der Kohortenanalyse bzw. kohortenanalytisch fundierter Prognosen wird daher im Folgenden geklärt, welche Voraussetzungen die Datengrundlage idealerweise erfüllen müsste und inwieweit Paneldaten diesen Anforderungen gerecht werden.

Um eine Standardkohortentabelle zu erstellen, sind *mehrere Querschnittsmessungen* bei *unterschiedlichen Altersgruppen* in *möglichst konstanten Zeitabständen* notwendig. Dabei müssen die Abstände, zu denen die Messungen durchgeführt werden, identisch mit der Intervallbreite der Altersklassen sein, da nur so einzelne Kohorten separat im Zeitablauf verfolgt werden können. Da im Rahmen von Verbraucherpanels kontinuierlich Längsschnittdaten aus einer für die Bevölkerung repräsentativen Stichprobe erhoben werden und somit alle Altersklassen vertreten sind, sind alle grundsätzlichen Voraussetzungen für die Datenbereitstellung erfüllt.[559] Die oft auftretende Problematik, dass sich das Standardkohortendesign nicht vollständig realisieren lässt, weil Untersuchungen nicht in den *gleichen* Zeitabständen erfolgt sind, existiert im Panel nicht.

Neben ihrer grundsätzlichen Eignung weisen Paneldaten aber noch eine Reihe weiterer Eigenschaften auf, die sie zu einer fast idealen Datengrundlage für die Kohortenanalyse machen. Zunächst ist es von Vorteil, dass im Rahmen von Panels zumeist *sehr langfristige* Daten vorliegen. Eine Kohortenanalyse kann zwar – wie bei *Weßner*, der unterschiedliche Tiefkühlprodukte untersuchte[560] – schon durchgeführt werden, wenn nur *zwei* Querschnittserhebungen vorliegen. Die Ergebnisse solcher Untersuchungsdesigns mit nur wenigen Perioden unterliegen jedoch der Gefahr, dass zufällige Entwicklungen wie z.B. ein kurzfristig auftretender starker Periodeneffekt andere, eigentlich dominierende und daher *prognoserelevante* Effekte überlagern und Letztere daher nicht erkannt werden. Liegen jedoch weit in die Vergangenheit zurückreichende Datenreihen für eine Vielzahl von Querschnittsuntersuchungen vor, ist die Wahrscheinlichkeit einer solchen Fehlinterpretation wesentlich geringer.

Ein zweiter Vorteil von Paneldaten liegt in der Möglichkeit der *flexiblen Abgrenzung der Altersintervalle*. Ein wichtiger Aspekt kohortenanalytischer Untersuchungen ist die Festlegung der Intervall*breite*. Es kann nämlich sein, dass tatsächlich vorhandene Kohorteneffekte nicht erkannt werden, weil eine falsche

---

[559] Vgl. auch die Hinweise auf die Nutzbarkeit von (Verbraucher-)Paneldaten bei Wimmer/Weßner (2001), S. 778; Peiser (1991), S. 38; Hüttner (1986), S. 313; Kaas (1982), S. 241 f.; Reynolds/Rentz (1981), S. 63.

[560] Vgl. Weßner (1989), S. 157 ff.

Intervallgröße gewählt wurde bzw. die Grenzen der Intervalle an den falschen Stellen gesetzt sind.[561] Werden beispielsweise Zehn-Jahres-Intervalle gewählt, kann es sein, dass ein tatsächlich existierender Kohorteneffekt deshalb verschwindet, weil er sowohl die letzten fünf Jahre der ersten Kohorte als auch die ersten fünf Jahre der zweiten Kohorte betrifft. Die Festlegung der Intervallgrenzen würde in diesem Fall die tatsächliche Kohorte genau in der Mitte teilen und den Effekt u.U. unidentifizierbar machen. Liegt hingegen eine Datenbasis vor, die eine beliebige Einteilung der Intervalle erlaubt, besteht die Möglichkeit, alternative Abgrenzungen durchzuspielen, um so die tatsächlich vorherrschenden Effekte zu ermitteln. Natürlich bedeutet dies einen erheblichen Mehraufwand, der jedoch vor dem Hintergrund der Tragweite der zu treffenden Entscheidungen gerechtfertigt erscheint. Daher ist für Kohortenanalysen eine *möglichst differenzierte Datenbasis*, die eine feine Abstufung der Dimensionen Alter, Kohorte und Periode erlaubt, zu fordern. Zudem kann eine feine Einteilung durch das Zusammenfassen von Altersklassen bei Bedarf jederzeit wieder auf eine höhere Aggregationsebene überführt werden kann.[562]

Ein dritter wichtiger Aspekt ist die *Vergleichbarkeit der Querschnittsuntersuchungen*. Die verschiedenen Messungen müssen sich dafür erstens auf eine identisch definierte *Grundgesamtheit* beziehen, da ansonsten Veränderungen der Messergebnisse allein aus der unterschiedlichen Definition Letzterer resultieren können. Zweitens müssen die *Nachfrageobjekte* bei jeder Messung identisch sein, da es sonst im wahrsten Sinne des Wortes zu einem „Vergleich von Äpfeln mit Birnen" kommen kann. Drittens müssen auch die *Messzeitpunkte* bzw. -*räume* gleich bleiben. Würde beispielsweise die Nachfrage nach Speiseeis kohortenanalytisch untersucht, würde bei einer dreimaligen Untersuchung mit Erhebungszeiträumen jeweils im Sommer, im Herbst und schließlich im Winter eine insgesamt rückläufige Nachfrage festgestellt und z.B. auf negative Periodeneffekte geschlossen werden. Viertens spielt auch die Vergleichbarkeit der *Erhebungstechnik* eine Rolle, denn wechselnde Erhebungsverfahren können, wie schon gezeigt wurde, zu rein methodenbedingten Veränderungen führen.

---

[561] Vgl. Peiser (1991), S. 37.
[562] Vgl. Peiser (1991), S. 37.

Vor dem Hintergrund dieser potenziellen Fehlerquellen dürfte es nur in Ausnahmefällen gelingen, eine hinreichende Anzahl historischer Erhebungen zu finden, die alle Anforderungen der Vergleichbarkeit erfüllen, so dass eine Kohortenanalyse verzerrungsfrei durchgeführt werden kann. Werden die Querschnittsmessungen allerdings auf der Grundlage eines Panels durchgeführt, ist die Vergleichbarkeit der Untersuchungen weit gehend erfüllt, denn ein Panel ist ohnehin von vorneherein darauf angelegt, Veränderungen möglichst verzerrungsfrei abzubilden.[563]

Panels bieten viertens *vielfältige Disaggregationsmöglichkeiten*, was die Identifikation und Interpretation von Effekten erheblich verbessern kann.[564] Dies soll an einem Beispiel deutlich gemacht werden: Wird speziell bei jüngeren Kohorten im Gegensatz zu älteren Kohorten eine starke Zunahme der Nachfrage nach einem bestimmten Produkt (z.B. Backofen-Pommes Frittes) festgestellt, so könnte ein Kohorteneffekt vermutet werden. Allerdings kann es auch sein, dass sich diese jungen Kohorten gerade in einer Lebenszyklusphase befinden, die häufig eine bestimmte Haushaltskonstellation mit sich bringt (z.B. noch zu Hause wohnende Kinder), die wiederum eine erhöhte Nachfrage nach dem Produkt bedingt. *Dann* jedoch würde ein *Alterseffekt* vorliegen, da sich ja die Haushaltskonstellation typischerweise im Zeitablauf ändert. Um zu prüfen, was letztlich den entscheidenden Einfluss auf das Nachfrageverhalten hat, wird die Kohortenanalyse daher ein weiteres Mal, nun aber *getrennt nach unterschiedlichen Haushaltstypen* durchgeführt. Bleiben die Kohortenunterschiede auch bei Konstanthaltung der Haushaltskonstellationen bestehen, ist dies ein starker Hinweis auf einen tatsächlich vorliegenden Kohorteneffekt; variieren die Ergebnisse aber mit der Haushaltszusammensetzung, liegt möglicherweise doch ein Alterseffekt vor.[565]

Das Verbraucherpanel bietet weit reichende Möglichkeiten, solche *Subkohorten* zu bilden. Aufgrund des i.Allg. großen Stichprobenumfanges eines Verbrau-

---

[563] Vgl. Kap. 2.3.1.
[564] Vgl. Weßner (1989), S. 106 f.
[565] Vgl. hierzu Wimmer/Weßner (1990), S. 175 f.; Weßner (1989), S. 183 ff.

cherpanels ist es dabei sogar möglich, weit gehende Differenzierungen vorzunehmen, ohne dass der (Teil-)Stichprobenumfang so klein wird, dass keine belastbaren statistischen Aussagen mehr gemacht werden können. Schon allein diese Problematik dürfte bei anderen Erhebungsverfahren jedoch die Möglichkeiten zur Subkohortenbildung und damit die Erklärungskraft einer Kohortenanalyse erheblich einschränken.[566] Im Prinzip steht für die Bildung von Subkohorten das *gesamte Spektrum* marktsegmentierender Variablen zur Verfügung, die, je nachdem ob bei ihnen ein intervenierender Einfluss auf die Datenmuster vermutet wird, in die Kohortenanalyse miteinbezogen werden können.[567] Dadurch verbessern sich, wie im obigen Beispiel gezeigt, die Möglichkeiten sowohl der *Identifikation* der Effekte selbst als auch der Aufdeckung von hinter den Effekten stehenden *Ursachen* und somit auch die prognostische Kraft der Analyse.

Im Übrigen müssen die zusätzlichen Variablen nicht darauf beschränkt sein, einen *erklärenden* Beitrag zu einem festgestellten – und i.Allg. im Mittelpunkt stehenden – Kaufverhalten zu leisten, sondern sie können auch *selber* als abhängige Variable herangezogen werden. So ließe sich beispielsweise die Entwicklung eines im Verbraucherpanel erhobenen psychografischen Merkmals kohortenanalytisch untersuchen, um zu prüfen, ob einem unterschiedlichen Umweltbewusstsein bei unterschiedlichen Altersgruppen eher alters- oder kohortenspezifische Effekte zugrunde liegen.

Fünftens liegt ein Vorteil des Panels in der schon häufiger angesprochenen fast *vollumfänglichen Erfassung aller FMCGs*. Selbst wenn historische Querschnittsuntersuchungen ausfindig gemacht würden, die zumindest der Vergleichbarkeitsanforderung hinreichend Genüge täten, ist kaum zu erwarten, dass sie sich gerade auf die Produkte, Warengruppen etc. beziehen, die das Unternehmen interessieren. Insofern dürfte ein Verbraucherpanel langfristig auch die einzige hinreichend umfangreiche Datenbasis sein, die systematische und umfassende Kohortenanalysen für FMCG-Hersteller überhaupt erlaubt. Die differenzierte

---

[566] Vgl. Peiser (1991), S. 36.
[567] Vgl. Wimmer/Weßner (1990), S. 176.

Erfassung im Panel ermöglicht in diesem Zusammenhang auch *markenspezifi-sche* Analysen. So kann ein Hersteller prüfen, wie stark *seine* Marken von einem für die Produktgruppe *allgemein* festgestellten Kohorteneffekt betroffen sind.

Die Ausführungen machen deutlich, dass ein Verbraucherpanel sowohl in *methodischer* als auch in *inhaltlicher* Hinsicht für Kohortenanalysen eine konkurrenzlose Datengrundlage bereitstellen kann. Abschließend ist damit *Wimmer* zu folgen, der in Bezug auf Verbraucherpanels feststellt: „Für das mit Kohortenanalysen verfolgte Anliegen geben sie eine äußerst brauchbare, in der Praxis jedoch nur unzureichend genutzte Datenbasis ab."[568] Insofern ist auch der teilweise beklagte Mangel an geeigneten Längsschnittdaten für Kohortenanalysen[569] zumindest für den Bereich der FMCG nicht zutreffend. Die zukünftigen Möglichkeiten, im Rahmen des *strategischen Marketing* zu verwertbaren Langfristprognosen zu gelangen, hängen damit zu großen Teilen davon ab, inwieweit die Unternehmen oder die sie beratenden Institute bereit sein werden, den doch recht erheblichen Aufwand für kohortenanalytische Untersuchungen auf sich zu nehmen. Angesichts der Bedeutung einer langfristigen Vorausschau von Marktentwicklungen im Rahmen der strategischen Marketing-Planung und insbesondere bei dem im Folgenden zu behandelnden *Defining the Business* erscheint dieser Aufwand aber in jedem Fall gerechtfertigt.

---

[568] Wimmer (1995), Sp. 1158.
[569] Vgl. Fricke (1996), S. 37.

6 Defining the Business

6.1 Der dreidimensionale Suchrahmen von Abell

Damit ein Unternehmen langfristig am Markt bestehen kann, müssen bisherige Erfolgspotenziale gesichert oder, wenn dies nicht in ausreichendem Maße möglich erscheint, neue aufgebaut werden. Hierzu ist es notwendig, in regelmäßigen Abständen zu prüfen, ob und inwieweit das Unternehmen mit den bisherigen Produkt-Markt-Beziehungen wachsen oder zumindest die bisherigen ökonomischen Ergebnisse stabilisieren kann. Erscheint dies z.B. aufgrund von Attraktivitätsverlusten bisheriger Betätigungsfelder nicht möglich, ergibt sich die Notwendigkeit, nach neuen Absatzmarktbeziehungen zu suchen.[570] Diese Aufgabe wird von *Abell* als „Defining the Business" bezeichnet und stellt für ihn „The Starting Point of Strategic Planning"[571] dar.

Zur konzeptionellen Unterstützung des Defining the Business schlägt *Abell* einen dreidimensionalen Suchrahmen vor: „A business may be defined in three dimensions. Customer groups describe categories of customers, or *who* is being satisfied. Customer functions describe customer needs, or *what* is being satisfied. Technologies describe the way, or *how* customer needs are satisfied."[572]

Durch die Aufnahme der Funktionsdimension erfolgt die explizite Berücksichtigung der *Bedürfnisstrukturen* der Nachfrager, womit *Abell* über den *Ansoffschen* Ansatz hinaus geht, der den Suchraum für potenzielle Produkt-Markt-Kombinationen nur über die Dimensionen „Produkt" und „Markt" beschreibt.[573]

Damit „werden ‚Märkte' näher nach Nachfragesektoren *und* Merkmalen der bedarfskonstituierenden Probleme beschrieben, während an die Stelle von ‚Produkten' die Angabe des Problembezugs [...] *und* der dafür in Frage kommenden Technologien tritt"[574].

---

[570] Vgl. Köhler (1993), S. 10.
[571] Vgl. Abell (1980).
[572] Abell (1980), S. 169.
[573] Vgl. Ansoff (1957), S. 114. Wird im Folgenden von „Produkt-Markt-Kombinationen" gesprochen, ist damit immer die dreidimensionale Abgrenzung im Sinne *Abells* gemeint.
[574] Köhler (1993), S. 25.

© Springer Fachmedien Wiesbaden GmbH, ein Teil von Springer Nature 2007
K. Schütz, *Die Nutzung von Paneldaten im strategischen Marketing von Fast Moving Consumer Goods-Herstellern*, Edition KWV, https://doi.org/10.1007/978-3-658-24690-7_6

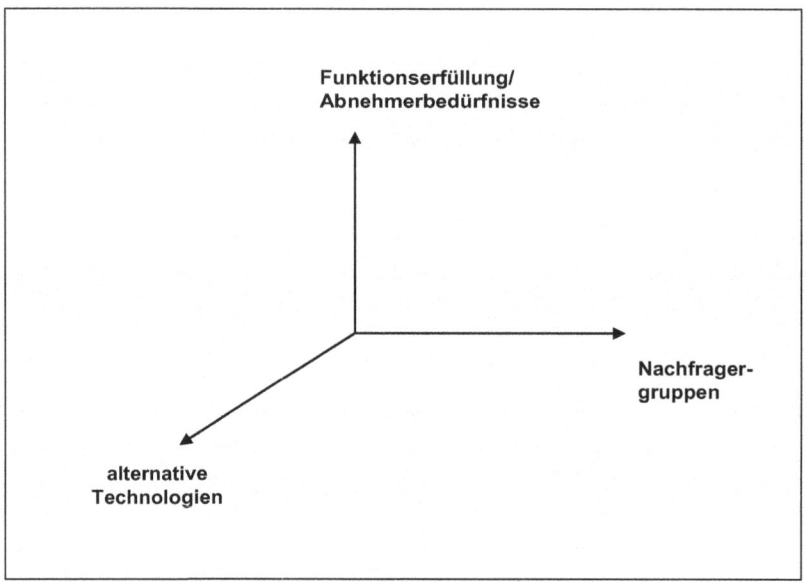

Abb. 50: Dreidimensionaler Suchrahmen nach *Abell*
(Quelle: Abell (1980), S. 30)

Entscheidungen im Defining the Business bauen auf den Informationen aus der Situationsanalyse, der Früherkennung und den Prognosen über die weitere Entwicklung erfolgsbeeinflussender Größen auf. Denn erst nach diesen grundlegenden Untersuchungen kann beurteilt werden, wie stark der *strategische Druck* zur Redefinition der Betätigungsfelder ist. Somit handelt es sich beim Defining the Business nicht um eine einmalige, sondern vielmehr um eine regelmäßig zu wiederholende Aufgabe, die die Überlebensfähigkeit des Unternehmens unter sich ständig wandelnden Umfeldbedingungen sichern soll.[575]

6.2 Aufgabenkomplexe im Defining the Business

Der gesamte Prozess des Defining the Business umfasst die *Suche, Bewertung* und *Auswahl* zukünftiger Produkt-Markt-Kombinationen zur Sicherung langfristiger Erfolgspotenziale.

---

[575]   Vgl. Huxold (1990), S. 16.

Hierzu müssen zunächst die abstrakten Dimensionen des Suchraums *konkreti-siert* werden, um dann durch die Verknüpfung von Nachfragergruppen, Abneh-merfunktionen bzw. -bedürfnissen und Technologien zu potenziellen Betäti-gungsfeldern zu gelangen.[576] Hierbei erfolgt eine schrittweise Verfeinerung, d.h. es kommt zunächst zu einer Grobeinteilung der Suchachsen, bei der beispiels-weise Nachfragergruppen nur nach Wirtschaftssektoren unterschieden werden. In der Folge werden die Suchachsen dann so lange weiter segmentiert, bis ein der Problemstellung entsprechender Detaillierungsgrad erreicht ist.

Hierbei wird die Flexibilität des *Abellschen* Ansatzes deutlich, denn es existiert kein starr vorgegebenes Raster, in dessen Rahmen sich die Suche nach poten-ziellen Betätigungsfeldern zu bewegen hat und welches möglicherweise den Blick auf potenzielle Alternativen von vorne herein verstellt. Vielmehr ist die Unterteilung der Achsen selbst ein kreativer Akt. Denn schon allein durch das Infragestellen der bisherigen Abgrenzungen von Kundensegmenten, Bedürfnis-strukturen und Leistungsangeboten erfolgt ein erster Schritt zur Identifikation neuer Betätigungsfelder.

An die Unterteilung der Dimensionen schließt sich mit der systematischen *Suche* nach Erfolg versprechenden Produkt-Markt-Kombinationen der zweite Aufga-benkomplex des Defining the Business an: Hierbei findet eine Bewegung in dem zuvor aufgespannten Suchrahmen statt, bei der attraktive Marktzellen aufgespürt werden. Angesichts der Vielzahl von Marktzellen (bei je zehn Ausprägungen pro Achse entstehen schon 1000 solcher Zellen) wäre eine sukzessive Prüfung *aller* Möglichkeiten allerdings kaum praktikabel, weshalb sich eine morphologi-sche Vorgehensweise anbietet.[577] Hierbei können, ausgehend von einer Fixie-rung der Ausprägungen auf einer oder zwei Dimensionen, durch Variationen auf den (der) jeweils anderen Dimension(en) systematisch neue Betätigungsfelder erzeugt werden.

---

[576] Vgl. Köhler (1993), S. 10. Diese Betätigungsfelder können aufgrund ihrer Drei-dimensionalität auch als „Marktzellen" bezeichnet werden.

[577] Vgl. Abell (1980), S. 175 ff.; Reichert/Kirsch/Esser (1991), S. 595; Faix (1998), S. 295 ff.

Der dritte Aufgabenkomplex besteht in der *Bewertung und Auswahl* der im vorhergehenden Schritt identifizierten Produkt-Markt-Kombinationen. Letztgenannte werden hierzu hinsichtlich der Merkmale der Nachfrager, der Distributionsstrukturen, der Wettbewerbskonstellation sowie der generellen Rahmenbedingungen (technologische Grundlagen der Leistungsangebote, politische und rechtliche Entwicklungen usw.) untersucht.[578]

Im Folgenden wird gezeigt, inwieweit das Defining the Business auf der Grundlage von Paneldaten bei der *informatorischen Fundierung des Suchrahmens,* der *systematischen Suche nach neuen Betätigungsfeldern* innerhalb des Suchrahmens und der abschließenden *Bewertung und Auswahl* der in Erwägung gezogenen Produkt-Markt-Beziehungen methodisch unterstützt werden kann.

6.3 Einsatzmöglichkeiten von Paneldaten im Rahmen der Aufgabenkomplexe des Defining the Business

In der Literatur finden sich zahlreiche Hinweise auf die Eignung des Suchrahmens von *Abell* als Heuristik zum Aufspüren zukünftiger Betätigungsfelder.[579] Auffällig ist jedoch, dass kaum darauf eingegangen wird, wie die *methodische Unterstützung* bei der Erstellung des Suchraumes und insbesondere der anschließenden Suchaktivität aussehen könnte.[580] In den meisten Fällen erfolgt dies vor allem auf der Grundlage intuitiver Urteile der beteiligten Entscheidungsträger, ohne dass systematisch auf strukturierte Datengrundlagen zurückgegriffen wird.[581]

---

[578] Vgl. Köhler (1993), S. 68.
[579] Vgl. Köhler (1993), S. 10; Müller-Hagedorn (1998), S. 205; Reichert/Kirsch/Esser (1991), S. 594; Meffert (1994); S. 41 ff.; Huxold (1990), S. 15 ff.; Müller (1986), S. 59 ff.; Krups (1985), S. 44 ff.
[580] Vgl. hierzu auch Müller (1995), Sp. 769 f.
[581] Vgl. hierzu z.B. Köhler (1993), S. 13 f.

Im Folgenden wird aber gezeigt, dass auch eine solche von hoher Kreativität geprägte Aufgabe durch quantitative („harte") Daten unterstützt werden kann. Dies betonen im Übrigen auch *Abell/Hammond*: „Defining the Business is often as much a creative process as a quantitative-scientific one."[582] Eine solche quantitative Unterstützung des Defining the Business kann sogar hilfreich sein, mögliche Bereichsblindheiten zu vermeiden. Werden nämlich Marktwahlentscheidungen zu einem großen Teil intuitiv getroffen, besteht die Gefahr, dass durch *vorgefertigte Denkschemata* bestimmte Alternativen von vorneherein ausgeschlossen oder zumindest einer nicht ausreichenden Prüfung unterzogen werden.

6.3.1 Nutzung von Paneldaten bei der Segmentierung des dreidimensionalen Suchraumes

6.3.1.1 Segmentierung der Abnehmerachse

Bei der Einteilung der Abnehmerachse erfolgt i.Allg. eine zunächst grobe Abgrenzung in unterschiedliche Nachfragersektoren wie private Haushalte, Unternehmen oder öffentliche Verwaltungen. Diese werden in weiteren Schritten in immer feinere Segmente unterteilt.[583] Im Folgenden wird ausschließlich auf den Sektor der privaten Haushalte abgestellt, so dass sich die Unterteilung der Abnehmerachse als „klassische" Marktsegmentierung privater Endverwender darstellt.

Die Wahl der Segmentierungskriterien und somit die Einteilung der Abnehmerachse beeinflusst in starkem Maße die folgende Phase der *Suche* und die dort bestehenden Freiheitsgrade, also die Menge potenzieller Betätigungsfelder. Das bedeutet, dass schon die Abnehmerachseneinteilung gut überlegt sein muss und vor allem nicht zu stark von bestehenden Vorstellungen über die Aufteilung des Marktes getrieben sein darf. Dann nämlich bestünde die Gefahr, dass das eigentliche Ziel einer *offenen* und *bereichsübergreifenden* Suche verfehlt wird.

---

[582] Vgl. Abell/Hammond (1979), S. 9.
[583] Vgl. Köhler (1993), S. 25.

Alle in Kap. 3.1.2 diskutierten Möglichkeiten, Nachfragersegmentierungen auf der Basis des Verbraucherpanels vorzunehmen, können bei der Unterteilung der Abnehmerachse Anwendung finden. Wie schon gezeigt wurde, bieten Panels hierfür breiten Raum und flexible Abgrenzungsmöglichkeiten, da eine Vielzahl unterschiedlicher Segmentierungskriterien zur Verfügung steht. Mit ihnen ist es, ausgehend von einer Segmentierung auf einer hoch aggregierten Ebene, möglich, durch sukzessive Verfeinerung der Abnehmersegmente schließlich zu einer Beschreibung sehr spezifischer Nachfragergruppen zu gelangen. Durch ein solches Vorgehen wird dem Anliegen des Defining the Business (einer offenen Suche) Rechnung getragen und zudem die Gefahr des *Übersehens* potenziell relevanter Nachfragergruppen verringert.

6.3.1.2 Segmentierung der Technologieachse

Technologien im *Abellschen* Sinne sind unterschiedliche Möglichkeiten, mit denen Bedürfnisse der Nachfrager befriedigt werden können: „Technologies describe the alternative ways in which a particular function can be performed for a customer. A technology in this sense is a form of solution to the customer's problem."[584] *Abell* fasst den Technologiebegriff damit sehr weit.[585] Im Folgenden wird die Technologie auf die *Produkt*technologie beschränkt, was dadurch begründet ist, dass das Produkt den *Kernbestandteil des Funktionsangebotes* einer vom Unternehmen zur Bedürfnisbefriedigung erbrachten Leistung darstellt.[586] Des weiteren sind unterschiedliche Produkte oft das Resultat unterschiedlicher Technologien, so dass auch bei Fokussierung auf die Produktangebote der Forderung *Abells*, substitutive Technologien zu berücksichtigen, nachgekommen wird.[587]

---

[584] Abell (1980), S. 172.

[585] Vgl. Abell (1980), S. 185 ff.; Faix (1998), S. 293.

[586] Vgl. hierzu auch Müller (1986), S. 60 f.

[587] Um fundamental andere technologische Lösungen aufzuspüren, können Paneldaten allerdings nicht genutzt werden. Hierzu müsste man beispielsweise auf Patentanalysen zurückgreifen. Vgl. hierzu Faix (1998), S. 293 ff.

Ähnlich wie für die Segmentierung der Abnehmerachse liefern Panels für die Unterteilung der (Produkt-)Technologieachse vielfältige und detaillierte Informationen. Dabei kann auf die vom Marktforschungsinstitut vorgegebene Aufteilung zurückgegriffen werden, bei der die gesamte Warenwelt im Rahmen der Artikelpyramide hierarchisch in verschiedene Kategorien und Aggregationsebenen unterteilt wird. Ausgehend von diesem Datenangebot kann das Unternehmen die Technologiedimension je nach Bedarf beliebig fein untergliedern. Im Rahmen eines sukzessiven Vorgehens könnte ein Konsumgüterhersteller beispielsweise zunächst eine Einteilung der Achse nach Warengruppen vornehmen, um in Verbindung mit den anderen Dimensionen potenzielle Betätigungsfelder grob abzustecken. Im nächsten Schritt würde dann eine weitere Unterteilung besonders interessant erscheinender Warengruppen in Produktgruppen, Produkttypen usw. erfolgen. Für diese Form der Segmentierung der Technologieachse stellt das Panel eine hervorragende Grundlage dar, weil die Daten in der vom Institut gelieferten Form direkt übernommen und über ihren Aggregationsgrad flexibel an die Informationserfordernisse angepasst werden können. Darüber hinaus kann auf der Grundlage von Paneldaten eine Untergliederung auch hinsichtlich der Preislagen, der Verpackungsgrößen, der Unterscheidung in Handels- und Markenprodukte usw. erfolgen.

Um eine offene Suche zu gewährleisten, ist wie bei der Segmentierung der Nachfrager vorauszusetzen, dass die ersten Überlegungen auf einem hohen Aggregationsniveau ansetzen und somit nicht nur Warengruppen betrachtet werden, die schon immer zum Angebotsprogramm des Unternehmens gehörten.

6.3.1.3 Segmentierung der Funktionsachse

Wie bei den anderen Dimensionen kann eine Unterteilung der Funktionsachse zunächst grob erfolgen, um dann schrittweise verfeinert zu werden.[588] So könnte beispielsweise das Bedürfnis nach Gesundheit weiter in die Senkung des Cholesterinspiegels, die Stärkung der Abwehrkräfte usw. spezifiziert werden.

---

[588]   Vgl. Abell (1980), S. 186 ff.

Im Rahmen eines Panels besteht die Möglichkeit, die Segmentierung der Funktionsachse auf der Grundlage der standardmäßig durchgeführten Paneleinfragen zu fundieren, bei denen bestimmte Themenbereiche wie umweltbezogene Einstellungen, Gesundheitsbewusstsein oder Familienorientierung erhoben werden. Darüber hinaus besteht in begrenztem Umfang die Möglichkeit, Bedürfnisse, die nicht standardmäßig erfasst werden, durch gesonderte Einfragen zu ermitteln.[589]

Somit kann auch die Unterteilung der Funktionsachse mit Hilfe des Panels unterstützt werden. Hierbei bestehen allerdings im Gegensatz zu den Unterteilungen der Nachfrager- und (Produkt-)Technologieachse zwei Einschränkungen: Zum einen ist nicht gesichert, dass die Unterteilung vollständig ist, da aufgrund möglicher Überlastungseffekte der Haushalte nur *Teilbereiche* aller potenziell relevanten Abnehmerbedürfnisse erhoben werden können. Zum anderen kann aufgrund zu erwartender Paneleffekte die Abfrage von Bedürfnissen nur auf höheren Abstraktionsebenen erfolgen. Daher können bestimmte Abnehmerbedürfnisse nicht berücksichtigt werden. Aus diesem Grund müssten etwa die oben genannten Bedürfnisse nach Senkung des Cholesterinspiegels oder Stärkung der Abwehrkräfte letztlich aus einer *allgemein* vorliegenden Gesundheitsorientierung abgeleitet werden.

6.3.1.4 Exemplarische Konkretisierung eines Abell-Suchrahmens am Beispiel eines Getränkeherstellers

In der folgenden Abbildung ist exemplarisch ein Suchrahmen für einen Getränkehersteller aufgespannt, um das Spektrum potenzieller Betätigungsfelder zu skizzieren. Die konkrete Abgrenzung einer potenziellen Produkt-Markt-Kombination für den Getränkehersteller wäre beispielsweise die Bedienung *einkommensstarker Single-Haushalte* (Abnehmer) mit *hohem Gesundheitsbewusstsein* (Abnehmerfunktion/-bedürfnis) auf der Basis *vitaminreicher Fruchtsäfte* (Produkttechnologie).

---

[589] Vgl. hierzu ausführlich Kap. 2.3.5.1.2.

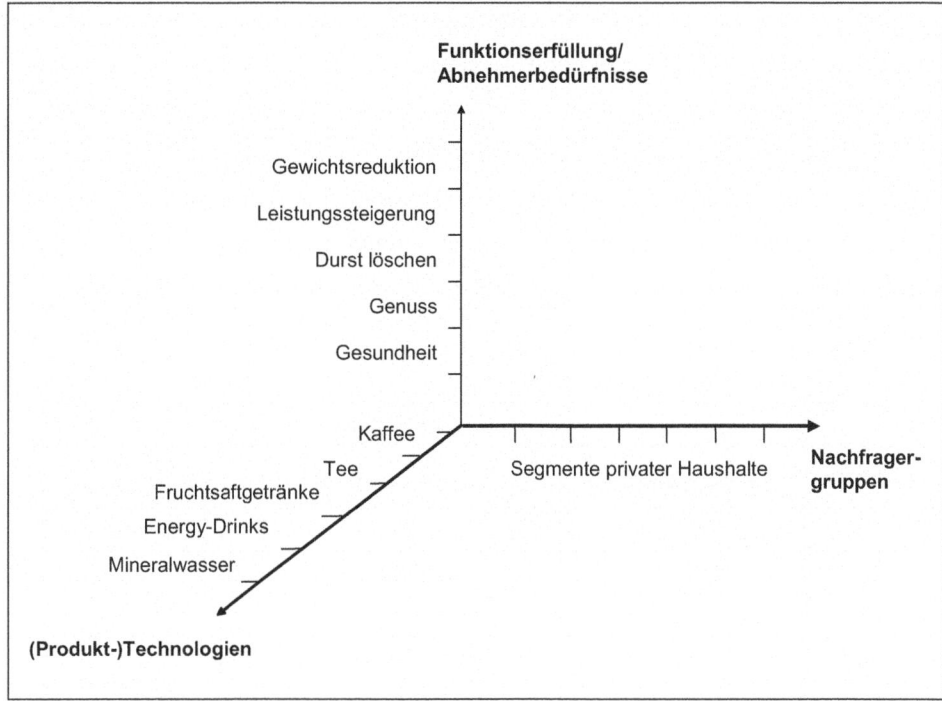

Abb. 51: Mögliche Konkretisierung eines Suchraums für einen Getränkehersteller auf Paneldatenbasis
(Quelle: in Anlehnung an Müller (1986), S. 61)

Im Anschluss an die Konkretisierung der drei Dimensionen muss die *Suche* nach attraktiven Betätigungsfeldern erfolgen. Im Folgenden wird gezeigt, wie auf der Basis von Paneldaten eine solche systematische und von vorgefertigten Meinungen über „sinnvolle" Produkt-Markt-Kombinationen weit gehend freie Suche erfolgen kann.

6.3.2 Suche und Identifikation potenzieller Produkt-Markt-Kombinationen

6.3.2.1 Ableitung von Suchstrategien

Nach der Konkretisierung des *Abell*schen Suchraumes durch die Unterteilung der *Abnehmer-*, *Funktions-* und *(Produkt-)Technologieachse* stellt sich die Frage, wie innerhalb dieses Rahmens attraktive zukünftige Betätigungsfelder identifiziert werden können. Hierfür bietet sich die schon erwähnte morphologische Vorgehensweise an, bei der die Parameterausprägungen des (dreidimensionalen) Objekts „Produkt-Markt-Beziehung" systematisch auf einer oder mehreren Dimensionen variiert werden, so dass sich neuartige Betätigungsfelder ergeben.[590] Dabei ist es hilfreich, sich an bestimmten Suchmustern zu orientieren, die die unterschiedlichen Möglichkeiten zur Redefinition von Betätigungsfeldern darstellen.[591] Grundsätzlich können Suchmuster unterschieden werden, bei denen Modifikationen entweder auf einer, auf zwei oder auf allen drei Dimensionen erfolgen.

Strategie	Dimensionen		
	Nachfragergruppen	Funktionserfüllung	(Produkt-) Technologie
1	gleich	gleich	unterschiedlich
2	gleich	unterschiedlich	gleich
3	unterschiedlich	gleich	gleich
4	gleich	unterschiedlich	unterschiedlich
5	unterschiedlich	unterschiedlich	gleich
6	unterschiedlich	gleich	unterschiedlich
7	unterschiedlich	unterschiedlich	unterschiedlich

Abb. 52: **Mögliche Suchstrategien**
(Quelle: Abell (1980), S. 176)

Strategie 1 ist dadurch gekennzeichnet, dass derselben Abnehmergruppe zur Befriedigung des gleichen Bedürfnisses eine andere (Produkt-)Technologie als die bisherige angeboten wird. Ein Beispiel hierfür sind die neuartigen Pfefferminz-Gelee-Plättchen die das Bedürfnis „Frischer Atem ohne Zähneputzen" adressieren, welches bislang primär von Kaugummis befriedigt wurde. Strategie 2 bedeutet eine Ausweitung der Funktionen desselben Produktes für dieselbe Zielgruppe. Hier wäre an einen Nahrungsmittelhersteller zu denken, der Kaugummis bisher als Spender frischen Atems verkauft hat und sie nun derselben Nachfra-

---

[590] Vgl. Faix (1998), S. 296.
[591] Vgl. Abell (1980), S. 175 ff.

gergruppe auch als zahnpflegenden Kariesschutz anbietet. Im Rahmen der Strategie 3 erfolgt eine Erweiterung des Abnehmerkreises für dieselbe Technologie-Funktions-Kombination. Dies ist der Fall, wenn z.B. Baby-Nahrung nicht mehr nur als magenschonende Nahrung für Kleinkinder sondern auch als leicht bekömmliche Kost für alte Menschen angeboten wird. Die Suchmuster 4 bis 7 lassen sich aus den geschilderten Strategien 1 bis 3 ableiten.[592] Strategie 5 könnte z.B. von einem Joghurthersteller verfolgt werden, der ein Produkt bislang als leichte Pausenmahlzeit für Schulkinder angeboten hat, und es nun auch für Senioren als gesunden, weil cholesterinarmen Frühstücksersatz offeriert.

Paneldaten können zur informatorischen Unterstützung dieser Suchstrategien einen wesentlichen Beitrag leisten. Die grundsätzliche Vorgehensweise besteht darin, zunächst einen „Ankerpunkt" auf einer der Achsen des vorstrukturierten Suchraumes festzulegen, von dem ausgehend die Ausprägungen auf derselben und/oder den anderen Dimensionen nach Maßgabe bestimmter Kriterien *systematisch* variiert werden, so dass sich neue Tätigkeitsbereiche ergeben.

6.3.2.2 (Produkt-)Technologiedimension als Ankerpunkt der Suchaktivitäten

Ein Ausgangspunkt der systematischen Suche nach neuen Betätigungsbereichen kann auf der *(Produkt-)Technologieachse* liegen. Hierfür wird beispielsweise das umsatz- oder wachstumsstärkste Produkt des Unternehmens ausgewählt.

Unter Rückgriff auf die Ergebnisse der Situationsanalyse erfolgt dann eine detaillierte Aufschlüsselung der Kundenstruktur des ausgewählten Leistungsangebots, welche mit der für die *Produktgruppe typischen* Abnehmerstruktur verglichen wird.[593] Ergeben sich hierbei „blinde Flecken"[594] auf der Abnehmerachse, d.h. Nachfragergruppen, die zwar in der Produktgruppe kaufen, aber vom eige-

---

[592] Vgl. Faix (1998), S. 297.
[593] Hierbei zeigt sich sehr deutlich, wie eng verwoben die unterschiedlichen Teilaufgaben der strategischen Marketing-Planung sind.
[594] Reichert/Kirsch/Esser (1991), S. 594.

nen Unternehmen noch nicht oder nur schwach bedient werden, weist dies auf mögliche Abnehmersektoren und somit auf *Erweiterungsmöglichkeiten des Abnehmerkreises* für das bestehende Leistungsangebot hin.

Da die Anzahl der hierbei in Frage kommenden Nachfragergruppen i.Allg. sehr groß wird, erfolgt in einem weiteren Schritt eine Einschränkung in Bezug auf die auszuwählenden Betätigungsfelder, indem nur solche Kundengruppen berücksichtigt werden, die bestimmten Mindestanforderungen genügen. Zu diesem Zweck werden aus dem Panel gewonnene Informationen als *Filterkriterien* eingesetzt. Beispielsweise könnte bei der Auswahl neuer Abnehmergruppen ein Nachfragewachstum von mindestens 5 % p.a. in der entsprechenden Warengruppe vorausgesetzt werden. Ebenso könnten all die Abnehmergruppen außer Acht gelassen werden, bei denen ein bestimmter Wettbewerber eine besonders starke Stellung besitzt oder die überdurchschnittlich stark bei Discountern einkaufen (Handelsmarken-Käufer).[595] Von allen potenziellen Betätigungsfeldern bleiben dann nur noch solche übrig, die eine gewisse Mindestattraktivität aufweisen. Im Sinne der *Abellschen* Suchstrategien handelt es sich dabei um die Unterstützung der Suchstrategie 3. In der folgenden Abbildung ist die Vorgehensweise schematisch dargestellt.

---

[595] Hierzu wird auf die Unterteilung der Nachfrager nach Shopper-Typen zurückgegriffen. Vgl. Kap. 3.1.2.4.2.4.

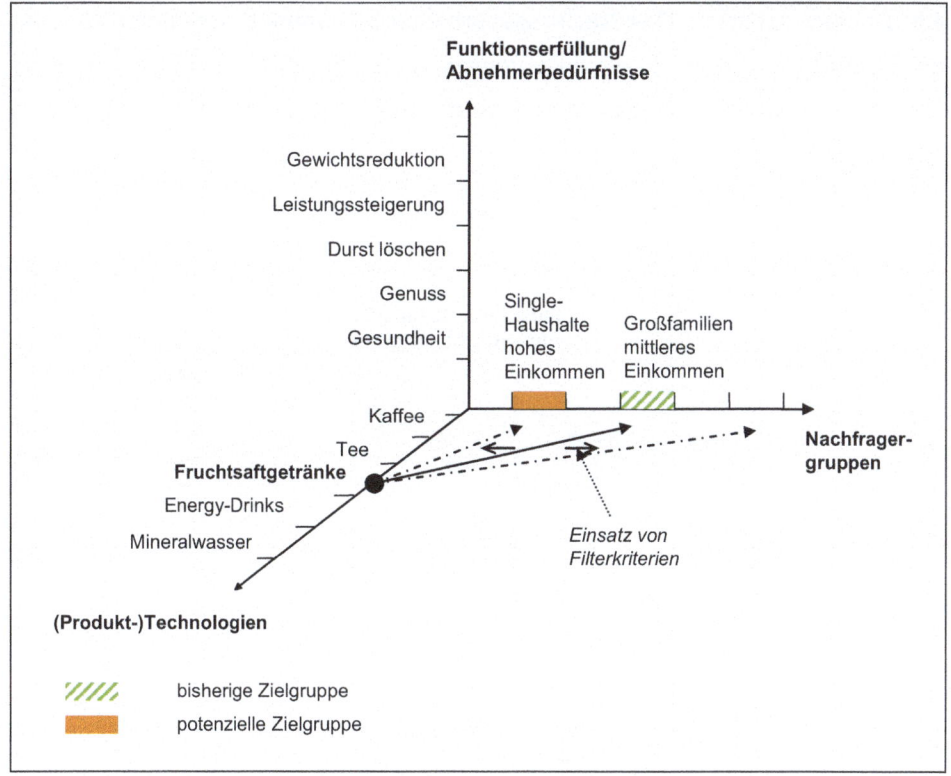

Abb. 53: **Abellscher Suchrahmen mit Leistungsangebot als Ankerpunkt**
(Quelle: eigene Darstellung)

Neben der Identifikation neuer attraktiver Nachfragergruppen kann die Analyse der Käuferstruktur auch Überlegungen zur *Erweiterung der Positionierung* eines Leistungsangebots anstoßen. Denn möglicherweise können über die Variation der Abnehmergruppen Hinweise auf bisher nicht erkannte Funktionspotenziale des Produktes gewonnen werden. Wird etwa festgestellt, dass eine von der ursprünglichen Zielgruppe weit entfernte Abnehmergruppe das Produkt stark nachfragt, kann dies darauf hindeuten, dass das Produkt eine breitere Palette von Bedürfnissen befriedigt als ursprünglich angenommen. Dies wäre etwa der Fall, wenn festgestellt wird, dass sog. „Energy-Drinks" nicht mehr nur von schulpflichtigen Jugendlichen, sondern auch von Managern mittleren Alters gekauft werden. Hieraus kann der Schluss gezogen werden, dass das Produkt nicht nur als wach haltendes Partygetränk, sondern auch als Leistungssteigerungsmittel im

Beruf eingesetzt wird. Das Nachfrageverhalten bestimmter Abnehmer kann so zur *Identifikation neuer Funktionspotenziale* eines Produktes beitragen, so dass neben neuen *Nachfrager-* auch neue *Bedürfnissegmente* entdeckt werden können (Strategie 5).

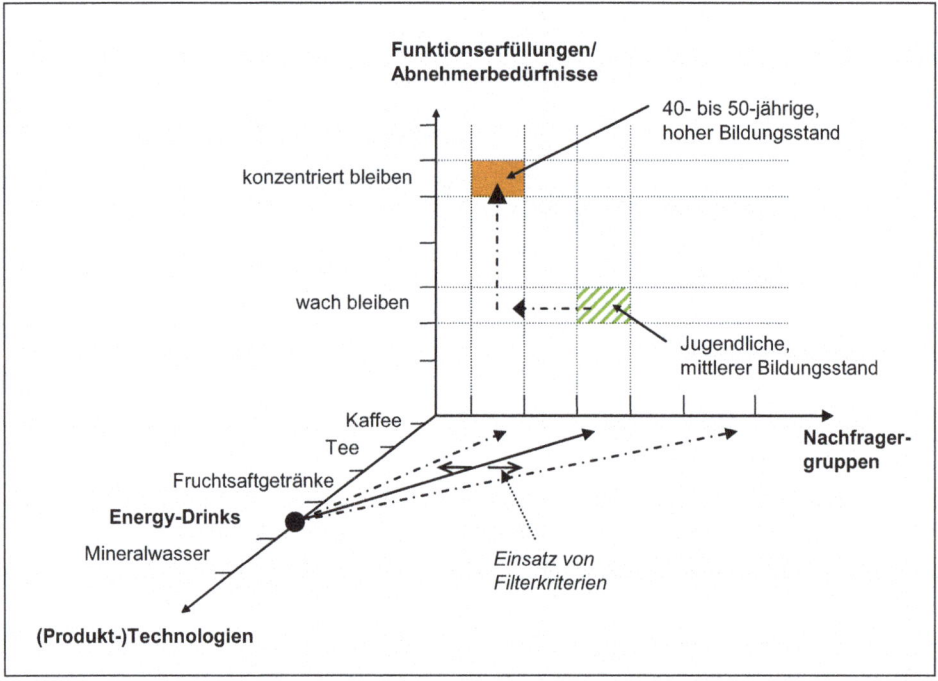

Abb. 54: **Abellscher Suchrahmen mit Leistungsangebot als Ankerpunkt und Variation der Nachfragersektoren und Funktionsanforderungen
(Quelle: eigene Darstellung)**

6.3.2.3 Nachfragerdimension als Ankerpunkt der Suchaktivitäten

Neben der (Produkt-)Technologiedimension kann auch die *Nachfragerdimensi-
on* den Ausgangspunkt der Suchaktivitäten bilden. Dafür wird zunächst untersucht, welche Kundengruppe den Nachfrageschwerpunkt eines bestimmten Leistungsangebots des Unternehmens darstellt, wobei ebenfalls auf die Ergebnisse
aus der Situationsanalyse zurückgegriffen wird. Ausgehend von diesem Segment (z.B. Großfamilien mit hohem Einkommen) erfolgt analog zur obigen

Vorgehensweise nun ein systematisches Absuchen der (Produkt-) Technologie-achse. Dazu wird eine *warengruppenübergreifende* Analyse des Kaufverhaltens der ausgewählten Kundengruppe durchgeführt, bei der untersucht wird, welche weiteren Produkte das fokussierte Nachfragersegment schwerpunktmäßig kauft. Hieraus können dann Erweiterungsmöglichkeiten des Angebotsspektrums abgeleitet werden.

Die Überlegung hierbei ist, dass eine von den *Hauptabnehmergruppen* des Unternehmens ausgehende Suchaktivität im Vergleich zu einer freien Suche nach zukünftigen Leistungsangeboten prinzipiell mit Vorteilen verbunden ist, da ein größeres Potenzial für Imagetransfers besteht[596] und somit die Erfolgswahrscheinlichkeit einer Neuprodukteinführung höher ist.

Je nachdem, ob mit einer solchen Erweiterung auch eine Funktionsveränderung einhergeht, sind die Suchstrategien 1 (diese ist in der folgenden Abbildung schematisch dargestellt) und 4 angesprochen.

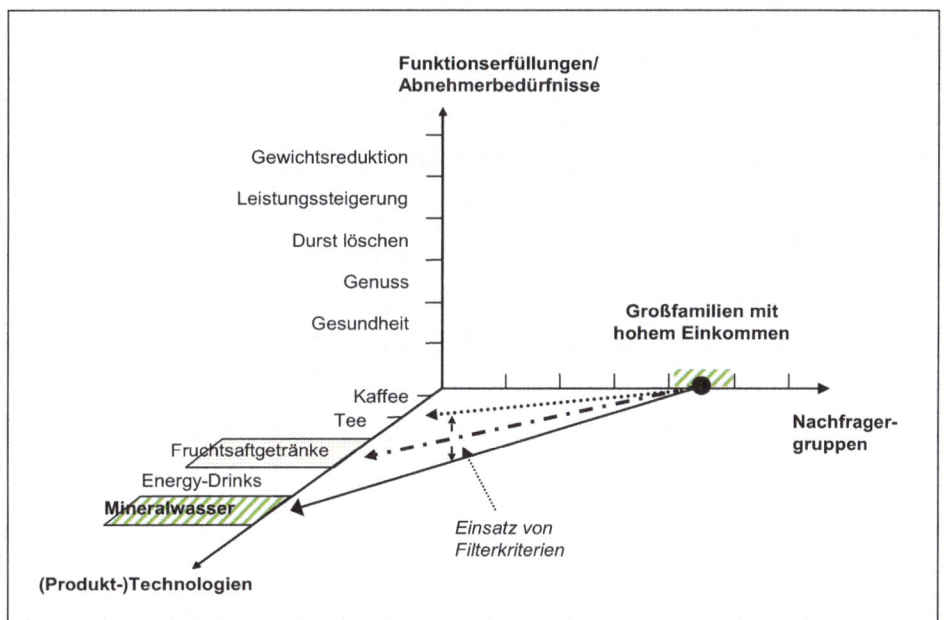

Abb. 55: Abellscher Suchrahmen mit Nachfragergruppe als Ankerpunkt
(Quelle: eigene Darstellung)

---

[596] Vgl. zum Imagetransfer Mayerhofer (1995), S. 159 ff.

Um den Kreis möglicher Betätigungsfelder einzuschränken, bestehen auch hier vielfältige Möglichkeiten, über Filterkriterien Einschränkungen bzgl. der in Betracht zu ziehenden Leistungsangebote zu machen. Zum Beispiel werden alle Leistungsangebote aussortiert, die bestimmte Absatzvolumina oder Wachstumsraten nicht erreichen. Ein vor dem Hintergrund möglicher Imagetransfers wichtiger Aspekt könnte darüber hinaus die Beschränkung der Suche auf solche Leistungsangebote sein, die eine gewisse *Nähe* zum Ausgangsprodukt aufweisen.

Diese Nähe kann in vielfältiger Weise definiert werden, wobei ein viel versprechender Ansatzpunkt darin läge, zunächst nur innerhalb der gleichen Produktgruppe zu suchen. Danach wird der Blickwinkel auf die übergeordnete Warengruppe und schließlich den gesamten Warengruppenkorb ausgeweitet. Diese schon im Rahmen der Identifikation von Wettbewerbern eingesetzte Vorgehensweise ermöglicht eine *systematische* und *inhaltlich begründete* Erweiterung des Suchraumes auf Basis der im Panel ohnehin hierarchisch vorstrukturierten Warenwelt.

Neben ihrem warengruppenübergreifenden Nachfrageverhalten kann die ausgewählte Abnehmergruppe auch hinsichtlich ihrer *Einstellungen* untersucht werden. Dazu werden die Ergebnisse der standardisierten Paneleinfragen herangezogen. Aus den festgestellten Einstellungsausprägungen können dann entsprechende Bedürfnisse und damit grundsätzliche *Funktionsanforderungen* der Zielgruppe an potenzielle Leistungsangebote abgeleitet werden. Stellt sich dabei heraus, dass man bestimmte Nutzenanforderungen der eigenen Hauptabnehmergruppe bisher nicht bedient, können hieraus Anregungen zur Erweiterung des Leistungsprogramms durch *Variationen bzw. Erweiterungen in den Funktionseigenschaften* der angebotenen Produkte gewonnen werden.

6.3.2.4 Funktionsdimension als Ankerpunkt der Suchaktivitäten

Auch die Funktionsdimension kann den Ausgangspunkt der Suchaktivitäten bilden. Ausgehend von einer bestimmten Abnehmerfunktion könnte etwa ein Hersteller, der seine Produkte in biologisch abbaubaren Verpackungen anbietet, gezielt solche Nachfragergruppen näher in Augenschein nehmen, die besonders umweltbewusst sind. Ein Hersteller von Molkereiprodukten hingegen würde für seinen fettarmen Joghurt solche Segmente identifizieren, die bei ihrem Ernährungsverhalten eine besondere Schlankheitsorientierung aufweisen. In beiden Fällen würde die Strategie 3 unterstützt. Würde der genannte Hersteller nach Maßgabe einer bestimmten Funktion *unabhängig* von einem bestimmten Leistungsangebot nach neuen Abnehmergruppen suchen, läge Strategie 6 vor. Neue Produkte könnten dann z.B. eine möglichst fettarme Margarine, Magerquark oder Ähnliches sein.

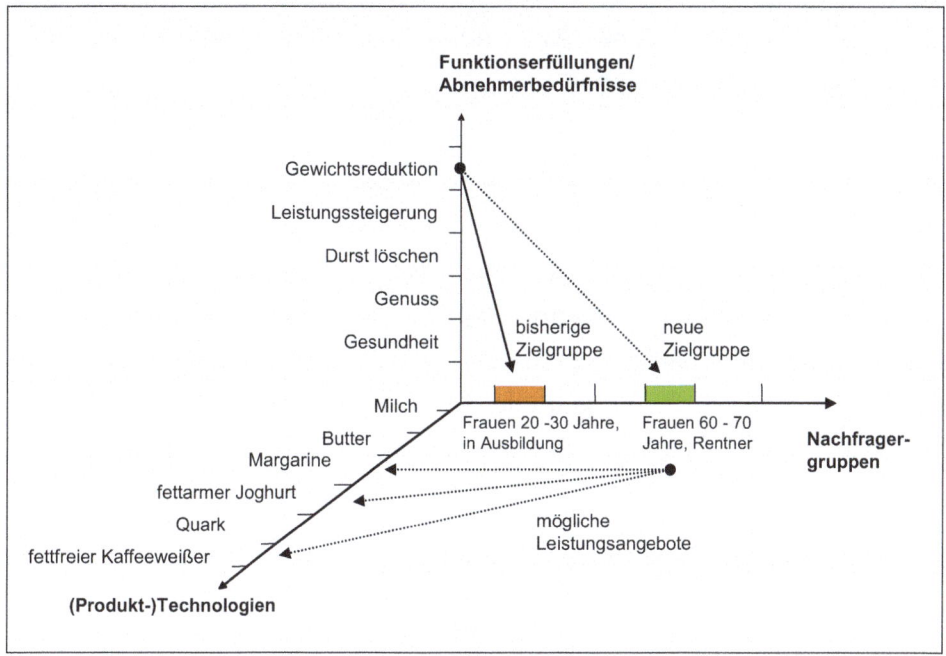

Abb. 56: **Abellscher Suchrahmen für einen Hersteller von Molkereiprodukten mit Funktionserfüllung als Ankerpunkt**
(Quelle: eigene Darstellung)

Unabhängig davon, welche Achse als Ausgangspunkt gewählt wird, hat die geschilderte Vorgehensweise bei der Suche nach potenziellen Betätigungsfeldern mehrere Vorteile: Erstens können systematisch solche Produkt-Markt-Kombinationen identifiziert werden, die einen zuvor festgelegten leistungsprogramm-, nachfrager- oder funktionsbezogenen Bezug zur bisherigen Unternehmensaktivität aufweisen. Zweitens wird durch den Einsatz von Filterkriterien gewährleistet, dass Bereiche geringer Attraktivität von vorneherein ausgesondert werden. Und drittens wird durch die hierarchische Erfassung der Warenwelt und der damit einhergehenden Möglichkeit einer schrittweisen und inhaltlich begründeten Ausweitung der Suchaktivität die Wahrscheinlichkeit des Übersehens potenzieller Alternativen verringert. Dieser Aspekt ist nicht zu unterschätzen, geht es doch im Defining the Business gerade um eine möglichst *offene* und *umfassende*, aber *nicht willkürliche* Suche nach neuen Marktchancen.

6.3.2.5 Möglichkeiten der methodischen Unterstützung der Suche und Identifikation potenzieller Produkt-Markt-Kombinationen mit Hilfe der Assoziationsanalyse

Nach der Darstellung der panelbasierten Suche nach potenziellen Betätigungsbereichen im Rahmen des Abell-Schemas wird im Folgenden anhand realer Paneldaten gezeigt, wie die geschilderte Vorgehensweise methodisch unterstützt werden kann. Anwendung findet hierbei die *Assoziationsanalyse*, ein neueres Verfahren aus dem Bereich des Data Mining, welches die Aufdeckung von Zusammenhängen zwischen Ereignissen oder Merkmalen in großen Datenbeständen, wie sie im Rahmen einer Panelerhebung generiert werden, zum Ziel hat.

6.3.2.5.1 Grundlagen der Assoziationsanalyse

6.3.2.5.1.1 Aufdeckung von Zusammenhängen mittels der Assoziationsanalyse

Zielsetzung des Data Mining ist es, durch die Anwendung von Algorithmen Muster in Datenbeständen zu erkennen.[597] Hierbei werden i.Allg. vom Anwender a priori keine Hypothesen über mögliche Zusammenhänge aufgestellt. Vielmehr ist die Hypothesen*generierung* ein Ziel des Data Mining.[598] Dies ist einer der zentralen Unterschiede zu anderen multivariaten Analysemethoden, wie bei-

---

[597] Vgl. Fayyad/Piatetsky-Shapiro/Smyth (1996), S. 6.
[598] Vgl. Bollinger (1996), S. 257.

spielsweise der Regressionsanalyse.[599] Zudem stoßen traditionelle Datenanaly-severfahren bei sehr großvolumigen Datenbanken an ihre Kapazitätsgrenzen, was die Aufdeckung verwertbarer Zusammenhänge angeht.[600] Die Assoziations-analyse, deren Entwicklung auf das Jahr 1993 zurückgeht,[601] stellt eine der do-minierenden Methoden des Data Mining dar.[602]

Im Rahmen der Assoziationsanalyse werden systematische Zusammenhänge zwischen Elementen aufgedeckt, die in einer gemeinsamen Datenbasis erfasst sind.[603] Die Datenbasis besteht i.Allg. aus einer Vielzahl einzelner Datensätze, die wiederum aus einer Vielzahl einzelner Elemente bestehen.[604] Bei diesen Elementen handelt es sich um Ereignisse wie z.B. den Kauf eines bestimmten Produktes.[605] Diese Ereignisse werden auch als „Items" im datenanalytischen Sinne bezeichnet. Das Ziel der Assoziationsanalyse besteht nun darin, aufzuzei-gen, zwischen welchen Items der Datenbasis Beziehungen im Sinne eines häufi-gen gemeinsamen Auftretens existieren.[606]

Die Beschreibung der Beziehungen erfolgt in Form von WENN-DANN-Regeln, die Korrespondenzen zwischen den Items aufzeigen. In allgemeiner Form er-scheinen Assoziationsregeln daher in der Form: „WENN Item A auftritt, DANN tritt (mit einer bestimmten Wahrscheinlichkeit) auch Item B auf".[607] Eine Asso-ziationsregel besteht daher *immer* aus zwei Komponenten: einem sog. „Regel-rumpf", der die *Prämisse* der Regel darstellt und die Itemmenge *X* umfasst („WENN-Komponente"), sowie einem „Regelkopf", der die *Konsequenz* der

---

[599]   Vgl. hierzu Beekmann (2003), S. 19.

[600]   Vgl. Bensberg (2001), S. 61.

[601]   In diesem Jahr veröffentlichten *Agrawal*, *Imielinski* und *Swami* erstmalig einen Aufsatz, der sich mit der Problematik beschäftigte, aus großen Datenbeständen, in denen Kun-dentransaktionen registriert waren, sog. „Assoziationsregeln" zu generieren. Vgl. Agra-wal/Imielinski/Swami (1993).

[602]   Vgl. Säuberlich (2000), S. 53.

[603]   Vgl. Anand/Büchner (1998), S. 79.

[604]   Vgl. Beekmann/Stock/Chamoni (2003), S. 1529.

[605]   Die im Folgenden betrachteten Datensätze stellen immer *Kauftransaktionen* dar.

[606]   Vgl. Schinzer/Bange/Mertens (1999), S. 117.

[607]   Vgl. Beekmann/Stock/Chamoni (2003), S. 1529; Küsters (2000), S. 115.

Regel beschreibt und die Itemmenge *Y* beinhaltet („DANN-Komponente").[608]
Beide Itemmengen können beliebig viele Elemente enthalten.[609] Eine Regel
könnte damit lauten:

(Regel 1):

„WENN   Kauf *Backmischung* und

Kauf *Milch* und

Kauf *magerer Quark*   DANN   Kauf *frisches Obst*"

Assoziationsregeln können sich auf eine oder mehrere *Dimensionen* beziehen.
Was als Dimension festgelegt wird, liegt im Ermessen des Anwenders. Ein Beispiel für eine *eindimensionale* Regel ist die Regel 1, da sich sowohl im Regel-
rumpf als auch im Regelkopf Items befinden, die zur Dimension „Kauf" gehören. Werden Regeln generiert, die weitere Dimensionen einschließen (z.B. die
soziodemografischen Eigenschaften der nachfragenden Haushalte), wird von
mehrdimensionalen Assoziationsregeln gesprochen.[610] Die folgende Regel 2 ist
ein Beispiel hierfür.

(Regel 2):

„WENN   Kauf *Energy-Drink* und

Haushaltsmerkmal *junger Single* und

Kaufzeitpunkt *Samstag*   DANN   Kauf *Wodka*"

Bezüglich der Merkmale kann zudem unterschieden werden, ob sie in *kategoria-
ler* oder *quantitativer* Form vorliegen. Kategoriale Merkmale haben nominal
skalierte Ausprägungen (z.B. Geschlecht oder Familienstand), wohingegen
quantitative Merkmale (z.B. Einkommen) eine metrische Skalierung aufweisen.
Damit Letztere in die Assoziationsanalyse einbezogen werden können, müssen
sie durch Herunterstufen auf Nominalskalenniveau transformiert werden.[611] Ein
Item stellt sich dann z.B. als das Vorliegen/Nicht-Vorliegen einer bestimmten

---

[608]   Vgl. Hettich/Hippner/Wilde (2000), S. 971.
[609]   Vgl. Berry/Linoff (1997), S. 141 f.
[610]   Vgl. Han/Kamber (2001), S. 229.
[611]   Vgl. Han/Kamber (2001), S. 229.

Einkommensklasse innerhalb einer Transaktion dar. Somit werden Items letztlich immer über einen *binären* Wertebereich erfasst.[612]

6.3.2.5.1.2 Regelgenerierung und Gütemaße der Assoziationsanalyse

Zur Bewertung der Aussagekraft von Assoziationsregeln werden mindestens zwei Gütemaße herangezogen, der „Support" und die „Konfidenz". Der *Support* (sup) setzt die Anzahl der Transaktionen, in denen alle Items, die in der Regel enthalten sind, d.h. die Regel unterstützen, ins Verhältnis zur Anzahl aller Transaktionen in der Datenbasis. Der Support ist somit der *Anteilswert* einer Regel an der gesamten Datenbasis. Die *Konfidenz* (conf) hingegen bezeichnet das Verhältnis aller Transaktionen, die die Regel unterstützen, zur Anzahl der Transaktionen, die die Prämisse (WENN-Komponente) enthalten. Sie beschreibt daher die bedingte Wahrscheinlichkeit des Auftretens der Konsequenz, wenn innerhalb einer zufällig aus der Datenbank gezogenen Transaktion die Prämisse vorliegt.[613] Die Konfidenz ist daher ein Maß für die *Stärke* des Zusammenhanges von Prämisse und Konsequenz.[614] Aufgrund ihrer zentralen Bedeutung werden im Folgenden die formalen Grundlagen der bisher angesprochenen Zusammenhänge kurz dargelegt.[615]

Gegeben sei eine Datenbasis D mit einer Menge von Transaktionen $T = \{t_1, t_2, ..., t_n\}$. Jede Transaktion ist eine k-elementige Ereigniskombination X aus einer Menge von Items $I = \{i_1, i_2, ..., i_m\}$, wobei gilt: $X \subseteq I$ mit $|X| = k$. Die Häufigkeit einer beliebigen Ereigniskombination ist definiert als der Anteil der Transaktionen in der Datenbasis D, der die Ereigniskombination als Teilmenge enthält. Seien X und Y nicht leere Ereigniskombinationen unter der Bedingung $X \cap Y = \phi$, stellt eine *Assoziationsregel* eine Implikation der Form $X \to Y$ dar, wobei X die Prämisse der Regel (Regelrumpf) und Y die Konsequenz (Regelkopf) ist. Der Support einer Regel ist damit wie folgt definiert:

---

[612] Vgl. Klemettinen/Mannila/Ronkainen et al. (1994), S. 401; Adriaans/Zantinge (1996), S. 63.

[613] Vgl. Hipp (2003), S. 16.

[614] Vgl. Beekmann/Stock/Chamoni (2003), S. 1530.

[615] Vgl. zu den folgenden Ausführungen Hipp (2003), S. 15 ff.

$$\text{sup}(X \to Y) = \frac{\left|\{t \in D | (X \cup Y) \subseteq t\}\right|}{|D|}.$$

Im Gegensatz zum Support, der sich auf die *gesamte* Datenbasis bezieht, gehen bei der Konfidenz in den Nenner nur die Transaktionen aus D ein, welche die Ereigniskombination X, d.h. die Prämisse, beinhalten:

$$\text{conf}(X \to Y) = \frac{\left|\{t \in D | (X \cup Y) \subseteq t\}\right|}{\left|\{t \in D | X \subseteq t\}\right|}.$$

Die Berechnung der beiden Gütemaße soll anhand eines Beispiel verdeutlicht werden, dem die folgende Abbildung zugrunde liegt.

Transaktionen	Ereigniskombinationen
t_1	{a,b,c}
t_2	{a,b,c,e}
t_3	{a,c,e}
t_4	{a,b,e}
t_5	{a,c,d,e}
t_6	{b,d,e}

Abb. 57: **Mögliche Ereigniskombinationen bei unterschiedlichen Transaktionen in einer Datenbasis D**
(Quelle: in Anlehnung an Hipp (2003), S. 17)

Die Transaktionen t_1 bis t_6 der Datenbasis D sind jeweils Ereigniskombinationen aus der Menge aller Items $I = \{a,b,c,d,e\}$. Sei X = $\{a,b\}$ und Y = $\{e\}$, dann gilt:

$$\sup(X \rightarrow Y) = \frac{|\{t2,t4\}|}{|D|} = 0,\overline{3}$$

und

$$\text{conf}(X \rightarrow Y) = \frac{|\{t2,t4\}|}{|\{t1,t2,t4\}|} = 0,\overline{6}.$$

Die Ermittlung von Gütemaßen ist wichtig, da sich die Anzahl möglicher WENN-DANN-Regeln aus *allen* Itemkombinationen innerhalb der Datenbasis ergibt,[616] so dass es schnell zu einer unüberschaubar großen Anzahl von Regeln kommt.[617] Daher werden Gütemaße schon im Prozess der Regelgenerierung eingesetzt. Hierdurch wird die Anzahl der aus der Datenbasis zu extrahierenden Regeln *von vorneherein* begrenzt, indem nur solche Regeln erzeugt werden, die sowohl einen festgelegten Support als auch eine bestimmte Konfidenz erreichen.

Zur Generierung von Regeln können unterschiedliche Algorithmen angewendet werden. Beim *Apriori-Algorithmus,* der als das klassische Verfahren zur Bildung von Assoziationsregeln angesehen wird,[618] werden alle Zusammenhänge identifiziert, die die Bedingung

$$\sup(X \rightarrow Y) \geq \sup\min \wedge \text{conf}(X \rightarrow Y) \geq \text{conf}\min$$

erfüllen. Dafür werden zunächst alle Itemmengen ermittelt, die den Mindestsupport erreichen. Diese werden als „häufig" (frequent) bezeichnet. Danach werden

---

[616] Vgl. Hettich/Hippner/Wilde (2000), S. 971.
[617] Vgl. Decker/Schimmelpfennig (2002), S. 204 ff.
[618] Vgl. Hettich/Hippner/Wilde (2000), S. 972.

aus den häufigen Itemmengen alle Regeln extrahiert, die der Konfidenzanforderung genügen.[619]

Eine Verringerung der Anzahl der Regeln kann jenseits formaler Restriktionen auch dadurch herbeigeführt werden, dass der Anwender auf der Grundlage inhaltlicher Überlegungen vor oder nach der Regelgenerierung bestimmt, welche Attribute – z.B. bestimmte Warengruppen, Haushaltsmerkmale oder Einkaufsstätten – in der Regelmenge *keine* oder eine *besondere* Berücksichtigung finden sollen. Der erste Fall ergibt sich, wenn ein Unternehmen den Nahrungsmittelmarkt näher untersuchen möchte und daher alle Warengruppen der Bereiche Körperpflege und WPR ausschließt. Im zweiten Fall würde ein Produktmanager für eine Teesorte nur solche Regeln, die auch den Kauf von Gebäck beinhalten, generieren.[620]

Es wurde schon gezeigt, dass der Support und die Konfidenz genutzt werden, um die Menge der Regeln einzuschränken. Beide Maße können aber auch unter *Marketinggesichtspunkten* interpretiert werden: Der Support definiert die Bedeutung einer Regel danach, wie häufig die zugrunde liegende Itemkombination in der Datenbasis vorkommt. Die marketingbezogene Relevanz besteht somit darin, dass aufgezeigt wird, welches *Marktvolumen* eine generierte Regel widerspiegelt. Die Konfidenz misst dagegen unabhängig von der Häufigkeit ihres Auftretens, wie stark der Zusammenhang ist, den eine Regel abbildet. Je höher die Konfidenz ist, desto *handlungsleitender* ist eine Regel. Grundsätzlich sind daher Regeln mit hohen Support- und Konfidenzwerten zu generieren.

Hierbei sind jedoch gewisse Einschränkungen zu machen. Ein zu hoch angesetzter Support kann nämlich dazu führen, dass interessante Regeln, die bei Marktwahlentscheidungen von Bedeutung gewesen wären, keine Berücksichtigung

---

[619] Auf die genaue Darstellung der Vorgehensweise beim Apriori-Algorithmus wird an dieser Stelle verzichtet. Sie kann aber, ebenso wie die Vorgehensweisen weiterer Algorithmen zur Regelgenerierung in der einschlägigen Literatur nachgelesen werden. Vgl. beispielsweise Hipp (2003), S. 57 ff.

[620] Natürlich können einschließende und ausschließende Bedingungen auch kombiniert werden. Vgl. Hettich/Hippner/Wilde (2000), S. 977.

finden, weil sie insgesamt zu selten in der Datenbasis vorkommen. Dann aber werden u.U. Hinweise auf *Marktnischen* übersehen. Regeln mit sehr hohen Konfidenzwerten spiegeln hingegen oft schon *bekanntes Wissen* wider, so dass sie bei der Suche nach neuen Betätigungsfeldern keinen zusätzlichen Nutzen stiften.[621] Beide Maße können daher immer nur vor dem Hintergrund der jeweiligen Problemstellung festgelegt werden.

Das Heranziehen der Konfidenz als Maß für die Verwertbarkeit einer Regel kann noch aus einem zweiten Grund problematisch sein. Ist die Konsequenz Y einer Regel die Teilmenge einer sehr großen Anzahl von Transaktionen in der Datenbasis, erhält die Regel $X \rightarrow Y$ automatisch einen entsprechend hohen Konfidenzwert.[622] Betrachtet man alleine diesen hohen Konfidenzwert, könnte das eine Beziehung zwischen Prämisse und Konsequenz suggerieren, obwohl sie tatsächlich unabhängig voneinander sind. Unter Marketinggesichtspunkten würden dann u.U. Entscheidungen auf der Grundlage von Beziehungen getroffen, die sachlogisch so nicht existieren.

Um dieser Problematik zu entgehen, ist mit dem „Lift" ein weiteres Gütemaß entwickelt worden. Der Lift drückt das Verhältnis der *bedingten* Wahrscheinlichkeit für das Auftreten der Konsequenz bei Vorliegen der Prämisse zur *unbedingten* Wahrscheinlichkeit des Auftretens der Konsequenz in der Datenbasis aus:[623]

$$lift\,(X \rightarrow Y) = \frac{conf\,(X \rightarrow Y)}{\sup(Y)}\,.$$

Sind X und Y stochastisch unabhängig, ergibt sich für den Lift ein Wert von eins. Ein Lift größer/kleiner als eins bedeutet somit, dass sich die Wahrscheinlichkeit

---

[621] Ein Beispiel wäre der gemeinsame Kauf von Kaffee und Kaffeesahne.

[622] So werden etwa Regeln, die das Kaufverhalten an einer Tankstelle beschreiben, immer eine sehr hohe Konfidenz aufweisen, wenn der Kauf von Benzin in der Konsequenz enthalten ist.

[623] Vgl. Hettich/Hippner/Wilde (2000), S. 977.

des Auftretens von Y erhöht/verringert, wenn X in der betrachteten Transaktion vorliegt. Dabei gibt der Lift den Faktor dieser Erhöhung/Verringerung an.[624]

Trotz des Einsatzes von Restriktionen ist die Anzahl der generierten Regeln i.Allg. sehr hoch. Daher bietet sich eine heuristische Vorgehensweise an, die zu einer sukzessiven Auswahl interessanter Regeln führt. So werden zuerst alle Regeln, die eine *sehr hohe* Ausprägung des Lifts haben, selektiert,[625] denn hier liegen Zusammenhänge zwischen Prämisse und Konsequenz vor, die weit über dem zufälligen gemeinsamen Auftreten liegen. Die verbleibenden Regeln werden dann nach ihrem Support sortiert, um einen schnellen Überblick über die marktvolumenmäßige Bedeutung der Regeln zu erhalten. Hierdurch wird erkennbar, inwieweit die Ausnutzung eines festgestellten Zusammenhangs unter wirtschaftlichen Gesichtspunkten sinnvoll ist. Im letzten Schritt werden die Regeln dann nach ihrer Konfidenz sortiert, um die Regeln zu eliminieren, die schon bekanntes oder nutzloses Wissen widerspiegeln. Können keine verwertbaren Regeln in der Gruppe mit sehr hohem Lift gefunden werden, kann das nächste Regel-Cluster mit geringeren Lift-Werten untersucht werden. Dies geschieht so lange, bis ein Minimallift erreicht wird, bei dem die Analyse abgebrochen wird.

6.3.2.5.2 Anwendungsbeispiele

Im Folgenden wird gezeigt, wie die Assoziationsanalyse auf der Grundlage von Paneldaten im Rahmen des Defining the Business eingesetzt werden kann. Wie schon gezeigt wurde, stellt das Verbraucherpanel eine sehr umfassende Informationsgrundlage für eine offene Suche nach neuen Betätigungsbereichen bereit. Neben dem Vorliegen einer solchen Datenbasis muss darüber hinaus die Mög-

---

[624] Vgl. Hipp (2003), S. 18. Bei der Interpretation des Lifts ist allerdings zu beachten, dass seine maximale Höhe durch die *sup(Y)* determiniert wird, da $conf(X \rightarrow Y)$ maximal eins werden kann. Auch ein noch so starker (möglicherweise sogar kausaler) Zusammenhang zwischen X und Y kann also bei entsprechend häufigem Vorkommen von Y in der Datenbasis u.U. Werte annehmen, die nicht wesentlich über eins liegen.

[625] Zur Abgrenzungen der verschiedenen Cluster von Regeln mit unterschiedlich hohen Lifts bietet es sich z.B. an, die Grenzen dorthin zu legen, wo sich größere Sprünge in den Liftwerten befinden.

lichkeit bestehen, diese möglichst unvoreingenommen nach potenziellen Produkt-Markt-Kombinationen zu untersuchen. Unvoreingenommenheit bedeutet, dass die vorliegenden Daten *unabhängig* von zuvor gemachten Annahmen analysiert werden können. Ansonsten besteht die Gefahr, dass bestehende Wahrnehmungs- und Beurteilungsmuster die Suchaktivitäten beeinflussen. Benötigt wird daher ein Verfahren, welches eine Hypothesen*generierung* und nicht nur eine Hypothesen*überprüfung* von Zusammenhängen ermöglicht. Genau diese Anforderung erfüllt die *Assoziationsanalyse,* die auf der Grundlage von Paneldaten somit eine hervorragende Ausgangsbasis bietet, um die Suchphase im Defining the Business methodisch zu unterstützen.

Im Folgenden wird gezeigt, inwieweit ein assoziationsanalytisches Vorgehen unter Verwendung der Software *CLEMENTINE* eine solche Unterstützung leisten kann.[626] Hierfür werden zwei reale Paneldatensätze analysiert. Es handelt sich zum einen um Daten des GfK-Haushaltspanels bezogen auf die Einkäufe in der Warengruppe *Röstkaffee* im Zeitraum vom 01.01.2002 – 31.12.2002. Zum anderen handelt es sich um einen weiteren aus dem GfK-Haushaltspanel stammenden Datensatz, der die Einkäufe im Bundesland Bayern im November 2001 erfasst und *alle Warengruppen* des FMCG-Bereichs berücksichtigt. Alle generierten Regeln basieren auf der tageweisen Beobachtung des Kaufverhaltens.

6.3.2.5.2.1 *Analyse des Kaffeemarktes*

Anhand des *Kaffeedatensatzes* wird gezeigt, wie bei einer tief gehenden Analyse einer ausgewählten Warengruppe bislang möglicherweise nicht bekannte Zusammenhänge aufgedeckt werden können. Die generierten Regeln sind *mehrdimensional*, da sie neben dem Kauf unterschiedlicher Kaffeesorten auch die Kaufzeitpunkte und die Merkmale der nachfragenden Haushalte mit einbeziehen. Zur Analyse des Kaffeemarktes wird auf einen Datensatz zurückgegriffen, bei dem pro Einkaufsakt folgende Merkmale vorliegen:

---

[626]   Bei der verwendeten Software handelt es sich um die Version CLEMENTINE 8.5 der Firma SPSS.

Merkmal	Kurzbeschreibung
Datum	Datum des Einkaufsakts
Einkaufswert	Wert des Einkaufs in €
Einkaufsmenge	Menge des Einkaufs in Gramm
Markenname	Name der Kaffeemarke
Einkaufsstätte	Typ und Name des Handelsunternehmens
Promotion	Wurde der Artikel im Rahmen einer Promotionaktion gekauft?
Alter der haushaltsführenden Person	Diskrete Klassifizierung nach dem Alter des Hauptverdieners in 5-Jahres-Intervallen von 20 – 70 Jahren
Familienlebenswelten	Einteilung der Haushalte nach sozialem Status und Form des Zusammenlebens
Familienstruktur	Einteilung nach Familienstand mit Berücksichtigung der Anzahl und des Alters der Kinder im Haushalt
Haushaltsgröße	Einteilung der Haushalte nach Anzahl der Personen (eine bis acht Personen)
Haushaltsnettoeinkommen monatlich	diskrete Einteilung in 500 €-Intervalle von 1000 € bis 4000 €
Lebenszyklus	Phase des Lebensabschnittes wie jüngere/ältere Familien mit/ohne Kinder; allein stehende Senioren
Sozialer Status	Soziale Schicht der Haushalte
Medien-Involvement	Aufteilung in niedriges, mittleres und hohes Medien-Involvement der HH (auch „keine Nennung" möglich)
HH-Einteilung für Heißgetränke	Einteilung der Haushalte nach Kaufverhalten bezüglich Marken, Handelsmarken und Promotions bei Heißgetränken

Abb. 58: **Erfasste Merkmale des Kaffee-Datensatzes im Zeitraum vom 01.01.2002 –**
31.12.2002
(Quelle: GfK (2002))

Um redundante Ergebnisse zu vermeiden, wird der Merkmalsraum zunächst um hoch miteinander korrespondierende Merkmale wie „Sozialer Status" und „Haushaltsnettoeinkommen monatlich" oder „Familienstruktur" und „Haushaltsgröße" bereinigt. Bei der Festlegung des Mindestsupports (*supmin*) muss zudem beachtet werden, dass der Support in der verwendeten Software CLEMENTINE anders definiert ist als in der Literatur üblich, und zwar als Häufigkeit des Auftretens *nur der Prämisse* einer Regel in Bezug auf alle Transaktionen. Der so definierte Support wird im Folgenden als „sup(präm)" bezeichnet. Formal ist er definiert als

$$\sup(pr\ddot{a}m)(X \to Y) = \frac{\left|\{t \in D \,|\, X \subseteq t\}\right|}{|D|}.$$

Der Support in seiner allgemein üblichen und unter Marketinggesichtspunkten interessanteren Form (Häufigkeit des Auftretens der Prämisse *und* der Konsequenz) findet sich in CLEMENTINE auch wieder, allerdings nur bei der Ergebnisdarstellung. Dort wird er als „Rule Support" bezeichnet.

Im Folgenden soll eine Aufdeckung möglicher Zusammenhänge zwischen den Merkmalen „Datum des Einkaufs", „gekaufte Marke", „Alter der haushaltsführenden Person" und „sozialer Status" erfolgen. Der *supmin(präm)* wird auf 3,5 % und die *confmin* auf 10 % festgelegt. Bei der Regelgenerierung werden insgesamt 296 Regeln erzeugt, die zunächst nach ihrem Lift sortiert werden.[627]

---

[627] Beim Lesen der Ergebnistabelle ist darauf zu achten, dass bei CLEMENTINE (entgegen der üblichen Leserichtung von links nach rechts) die Konsequenz der Regel *links* in der Tabelle steht und die Prämisse *rechts* davon.

Consequent	Antecedent	Support %	Confidence %	Rule Support %	Lift
Sozialer_Status = Oberschicht/Obere Mittelschicht	Alter_HH_fuehrende_Person = 65 - 69 Jahre	10.298	10.405	1.072	2.111
Alter_HH_fuehrende_Person = 65 - 69 Jahre	Sozialer_Status = Oberschicht/Obere Mittelschicht	4.928	21.743	1.072	2.111
BRAND_NAME = Dallmayr Prodomo	Sozialer_Status = Oberschicht/Obere Mittelschicht	4.928	10.758	0.530	1.763
Sozialer_Status = Untere Arbeiterschicht	Alter_HH_fuehrende_Person = 25 - 29 Jahre	4.633	25.865	1.198	1.672
Alter_HH_fuehrende_Person = 65 - 69 Jahre	BRAND_NAME = Dallmayr Prodomo	6.102	17.148	1.046	1.665
BRAND_NAME = Dallmayr Prodomo	Alter_HH_fuehrende_Person = 65 - 69 Jahre	10.298	10.161	1.046	1.665
Sozialer_Status = Oberschicht/Obere Mittelschicht	Alter_HH_fuehrende_Person = 55 - 59 Jahre	4.928	12.649	0.623	1.548
MONTH = m12	BRAND_NAME = Jacobs Kroenung Classic Sozialer_Status = Untere Mittelschicht	3.536	12.569	0.444	1.531
MONTH = m12	BRAND_NAME = Dallmayr Prodomo	6.102	12.445	0.759	1.516
Alter_HH_fuehrende_Person = 70 Jahre und älter	Sozialer_Status = Mittlere Mittelschicht	9.370	17.601	1.649	1.516
Sozialer_Status = Mittlere Mittelschicht	Alter_HH_fuehrende_Person = 70 Jahre und älter	11.613	14.202	1.649	1.516
BRAND_NAME = Jacobs Kroenung Classic	MONTH = m12	8.207	13.306	1.092	1.504
MONTH = m12	BRAND_NAME = Jacobs Kroenung Classic	8.846	12.346	1.092	1.504
BRAND_NAME = Handelsmarke	Alter_HH_fuehrende_Person = 25 - 29 Jahre	4.633	14.159	0.656	1.498
Alter_HH_fuehrende_Person = 70 Jahre und älter	Sozialer_Status = Oberschicht/Obere Mittelschicht	4.928	17.092	0.842	1.472
Sozialer_Status = Untere Arbeiterschicht	Alter_HH_fuehrende_Person = 30 - 34 Jahre	10.226	22.681	2.319	1.466
Alter_HH_fuehrende_Person = 30 - 34 Jahre	Sozialer_Status = Untere Arbeiterschicht	15.467	14.995	2.319	1.466
Sozialer_Status = Untere Arbeiterschicht	BRAND_NAME = Jacobs Meisterroestung Classic	4.039	22.653	0.915	1.465
Alter_HH_fuehrende_Person = 30 - 34 Jahre	BRAND_NAME = Onko Klassisch	3.987	14.887	0.594	1.456
Alter_HH_fuehrende_Person = 30 - 34 Jahre	BRAND_NAME = Jacobs Meisterroestung Classic	4.039	14.787	0.597	1.446
Alter_HH_fuehrende_Person = 70 Jahre und älter	BRAND_NAME = Dallmayr Prodomo	6.102	16.506	1.007	1.421
Alter_HH_fuehrende_Person = 55 - 59 Jahre	BRAND_NAME = Jacobs Kroenung Classic Sozialer_Status = Untere Mittelschicht	3.536	11.594	0.410	1.419
MONTH = m10	BRAND_NAME = Tchibo Feine Milde	4.747	11.818	0.561	1.417
Alter_HH_fuehrende_Person = 35 - 39 Jahre	BRAND_NAME = Onko Klassisch	3.987	15.074	0.601	1.409
Alter_HH_fuehrende_Person = 65 - 69 Jahre	Sozialer_Status = Mittlere Mittelschicht	9.370	14.360	1.346	1.394
Sozialer_Status = Mittlere Mittelschicht	Alter_HH_fuehrende_Person = 65 - 69 Jahre	10.298	13.066	1.346	1.394
Alter_HH_fuehrende_Person = 40 - 44 Jahre	BRAND_NAME = Aldi Extra - Gold	5.576	13.570	0.757	1.394
MONTH = m03	BRAND_NAME = Tchibo Feine Milde	4.747	13.349	0.634	1.389
Sozialer_Status = Mittlere Mittelschicht	BRAND_NAME = Dallmayr Prodomo	6.102	12.796	0.781	1.366
MONTH = m08	BRAND_NAME = Onko Klassisch	3.987	10.540	0.420	1.287
Alter_HH_fuehrende_Person = 70 Jahre und älter	MONTH = m11				

Abb. 59: Assoziationsregeln Warengruppe Kaffee (supmin(präm): 3,5 %; confmin: 10 %) (CLEMENTINE-Berechnung auf der Grundlage des Kaffee-Datensatzes)

Bei der Analyse der Regeln mit den höchsten Lift-Werten fällt auf, dass offensichtlich eine Beziehung zwischen dem Merkmal „Einkaufsmonat" und dem Merkmal „gekaufte Kaffeemarke" besteht. Mehrere Regeln zeigen, dass im *Dezember* zwei bestimmte Kaffeemarken mit einem Lift von weit über eins nachgefragt werden: „Jacobs Krönung Classic" und „Dallmayr Prodomo". Das heißt, diese beiden Kaffeesorten werden gerade in der Weihnachtszeit verstärkt getrunken. Das liefert einen ersten Hinweis darauf, dass sie möglicherweise insbesondere zu *festlichen Anlässen* gekauft werden.

Um hier zu einer detaillierteren Analyse zu gelangen, wird im nächsten Schritt der *supmin(präm)* auf 0,6 gesenkt. Dies ist notwendig, da die Senkung des *supmin(präm)* die Wahrscheinlichkeit erhöht, dass in die Regelprämisse *weitere* Komponenten Eingang finden. Hierbei werden 2039 Regeln erzeugt, in deren Prämissen sich jetzt zusätzliche Informationen über die *sozialen Schichten* der Nachfrager befinden. Es werden nun alle Regeln näher betrachtet, die in ihrer Konsequenz den Monat Dezember aufweisen. Hierbei zeigt sich, dass der Zusammenhang zwischen dem Einkaufsmonat Dezember und den Marken „Jacobs Krönung Classic" und „Dallmayr Prodomo" praktisch über *alle sozialen Schichten hinweg* stabil ist, d.h. alle diesbezüglichen Regeln weisen einen hohen Lift auf. Damit scheinen die beiden Marken tatsächlich die typischen Festtagssorten der Nachfrager zu sein.

Consequent	Antecedent	Support %	Confidence %	Rule Support %	Lift
Sozialer_Status = mittlere Mittelschicht	MONTH = m11 / Alter_HH_fuehrende_Person = 45 - 49 Jahre	0.931	10.010	0.093	1.068
MONTH = m12	BRAND_NAME = Dallmayr Prodomo / Alter_HH_fuehrende_Person = 60 - 64 Jahre	0.948	14.061	0.133	1.713
MONTH = m12	BRAND_NAME = Jacobs Kroenung Classic / Alter_HH_fuehrende_Person = 65 - 69 Jahre	0.951	13.810	0.131	1.683
MONTH = m12	BRAND_NAME = Jacobs Kroenung Classic / Alter_HH_fuehrende_Person = 60 - 64 Jahre	1.072	13.652	0.146	1.663
MONTH = m12	BRAND_NAME = Darboven Edel	0.905	13.594	0.123	1.656
MONTH = m12	BRAND_NAME = Jacobs Kroenung Classic / Alter_HH_fuehrende_Person = 40 - 44 Jahre	0.736	13.038	0.096	1.589
MONTH = m12	Alter_HH_fuehrende_Person = 55 - 59 Jahre / BRAND_NAME = Jacobs Kroenung Classic	0.911	12.883	0.117	1.570
MONTH = m12	BRAND_NAME = Dallmayr c-frei / Sozialer_Status = Untere Mittelschicht	0.739	12.863	0.095	1.567
MONTH = m12	BRAND_NAME = Jacobs Kroenung Classic / Sozialer_Status = Obere Arbeiterschicht	2.306	12.687	0.293	1.546
MONTH = m12	BRAND_NAME = Dallmayr Prodomo / Sozialer_Status = Untere Arbeiterschicht	0.722	12.645	0.091	1.541
MONTH = m12	BRAND_NAME = Dallmayr Prodomo / Sozialer_Status = Obere Arbeiterschicht	1.496	12.640	0.189	1.540
MONTH = m12	BRAND_NAME = Jacobs Kroenung Classic / Alter_HH_fuehrende_Person = 70 Jahre und älter	1.062	12.632	0.134	1.539
MONTH = m12	BRAND_NAME = Dallmayr Prodomo / Sozialer_Status = Untere Mittelschicht	2.540	12.583	0.320	1.533
MONTH = m12	BRAND_NAME = Jacobs Kroenung Classic / Sozialer_Status = Untere Mittelschicht	3.536	12.569	0.444	1.531
MONTH = m12	BRAND_NAME = Jacobs Kroenung Classic / Alter_HH_fuehrende_Person = 30 - 34 Jahre	0.777	12.470	0.097	1.519
MONTH = m12	BRAND_NAME = Dallmayr Prodomo	6.102	12.445	0.759	1.516
MONTH = m12	BRAND_NAME = Jacobs Kroenung Classic	8.846	12.346	1.092	1.504
MONTH = m12	BRAND_NAME = Dallmayr Prodomo / Alter_HH_fuehrende_Person = 70 Jahre und älter	1.007	12.303	0.124	1.499

Abb. 60: **Assoziationsregeln Warengruppe Kaffee (supmin(präm): 0,6 %; confmin: 10 %)**
(CLEMENTINE-Berechnung auf der Grundlage des Kaffee-Datensatzes)

In einem dritten Schritt kann der angenommene Zusammenhang schließlich dahingehend analysiert werden, ob Segmente, welche die genannten Marken überdurchschnittlich stark im Dezember kaufen, dies möglicherweise auch in allen anderen Monaten tun, oder ob sie in Monaten *ohne* festlichen Anlass tatsächlich zu ihrem „normalen" Kaufverhalten zurückkehren. Hierzu muss zunächst die confmin auf 5 % gesenkt werden, so dass nun auch Regeln mit einem Lift kleiner eins erzeugt werden können. Dies ist notwendig, um auch Zusammenhänge anzuzeigen, die unterdurchschnittlich häufig vorkommen. Dafür wird im Folgenden beispielhaft die „Obere Arbeiterschicht" untersucht, bei der das Kaufverhalten von Jacobs Krönung Classic im Dezember einen Lift von 1,546 aufweist.

Würde nun die Obere Arbeiterschicht zur Weihnachtszeit bestimmte Marken entgegen ihrem sonstigen Kaufverhalten präferieren, müsste der Lift bei eine Änderung des Monats *sinken*. Genau dies geschieht: Werden die Monate „September" und „Oktober" betrachtet[628], sinkt der Lift auf Werte von nur noch 0,833 bzw. 0,748.

---

[628] Die Regel lautet dann: WENN „Jacobs Krönung Classic" und „Obere Arbeiterschicht" DANN „Monat Oktober" (bzw. „Monat September").

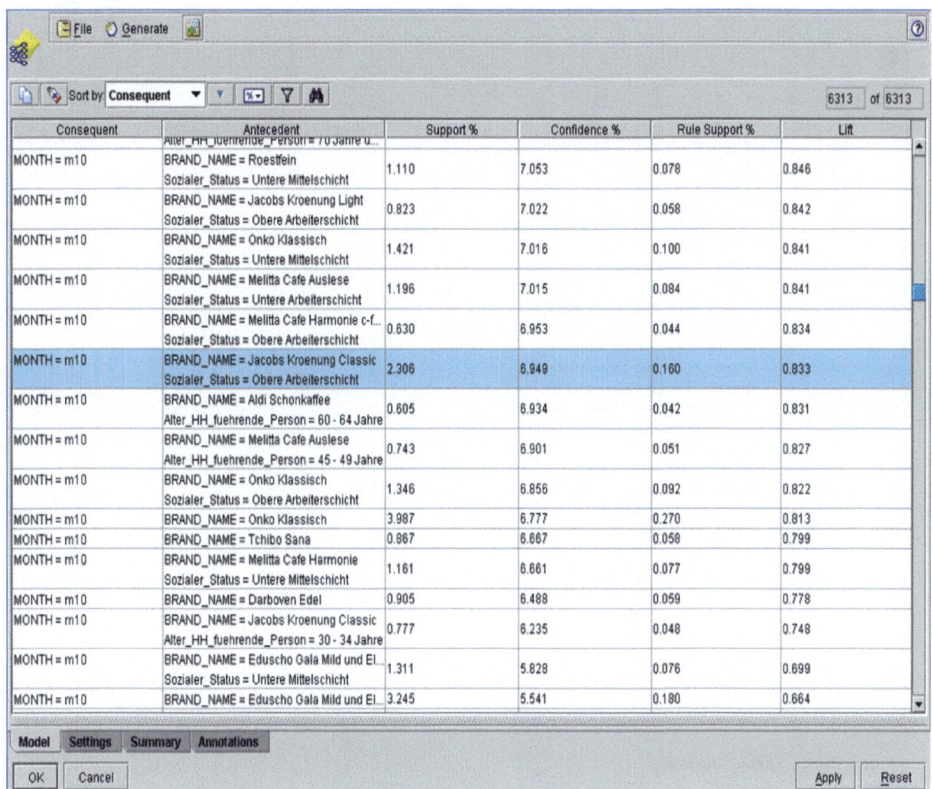

Abb. 61: Assoziationsregeln Warengruppe Kaffee (supmin(präm): 0,6 %; confmin: 5 %) (CLEMENTINE-Berechnung auf der Grundlage des Kaffee-Datensatzes)

Consequent	Antecedent	Support %	Confidence %	Rule Support %	Lift
MONTH = m09	BRAND_NAME = Jacobs Kroenung Classic Alter_HH_fuehrende_Person = 65 - 69 Jahre	0.951	5.975	0.057	0.779
MONTH = m09	BRAND_NAME = Jacobs Kroenung Classic Alter_HH_fuehrende_Person = 45 - 49 Jahre	0.922	5.960	0.055	0.777
MONTH = m09	BRAND_NAME = Jacobs Kroenung Classic	8.846	5.952	0.526	0.776
MONTH = m09	BRAND_NAME = Jacobs Kroenung Classic Alter_HH_fuehrende_Person = 35 - 39 Jahre	0.930	5.912	0.055	0.770
MONTH = m09	BRAND_NAME = Jacobs Kroenung Classic Alter_HH_fuehrende_Person = 70 Jahre u..	1.062	5.877	0.062	0.766
MONTH = m09	BRAND_NAME = Jacobs Kroenung Classic Sozialer_Status = Untere Mittelschicht	3.536	5.850	0.207	0.762
MONTH = m09	BRAND_NAME = Jacobs Kroenung Classic Sozialer_Status = Obere Arbeiterschicht	2.306	5.737	0.132	0.748
MONTH = m09	BRAND_NAME = Jacobs Kroenung Classic Sozialer_Status = Mittlere Mittelschicht	0.912	5.720	0.052	0.745
MONTH = m09	BRAND_NAME = Onko Sonstige Sozialer_Status = Untere Mittelschicht	0.653	5.706	0.037	0.744
MONTH = m09	BRAND_NAME = Eduscho Gala Nr. 1 Sozialer_Status = Obere Arbeiterschicht	0.935	5.683	0.053	0.741
MONTH = m09	BRAND_NAME = Tchibo Feine Milde Sozialer_Status = Obere Arbeiterschicht	1.421	5.574	0.079	0.726
MONTH = m09	BRAND_NAME = Jacobs Kroenung Classic Alter_HH_fuehrende_Person = 30 - 34 Jahre	0.777	5.516	0.043	0.719
MONTH = m09	BRAND_NAME = Jacobs Kroenung Classic Alter_HH_fuehrende_Person = 60 - 64 Jahre	1.072	5.478	0.059	0.714
MONTH = m09	BRAND_NAME = Jacobs Kroenung Classic Alter_HH_fuehrende_Person = 50 - 54 Jahre	0.809	5.300	0.043	0.691
MONTH = m09	BRAND_NAME = Jacobs Kroenung Sonstige Sozialer_Status = Untere Mittelschicht	0.749	5.100	0.038	0.664

Abb. 62: Assoziationsregeln Warengruppe Kaffee (supmin(präm): 0,6 %; confmin: 5 %) (CLEMENTINE-Berechnung auf der Grundlage des Kaffee-Datensatzes)

Betrachtet man jedoch den Monat März, in den im betrachteten Jahr *Ostern* gefallen ist, steigt der Lift wieder auf 1,139. Betrachtet man die genaue Woche, in die die Ostertage gefallen sind, ist der Zusammenhang noch stärker. Dies liegt daran, dass Ostern ein punktuelleres Fest ist als Weihnachten und somit die Gesamtwirkung des Festes im Monat März nicht so stark ist.

Consequent	Antecedent	Support %	Confidence %	Rule Support %	Lift
MONTH = m03	BRAND_NAME = Tchibo Feine Milde, Alter_HH_fuehrende_Person = 60 - 64 Jahre	0.729	11.637	0.085	1.211
MONTH = m03	Sozialer_Status = Unterste Schicht	0.731	11.607	0.085	1.208
MONTH = m03	BRAND_NAME = Roestfein, Sozialer_Status = Untere Mittelschicht	1.110	11.587	0.129	1.206
MONTH = m03	BRAND_NAME = Jacobs Kroenung Classic, Sozialer_Status = Untere Arbeiterschicht	1.498	11.567	0.173	1.203
MONTH = m03	BRAND_NAME = Jacobs Kroenung Classic, Alter_HH_fuehrende_Person = 50 - 54 Jahre	0.809	11.521	0.093	1.199
MONTH = m03	Alter_HH_fuehrende_Person = 25 - 29 Jahre, Sozialer_Status = Untere Arbeiterschicht	1.198	11.431	0.137	1.189
MONTH = m03	BRAND_NAME = Jacobs Kroenung Classic	8.846	11.335	1.003	1.179
MONTH = m03	BRAND_NAME = Eduscho Gala Nr. 1 reizar...	2.648	11.154	0.295	1.160
MONTH = m03	Sozialer_Status = Mittlere Mittelschicht, Alter_HH_fuehrende_Person = 40 - 44 Jahre	0.724	11.068	0.080	1.152
MONTH = m03	BRAND_NAME = Jacobs Kroenung Classic, Sozialer_Status = Untere Mittelschicht	3.536	10.962	0.388	1.140
MONTH = m03	BRAND_NAME = Aldi Mild, Sozialer_Status = Untere Arbeiterschicht	0.944	10.958	0.103	1.140
MONTH = m03	BRAND_NAME = Jacobs Kroenung Classic, Sozialer_Status = Obere Arbeiterschicht	2.306	10.949	0.253	1.139
MONTH = m03	BRAND_NAME = Eduscho Gala Nr. 1 reizar..., Sozialer_Status = Untere Mittelschicht	1.173	10.882	0.128	1.132
MONTH = m03	Alter_HH_fuehrende_Person = 40 - 44 Jahre, Sozialer_Status = Untere Arbeiterschicht	1.661	10.881	0.181	1.132
MONTH = m03	Alter_HH_fuehrende_Person = 30 - 34 Jahre, Sozialer_Status = Untere Arbeiterschicht	2.319	10.727	0.249	1.116
MONTH = m03	Alter_HH_fuehrende_Person = 55 - 59 Jahre, Sozialer_Status = Untere Arbeiterschicht	0.886	10.620	0.094	1.105

Abb. 63: Assoziationsregeln Warengruppe Kaffee (supmin(präm): 0,6 %; confmin: 10 %) (CLEMENTINE-Berechnung auf der Grundlage des Kaffee-Datensatzes)

Kaffeeanbieter erhalten damit wertvolle Informationen, welcher Kaffee bei *besonderen Anlässen* von welchen Nachfragergruppen konsumiert wird. Letztlich zeigt die Analyse, dass Jacobs Krönung Classic und Dallmayr Prodomo ganz offensichtlich dann verstärkt gekauft werden, wenn das Bedürfnis nach gutem und möglicherweise prestigeträchtigem Kaffe groß ist. Damit ist die Dimension der Abnehmerfunktionen des Abell-Schemas betroffen.

Für andere Kaffeehersteller könnte es nun interessant sein, ihren eigenen Marken ein festlicheres Image zu geben. Dies vor allem deshalb, weil die Wahrnehmung der beiden Kaffeemarken als „Festtagskaffees" über alle sozialen Schichten hinweg stabil ist und somit auch Stammkäufer anderer Marken (z.B. Handelsmarkenkäufer) bei den entsprechenden Anlässen zu Jacobs Krönung Classic und Dallmayr Prodomo abwandern. Zudem ist davon auszugehen, dass der Kaffeekonsum an Festtagen höher ist als in der sonstigen Zeit des Jahres.

6.3.2.5.2.2 *Warengruppenübergreifende Analyse*

Ging es im vorigen Beispiel primär darum, warengruppen*spezifische* Eigenschaften detailliert zu untersuchen, wird im Folgenden eine warengruppen*übergreifende* Analyse durchgeführt. Hierzu werden *alle* in der Datenbasis enthaltenen Warengruppen in die Analyse mit einbezogen, Nachfragermerkmale werden hingegen nicht berücksichtigt. Der *supmin(präm)* wird auf 2 % und der confmin auf 20 % festgelegt. Unter diesen Vorgaben werden insgesamt 5731 Regeln generiert. Dies macht noch einmal deutlich, wie wichtig ein systematisches Vorgehen bei der Nutzung von Assoziationsanalysen ist, um irrelevante Zusammenhänge sukzessive zu eliminieren und so zu einer handhabbaren Zahl von Regeln zu gelangen.

Auffällig ist nach der ersten Analyse der Regeln, dass die Warengruppe „Nudeln" recht hohe Lift-Werte aufweist, was auf systematische Beziehung zu anderen Warengruppen hinweist. Von den erzeugten Regeln werden daher im Folgenden nur noch solche mit „Nudeln" in der Konsequenz beleuchtet, was zu einer Verringerung der Regelanzahl auf 250 führt, welche nach ihrem Lift geordnet werden. Das Ergebnis ist in der folgenden Abbildung veranschaulicht.

Consequent	Antecedent	Support %	Confidence %	Rule Support %	Lift
NUDELN	GEMUESE DOSE/GLAS/BRIK SAHNE/CREME FRAICHE/-DOUBLE	2.457	29.877	0.734	2.885
NUDELN	GEMUESE DOSE/GLAS/BRIK GEROESTETE COCKTAILARTIKEL	2.195	29.541	0.648	2.853
NUDELN	SAHNE/CREME FRAICHE/-DOUBLE NATURKAESE JOGHURT FEST	2.154	29.360	0.632	2.835
NUDELN	Feinkost JOGHURT FEST	2.013	29.315	0.590	2.831
NUDELN	GEMUESE DOSE/GLAS/BRIK MARGARINE	2.365	29.289	0.693	2.828
NUDELN	GEMUESE DOSE/GLAS/BRIK NATURKAESE	2.802	29.069	0.815	2.807
NUDELN	GEMUESE DOSE/GLAS/BRIK TIEFKUEHLKOST (****)	2.825	28.689	0.810	2.770
NUDELN	FIXPRODUKTE	5.663	28.569	1.618	2.759
NUDELN	KETCHUP	2.506	28.365	0.711	2.739
NUDELN	GEMUESE DOSE/GLAS/BRIK H-MILCH/STERILMILCH	2.057	28.194	0.580	2.722
NUDELN	SCHOKORIEGEL/NUSSRIE_ (SM)(ED) SAHNE/CREME FRAICHE/-DOUBLE	2.047	28.136	0.576	2.717
NUDELN	GEMUESE DOSE/GLAS/BRIK BUTTER/BUTTERZUBEREITUNGEN	2.414	27.857	0.673	2.690
NUDELN	GEMUESE DOSE/GLAS/BRIK JOGHURT FEST	2.910	27.751	0.807	2.680
NUDELN	SAHNE/CREME FRAICHE/-DOUBLE BUTTER/BUTTERZUBEREITUNGEN JOGHURT FEST	2.044	27.586	0.564	2.664
NUDELN	MARGARINE				

Abb. 64: **Assoziationsregeln Warengruppe Nudeln (supmin(präm): 2 %; confmin: 20 %)**
(CLEMENTINE-Berechnung auf der Grundlage des alle Warengruppen umfassen-
den Datensatzes)

Es fällt auf, dass Nudeln sehr häufig dann eingekauft werden, wenn auch „Gemüse in Dose/Glas/Brik" und/oder „Sahne/Crème Fraiche-Produkte" gekauft
werden: Unter den Regeln mit den höchsten Lifts (> 2,6) treten „Sahne/Crème
Fraiche-Produkte" in vier und „Gemüse in Dose/Glas/Brik" in neun von 16 Regeln auf. Angesichts der Tatsache, dass ca. 70 weitere Warengruppen aus dem
Bereich Nahrung in die Analyse mit einfließen, stellt dies eine starke Häufung
von Beziehungen dar. Bezeichnenderweise lautet zudem die Regel, die den
höchsten Lift aufweist (Lift: 2,885):

WENN „Gemüse in Dose/Glas/Brik" und

„Sahne/Cream Fraiche-Produkte"   DANN   „Nudeln"

Diese Ergebnisse liefern klare Hinweise auf eine starke Beziehung zwischen Nudeln, Gemüse und Sahne/Creme Fraiche. Dies kann nun ein Ansatzpunkt für unterschiedliche Überlegungen sein: Zum einen könnte über die Entwicklung eines neuen *Fertiggerichts* nachgedacht werden, welches alle drei Komponenten vereinigt. Ein auf Soßenherstellung spezialisiertes Unternehmen könnte die Ergebnisse hingegen zum Anlass nehmen, die Marktchancen einer neuen Gemüsesoße auf Sahnebasis zu untersuchen und schließlich könnte auch die Entwicklung einer speziellen *Nudelsorte* (Gemüsenudeln) ins Auge gefasst werden. Dies würde den Suchstrategien 1, 4, 6 und 7, in denen es zu einer Variation der (Produkt-) Technologie kommt, entsprechen.

Das Beispiel zeigt, welches Potenzial die Assoziationsanalyse bietet, Zusammenhänge zwischen Warengruppen durch eine *ungerichtete* Suchaktivität zu identifizieren. Es zeigt zudem, dass die Assoziationsanalyse nicht nur, wie es in der Literatur bei marketingbezogenen Anwendungen ausschließlich zu finden ist, im Rahmen der Sortimentsoptimierung von Handelsgeschäften eingesetzt werden kann, sondern auch *Herstellern* Hinweise auf verwertbare Beziehungen zwischen unterschiedlichen Leistungsangeboten liefern kann.

Darüber hinaus können auch bei warengruppenübergreifenden Untersuchungen weiter gehende Untersuchungen, wie sie für den Kaffeemarkt gezeigt wurden, erfolgen. Hierdurch werden dann beispielsweise solche Segmente aufgespürt, bei denen bestimmte, für nutzbar gehaltene Zusammenhänge in besonders starkem Maße vorliegen. Ebenso ist eine rein zielgruppenspezifische Suche nach Zusammenhängen möglich. In diesem Fall würde als Datenbasis nur das Kaufverhalten eines ausgewählten Stammsegments herangezogen, so dass bei der möglichen Einführung eines neuen Produktes die schon angesprochenen Imagetransferpotenziale ausgenutzt werden können. Dies entspräche den Suchstrategien 1 und 4.

Bei den in den Beispielen aufgedeckten Zusammenhängen handelt es sich um Analysen, die sich auf einen recht kurzen Zeitraum beziehen. Um Entscheidungen über neu zu entwickelnde Produkte, neu zu erschließende Kundensegmente usw. noch besser zu fundieren, muss im Rahmen von Zeitreihenanalysen untersucht werden, in welche Richtung sich die identifizierten Zusammenhänge entwickeln. Im Zuge solcher zeitraum- und warengruppenübergreifenden Assoziationsanalysen können dann grundsätzliche Entwicklungen identifiziert werden. Angesprochen ist die insbesondere unter strategischen Aspekten bedeutsame Möglichkeit, Hinweise auf sich *generell wandelnde Kaufmuster* zu gewinnen. Dies zeigt, wie *nachhaltig* eine aufgedeckte Beziehung ist und ob es lohnend erscheint, ein langfristiges Engagement im entsprechenden Betätigungsfeld einzugehen. So könnte eine sich kontinuierlich abschwächende Beziehung zwischen *Nudeln, Sahne und Speck* und ein gleichzeitiges Erstarken des Zusammenhangs *Nudeln, Creme Fraiche legère, Gemüse* Ausdruck eines steigenden Gesundheitsbewusstseins der Nachfrager sein. Werden ähnliche Entwicklungen auch in *anderen* Warengruppen festgestellt, sollte der Funktion *Gesundheit* bei der Suche nach potenziellen Produkt-Markt-Kombinationen stärkere Aufmerksamkeit gewidmet werden. Zusätzlich würden dann Untersuchungen hinsichtlich des über Paneleinfragen erhobenen *Gesundheitsbewusstsein* in die Analyse mit einbezogen.

Die Anwendung von Assoziationsanalysen auf der Grundlage von Paneldaten stellt eine wertvolle Unterstützung der Suchphase des Defining the Business dar. Insbesondere die Möglichkeit einer umfassenden Suche in großvolumigen Datenbeständen über Warengruppengrenzen hinweg ist von großer Bedeutung, da nur so die für die strategische Planung geforderte *ganzheitliche Betrachtung* der (potenziellen) Unternehmenstätigkeit erfolgen kann. Dabei können Bereichsblindheiten durch die Möglichkeit einer *ungerichteten* Suche nach Zusammenhängen weit gehend ausgeschaltet werden. Aber auch Untersuchungen *einzelner* Warengruppen können, wie am Beispiel des Kaffeemarktes gezeigt wurde, spezifische aber strategisch relevante Zusammenhänge aufdecken, die Überlegungen zu Redefinitionen der bisherigen Produkt-Markt-Kombinationen anregen.

Schließlich eignet sich die Assoziationsanalyse auch zur Unterstützung von *Produkteliminationsentscheidungen*. Wurden Kandidaten identifiziert, die aufgrund kontinuierlicher Marktanteilsverluste, ihrer Phase im Produktlebenszyklus, ihrer Position in der Portfolio-Matrix usw. aus dem Leistungsprogramm des Unternehmens genommen werden sollen, kann über Assoziationsanalysen zuvor geprüft werden, welche Absatzverbundbeziehungen zu anderen Produkten des Unternehmens bestehen.[629] Hierzu werden Assoziationsregeln gebildet, bei denen das zu eliminierende Produkt die *Prämisse* bildet. Dadurch kann präzise ausgewiesen werden, welche Wirkungen von der Elimination des Produktes auf andere Leistungsangebote wahrscheinlich ausgehen. Der Vorteil des Einsatzes der Assoziationsanalyse gegenüber anderen Verbundmaßen liegt darin, dass sie *asymmetrische* Zusammenhänge aufzeigen kann.[630] Dies ist bei Produkteliminationsentscheidungen wichtig, da es durchaus sein kann, dass die Elimination des Produktes A starke Wirkungen auf B hat, dies *umgekehrt* aber nicht der Fall ist. In den klassischen Verbundmaßen wird jedoch ein symmetrischer Zusammenhang ermittelt, der keine eindeutige Beziehungsrichtung ausweisen kann.[631]

6.3.3 Bewertung und Auswahl der Produkt-Markt-Kombinationen

Die auf der vorangegangenen Planungsstufe identifizierten potenziellen Produkt-Markt-Kombinationen müssen im nächsten Schritt einer eingehenden Bewertung unterzogen werden, um die abschließende Auswahlentscheidung zu treffen.[632] In Bezug auf die unternehmensexterne Sphäre sind dabei Merkmale der Nachfrager, der Distributionsstruktur, der Wettbewerbskonstellation, der technologischen Grundlagen der im Markt befindlichen Angebote sowie die allgemeinen Rahmenbedingungen (z.B. politische Stabilität) des anvisierten Marktes zu berücksichtigen.[633] In unternehmensinterner Sicht muss geprüft werden, ob sich das neue Betätigungsfeld in die bestehende Unternehmenstätigkeit integ-

---

[629] Vgl. hierzu auch Decker (2000), S. 2 ff.
[630] Vgl. Decker (2000), S. 12.
[631] Vgl. hierzu allgemein Böcker (1980), S. 75 ff.
[632] Vgl. Faix (1998), S. 302 ; Müller-Stewens (1990), S. 152.
[633] Vgl. Köhler (1993), S. 68.

rieren lässt und ob die sich aus der Analyse der Marktbedingungen ergebenden Herausforderungen bewältigbar erscheinen.[634]

In diesem Zusammenhang können Paneldaten zur Beurteilung der *Nachfrager-*, *Distributions-* und *Wettbewerbsstrukturen* der in Frage kommenden Produkt-Markt-Kombinationen genutzt werden.[635] Da die meisten der hierbei relevanten Kriterien schon umfassend im Rahmen der Situationsanalyse diskutiert wurden, wird im Folgenden nur auf einige ausgewählte Aspekte eingegangen, denen bei Marktwahlentscheidungen eine besondere Bedeutung zukommt. Hierbei handelt es sich neben der Beurteilung der langfristigen *Attraktivität* vor allem um die Aufdeckung möglicher *Markteintrittsbarrieren*.

6.3.3.1 Merkmale der Nachfrager

Zur Beurteilung der Nachfragerstruktur einer potenziellen Produkt-Markt-Kombination kann auf soziodemografische, kaufverhaltensbezogene und psychografische Daten aus dem Panel zurückgegriffen werden. Im Bereich der Soziodemografie ist insbesondere die zukünftig zu erwartende Entwicklung des anvisierten Segments in Bezug auf erfolgskritische Merkmale wie die zahlenmäßige Besetzung, die Altersverteilung, die Haushaltsstruktur usw. von Bedeutung. Deren weitere Entwicklung ist zu prognostizieren, wobei auf die in Kap. 5 erläuterten Methoden zurückgegriffen werden kann.

Neben den strukturbildenden Merkmalen haben Informationen über Kaufverhaltensmuster der Nachfrager im anvisierten Markt eine große Bedeutung, da sie zum einen die Attraktivität des Segments beeinflussen und zum anderen Hinweise auf dessen Erschließungsmöglichkeiten liefern.

---

[634] In diesem Zusammenhang muss beispielsweise untersucht werden, ob im Unternehmen freie Potenziale wie markt- und produktspezifisches Know-how oder unausgelastete Kapazitäten vorhanden sind, die ohne eine Beeinträchtigung der bisherigen Geschäftstätigkeit genutzt werden können. Vgl. Wieselhuber (1984), S. 432; Reichert/Kirsch/Esser (1991), S. 597.

[635] Aspekte der im Zielmarkt angebotenen Produkte werden im Rahmen der Analyse der potenziellen Konkurrenten analysiert.

Hierbei zeichnet zunächst die *Bedarfsintensität* zusammen mit Informationen über die *Anzahl der Nachfrager* ein gutes Bild von dem zu erwartenden Marktvolumen.[636] Wie schon gezeigt wurde, entfällt oft ein großer Teil des Absatzvolumens auf einen relativ kleinen Käuferkreis.[637] Damit kann auch einem zahlenmäßig schwach besetzten Segment volumenmäßig eine große Bedeutung zukommen. Im Rahmen einer solchen Konzentrationsanalyse kann sich dann zeigen, dass eine weitere Unterteilung des ursprünglich abgegrenzten Segments sinnvoll wäre, um die Intensivverwender von den restlichen Nachfragern zu trennen. Damit würde es zu einer Redefinition der ursprünglich abgegrenzten Produkt-Markt-Kombinationen kommen. Dies macht deutlich, dass die Teilaufgaben des Defining the Business keine einmalig durchzuführenden Prozessstufen sind, sondern dass sich die Marktwahlentscheidung letztlich über Rückkoppelungsschleifen im Rahmen eines dynamischen Prozesses ergibt.

Ein zweites Kriterium, welches Aufschluss über die Attraktivität eines potenziellen Betätigungsfeldes liefern kann, ist die *Markentreue.* Je loyaler die potenziellen Nachfrager den schon existierenden Marken gegenüber sind, desto schwieriger ist es für einen neuen Anbieter, sich in diesem Markt zu etablieren.[638] Je nachdem, wie gut es den bisherigen Anbietern gelungen ist, Präferenzen zu schaffen, werden Neuanbieter zu erheblichen Mittelaufwendungen gezwungen, um Käufer für sich zu gewinnen. Damit stellt eine hohe Markentreue eine Markteintrittsbarriere dar.[639]

Ein dritter Aspekt der nachfragerbezogenen Attraktivitätsbeurteilung ist die *Preissensitivität* der Abnehmer. Die notwendigen Untersuchungen müssen im Rahmen des Verbraucherpanels durchgeführt werden, da das Handelspanel zwar Preiselastizitäten in Bezug auf bestimmte Waren- oder Produktgruppen, aber nicht für ein bestimmtes Nachfragersegment ausweisen kann. Auch dieses Krite-

---

[636] Vgl. hierzu die differenzierte Auseinandersetzung bei Köhler (1993), S. 84 ff.
[637] Vgl. Hammann/Erichson (2000), S. 175.
[638] Vgl. Vossebein (2000), S. 44.
[639] Vgl. Becker (2001), S. 271. *Porter* bezeichnet diese Form der Markteintrittsbarriere als „Produktdifferenzierung" (vgl. Porter (1999), S. 40).

rium ist ambivalent. Ist die Preissensitivität hoch, handelt es sich möglicherweise um einen stark preisumkämpften Markt, was grundsätzlich negativ zu beurteilen wäre. Allerdings kann ein solcher Markt gerade für einen Anbieter, der in der Lage ist, in hohem Maße Größendegressionseffekte zu realisieren, eine interessante Ausgangsbasis für eine Penetrationspreisstrategie sein, wenn er in der Lage ist, mit großen Volumina in den Markt einzutreten.[640] *Nach* einem erfolgreichem Eintritt stellen niedrige Preise dann eine Eintrittsbarriere für potenziell nachziehende Wettbewerber dar.

6.3.3.2 Merkmale der Distribution

Im Rahmen der Analyse der Distributionsstruktur des anvisierten Segments muss zunächst untersucht werden, über welche Distributionskanäle die Nachfrager am wirkungsvollsten erreicht werden können, um dann zu prüfen, inwieweit das Unternehmen Zugang zu diesen hat.[641] Dies ist von Bedeutung, da ein hoher Marktanteil nur durch eine ausreichende Präsenz des Angebots bei den relevanten Absatzmittlern erzielt werden kann.[642] Ein mangelnder Zugang zu Vertriebskanälen stellt somit ebenfalls eine *Markteintrittsbarriere* dar.[643] Diese wiederum ist umso kritischer, je größer die Notwendigkeit ist, mit großen Volumina in den Markt zu gehen.

Die Zugangsmöglichkeiten zu den Absatzkanälen im Zielsegment ergeben sich aus der schon bestehenden Präsenz in den Kanälen des Zielmarktes und der jeweiligen Machtposition gegenüber dem Händler. In Kap. 3.3 wurde ausführlich dargelegt, welche Informationen Panels in diesem Zusammenhang bereitstellen können.

---

[640] Vgl. Abell (1980), S. 179. Dies setzt natürlich eine entsprechende absolute Größe des ausgewählten Segments voraus. An dieser Stelle zeigt sich auch, wie wichtig bei der Beurteilung zukünftiger Tätigkeitsoptionen die integrierte Betrachtung unternehmensinterner und -externer Aspekte ist.

[641] Vgl. Köhler (1993), S. 68.

[642] Vgl. Hampe (1992), S. 21.

[643] Vgl. Porter (1999), S. 42.

6.3.3.3 Merkmale der Konkurrenzstruktur

Bei der Beurteilung eines potenziellen Betätigungsfeldes kommt der Analyse der dort herrschenden Wettbewerbssituation eine herausragende Bedeutung zu.[644] Zu diesem Zweck werden die Unternehmen zunächst auf der Basis von Paneldaten über ihr Leistungsangebot und ihre Nachfragergruppen *identifiziert*.[645] Dabei erfolgt auch eine erste Klassifikation nach ihrer *Marktposition*, um die Wettbewerbskonstellation auf dem Zielmarkt zu erfassen. Eine zentrale Kennzahl hierfür ist der Marktanteil.[646] Er zeigt auch, ob mit größenabhängigen Kostenvorteilen einzelner Anbieter zu rechnen ist.[647]

Im nächsten Schritt erfolgt eine Betrachtung der wichtigsten Wettbewerber und ihres Produktangebots.[648] Handelspaneldaten zeigen, mit welchem Leistungsspektrum die Konkurrenten in den betrachteten Warengruppen vertreten sind. Hieraus lassen sich Hinweise auf mögliche Angebotslücken gewinnen, denn je mehr Produktvarianten auf einem Markt existieren, desto schwieriger ist es, noch nicht befriedigte Bedürfnisnischen zu finden.

Die Angebotsstruktur der potenziellen Wettbewerber zeigt auch deren Abhängigkeit von der anvisierten Produkt- oder Warengruppe. Mit zunehmender Abhängigkeit wird der *Anreiz*, auf einen Markteintritt mit Abwehrmaßnahmen zu reagieren, steigen. Ebenso ist selbst bei niedrigen Umsätzen des Wettbewerbers mit Widerstand zu rechnen, wenn es sich um einen sehr wachstumsstarken und damit zukunftsträchtigen Bereich handelt.[649]

---

[644] Vgl. Köhler (1993), S. 68; Hill/Rieser (1993), S. 136.

[645] Vgl. hierzu Kap. 3.4.1.

[646] Vgl. Herrmann (1995), Sp. 1722; Tennagen (1993), S. 188.

[647] Vgl. Link (1988), S. 124.

[648] Vgl. Görgen (1992), S. 232.

[649] Hierbei müssen natürlich neben den *unternehmensspezifischen* auch die *allgemeinen* Wachstumsraten der entsprechenden Produktgruppen analysiert und zueinander in Beziehung gesetzt werden. Denkbar ist nämlich, dass etwa in einem sehr stark expandierenden Markt das Marktvolumen so schnell zunimmt, dass die Wettbewerber keine sonderliche Reaktion auf Neueintritte zeigen.

Offen ist die Frage, inwieweit die Unternehmen die *Möglichkeit* besitzen, auf einen Markteintritt mit Abwehrmaßnahmen zu reagieren. Hierbei spielen u.a. die schon angesprochenen Angebotsvolumina, mit denen die Anbieter im Markt vertreten sind, eine große Rolle. Diese liefern nämlich Hinweise auf *Größendegressionspotenziale*, die ebenfalls eine Markteintrittsbarriere darstellen[650] und es den Wettbewerbern ermöglichen, auf einen Markteintritt mit aggressiven Preissenkungen zu reagieren. Hinweise auf eine solche Gefahr lassen sich auch aus der Beobachtung vergangener Eintrittsversuche anderer Unternehmen ableiten, indem geprüft wird, inwieweit es dabei zu Preisreaktionen gekommen ist. Hierzu kann das Handelspanel genutzt werden, welches nicht nur Aufschluss über das Ausmaß der Preissenkung gibt, sondern auch über ihre Form. So wird ersichtlich, ob die Anbieter mit einer kontinuierlichen Preissenkung reagieren oder z.B. mit einer erhöhten Frequenz von Sonderpreisaktionen. Dies kann die Entscheidung über die konkrete Art des Markteintritts beeinflussen.

Weiterhin kann die *Innovationsfähigkeit* der Konkurrenten beleuchtet werden, indem die Panelberichte vergangener Jahre dahingehend untersucht werden, *wie viele* neue Produkte ein Konkurrent innerhalb eines bestimmten Zeitraums auf den Markt gebracht hat.[651] In diesem Zusammenhang wird auch die schon im Rahmen der Situationsanalyse vorgestellte Produktinnovationsrate herangezogen, die den Umsatz der Wettbewerber mit Neuprodukten in einem bestimmten Zeitraum ins Verhältnis zum Gesamtumsatz setzt.[652] Die *Qualität* der Innovationstätigkeit wird über die Anzahl an Neuprodukten, die sich einen bestimmten Mindestzeitraum am Markt gehalten haben, erfasst.[653]

Konkrete Hinweise auf die zu erwartenden *Reaktionsgeschwindigkeiten* bei einem Markteintritt können Analysen liefern, die zeigen, wie schnell die Unternehmen in der Vergangenheit auf Produktinnovationen von Konkurrenten z.B. mit eigenen Produkten reagiert haben. In der folgenden Abbildung ist diese

---

[650] Vgl. Porter (1999), S. 37 ff.
[651] Vgl. Link (1988), S. 105.
[652] Vgl. Kap. 3.2.3.2.
[653] Welcher Zeitraum gewählt wird, hängt z.B. vom durchschnittlichen Produktlebenszyklus im jeweiligen Markt ab.

Reaktionszeit nach der Einführung des ersten „3in1-Geschirrspülreiniger" durch *Reckitt Benckiser* dargestellt. Während beispielsweise der Markenartikler *Henkel* sehr schnell reagiert hat, dauerte es mehr als ein Jahr, bis die ersten Mee-too-Handelsmarken auf den Markt gebracht wurden.[654]

	Markteinführung	Alter Produkt in Wochen	Hersteller
calgonit powerball 3in1 total reiniger1106	04.02.2001	99	RECKITT BENCKISER
calgonit powerball 3in1 total reiniger369	04.02.2001	99	RECKITT BENCKISER
calgonit powerball 3in1 total reiniger738	04.02.2001	99	RECKITT BENCKISER
calgonit powerball 3in1 total reiniger1475	18.02.2001	97	RECKITT BENCKISER
calgonit powerball 3in1 reiniger144	25.02.2001	96	RECKITT BENCKISER
somat 3in1 rg.+klarsp.+salz2000	08.04.2001	90	HENKEL
somat 3in1 rg.+klarsp.+salz1568	08.07.2001	77	HENKEL
somat 3in1 rg.+klarsp.+salz500	11.03.2001	94	HENKEL
somat 3in1 rg.+klarsp.+salz392	08.07.2001	77	HENKEL
somat 3in1 rg.+klarsp.+salz784	15.07.2001	76	HENKEL
somat 3in1 rg.+klarsp.+salz150	15.07.2001	76	HENKEL
calgonit powerball 3in1 citrus1475	15.07.2001	76	RECKITT BENCKISER
calgonit powerball 3in1 citrus738	12.08.2001	72	RECKITT BENCKISER
fit power tabs 3in1 rg.+klarsp.+salz960	02.09.2001	69	FIT
fit power tabs 3in1 rg.+klarsp.+salz1440	23.09.2001	66	FIT
somat 3in1 rg.+klarsp.+salz1176	21.10.2001	62	HENKEL
reinny 3in1 rg.+klarsp.+salz600	07.04.2002	38	REWE
as 3in1 rein+klarsp.+salz920	09.06.2002	29	Schlecker
alio 3in1 rg.+klarsp.+salz800	11.08.2002	20	ALDI
akuta 3in1 rg.+klarsp.+salz1200	01.09.2002	17	ALDI
adritt 3in1 rg.+klarsp.+salz690	06.10.2002	12	LIDL
denkmit 3in1 rg.+klarsp.+salz690	06.10.2002	12	DM

Abb. 65: **Reaktionszeiten auf die Einführung eines Neuproduktes (Quelle: GfK (2003d))**

Schließlich zielt auch die Beleuchtung der *Distributionsstruktur* der potenziellen Wettbewerber darauf ab, Anreize und Möglichkeiten zum Widerstand gegen einen Marktzutritt abzuschätzen. Auch hier wird der Anreiz umso größer sein, je stärker die jeweiligen Umsatzabhängigkeiten von dem betrachteten Vertriebskanal sind. Um die Möglichkeiten zu Gegenmaßnahmen in den Distributionskanälen abzuschätzen, müssen die Machtpositionen der Wettbewerber in den ausge-

---

[654] Die unterschiedlichen Artikel derselben Hersteller stellen unterschiedliche Produktvarianten (z.B. unterschiedlicher Packungsgrößen) dar. Das Produktalter bezieht sich auf den Zeitpunkt der Untersuchung.

wählten Absatzkanälen festgestellt werden.[655] Hierfür kann die Absatzmittler-Abhängigkeits-Analyse genutzt werden. Besteht eine starke Machtposition, könnten die Konkurrenten beispielsweise versuchen, den Handel dahin gehend zu beeinflussen, die Produkte des Neuanbieters nicht zu listen.[656]

Schließlich muss auch die Frage, inwieweit der Handel mit seinen Handelsmarken *selbst* als Wettbewerber auftritt, beantwortet werden. Je stärker dies der Fall ist, desto schwieriger dürfte es für das Unternehmen sein, neue Produkte in dem Vertriebskanal zu platzieren. Eine starke Handelsmarkenkonkurrenz in einer Warengruppe stellt aufgrund möglicherweise höherer Margen für den Absatzmittler u.U. sogar eine höhere Markteintrittsbarriere dar als eine in dem Distributionskanal stark vertretene Herstellerkonkurrenz.

Es wurde gezeigt, dass Paneldaten eine breite Unterstützung bei der Bewertung potenziell in Frage kommender Betätigungsfelder leisten können. Sie liefern fundierte Informationen bzgl. ihrer *langfristig zu erwartenden Attraktivität* und möglicherweise bestehenden *Markteintrittsbarrieren*. Nach der Bewertung und Auswahl der zu bearbeitenden Produkt-Markt-Kombinationen folgen im abschließenden Schritt der strategischen Marketing-Planung die Entscheidungen über die Gestaltung des langfristigen Marketing-Mix. Inwieweit Paneldaten auch hier noch einen Beitrag leisten können, wird im folgenden Kapitel diskutiert.

---

[655] Vgl. Kap. 3.3.5.
[656] Vgl. Meffert/Ohlsen (1982), S. 184.

7 Strategischer Marketing-Mix

Die Nutzungsmöglichkeiten von Paneldaten sind in der Planungsphase, in der die langfristige Gestaltung des Marketing-Mix erfolgt, aus zwei Gründen eingeschränkt.

Zum einen zielt der strategische Einsatz der Marketing-Instrumente schwerpunktmäßig darauf ab, eine angestrebte *Positionierung* des Leistungsangebots zu erreichen.[657] Diese beschreibt, wie das vom Unternehmen bereitgestellte Leistungsangebot von den Nachfragern im Vergleich zu den Konkurrenzangeboten wahrgenommen und beurteilt werden soll.[658] Hierbei kommt es daher nicht so sehr „auf detaillierte quantitative Plandaten an, sondern vielmehr auf qualitative Beschreibungen der Botschaft, die von der Werbung [...], den gewählten Distributionskanälen und dem Preisniveau ausgehen soll."[659] Qualitative Untersuchungen, die zeigen, wie der entsprechende Einsatz der Marketinginstrumente aussehen muss, um eine angestrebte Positionierung zu erreichen, können jedoch nicht auf der Grundlage von Paneldaten erfolgen.

Zum anderen sind die *Leitlinien* der grundsätzlichen Bearbeitung der anvisierten Produkt-Markt-Kombination *durch Entscheidungen im Rahmen des Defining the Business schon weit gehend festgelegt.* Denn Aspekte des bestehenden Angebotsprogramms, der Preislagen oder der Relevanz bestimmter Distributionskanäle im Zielmarkt wurden schon bei der Bewertung und Auswahl zukünftiger Tätigkeitsbereiche herangezogen. Damit gehen grundsätzliche Entscheidungen in Bezug auf die Art der zu erbringenden Leistung, der Preisgestaltung usw. zwangsläufig mit der Auswahl der betreffenden Produkt-Markt-Kombinationen einher. Wie detailliert die Vorgaben hinsichtlich der Gestaltung des strategi-

---

[657]   Vgl. Müller (1986), S. 339 f.
[658]   Vgl. Köhler (1993), S. 11 f.
[659]   Köhler (1993), S. 12.

© Springer Fachmedien Wiesbaden GmbH, ein Teil von Springer Nature 2007
K. Schütz, *Die Nutzung von Paneldaten im strategischen Marketing von Fast Moving Consumer Goods-Herstellern*, Edition KWV, https://doi.org/10.1007/978-3-658-24690-7_7

schen Marketing-Mix sind, hängt letztlich davon ab, auf welcher Aggregations-ebene die Planung im Defining the Business erfolgt ist.[660]

7.1 Strategische Produktpolitik

Bei strategischen produktpolitischen Entscheidungen geht es letztlich um die Frage, welche Produkte längerfristig welchen Nachfragersegmenten angeboten werden sollen. Die hierfür notwendigen informatorischen Grundlagen werden im Rahmen der Situationsanalyse durch umfangreiche Analysen des Produkt-programms, der Nachfragerstrukturen usw. sowie durch die Prognose der weite-ren Entwicklungen relevanter Größen gelegt.[661] Die Entscheidungen über die zukünftig zu bearbeitenden Produkt-Markt-Kombinationen fallen dann im Defi-ning the Business. Dies ergibt sich schon allein daraus, dass fundierte strategi-sche leistungsprogrammbezogene Entscheidungen niemals ohne Bezug zur an-visierten Zielgruppe und deren Bedürfnisstrukturen erfolgen können.[662] Daher steht mit der Festlegung zukünftiger Produkt-Markt-Kombinationen das Ange-botsprogramm fest, und es existieren sehr weit gehende Vorgaben hinsichtlich der grundlegenden Produkteigenschaften.[663]

Handlungsspielräume verbleiben aber insbesondere bei der konkreten Produkt-gestaltung in Bezug auf die physische Beschaffenheit, die Verpackung, den Na-men usw. Hierbei spielen qualitative Verfahren wie Kreativitätstechniken zur Ideengenerierung, Befragungen von Konsumenten und Absatzmittlern usw. die größte Rolle.[664] Daten aus Verbraucher- und Handelspanels können hierbei kei-ne Unterstützung mehr leisten, so dass ihr Beitrag zur strategischen Produktpoli-tik mit der Planungsstufe des Defining the Business weit gehend erschöpft ist.

---

[660] Vgl. Abell (1980), S. 185 ff.
[661] Vgl. Kap. 2.
[662] Vgl. Sabel (1995), Sp. 2141.
[663] Vgl. hierzu Berekoven/Eckert/Ellenrieder (2004), S. 376.
[664] Vgl. Berekoven/Eckert/Ellenrieder (2004), S. 377 ff.

7.2 Strategische Preispolitik

Wie weiter oben gezeigt wurde, spielen Preisgegebenheiten bei Marktwahlent-scheidungen eine bedeutende Rolle. Denn die Beurteilung und Auswahl eines Zielmarktes wird auch davon beeinflusst, welches Preisniveau mit den eigenen Produkten realisiert werden kann. In diesem Zusammenhang muss zunächst ge-prüft werden, ob den Eintritt verhindernde Preise vorliegen. Ist dies nicht der Fall, spielen die zu erwartenden Nachfragerreaktionen auf unterschiedliche Prei-se eine wichtige Rolle. So hängt etwa die Möglichkeit der Ausnutzung von Ska-leneffekten durch eine rasche Erschließung großer Käuferkreise zu wesentlichen Teilen von der Preiselastizität der Nachfrage ab.[665] Zudem ist die Preisentschei-dung insbesondere vor dem Hintergrund der *Positionierung* untrennbar mit der Entscheidung über das zu erstellende Leistungsangebot verbunden.[666] Eine *grundlegende* Festlegung der Preispolitik erfolgt daher zunächst im Rahmen der Marktwahlentscheidung.

Die darüber hinausgehende Aufgabe der strategischen Preispolitik besteht in der Planung grundsätzlicher *Preisveränderungen* im Zeitablauf.[667] Angesprochen ist hier eine längerfristig ausgerichtete Planung von „Preisabfolgen".[668] Besondere Bedeutung hat diese bei Neuprodukteinführungen. Hierbei wird zwischen der *Skimming*- und der *Penetrationspreisstrategie* unterschieden.[669] Bei ersterer liegt der Einführungspreis oberhalb des kurzfristig optimalen Preises und wird dann schrittweise abgesenkt, bei zweiterer liegt der Preis zunächst unterhalb des kurz-fristigen Optimums.[670] Bei der Skimmingpreisstrategie sollen durch einen sys-tematisch sinkenden Preis sukzessive neue Nachfragersegmente angesprochen werden, wobei jeweils deren volle Preisbereitschaft ausgeschöpft wird. Die Pe-

---

[665] Vgl. Diller (2000), S. 374.

[666] Vgl. Becker (2001), S. 487 f.

[667] *Simon* stellt in diesem Zusammenhang fest, dass es nur zwei Arten von Preisent-scheidungen gibt, und zwar „die Entscheidung über den Einführungspreis eines Produk-tes und Entscheidungen über Änderung bzw. Beibehaltung eines bestehenden Preises" (Simon (1995), S. 85).

[668] Vgl. Diller (1991), S. 191 f.; Köhler (1993), S. 12.

[669] Vgl. Simon (1995), S. 87.

[670] Zur Ermittlung des kurzfristigen Preisoptimums vgl. Diller (2000), S. 216 ff.

netrationspreisstrategie hingegen zielt auf die schnelle Erschließung großer Käuferkreise ab.

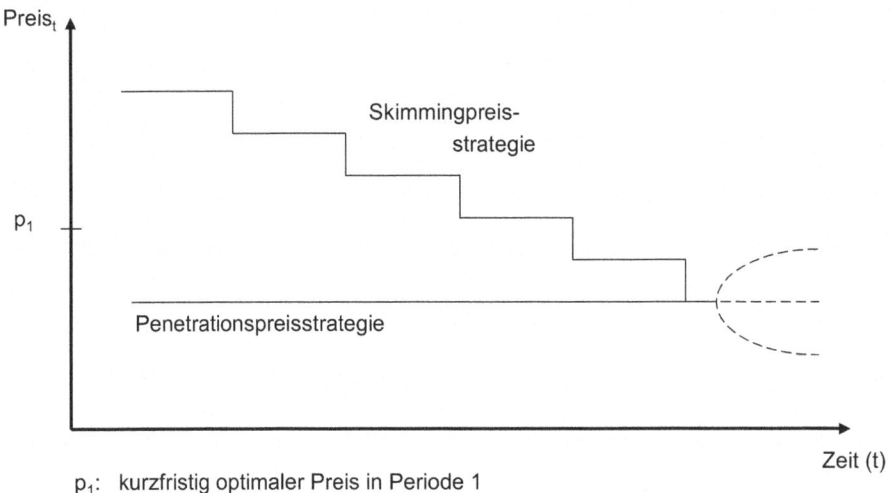

p_1: kurzfristig optimaler Preis in Periode 1

Abb. 66: **Idealtypische Formen der Skimming- und Penetrationspreisstrategie (Quelle: Diller (1991), S. 192)**

Bei der Planung von Preisabfolgen können das Produktlebenszykluskonzept und die sich im Zeitablauf verändernden Nachfrage-, Wettbewerbs- und Kostenbedingungen zugrunde gelegt werden.[671] Während Panels sich verändernde Kostenbedingungen nicht erfassen können – die hierfür nötigen Informationen stammen aus dem internen Rechnungswesen –[672] können sie, wie in Kap. 3.2.3 gezeigt wurde, einen erheblichen Beitrag zur Identifikation der Produktlebenszyklusphase leisten und die einhergehenden nachfrager- und wettbewerberbezogenen Veränderungen präzise erfassen. Die hierbei zu berücksichtigenden Beziehungen zwischen den unterschiedlichen Einflussfaktoren sind von außerordentlicher Komplexität. Dieser wird aber durch das differenzierte Datenangebot

---

[671] Vgl. Simon (1995), S. 75 ff. sowie Diller (2000), S. 375 f.

[672] Vgl. Schmidt (1997), S. 198 ff. zur informatorischen Fundierung strategischer preispolitischer Entscheidungen mittels Rechnungswesendaten Schmidt (1997), S. 198 ff.

der Panels zu großen Teilen Rechnung getragen. So werden eine sich wandelnde Preislagenwahl der Nachfrager, ein sich veränderndes Preisverhalten derzeitiger Konkurrenten, der Markteintritt neuer Unternehmen usw. kontinuierlich und differenziert überwacht und somit eine umfassende informatorische Basis für strategische Preisanpassungen bereitgestellt.[673]

Schließlich sei noch darauf hingewiesen, dass eine systematische Preisabfolgen-Planung auch unter Positionierungsaspekten relevant ist. Denn obwohl eine fehlerhafte Preisentscheidung – im Gegensatz zu Fehlentscheidungen im Rahmen der Produkt- oder Distributionspolitik – relativ schnell revidiert werden kann, sind von einer „flatterhaften" Preispolitik negative Effekte auf die langfristige Positionierung zu erwarten.

7.3 Strategische Distributionspolitik

Entscheidungen über die *grundsätzlich* zu wählenden Absatzwege können nur vor dem Hintergrund der anvisierten Betätigungsbereiche getroffen werden, womit die Zielgruppen- und Programmadäquanz der Distribution angesprochen sind.[674] Das heißt, auch sie fallen zu großen Teilen in den Bereich des Defining the Business.

Unterstützt werden kann die konkrete Auswahl der Händler, indem die Präferenzen der Nachfrager für die unterschiedlichen Absatzmittler gemessen werden. Hierfür wird ausgenutzt, dass sowohl die Adressen der Panelhaushalte als auch die genauen Standorte der Handelsfilialen, in denen Erstere einkaufen, bekannt sind. Auf dieser Datengrundlage wird nun gemessen, welche Umsatzanteile die Handelsunternehmen bei den Haushalten in Abhängigkeit von der Entfernung zwischen Wohnort der Nachfrager und Standort der jeweiligen Handelsfi-

---

[673] Die konkreten Nutzungsmöglichkeiten von Panels für die in diesem Zusammenhang relevanten Aspekte wurden schon im Rahmen der Situationsanalyse, der Früherkennung und Prognose und des Defining the Business diskutiert und werden daher an dieser Stelle nicht wiederholt.

[674] Inwieweit Paneldaten zur Beurteilung zukünftig interessant erscheinender und verfügbarer Distributionskanäle beitragen können, wurde ausführlich in Kap. 3.3 dargelegt.

lialen erzielen.[675] Im folgenden realen Beispiel, welches sich auf *alle* FMCG-Warengruppen bezieht, besteht eine klare Präferenz für den Händler A gegenüber Händler B, da er bei gleicher Entfernung immer wesentlich höhere Umsatzanteile verzeichnet.

	Entfernung zu Händler A							
Fahrzeit	**bis 5 min**		**6 - 10 min**		**11 - 15 min**		**16 - 20 min**	
	Händler A	Händler B	Händler A	Händler B	Händler A	Händler B	Händler A	Händler B
bis 5 min	60	40	46	54	37	63	30	70
6-10 min	77	23	67	33	55	45	44	56
11-15min	89	11	82	18	69	31	54	46
16-20min	91	9	87	13	69	31	69	31

(Entfernung zu Händler B)

Abb. 67:   **Entfernungsabhängige Umsatzanteile als Maß für die Attraktion unterschiedlicher Absatzmittler**
(Quelle: GfK/GENI (2002))

Die Präferenzen für unterschiedliche Absatzmittler können sowohl nachfrager- als auch warengruppenspezifisch sein. Abb. 68 weist die Umsatzanteile zweier Händler bei unterschiedlichen Warengruppen aus, die sich bei gleicher Entfernung von den Nachfragerhaushalten ergeben.

---

[675]   Diese Entfernung wird über die Fahrtzeit mit dem Auto vom Wohnort zum Händler operationalisiert.

Warengruppen	Händler 1		Händler 2
Baby-Windeln	90	zu	10
Backwaren frisch	70	zu	30
Babykost	65	zu	35
Nuß-Nougatcreme	65	zu	35
Butter/Butterzubereitungen	65	zu	35
Universalwaschmittel	64	zu	36
Fixprodukte	62	zu	38
Boka Röstware	62	zu	38
Pralinen/Konfekt	60	zu	40
Fleisch frisch	60	zu	40
Schokoriegel	60	zu	40
Milch	58	zu	42
Mineralwasser	57	zu	43
Ketchup	56	zu	44
Joghurt	56	zu	44
Frischkäse	55	zu	45
Zahncreme	55	zu	45
FMCG gesamt	**53**	**zu**	**47**
Toilettenpapier	50	zu	50
Fischkonserven	49	zu	51
Bonbons	48	zu	52
Tafelschokolade	47	zu	53
TKK	47	zu	53
Süßgebäck	44	zu	56
Obst frisch	43	zu	57
Quark	37	zu	63
Kartoffeln frisch	34	zu	66
Limonaden	34	zu	66

Abb. 68: Warengruppenspezifische Attraktion unterschiedlicher
Absatzmittler
(Quelle: GfK/GENI (2002))

Analysen dieser Art ermöglichen es einem Herstellerunternehmen, die „Anzie-
hungskraft" der verschiedenen Absatzmittler auf unterschiedliche Nachfragergruppen warengruppenspezifisch auszuweisen. Die Ergebnisse können dazu führen, dass von einem ursprünglich anvisierten Absatzmittler zugunsten eines anderen Abstand genommen wird, wenn Letzterer insgesamt zwar weniger gut

bewertet wurde, aber in Bezug auf das spezielle Leistungsangebot des Unternehmens eine stärkere Attraktion ausübt.

7.4 Strategische Kommunikationspolitik

Zur Entscheidungsunterstützung bei der kommunikativen Ausrichtung bieten sich Paneldaten schließlich insofern an, als dass mit ihrer Hilfe unter Rückgriff auf Informationen aus der Situationsanalyse ein genaues Bild der Nachfragerstrukturen für die unterschiedlichen Leistungsangebote gezeichnet werden kann. Die Kenntnis dieser Strukturen ermöglicht eine langfristig orientierte Planung des gesamten Kommunikations-Submixes. Hierfür wird ermittelt, über welche Medien die einzelnen Nachfragergruppen am besten erreicht werden können. Zu diesem Zweck müssen jedoch andere Quellen als das Panel herangezogen werden.[676] Durch den Abgleich mit der eigenen kommunikativen Aufstellung ergeben sich dann Ansatzpunkte einer Optimierung der Mediaselektion hinsichtlich einer verbesserten Zielgruppenansprache.[677] Gleichermaßen kann bei der Kommunikationsplanung für neu anzuvisierende Kundengruppen vorgegangen werden. Paneldaten tragen somit *indirekt* zur strategischen Kommunikationsplanung bei, da aus den bisherigen Planungsschritten Implikationen für die Kommunikationsgestaltung abgeleitet werden können.

---

[676] Vgl. zu möglichen Informationsquellen Bednarczuk (1990), S. 156 ff.
[677] Vgl. hierzu Müller (1986), S. 345 f.

8 Fazit

Die Problemstellung der vorliegenden Arbeit bestand in der Erörterung der Frage, inwieweit Daten aus Verbraucher- und Handelspanels herangezogen werden können, um Entscheidungen im Rahmen der strategischen Marketing-Planung eines FMCG-Herstellers zu fundieren. Dafür wurden die unterschiedlichen Planungsphasen separat untersucht.

Sehr weit reichende Informationspotenziale stellen Panels für die *Situationsanalyse* bereit. Hier kann auf eine breite Informationsbasis bezüglich absatzmarktrelevanter Aspekte zurückgegriffen werden, so dass umfassende Analysen des eigenen Leistungsprogramms, der Nachfrager, der Absatzmittler und der Konkurrenten möglich sind. Hierbei wurde gezeigt, dass Paneldaten auch komplexere Fragestellungen wie beispielsweise die Abgrenzung der Phasen des Produktlebenszyklus oder die Ermittlung der Machtposition des Herstellers im Absatzkanal zu unterstützen vermögen.

Absatzmarktbezogene *Früherkennungsinformationen* stellen Panels in großem Umfang in Form von Abweichungsanalysen geplanter Zielgrößen und Vorlaufindikatoren bereit. Nur wenige Möglichkeiten bestehen hingegen hinsichtlich des Empfangs schwacher Signale, da es sich hierbei zumeist um vage qualitative Informationen handelt.

Einen besonderen Beitrag können Panels bei der *Prognose langfristiger Marktveränderungen* leisten. Wie gezeigt wurde, ist eine durch Panelstudien fundierte Vorausschau auf langfristig zu erwartende Marktveränderungen einzig auf der Grundlage kohortenanalytischer Überlegungen möglich. Hierfür stellen Haushaltspaneldaten eine konkurrenzlose Datenbasis dar. Allerdings muss auch die Kohortenanalyse durch weitere qualitative Informationen unterstützt werden, denn eine rein auf quantitativen Daten beruhende Langfristprognose ist nicht möglich.

© Springer Fachmedien Wiesbaden GmbH, ein Teil von Springer Nature 2007
K. Schütz, *Die Nutzung von Paneldaten im strategischen Marketing von Fast Moving Consumer Goods-Herstellern*, Edition KWV, https://doi.org/10.1007/978-3-658-24690-7_8

Bisher sicherlich am wenigsten genutzt wurden Paneldaten zur systematischen Suche und Identifikation zukünftiger Betätigungsfelder im Rahmen des *Defining the Business*. Dies ist erstaunlich, da Panels hierfür umfassende Unerstützungsmöglichkeiten bereitstellen, was insbesondere daraus resultiert, dass alle Daten aus einer Quelle stammen (Single Source). Dadurch ergeben sich vielfältige Verknüpfungsmöglichkeiten, die eine offene und systematische Suche nach neuen Betätigungsfeldern erlauben. In diesem Zusammenhang konnte auch gezeigt werden, dass mit der Assoziationsanalyse ein Data Mining-Verfahren zur Verfügung steht, welches in der Lage ist, den Prozess der Suche nach neuen Betätigungsfeldern methodisch zu unterstützen. Eine Einschränkung besteht insoweit, als dass die Suche auf der Grundlage von Paneldaten nur innerhalb schon existierender Produkt-Markt-Bereiche möglich ist. Zur anschließenden Bewertung der potenziellen Tätigkeitsfelder können Paneldaten ebenso umfangreiche Informationen wie in der Situationsanalyse liefern. Besonders bedeutsam ist in diesem Zusammenhang, dass mit Hilfe von Paneldaten die Höhe bestehender Markteintrittsbarrieren in den anvisierten Märkten abgeschätzt werden kann.

Der letzte Schritt der strategischen Marketing-Planung besteht in der konkreten Festlegung der *langfristigen Marktbearbeitung*. Die Entscheidungsfreiheit bei der Gestaltung der einzelnen Marketing-Mix-Instrumente wird dabei allerdings durch den Detaillierungsgrad der vorangegangenen Planungsstufe des Defining the Business bestimmt. Sofern noch Entscheidungsspielraum verbleibt, können Panels insbesondere bei der Planung langfristiger Preisabfolgen für ein Produkt und bei der konkreten Auswahl von Absatzmittlern eingesetzt werden.

Insgesamt ist deutlich geworden, dass Panels die strategische Marketing-Planung weit reichend unterstützen können. Sucht man nach den Gründen hierfür, trifft man letztlich immer auf einige grundsätzliche Eigenschaften dieses Marktforschungsinstruments. Erstens ermöglicht es der *Umfang* der Datenbereitstellung, große Teile der relevanten Umwelt – auch über die Grenzen der eigenen Marktbeziehungen hinaus – zu erfassen. Hierbei ist insbesondere die Tatsache von Bedeutung, dass auch detaillierte Informationen über aktuelle oder potenzielle Wettbewerber verfügbar sind. Zweitens lässt die *Langfristigkeit* der

Datenerhebung die Erfassung genereller Entwicklungen zu, welche entscheidend für die strategische Planung der Unternehmenstätigkeit sind. Drittens bietet das Panel die Möglichkeit, die *innere Struktur von Veränderungsprozessen* aufzudecken, was zur frühzeitigen Entdeckung bedrohlicher oder chancenreicher Entwicklungen von außerordentlicher Bedeutung ist. Viertens ermöglicht schließlich die Tatsache, dass bei einem Panel alle Daten aus einer Quelle kommen, vielfältige *Verknüpfungsmöglichkeiten*. Dadurch können die Entwicklungen unterschiedlichster Teilbereiche zueinander in Beziehung gesetzt werden. Erst dies gestattet die richtige Interpretation festgestellter Entwicklungen und u.U. sogar die Aufdeckung ihrer Ursachen.

Abschließend kann zudem festgehalten werden, dass das *Verbraucherpanel* zur Unterstützung der strategischen Marketing-Planung eine wesentlich reichhaltigere Informationsgrundlage als das *Handelspanel* bereitstellen kann. Der Grund hierfür liegt darin, dass Letzterem, im Abellschen Sinne gesprochen, nähere Informationen über die Kerndimensionen des Marktes (die Verbraucher) fehlen.

Literaturverzeichnis

Aaker, D.A. (2005): Strategic Market Management, 7. Aufl., New York 2005.

Abell, D. F. (1980): Defining the Business – The Starting Point of Strategic Planning, Englewood Cliffs 1980.

Abell, D.F./Hammond, J.S. (1979): Strategic Market Planning, Englewood Cliffs 1979.

Adlwarth, W./Wimmer, F. (1986): Umweltbewusstsein und Kaufverhalten – Ergebnisse einer Verbraucherpanel-Studie, in: Jahrbuch der Absatz- und Verbrauchsforschung, 32. Jg., 1986, Nr. 2, S. 166 – 192.

Adriaans, P./Zantinge, D. (1996): Data Mining, Harlow 1996.

Agrawal, R./Imielinski, T./Swami, A. (1993): Mining Association Rules between Sets of Items in Large Databases, in: Proceedings of the ACM SIGMOND Conference on Management of Data, Washington D.C. 1993, S. 1 – 10.

Aguilar, F.J. (1967): Scanning the Business Environment, New York 1967.

v. Ahsen, M. (1990): Kohortenanalytische Prognosen im Rahmen einer Strategischen Marktforschung, Bremen 1990.

Albers, S. (1995): Absatzsegmentrechnung, in: Handwörterbuch des Marketing (Hrsg.: Tietz, B./Köhler, R./Zentes, J.), 2. Auflage, Stuttgart 1995, Sp. 19 – 28.

Alpert, F.H./Kamins, M.A. (1995): An Empirical Investigation of Consumer Memory, Attitude, and Perceptions Toward Pioneer and Follower Brands, in: Journal of Marketing, Vol. 59, October 1995, S. 34 – 45.

Anand, S.S./Büchner, A.G. (1998): Decision Support Using Data Mining, London – Hong Kong – Johannesburg et al. 1998.

Ansoff, H.I. (1957): Strategies for Diversification, in: Harvard Business Review, Vol. 35, September/October 1957, S. 113 – 124.

Ansoff, H.I. (1965): Corporate Strategy – An Analytic Approach to Business for Growth and Expansion, New York – St. Louis – San Francisco et al. 1965.

Ansoff, H.I. (1976): Managing Surprise and Discontinuity – Strategic Response to Weak Signals, in: Zeitschrift für betriebswirtschaftliche Forschung, 28. Jg., 1976, S. 129 – 152.

© Springer Fachmedien Wiesbaden GmbH, ein Teil von Springer Nature 2007
K. Schütz, *Die Nutzung von Paneldaten im strategischen Marketing von Fast Moving Consumer Goods-Herstellern*, Edition KWV, https://doi.org/10.1007/978-3-658-24690-7

Arbeitskreis „Langfristige Unternehmensplanung" der Schmalenbach-Gesellschaft (1977): Strategische Planung, in: Zeitschrift für betriebswirtschaftliche Forschung, 29. Jg., 1977, S. 1 – 20.

Arminger, G. (1976): Anlage und Auswertung von Paneluntersuchungen, in: Die Befragung 4 – Skalierungsverfahren/Panelanalyse (Hrsg.: Holm, K.), München 1976, S. 134 – 235.

Atteslander, P./Kneubühler, H.-U. (1975): Verzerrungen im Interview – Zu einer Fehlertheorie der Befragung, Opladen 1975.

Bachl, T. (2004): Kaufrausch oder Sparschwein, in: Nachhaltig erfolgreiche Markenführung – Von den Champions lernen (Hrsg.: GfK Panel Services Consumer Research GmbH/GfK Nürnberg e.V.), Nürnberg 2004, S. 11 – 53.

Baltes, P. (1967): Längsschnitt- und Querschnittssequenzen zur Erfassung von Alters- und Generationseffekten, Saarbrücken 1967.

Barksdale, H.C./Harris, C.E. (1982): Portfolio Analysis and the Product Life Cycle, in: Long Range Planning, Vol. 15, 1982, No. 6, S. 74 – 83.

Bauer, H.H. (1989): Marktabgrenzung, Berlin 1989.

Bauer, H.H./Fischer, M. (2000): Die empirische Typologisierung von Produktlebenszyklen und ihre Erklärung durch die Markteintrittsreihenfolge, in: Zeitschrift für Betriebswirtschaft, 70. Jg., 2000, Nr. 9, S. 937 – 958.

Baum, J.G. (1974): Haushaltspanel, in: Marketing Enzyklopädie, 1. Bd., München 1974, S. 947 – 964.

Beck, P. (1972): Methoden der Panelforschung, in: Handbuch der praktischen Marktforschung (Hrsg.: Ott, W.), München 1972, S. 103 – 144.

Becker, J. (2001): Marketing-Konzeption: Grundlagen des strategischen und operativen Marketing-Managements, 7. Aufl., München 2001.

Bednarczuk, P. (1990): Strategische Kommunikationspolitik – Gestaltung und organisatorische Umsetzung, Köln 1990.

Beekmann, F. (2003): Stichprobenbasierte Assoziationsanalyse im Rahmen des Knowledge Discovery in Databases, Wiesbaden 2003.

Beekmann, F./Stock, S./Chamoni, P. (2003): Anwendungsmöglichkeiten der Assoziationsanalyse, in: WiSu, 32. Jg., 2003, Nr. 12, S. 1529 – 1536.

Benkenstein, M. (2001): Entscheidungsorientiertes Marketing, Wiesbaden 2001.

Benkenstein, M. (2002): Strategisches Marketing – Ein wettbewerbsorientierter Ansatz, 2. Aufl., Stuttgart 2002.

Bensberg, F. (2001): Web log Mining als Instrument der Marketingforschung – Ein systemgestaltender Ansatz für internetbasierte Märkte, Wiesbaden 2001.

Berekoven, L./Eckert, W./Ellenrieder, P. (2004): Marktforschung – Methodische Grundlagen und praktische Anwendung, 10. Aufl., Wiesbaden 2004.

Berekoven, L./Spintig, S. (2001): Panel, in: Vahlens großes Marketing Lexikon (Hrsg.: Diller, H.), 2. Bd., 2. Aufl., München 2001, S. 1240 – 1243.

Bergler, R. (1972): Konsumentenpsychologie, in: Marktpsychologie (Hrsg.: Bergler, R.), Bern – Stuttgart - Wien 1972, S. 11 – 142.

Bernet, H. (1968): Methode und Aussagewert des Einzelhandel- und Haushalts-Panels, Freiburg/Schweiz 1968.

Berry, M.J.A./Linoff, G. (1997): Data Mining Techniques – For Marketing, Sales and Customer Support, New York – Cichestor – Brisbane et al. 1997.

Blalock, H.M. (1966): The Identification Problem and Theory Building: The Case of Status Inconsistency, in: American Sociological Review, Vol. 31, 1966, No. 1, S. 52 – 61.

Blanchard, D./Lesceux, D. (1995) : Les Panels – De la guerre des panels à la révolution du scanning, Paris 1995.

Böcker, F. (1980): Die Bestimmung der Kaufverbundenheit von Produkten, Berlin 1980.

Böcker, F. (1988): Marketing-Kontrolle, Stuttgart –Berlin – Köln et al. 1988.

Böcker, F./Hansmann, K.-W. (2001): Parfitt-Collins-Modell, in: Vahlens großes Marketing Lexikon (Hrsg.: Diller, H.), 2. Bd., 2. Aufl., München 2001, S. 1247 – 1249.

Böhler, H. (1977): Methoden und Modelle der Marktsegmentierung, Stuttgart 1977.

Böhler, H. (1983): Strategische Marketing-Früherkennung, Köln 1983.

Böhler, H. (1989): Portfolio-Analysetechniken, in: Handwörterbuch der Planung (Hrsg.: Szyperski, N.), Stuttgart 1989, Sp. 1548 – 1559.

Böhler, H. (2004): Marktforschung, 3. Aufl., Stuttgart 2004.

Böing, E./Barzen, D. (1992): Kunden-Portfolio im Praktiker-Test, in: Absatzwirtschaft, 35. Jg., 1992, Nr. 2, S. 85 – 89.

Boie, G. (1990): Kunden-Portfolios – oder: Wie können Sparkassen ihre Beratungskapazitäten stärker auf gewinnbringende Kunden konzentrieren, in: Betriebswirtschaftliche Blätter, 39. Jg., 1990, Nr. 4, S. 138 – 141.

Bollinger, T. (1996): Assoziationsregeln – Analyse eines Data Mining Verfahrens, in: Informatik Spektrum, 19. Jg., 1996, S. 257 – 261.

Braun, I.A./Hentschel, B. (1989): Der gläserne Konkurrent, in: Absatzwirtschaft, 32. Jg., 1989, Nr. 3, S. 94 – 98.

Breuer, N. (1980): Einstellungstypen für die Marktsegmentierung, Köln 1980.

Brezski, E. (1993): Konkurrenzforschung im Marketing – Analyse und Prognose, Wiesbaden 1993.

Broder, M. (1980): Haushaltspanel, in: Marketing (Hrsg.: Poth, L.G.), Neuwied 1980.

Bruckmann, G. (1978): Aufgaben, Möglichkeiten und Grenzen der Langfristprognostik, in: Langfristige Prognosen: Möglichkeiten und Methoden der Langfristprognostik komplexer Systeme (Hrsg.: Bruckmann, G.), 2. Aufl., Würzburg – Wien 1978, S. 9 – 23.

Buck, S.F./Fairclough, E.H./Jephcott, J.St.G./Ringer, D.W.C. (1997): Conditioning and bias in consumer panels – some new results, in: Journal of the Market Research Society, Vol. 39, 1997, No. 1, S. 23 – 38.

Carpenter, G.S./Nakamoto, K. (1989): Consumer Preference Formation and Pioneering Advantage, in: Journal of Marketing Research, Vol. 26, August 1989, S. 285 – 298.

Collins, A. (2002): The determinants of retailers' margin related bargaining power: evidence from the Irish food manufacturing industry, in: International Review of Retail, Distribution and Consumer Research, Vol. 12, April 2002, S. 165 – 189.

Cook V.J./Mindak, W. (1984): A Search for Constants: The "Heavy User" Revisted, in: Journal of Consumer Marketing, Vol. 1, 1984, No. 4, S. 79 – 81.

Crawford, C.M. (1966): The Trajektory Theory of Goal Setting for New Products, in: Journal of Marketing Research, Vol. 3, 1966, No. 2, S. 117 – 125.

Day, G.S. (1981): The Product Life Cycle: Analysis and Application Issues, in: Journal of Marketing, Vol. 45, Fall 1981, S. 60 – 67.

Day, G.S./Shocker, A.D./Srivastava, R.K. (1979): Customer-Oriented Approaches to Identifying Product-Markets, in: Journal of Marketing, Vol. 43, Fall 1979, S. 8 – 19.

Debrunner, P. (1977): Die Verpackung als Marketinginstrument – Kosten und Nutzen ihres Einsatzes, Zürich 1977.

Decker, R. (2000): Instrumentelle Entscheidungsunterstützung im Marketing am Beispiel der Verbundproblematik, Diskussionspapier Nr. 461 der Fakultät für Wirtschaftswissenschaften der Universität Bielefeld, Bielefeld 2000.

Decker, R./Schimmelpfennig, H. (2002): Alternative Ansätze zur datengestützten Verbundmessung im Electronic Retailing, in: Jahrbuch Handelsmanagement 2002: Electronic Retailing (Hrsg.: Ahlert, D./Olbrich, R./Schröder, H.), Frankfurt/Main 2002, S. 193 – 212.

Decker, R./Wagner, R. (2002): Marketingforschung – Methoden und Modelle zur Bestimmung des Käuferverhaltens, München 2002.

Dichtl, E. (1974): Die Bildung von Konsumententypen als Grundfrage der Marktsegmentierung, in: WiSt, 3. Jg., 1974, Nr. 2, S. 54 – 59.

Dickson, P.R. (1983): Distributor Portfolio Analysis and the Channel Dependence Matrix: New Techniques for Understanding and Managing the Channel, in: Journal of Marketing, Vol. 47, Summer 1983, S. 35 – 44.

Diekmann, A. (1999): Empirische Sozialforschung – Grundlagen, Methoden, Anwendungen, 3. Aufl., Hamburg 1999.

Diller, H. (1991): Preispolitik, 2. Aufl., Stuttgart 1991.

Diller, H. (1996): Kundenbindung als Marketingziel, in: Marketing ZFP, 18. Jg., 1996, Nr. 2, S. 81 – 94.

Diller, H. (1998): Marketingplanung, 2. Aufl., München 1998.

Diller, H. (2000): Preispolitik, 3. Aufl., Stuttgart – Berlin – Köln 2000.

Diller, H. (2001): Single-Source-Ansatz, in: Vahlens großes Marketing Lexikon (Hrsg.: Diller, H.), 2. Bd., 2. Aufl., München 2001, S. 1551.

Diller, H./Gentner, J./Müller, I. (2000): Hybrides Kaufverhalten – Empirische Analyse anhand von Haushaltspaneldaten, Arbeitspapier Nr. 85 des Lehrstuhls für Marketing der Universität Erlangen-Nürnberg, Erlangen-Nürnberg 2000.

Diller, H./Sabel, H./Tacke, G. (2001): Preislagen, in: Vahlens großes Marketing Lexikon (Hrsg.: Diller, H.), 2. Bd., 2. Aufl., München 2001, S. 1327 – 1328.

Drexel, G. (1981): Strategische Unternehmensführung im Handel, Berlin – New York 1981.

Ehrenberg, A.S.C. (1960): A study of some potential biases in the operation of a consumer panel, in: Applied Statistics, Vol. 9, March 1960, S. 20 – 27.

Engel, U./Reinecke, J. (1994): Panelanalyse, Grundlagen – Techniken – Beispiele, Berlin – New York 1994.

Enis, B.M./La Garce, R./Prell, A.E. (1977): Extending the Product Life Cycle, in: Business Horizons, Vol. 20, June 1977, S. 46 – 56.

Faix, A. (1998): Patente im strategischen Marketing – Sicherung der Wettbewerbsfähigkeit durch systematische Patentanalyse und Patentnutzung, Berlin 1998.

Fayyad, U.M./Piatetsky-Shapiro, G./Smyth, P. (1996): From Data Mining to Knowledge Discovery: An Overview, in: Advances in knowledge discovery and data mining (Hrsg.: Fayyad, U.M. et al.), Cambridge (Massachusetts) – London 1996, S. 1 – 36.

Fiocca, R. (1982): Account Portfolio Analysis for Strategy Development, in: Industrial Marketing Management, Vol. 11, April 1982, S. 53 – 62.

Fischer, M. (2001): Produktlebenszyklus, Lebenszyklus, in: Vahlens großes Marketing Lexikon (Hrsg.: Diller, H.), 2. Bd., 2. Aufl., München 2001, S. 1407 – 1408.

Fischer, M. (2001a): Produktlebenszyklus und Wettbewerbsdynamik – Grundlagen für die ökonomische Bewertung von Markteintrittsstrategien, Wiesbaden 2001.

Fließ, S. (2001): Key Account Controlling, in: Handbuch Marketing Controlling (Hrsg.: Reinecke, S./Tomczak, T./Geis, G.), Frankfurt/Main – Wien 2001, S. 474 – 498.

Freter, H. (1983): Marktsegmentierung, Stuttgart – Berlin – Köln et al. 1983.

Freter, H. (1995): Marktsegmentierung, in: Handwörterbuch des Marketing (Hrsg.: Tietz, B./Köhler, R./Zentes, J.), 2. Aufl., Stuttgart 1995, Sp. 1802 – 1814.

Freter, H. (2001): Marktsegmentierungsmerkmale, in: Vahlens großes Marketing Lexikon (Hrsg.: Diller, H.), 2. Bd., 2. Aufl., München 2001, S. 1074 – 1076.

Fricke, A. (1996): Eine Kaufverhaltensanalyse bei Öko-Produkten unter besonderer Berücksichtigung des Kohortenkonzepts, in: Jahrbuch der Absatz- und Verbrauchsforschung, 42. Jg., 1996, Nr. 4, S. 372 – 400.

Gälweiler, A. (1974): Unternehmensplanung – Grundlagen und Praxis, Frankfurt – New York 1974.

Gälweiler, A. (1976): Unternehmenssicherung und strategische Planung, in: Zeitschrift für betriebswirtschaftliche Forschung, 28. Jg., 1976, S. 362 – 379.

Gardner, D.M. (1987): The Product Life Cycle, in: Die Unternehmung, 41. Jg., 1987, Nr. 3, S. 219 – 231.

Gedenk, K. (2002): Verkaufsförderung, München 2002.

GfK (2002): GfK Verbraucherpanel (ConsumerScan), GfK 2002.

GfK (2003a): Mitarbeitsdauer aller durchgehend berichtenden Haushalte im Verbraucherpanel, Interne Studie auf Basis des Verbraucherpanels (ConsumerScan), GfK 2003.

GfK (2003b): Käuferreichweiten unterschiedlicher Marken im Jahre 2003, Interne Studie auf Basis des Verbraucherpanels (ConsumerScan), GfK 2003.

GfK (2003c): Gain&Loss-Analyse, Interne Studie auf Basis des Verbraucherpanels (ConsumerScan), GfK 2003.

GfK (2003d): Mee-too-Reaktionsgeschwindigkeiten im WPR-Bereich, Interne Studie auf Basis des Verbraucherpanels (ConsumerScan), GfK 2003.

GfK (2005a): Coverage von Verbraucher- und Handelspanel, Interne Studie, GfK 2005.

GfK (2005b): Inhalte der standardisiert durchgeführten Paneleinfragen im Rahmen des Verbraucherpanels (ConsumerScan), Interne Studie, GfK 2005.

GfK (2005c): Verknüpfung von Stammdaten der Panelhaushalte und deren Einkaufsverhalten im Rahmen des Verbraucherpanels (ConsumerScan), Interne Studie, GfK 2005.

GfK (2005d): Analysen zu den Bedarfsdeckungsraten unterschiedlicher Marken, Interne Studie auf Basis des Verbraucherpanels (ConsumerScan), GfK 2005.

GfK (2005e): Bedeutung und Struktur der First Choice Buyer, Interne Studie auf Basis des Verbraucherpanels (ConsumerScan), GfK 2005.

GfK (2005f): Untersuchungen zur Nebeneinanderverwendung unterschiedlicher Marken, Interne Studie auf Basis des Verbraucherpanels (ConsumerScan), GfK 2005.

GfK (2005g): Untersuchungen zur Käuferwanderung zwischen Marken, Interne Studie auf Basis des Verbraucherpanels (ConsumerScan), GfK 2005.

GfK/GENI (2002): Magnetwirkung von Einkaufsstätten, Interne Studie auf Basis des Verbraucherpanels (ConsumerScan), GfK/GENI 2002.

Gierl, H. (1991): Marktsegmentierung auf Basis der Preislagenwahl, in: Jahrbuch der Absatz- und Verbrauchsforschung, 37. Jg., 1991, Nr. 1, S. 48 – 70.

Gierl, H. (2001): Preislagenwahl, in: Vahlens großes Marketing Lexikon (Hrsg.: Diller, H.), 2. Bd., 2. Aufl., München 2001, S. 1328 – 1329.

Glenn, N.D. (1976): Cohort Analysts' Futile Quest: Statistical Attempts to Separate Age, Period and Cohort Effects, in: American Sociological Review, Vol. 41, 1976, S. 900 – 904.

Glenn, N.D. (1977): Cohort Analysis, Beverly Hills 1977.

Gmünder, P. (2001): Kundenspezifisches Marketingcontrolling in der Konsumgüterindustrie, in: Handbuch Marketing Controlling (Hrsg.: Reinecke, S./Tomczak, T./Geis, G.), Frankfurt/Main – Wien 2001, S. 836 – 845.

Goerdt, T. (1999): Die Marken- und Einkaufsstättentreue der Konsumenten als Bestimmungsfaktoren des vertikalen Beziehungsmarketing, Nürnberg 1999.

Görgen, W. (1992): Strategische Wettbewerbsforschung, Bergisch Gladbach – Köln 1992.

Götz, P./Diller, H. (1991): Die Kundenportfolio-Analyse – Ein Instrument zur Steuerung von Kundenbeziehungen, Arbeitspapier Nr. 1 des Lehrstuhls für Marketing der Universität Erlangen-Nürnberg, Erlangen-Nürnberg 1991.

Götze, U. (1991): Szenario-Technik in der strategischen Unternehmensplanung, Wiesbaden 1991.

Gollnow, C. (1974): Kundenstruktur, in: Marketing Enzyklopädie, 1. Bd., München 1974, S. 233 – 239.

Green, P.E./Tull, D.S. (1982): Methoden und Techniken der Marketingforschung, Deutsche Übersetzung von Richard Köhler und Mitarbeitern, 4. Aufl., Stuttgart 1982.

Grünblatt, M. (2001): Verfahren zur Analyse von Scanningdaten – Nutzenpotenziale, praktische Probleme und Entwicklungsperspektiven, Berichte aus dem Lehrstuhl für Betriebswirtschaftslehre insbesondere Marketing: Forschungsbericht 5, Hagen 2001.

Günter, M./Vossebein, U./Wildner, R. (1998): Marktforschung mit Panels – Arten – Erhebung – Analyse – Anwendung, Wiesbaden 1998.

Gutenberg, E. (1979): Grundlagen der Betriebswirtschaftslehre, 2. Bd.: Der Absatz, 16. Aufl., Berlin – Heidelberg – New York 1979.

Hafermalz, O. (1976): Schriftliche Befragung – Möglichkeiten und Grenzen, Wiesbaden 1976.

Hahn, D. (1979): Frühwarnsysteme, Krisenmanagement und Unternehmensplanung, in: Frühwarnsysteme (Hrsg.: Albach, H./Hahn, D./Mertens, P.), Ergänzungsheft 2-79 der Zeitschrift für Betriebswirtschaft, Wiesbaden 1979, S. 25 – 46.

Hammann, P./Erichson, B. (2000): Marktforschung, 4. Aufl., Stuttgart 2000.

Hampe, S. (1992): Marketing-Kennzahlensystem auf der Basis von Handelspaneldaten, Göttingen 1992.

Han, J./Kamber, M. (2001): Data Mining – Concepts and Techniques, San Diego – London – San Francisco 2001.

Hansen, U./Hennig-Thurau, T./Schrader, U. (2001): Produktpolitik, 3. Aufl., Stuttgart 2001.

Hansmann, K.-W. (1995): Prognoseverfahren, in: Handwörterbuch des Marketing (Hrsg.: Tietz, B./Köhler, R./Zentes, J.), 2. Aufl., Stuttgart 1995, Sp. 2171 – 2183.

Henschel, H. (1979): Wirtschaftsprognosen, München 1979.

Henze, A. (1994): Marktforschung – Grundlage für Marketing und Markenpolitik, Stuttgart 1994.

Hermanns, A. (1983): Die Panelmethode – Forschungsziele, methodische Grundlagen und Probleme, in: Marktforschung, 1983, Nr. 2, S. 61 – 66.

Herrmann, A. (1995): Marktanteil, in: Handwörterbuch des Marketing (Hrsg.: Tietz, B./Köhler, R./Zentes, J.), 2. Aufl., Stuttgart 1995, Sp. 1721 – 1727.

Hettich, S./Hippner, H./Wilde, K.D. (2000): Assoziationsanalyse, in: WiSu, 29. Jg., 2000, Nr. 7, S. 970 – 978.

Hill, W./Rieser, I. (1993): Marketing-Management, 2. Aufl., Bern – Stuttgart – Wien 1993.

Hipp, J. (2003): Wissensentdeckung in Datenbanken mit Assoziationsregeln, Tübingen 2003, http://www.uni-tuebingen.de/ub/elib/tobias.htm?http://faunus.ub.uni-tuebingen.de/dbt/frontdoor.php?source_opus=1122, 17.03.06, S. 1 – 210.

Höft, U. (1992): Lebenszykluskonzepte: Grundlage für das strategische Marketing- und Technologiemanagement, Berlin 1992.

Hoffmann, K. (1979): Die Konkurrenzuntersuchung als Determinante der langfristigen Absatzplanung, Göttingen 1979.

Hofstätter, H. (1977): Die Erfassung der langfristigen Absatzmöglichkeiten mit Hilfe des Lebenszyklus eines Produktes, Würzburg – Wien 1977.

Homburg, C./Beutin, N. (2001): Kundenstrukturmanagement als Controllingherausforderung, in: Handbuch Marketing Controlling (Hrsg.: Reinecke, S./Tomczak, T./Geis, G.), Frankfurt/Main – Wien 2001, S. 212 – 233.

Homburg, C./Krohmer, H. (2003): Marketingmanagement, Wiesbaden 2003.

Horn, R. (1995): Die strategische Bestimmung von Zielgruppen im Rahmen der Positionierung mit Hilfe der Kohortenanalyse – dargestellt an einem Beispiel aus dem Pharmamarkt, Köln 1995.

Hüttner, M. (1986): Die Kohortenanalyse als Instrument der strategischen Marktforschung, in: Realisierung des Marketing (Hrsg.: Belz, C.), 1. Bd., Savosa 1986, S. 309 – 327.

Hüttner, M. (2001): Quotenauswahl, in: Vahlens Großes Marketing Lexikon (Hrsg.: Diller, H.), 2. Bd., 2. Aufl., München 2001, S. 1458.

Hüttner, M./Schwarting, U. (2002): Grundzüge der Marktforschung, 7. Aufl., München – Wien – Oldenburg 2002.

Hujer, R./Cremer, R. (1978): Methoden der empirischen Wirtschaftsforschung, München 1978.

Huxold, S. (1990): Marketingplanung und strategische Planung von Produktinnovationen: ein Früherkennungsansatz, Berlin 1990.

Irrgang, W. (2001): Machtpolitik im Absatzkanal, in: Vahlens Großes Marketing Lexikon (Hrsg.: Diller, H.), 2. Bd., 2. Aufl., München 2001, S. 931 – 932.

Jacob, H. (1982): Die Bedeutung der Flexibilität im Rahmen der strategischen Planung, in: Neuere Entwicklungen in der Unternehmenstheorie – Festschrift zum 85. Geburtstag von Erich Gutenberg (Hrsg.: Koch, H.), Wiesbaden 1982, S. 69 – 98.

Jauschowetz, D. (1989): Marketingforschung im Handel, in: Handbuch des Marketing – Anforderungen an Marketing-Konzeptionen aus Wissenschaft und Praxis (Hrsg.: Bruhn, M.), München 1989, S. 103 – 129.

Kaas, K.P. (1973): Diffusion und Marketing – Das Konsumentenverhalten bei der Einführung neuer Produkte, Stuttgart 1973.

Kaas, K.P. (1982): Zeitbezogene Untersuchungspläne – Neue Analysemethoden der Marktforschung, in: Marketing ZFP, 4. Jg., 1982, Nr. 4, S. 237 – 245.

Kaltenbach, H.G. (1982): Verkaufen – aber marketingorientiert, in: Absatzwirtschaft, 25. Jg., 1982, Nr. 1, S. 86 – 89.

Kaper, E. (1999): Panel Effects in Consumer Research, Amsterdam 1999.

Kaplitza, G. (1975): Die Stichprobe, in: Die Befragung 1 – Der Fragebogen/Die Stichprobe (Hrsg.: Holm, K.), München 1975, S. 134 – 235.

Kennedy, A.M. (1983): The Adoption and Diffusion of New Industrial Products: A Literature Review, in: European Journal of Marketing, Vol. 17, 1983, No. 3, S. 31 – 88.

Kirsch, W./Trux, W. (1983): Strategische Frühaufklärung, in: Bausteine eines strategischen Managements (Hrsg.: Kirsch, W./Roventa, P.), Berlin – New York 1983, S. 225 – 236.

Klausmann, W. (1983): Betriebliche Frühwarnsysteme im Wandel, in: Zeitschrift für Organisation, 52. Jg., 1983, Nr. 1, S. 39 – 45.

Klemettinen, M./Mannila, H./Ronkainen, P. et al. (1994): Finding Ineresting Rules from Large Sets of Discovered Association Rules, Proceedings of the third International Conference on Information and Knowledge Management, Gaithersburg 1994, http://portal.acm.org/citation.cfm?id= 191314&coll=ACM&dl=ACM&CFID=19217632&CFTOKEN=213212 50, 17.03.2006, S. 401 – 408.

Köhler, R. (1972): Grundlagenprobleme einer entscheidungsorientierten Marketing-Lehre, Habil., Mannheim 1972.

Köhler, R. (1991): Strategische Früherkennung für die Planung von Produktinnovationen, in: Thexis, 8. Jg., 1991, Nr. 4, S. 9 – 14.

Köhler, R. (1993): Beiträge zum Marketing-Management – Planung, Organisation, Controlling, Stuttgart 1993.

Köhler, R. (1995): Marketing-Management, in: Handwörterbuch des Marketing (Hrsg.: Tietz, B./Köhler, R./Zentes, J.), 2. Auflage, Stuttgart 1995, Sp. 1598 – 1614.

Köhler, R. (1998): Methoden und Marktforschungsdaten für die Konkurrentenanalyse, in: Probleme und Trends in der Marketing-Forschung (Hrsg.: Erichson, B./Hildebrandt, L.), Stuttgart 1998, S. 25 – 48.

Köhler, R. (2001): Absatzsegmentrechnung, in: Vahlens Großes Marketing Lexikon (Hrsg.: Diller, H.), 1. Bd., 2. Aufl., München 2001, S. 8.

Köhler, R. (2001a): Marketing-Controlling: Konzepte und Methoden, in: Handbuch Marketing Controlling (Hrsg.: Reinecke, S./Tomczak, T./Geis, G.), Frankfurt/Main – Wien 2001, S. 12 – 31.

Köhler, R. (2003): Marketing-Früherkennung, in: Vahlens Großes Controlling Lexikon (Hrsg.: Horváth, P./Reichmann, T.), 2. Aufl., München 2003, S. 478.

Köhler, R. (2005): Kundenorientiertes Rechnungswesen als Voraussetzung des Kundenbindungsmanagements, in: Handbuch Kundenbindungsmanagement (Hrsg.: Bruhn, M./Homburg, C.), 5. Aufl., Wiesbaden 2005, S. 401 – 433.

Köhler, R./Fronhoff, B./Huxold, S. (1988): Ansatzpunkte für ein Indikatorensystem zur strategischen Planung von Produktinnovationen, Arbeitsbericht des Instituts für Markt- und Distributionsforschung der Universität zu Köln, Köln 1988.

Köhler, R./Horst, B./Huxold, S. (1990): Aufbau und praktische Nutzung von Früherkennungssystemen für die Produktinnovationsplanung, Arbeitsbericht des Instituts für Markt- und Distributionsforschung der Universität zu Köln, Köln 1990.

Köller, C. (1992): Marketing-Assessment – Aufgaben, Probleme und Methoden der Marketing-Folgenabschätzung, Bergisch Gladbach – Köln 1992.

Köller, C. (1995): Marketing-Assessment, in: Handwörterbuch des Marketing (Hrsg.: Tietz, B./Köhler, R./Zentes, J.), 2. Aufl., Stuttgart 1995, Sp. 1520 – 1533.

Kotler, P./Bliemel, F. (2001): Marketing-Management, 10. Aufl., Stuttgart 2001.

Krafft, M. (2001): Kundenanalyse, in: Vahlens Großes Marketing Lexikon (Hrsg.: Diller, H.), 1. Bd., 2. Aufl., München 2001, S. 845 – 846.

Krafft, M. (2001a): Kundenportfolio, in: Vahlens Großes Marketing Lexikon (Hrsg.: Diller, H.), 1. Bd., 2. Aufl., München 2001, S. 871 – 872.

Kreikebaum, H. (1997): Strategische Unternehmensplanung, 6. Aufl., Stuttgart – Berlin – Köln 1997.

Kreilkamp, E. (1987): Strategisches Management und Marketing, Berlin – New York 1987.

Kroeber-Riel, W./Weinberg, P. (2003): Konsumentenverhalten, 8. Aufl., München 2003.

Krups, M. (1985): Marketing innovativer Dienstleistungen am Beispiel elektronischer Wirtschaftsdienste, Frankfurt/Main – Bern – New York 1985.

Kühn, R./Fasnacht, R. (2001): Strategische Frühwarnung als Aufgabe des Marketing-Controlling, in: Handbuch Marketing Controlling (Hrsg.: Reinecke, S./Tomczak, T./Geis, G.), Frankfurt/Main – Wien 2001, S. 90 – 105.

Küsters, U. (2000): Data Mining Methoden – Einordnung und Überblick, in: Hippner, H./ Küsters, U./Meyer, M. et al. (Hrsg.): Handbuch Data Mining im Marketing, Braunschweig – Wiesbaden 2000, S. 95 – 130.

Kupper, L.L./Janis, J.M./Karmous, A./Greenberg, B.G. (1985): Statistical Age-Period-Cohort Analysis: A Review and Critique, in: Journal of Chronic Diseases, Vol. 38, 1985, No. 10, S. 811 – 830.

Lakaschus, C. (1985): Zielgruppen über 40 Jahre – Neue Chancen für Marketing und Werbung, in: Marketing ZFP, 7. Jg., 1985, Nr. 3, S. 183 – 190.

Link, J. (1995): Welche Kunden rechnen sich?, in: Absatzwirtschaft, 38. Jg., 1995, Nr. 10, S. 108 – 111.

Link, U. (1988): Strategische Konkurrenzanalyse im Konsumgütermarketing – Theoretische Grundlagen und Operationalisierung, Idstein 1988.

Little, R.W. (1970): The Marketing Channel: Who Should Lead This Extracorporate Organization?, in: Journal of Marketing, Vol. 34, 1970, No.1, S. 31 – 38.

McCann, J.M./Reibstein, D.J. (1985): Forecasting the Impact of Socioeconomic and Demographic Change on Product Demand, in: Journal of Marketing Research, Vol. 22, November 1985, S. 415 – 423.

Mann, R. (1983): Die Bedeutung des Handelspanels für das Marketing, Frankfurt/Main 1983.

Mason, K.O./Winsborough, H.H./Mason, W.M./Poole, W.K. (1973): Some Methodoligical Issues in Cohort Analysis of Archival Data, in: American Sociological Review, Vol. 38, 1973, No. 2, S. 242 – 258.

Mayerhofer, W. (1995): Die Nutzung von Erlebniswelten für die Positionierung von Ländern, Produktgruppen und Marke, Wien 1995.

Mayntz, R./Holm, K./Hübner, P. (1978): Einführung in die Methoden der empirischen Sozialforschung, 5. Aufl., Opladen 1978.

Meffert, H. (1994): Marketing Management – Analyse, Strategie, Implementierung, Wiesbaden 1994.

Meffert, H. (2000): Marketing, 9. Aufl., Wiesbaden 2000.

Meffert, H./Ohlsen, G.T. (1982): Was Sie beim Marktein- und -austritt beachten müssen, in: Absatzwirtschaft, Sonderausgabe 10/82, 1982, S. 178 – 190.

Meffert, H./Steffenhagen, H. (1976): Konflikte zwischen Industrie und Handel – Empirische Untersuchungen im Lebensmittelsektor der BRD, Wiesbaden 1976.

Meffert, H./Steffenhagen, H. (1977): Marketing-Prognosemodelle: Quantitative Grundlagen des Marketing, Stuttgart 1977.

Meyer, A./Oevermann, D. (1995): Kundenbindung, in: Handwörterbuch des Marketing (Hrsg.: Tietz, B./Köhler, R./Zentes, J.), 2. Aufl., Stuttgart 1995, Sp. 1340 – 1351.

Meyer, P.W. (1974): Methodische Probleme der Panelforschung, in: Handbuch der Marktforschung (Hrsg.: Behrens, K.C.), Wiesbaden 1974, S. 433 – 440.

Michel, K. (1987): Technologie im strategischen Management – Ein Portfolio-Ansatz zur integrierten Technologie- und Marktplanung, Berlin 1987.

Michels, P./Brühne, K. (1996): Bevölkerungsentwicklung und langfristige Absatzpotenziale, in: Planung&Analyse, 23. Jg., 1996, Nr. 5, S. 64 – 66.

Midgley, D.F. (1981): Toward a Theory of the Product Life Cycle: Explaining Diversity, in: Journal of Marketing, Vol. 45, Fall 1981, S. 109 – 115.

Muchna, C. (1995): Früherkennungssysteme, in: Handwörterbuch des Marketing (Hrsg.: Tietz, B. /Köhler, R./Zentes, J.), 2. Aufl., Stuttgart 1995, Sp. 719 – 731.

Müller, G. (1985): STAR: Ein Ansatz zur Verwirklichung einer strategischen Frühaufklärung, in: Strategisches Marketing (Hrsg.: Raffée, H./Wiedmann, K.-P.), Stuttgart 1985, S. 370 –390.

Müller, W. (1978): Der Lebenslauf von Geburtskohorten, in: Soziologie des Lebenslaufs (Hrsg.: Kohli, M.), Darmstadt - Neuwied 1978, S. 54 – 77.

Müller, W. (1986): Planung von Marketing-Strategien, Frankfurt/Main – Bern – New York 1986.

Müller, W. (1995): Geschäftsfeldplanung, in: Handwörterbuch des Marketing (Hrsg.: Tietz, B. /Köhler, R./Zentes, J.), 2. Aufl., Stuttgart 1995, Sp. 760 – 785.

Müller-Hagedorn, L. (1984): Die Erklärung von Käuferverhalten mit Hilfe des Lebenszykluskonzepts, in: WiSt, 13. Jg., 1984, Nr. 11, S. 561 – 569.

Müller-Hagedorn, L. (1998): Der Handel, Berlin – Stuttgart – Köln 1998.

Müller-Hagedorn, L. (2001): Familienlebenszyklus, in: Vahlens Großes Marketing Lexikon (Hrsg.: Diller, H.), 1. Bd., 2. Aufl., München 2001, S. 466 – 468.

Müller-Hagedorn, L. (2005): Handelsmarketing, 4. Aufl., Stuttgart 2005.

Müller-Stewens, G. (1990): Strategische Suchfeldanalyse, 2. Aufl., Wiesbaden 1990.

Müller-Stewens, G. (1995): Portfolio-Analysen, in: Handwörterbuch des Marketing (Hrsg.: Tietz, B./Köhler, R./Zentes, J.), Stuttgart 1995, Sp. 2041 – 2055.

Neubauer, F.-F. (1989): Portfolio Management, 3. Aufl., Neuwied 1989.

Nieschlag, R./Dichtl, E./Hörschgen, H. (2002): Marketing, 19. Aufl., Berlin 2002.

Nolte, H. (1976): Die Markentreue im Konsumgüterbereich, Bochum 1976.

o.V. (2001a): Käuferreichweite, in: Vahlens Großes Marketing Lexikon (Hrsg.: Diller, H.), 1. Bd., 2. Aufl., München 2001, S. 752.

o.V. (2001b): Panelsterblichkeit, in: Vahlens Großes Marketing Lexikon (Hrsg.: Diller, H.), 2. Bd., 2. Aufl., München 2001, S. 1244.

o.V. (2006): http://www.gs1.org/about, 23.03.2006.

Oggenfuss, C.W. (1993): Keine Betreuung von der Stange, in: Geldinstitute, o. Jg., 1993, Nr. 1/2, S. 6 – 14.

Ohr, D. (1999): Purchasing Healthy Food in Germany. An Empirical Analysis of its Attitudinal and Socioeconomic Antecedents, in: Social and Economic Research with Consumer Panel Data (Hrsg.: ZUMA), Mannheim 1999, S. 75 – 113.

Olbrich, R./Grünblatt, M. (2003): Projekt *SCAFO* – Stand der Nutzung von Scanningdaten in der Deutschen Konsumgüterwirtschaft, Berichte aus dem Lehrstuhl für Betriebswirtschaftslehre, insbes. Marketing (Hrsg.: Olbrich, R.), Forschungsbericht Nr. 8, Hagen 2003.

Olbrich, R./Battenfeld, D./Grünblatt, M. (2001): Die Analyse von Scanningdaten - Methodische Grundlagen und Stand der Unternehmenspraxis, demonstriert an einem Fallbeispiel, Berichte aus dem Lehrstuhl für Betriebswirtschaftslehre, insbes. Marketing (Hrsg.: Olbrich, R.), Forschungsbericht Nr. 2, 2. Aufl., Hagen 2001.

Olsen, R.F./Ellram, L.M. (1997): A Portfolio Approach to Supplier Relationships, in: Industrial Marketing Management, Vol. 26, March 1997, S. 101 – 113.

Opsomer, C. (1987): Les Panels – Leur pratique – Leurs utilisations, Paris 1987.

Palloks, M. (1995): Kennzahlen, absatzwirtschaftliche, in: Handwörterbuch des Marketing (Hrsg.: Tietz, B./Köhler, R./Zentes, J.), 2. Aufl., Stuttgart 1995, Sp. 1136 – 1153.

Palmore, E. (1978): When can Age, Period and Cohort be Separated?, in: Social Forces, Vol. 57, September 1978, S. 282 – 295.

Parfitt, J.H. (1986): Panel Research, in: Consumer Market Research Handbook (Hrsg.: Worcester, R.M./Downham, J.), 3. Aufl., London – New York – St. Louis et al. 1986, S. 193 – 230.

Parfitt, J.H./Collins, B.J.K. (1968): Use of Consumer Panels for Brand-Share Prediction, in: Journal of Marketing Research, Vol. 5, May 1968, S. 131 – 145.

Peiser, W. (1991): Kohortenanalyse in der Konsumentenforschung, Wiesbaden 1991.

Pepels, W. (2000): Marketing, 3. Aufl., München – Wien – Oldenburg 2000.

Perlitz, M. (1993): Frühwarnsysteme, in: Handwörterbuch des Rechnungswesens (Hrsg.: Chmielewicz, K./Schweitzer, M.), 3. Aufl., Stuttgart 1993, Sp. 679 – 688.

Plinke, W. (1995): Kundenanalyse, in: Handwörterbuch des Marketing (Hrsg.: Tietz, B./Köhler, R./Zentes, J.), 2. Aufl., Stuttgart 1995, Sp. 1328 – 1340.

Polli, R./Cook, V. (1969): Validity of the Product Life Cycle, in: The Journal of Business, Vol. 42, 1969, No. 4, S. 385 – 400.

Porter, M.E. (1999): Wettbewerbsstrategie – Methoden zur Analyse von Branchen und Konkurrenten, 10. Aufl., Frankfurt/Main – New York 1999.

Prassny, H. (1996): Panels als Informationsgrundlage für Marketingentscheidungen, Gießen 1996.

Preddy, N. (1996): Segmenting Promotion Hungry Shoppers, in: European Retail Digest, Vol. 4, Autumn 1996, S. 4 – 7.

Raffée, H. (1985): Prognosen als ein Kernproblem der Marketingplanung, in: Strategisches Marketing (Hrsg.: Raffée, H./Wiedmann, K.-P.), Stuttgart 1985, S. 142 – 168.

Raffée, H./Wiedmann, K.-P. (1989): Frühaufklärungssysteme im Marketing, in: Handbuch des Marketing – Anforderungen an Marketing-Konzeptionen aus Wissenschaft und Praxis (Hrsg.: Bruhn, M.), München 1989, S. 23 – 68.

Reichert, R./Kirsch, W./Esser, W.M. (1991): Suchfeldanalyse: Die Erarbeitung neuer Betätigungsfelder für die Unternehmung, in: Beiträge zum Management strategischer Programme (Hrsg.: Kirsch, W.), München 1991, S. 575 – 604.

Reichmann, T. (2001): Controlling mit Kennzahlen und Managementberichten – Grundlagen einer systemgestützten Controlling-Konzeption, 6. Aufl., München 2001.

Rendtel, U. (1989): Vertrauensbildung und Teilnahmeentscheidung in Panelstudien – Über die Entwicklung der Antwortbereitschaft im Sozioökonomischen Panel, Arbeitspapier 313 des Sonderforschungsbereichs 3 (Mikroanalytische Grundlagen der Gesellschaftspolitik) der J.-W.-Goethe-Universität Frankfurt und Universität Mannheim.

Rentz, J.O./Reynolds, F.D. (1991): Forecasting the effects of an aging population on product consumption: An age-period-cohort framework, in: Journal of Marketing Research, Vol. 28, August 1991, S. 355 – 360.

Rentz, J.O./Reynolds, F.D./Stout, R.G. (1983): Analysing Changing Consumption Patterns with Cohort Analysis, in: Journal of Marketing Research, Vol. 20, February 1983, S. 12 – 20.

Reutterer, T. (1997): Analyse von Wettbewerbsstrukturen mit neuronalen Netzen – Ein Ansatz zur Kundensegmentierung auf Basis von Haushaltspaneldaten, Wien 1997.

Reynolds, F.D./Rentz, J.O. (1981): Cohort Analysis: An Aid to Strategic Planning, in: Journal of Marketing, Vol. 45, Summer 1981, S. 62 – 70.

Riebel, P. (1990): Einzelkosten- und Deckungsbeitragsrechnung: Grundfragen einer markt- und entscheidungsorientierten Unternehmensrechnung, 6. Aufl., Wiesbaden 1990.

Rieker, S. A. (1995): Bedeutende Kunden – Analyse und Gestaltung von langfristigen Anbieter-Nachfrager-Beziehungen auf industriellen Märkten, Wiesbaden 1995.

Rieser, I. (1980): Frühwarnsysteme für die Unternehmenspraxis, München 1980.

Robens, H. (1985): Schwachstellen der Portfolio-Analyse, in: Marketing ZFP, 7. Jg., 1985, Nr. 3, S. 191 – 200.

Roeb, T. (1994): Markenwert – Begriff, Berechnung, Bestimmungsfaktoren, Aachen – Mainz 1994.

Rogers, E.M. (1995): Diffusion of Innovations, 4. Aufl., New York 1995.

Roventa, P. (1979): Portfolio-Analyse und strategisches Management – Ein Konzept zur strategischen Chancen- und Risikohandhabung, München 1979.

Ruppe, H. (1989): Handelspanel, in: Marketing (Hrsg.: Poth, L.), 1. Bd., 2. Aufl., Neuwied 1989, Kap. 9, S. 1 – 57.

Ryder, N.B. (1965): The Cohort as a Concept in the Study of Social Change, in: American Sociological Review, Vol. 30, 1965, No. 6, S. 843 – 861.

Sabel, H. (1995): Produktpolitik, in: Handwörterbuch des Marketing (Hrsg.: Tietz, B./Köhler, R./Zentes, J.), 2. Aufl., Stuttgart 1995, Sp. 2135 – 2151.

Säuberlich, F. (2000): KDD und Data Mining als Hilfsmittel zur Entscheidungsunterstützung, Frankfurt/Main – Berlin – Bern u.a. 2000.

Schätzle, T./Grabicke, K. (1979): Paneluntersuchungen und ihre mögliche Anwendungsproblematik, in: Konsumentenverhalten und Information (Hrsg.: Meffert, H./Steffenhagen, H. /Freter, H.), Wiesbaden 1979, S. 291 – 310.

Schaie, K.W. (1965): A general model for the study of developmental problems, in: Psychological Bulletin, Vol. 64, August 1965, S. 92 – 107.

Schewe, C.D./Meredith, G.E. (1994): Digging Deep to Delight the Mature Adult Consumer, in: Marketing Management, Vol. 3, 1994, No. 3, S. 20 – 35.

Schewe, C.D./Noble, S.M. (2000): Market Segmentation by Cohorts: The Value and Validity of Cohorts in America and Abroad, in: Journal of Marketing Management, Vol. 16, 2000, S. 129 – 142.

Schinzer, H./Bange, C./Mertens, H. (1999): Data Warehouse und Data Mining Marktführende Produkte im Vergleich, 2. Aufl., München 1999.

Schleppegrell, J. (1987): Vielzweckwaffe Portfolio, in: Absatzwirtschaft, 30. Jg., 1987, Nr. 5, S. 80 – 85.

Schmalen, H. (2001): Hybrider Käufer, in: Vahlens Großes Marketing Lexikon (Hrsg.: Diller, H.), 1. Bd., 2. Aufl., München 2001, S. 621 – 622.

Schmalen, H./Pechtl, H. (2001): Diffusionsprozess, in: Vahlens Großes Marketing Lexikon (Hrsg.: Diller, H.), 1. Bd., 2. Aufl., München 2001, S. 300 – 303.

Schmidt, R.W. (1997): Strategisches Marketing-Accounting: Nutzung des Rechnungswesens bei strategischen Marketing-Aufgaben, Wiesbaden 1997.

Schmöller, P. (2001): Kunden-Controlling – Theoretische Fundierung und empirische Erkenntnisse, Wiesbaden 2001.

Schögel, M. (2001): Distributionscontrolling, in: Handbuch Marketing Controlling (Hrsg.: Reinecke, S./Tomczak, T./Geis, G.), Frankfurt/Main – Wien 2001, S. 544 – 567.

Schröder, H. (2001): Distributionsgrad, in: Vahlens Großes Marketing Lexikon (Hrsg.: Diller, H.), 1. Bd., 2. Aufl., München 2001, S. 326 – 327.

Schütz, W. (1975): Methoden der mittel- und langfristigen Prognose, München 1975.

Schulz, B. (1995): Kundenpotentialanalyse im Kundenstamm von Unternehmen, Frankfurt/Main – Berlin – Bern u.a. 1995.

Schuman, H./Scott, J. (1989): Generations and Collective Memories, in: American Sociological Review, Vol. 54, 1989, No. 3, S. 359 – 381.

Sedlmeyer, K.-J. (1983): Panelinformation und Marketing-Entscheidung, München 1983.

Simon, H. (1976): Administrative Behavior - A study of decision making processes in administrative organization, 3. Aufl., New York 1976.

Simon, H. (1988): Management strategischer Wettbewerbsvorteile, in: Zeitschrift für Betriebswirtschaft, 58. Jg., 1988, S. 461 – 480.

Simon, H. (1995): Preismanagement kompakt – Probleme und Methoden des modernen Pricing, Wiesbaden 1995.

Söllner, A. (2001): Wechselbarrieren, in: Vahlens Großes Marketing Lexikon (Hrsg.: Diller, H.), 2. Bd., 2. Aufl., München 2001, S. 1845.

Specht, G. (1979): Die Macht aktiver Konsumenten, Stuttgart 1979.

Specht, G./Fritz, W. (2005): Distributionsmanagement, 4. Aufl., Stuttgart 2005.

Spintig, S. (2001): Einzelhandelspanel, in: Vahlens Großes Marketing Lexikon (Hrsg.: Diller, H.), 1. Bd., 2. Aufl., München 2001, S. 389 – 390.

Sprengel, F. (1984): Informationsbedarf strategischer Entscheidungshilfen, Thun – Frankfurt/Main 1984.

Statistisches Bundesamt (2006): http://www.destatis.de/themen/d/ thm_bevoelk.php, 12.02.2006.

Staudt, E./Groeters, U./Hafkesbrink, J./Treichel, H.-R. (1985): Kennzahlen und Kennzahlensysteme, Berlin 1985.

Stegmüller, B./Hempel, P. (1996): Empirischer Vergleich unterschiedlicher Marktsegmentierungsansätze über die Segmentpopulationen, in: Marketing ZFP, 18. Jg., 1996, Nr. 1, S. 25 – 31.

Stern, L.W./El-Ansary, A.I./Coughlan, A.T. (1996): Marketing Channels, 5. Aufl., Upper Saddle River (New Jersey) 1996.

Sudman, S./Wansink, B. (2002): Consumer Panels, Chicago 2002.

Szyperski, N. (1973): Gegenwärtiger Stand und Tendenzen der Entwicklung betrieblicher Informationssysteme, in: Probleme beim Aufbau betrieblicher Informationssysteme (Hrsg.: Hansen, H.R./Wahl, M.P.), München 1973, S. 25 – 48.

Szyperski, N./Winand, U. (1978): Strategisches Portfolio-Management: Konzept und Instrumentarium, in: Zeitschrift für betriebswirtschaftliche Forschung - Kontaktstudium, 30. Jg., 1978, S. 123 – 132.

Szyperski, N./Winand, U. (1980): Grundbegriffe der Unternehmensplanung, Stuttgart 1980.

Tennagen, U. (1993): Produktrelaunch in der Konsumgüterindustrie, Wiesbaden 1993.

Tietz, B. (1993): Marketing, 3. Aufl., Düsseldorf 1993.

Töpfer, A. (1976): Planungs- und Kontrollsysteme industrieller Unternehmungen – Eine theoretische, technologische und empirische Analyse, Berlin 1976.

Treis, B. (1974): Marketing in Frage und Antwort, 2. Aufl., Berlin 1974.

Trux, W./Müller, G./Kirsch, W. (1984): Das Management strategischer Programme, 1. Bd.: Materialien zum Stand der Forschung, München 1984.

Turnbull, P.W. (1990): A Review of Portfolio Planning Models for Industrial Marketing and Purchasing Management, in: European Journal of Marketing, Vol. 24, 1990, No. 3, S. 7 – 22.

Twardawa, W. (2000): Brand Health – Wie gesund sind die Marken?, Internes Arbeitspapier der GfK Nürnberg, Nürnberg 2000.

Twardawa, W. (2006): Die Rolle der Discounter im deutschen LEH – Marken und Handelsmarken im Wettbewerb der Vertriebskanäle für Konsumgüter, in: Handbuch Handel – Strategien, Perspektiven, Internationaler Wettbewerb (Hrsg.: Zentes, J.), Wiesbaden 2006, S. 377 – 393.

Twardawa, W./Wildner, R. (1998): Innovationsforschung mit Paneldaten, in: Planung&Analyse, 25. Jg., 1998, Nr. 3, S. 10 – 14.

Twedt, D. W. (1964): How Important to Marketing Strategy is the "Heavy User"?, in: Journal of Marketing, Vol. 28, January 1964, S. 71 – 72.

Twedt, D. W. (1972): Some Practical Applications of „Heavy-Half" Theory, in: Market Segmentation – Concepts and Applications (Hrsg.: Engel, J. F./Fiorillo, H. F./Murray, A.C.), New York – Chicago – San Francisco et al. 1972, S. 265 – 271.

Voigt, K.-I. (1993): Strategische Unternehmensplanung – Grundlagen – Konzepte – Anwendung, Wiesbaden 1993.

Vossebein, U. (2000): Grundlegende Bedeutung der Marktsegmentierung für das Marketing, in: Marktsegmentierung – Marktnischen finden und besetzen (Hrsg.: Pepels, W.), Heidelberg 2000, S. 19 – 46.

Wechsler, W. (1978): Delphi-Methode, München 1978.

Weinberg, P. (1977): Die Produkttreue der Konsumenten, Wiesbaden 1977.

Weissman, A. (1983): Verbraucherpanel-Informationen als Grundlage für Marketingentscheidungen im Einzelhandel, München 1983.

Weissman, A./Tröger, G./Adlwarth, W. (1983): Psychographische Marktsegmentierung, Arbeitspapier des Lehrstuhls für Marketing, Internationales Marketing und Handel der Universität Erlangen-Nürnberg, Nürnberg 1983.

Wells, W.D./Gubar, G. (1966): Life Cycle Concept in Marketing Research, in: Journal of Marketing Research, Vol. 3, 1966, S. 355 – 363.

Weßner, K. (1989): Strategische Marktforschung mittels kohortenanalytischer Designs, Wiesbaden 1989.

Wettschureck, G. (1974): Grundlagen der Stichprobenbildung in der demoskopischen Marktforschung, in: Handbuch der Marktforschung (Hrsg.: Behrens, K. Chr.), 1. Bd., Wiesbaden 1974, S. 173 – 205.

Wiedmann, K.-P./Kreutzer, R. (1985): Strategische Marketingplanung – ein Überblick, in: Strategisches Marketing (Hrsg.: Raffée, H./Wiedmann, K.-P.), Stuttgart 1985, S. 61 – 141.

Wiedmann, K.-P. (1985): Konzeptionelle und methodische Grundlagen der Früherkennung, in: Strategisches Marketing (Hrsg.: Raffée, H./Wiedmann, K.-P.), Stuttgart 1985, S. 301 – 348.

Wieselhuber, N. (1984): Erschließung von neuen Wachstumsquellen durch Diversifikation, in: Strategisches Marketing (Hrsg.: Wieselhuber, N./Töpfer, A.), Landsberg 1984, S. 426 – 440.

Wiggins, L.M. (1973): Panel Analysis – Latent Probability Models for Attitude and Behavior Processes, Amsterdam – London – New York 1973.

Wildner, R. (2000): Messung von Werbewirkung mit fusionierten Paneldaten, in: Jahrbuch der Absatz- und Verbrauchsforschung, 46. Jg., 2000, Nr. 3, S. 242 – 260.

Wimmer, F. (1995): Kohortenanalyse, in: Handwörterbuch des Marketing (Hrsg.: Tietz, B./Köhler, R./Zentes, J.), 2. Aufl., Stuttgart 1995, Sp. 1153 – 1166.

Wimmer, F./Weßner, K. (1990): Strategische Prognose von Markt- und Absatzentwicklungen mit Kohortendesigns, in: Marketing ZFP, 12. Jg., 1990, Nr. 3, S. 169 – 180.

Wimmer, F./Weßner, K. (2001): Kohortenanalyse, in: Vahlens großes Marketing Lexikon (Hrsg.: Diller, H.), 1. Bd., 2. Aufl., München 2001, S. 777 – 780.

Winand, U./Mußhoff, H.J. (1989): Geschäftsfeldsegmentierung, in: Handwörterbuch der Planung (Hrsg.: Szyperski, N.), Stuttgart 1989, Sp. 579 – 590.

Wind, Y./Lerner, D. (1979): On the Nesurement of Purchase Data: Surveys Versus Purchase Diaries, in: Journal of Marketing Research, Vol. 16, February 1979, S. 39 – 47.

Wissenbach, H. (1967): Betriebliche Kennzahlen und ihre Bedeutung im Rahmen der Unternehmerentscheidung – Bildung, Auswertung und Verwendungsmöglichkeiten von Betriebskennzahlen in der unternehmerischen Praxis, Berlin 1967.

Yankelovich, D. (1964): New Criteria for Market Segmentation, in: Harvard Business Review, Vol. 42, March/April 1964, S. 83 – 90.

Zentes, J. (2001): Artikelnummerierungssysteme, in: Vahlens großes Marketing Lexikon (Hrsg.: Diller, H.), 1. Bd., 2. Aufl., München 2001, S. 64 – 65.

The manufacturer's authorised representative in the EU is Springer
Nature Customer Service Centre GmbH, Europaplatz 3, 69115 Heidelberg,
Germany. If you have any concerns regarding our products, please
contact ProductSafety@springernature.com

Printed and bound by CPI Group (UK) Ltd, Croydon, CR0 4YY
27/04/2026
02097560-0014